职业教育·道路运输类专业教材

Lumian Shigong Jishu

路面施工技术

赵　毅　李中秋　**主　编**
梁乃兴[重庆交通大学]　**主　审**

人民交通出版社股份有限公司
China Communications Press Co.,Ltd.

内容提要

本书内容丰富,体系完整,具有很强的实用性。全书共分为7个模块,分别为路面工程概述、公路路面设计、路面工程施工准备、基层(底基层)施工技术、沥青路面施工技术、水泥混凝土路面施工技术、路面工程质量检查与评定。为了便于学生在学习中更好地了解和掌握本书核心内容及指导工程实践,每个模块后附有典型例题、工程实例和能力训练习题。

本书可供高等职业技术院校道路桥梁工程技术及相关专业教学使用,亦可作为中等职业院校交通土建类专业师生及各类培训学习的教学用书或自学材料,也可作为从事公路施工、试验检测、工程监理工作的工程技术人员参考资料。

本教材配套多媒体课件,可通过加入职教路桥教学研讨群(QQ群561416324)索取。

本书第2版正在修订,敬请关注。

图书在版编目(CIP)数据

路面施工技术 / 赵毅,李中秋主编. —北京:人民交通出版社股份有限公司,2016.1

ISBN 978-7-114-12709-0

Ⅰ.①路… Ⅱ.①赵… ②李… Ⅲ.①路面施工—高等职业教育—教材 Ⅳ.①U416.2

中国版本图书馆CIP数据核字(2015)第315822号

职业教育·道路运输类专业教材

书　　名: 路面施工技术
著 作 者: 赵　毅　李中秋
责任编辑: 刘　倩　钱　堃
出版发行: 人民交通出版社股份有限公司
地　　址: (100011)北京市朝阳区安定门外外馆斜街3号
网　　址: http://www.ccpress.com.cn
销售电话: (010)59757973
总 经 销: 人民交通出版社股份有限公司发行部
经　　销: 各地新华书店
印　　刷: 北京虎彩文化传播有限公司
开　　本: 787×1092　1/16
印　　张: 20.25
字　　数: 512千
版　　次: 2016年1月　第1版
印　　次: 2021年12月　第7次印刷
书　　号: ISBN 978-7-114-12709-0
定　　价: 48.00元

前　言

路面施工技术是高职高专院校道路桥梁工程技术专业的核心课程。本书根据应用技能型道路桥梁工程技术专业人才培养目标和教学实践,结合交通类职业教育的特色,以基本理论和基础知识实用、够用为原则,以突出职业能力的培养、紧密追踪路基施工技术的发展、紧贴现行有关标准规范为核心目标编写而成。

本书在编写过程中,作者通过深入公路施工企业调研、开展校企合作职业岗位能力分析,确定了路基施工能力的培养目标。同时,本书紧密结合工程实际,加强能力训练,与职业资格考试内容衔接,注重学生未来职业发展。

本书内容及推荐学时安排见下表。

模　块	内　容	学　时
1	路面工程概述	6
2	公路路面设计	12
3	路面工程施工准备	10
4	基层(底基层)施工技术	12
5	沥青路面施工技术	14
6	水泥混凝土路面施工技术	12
7	路面工程质量检查与评定	6
总计		72

本书由河北交通职业技术学院赵毅、李中秋担任主编并统稿,河北交通职业技术学院翟晓静、申骞担任副主编,河北交通职业技术学院李永华、史文朝参与了编写工作。具体编写分工如下:模块1由申骞编写,模块2、模块5以及本书工程实例和能力训练由赵毅编写,模块3由李中秋编写,模块4由李永华编写,模块6由翟晓静编写,模块7由史文朝编写。全书由重庆交通大学博士生导师梁乃兴教授主审。

本书在编写过程中,得到了河北交通职业技术学院张郃生教授、重庆交通大学梅迎军教授的指导和帮助,在此一并致以诚挚的谢意。

鉴于我国幅员辽阔,各省地理位置、自然条件、经济状况和公路建设特点不一,各院校可结合具体情况,在讲授过程中对本书内容进行取舍和补充。

由于编者水平有限,编写时间仓促,书中难免存在疏漏之处,敬请读者批评指正。

编者

2015年8月

目　　录

模块1　路面工程概述 …… 1
1.1　路面基本要求 …… 2
1.2　路面分类 …… 3
1.3　路面结构组成 …… 4
1.4　路面排水 …… 8
能力训练 …… 15
模块2　公路路面设计 …… 18
2.1　识读沥青路面 …… 18
2.2　沥青路面设计 …… 24
2.3　识读水泥混凝土路面 …… 41
2.4　水泥混凝土路面设计 …… 43
能力训练 …… 58
模块3　路面工程施工准备 …… 62
3.1　组织准备 …… 62
3.2　技术准备 …… 64
3.3　物资准备 …… 67
3.4　施工现场准备 …… 84
能力训练 …… 92
模块4　基层(底基层)施工技术 …… 95
4.1　识读基层(底基层) …… 95
4.2　无机结合料稳定材料结构层施工 …… 97
4.3　无结合料粒料类结构层施工 …… 138
4.4　基层(底基层)施工质量标准与控制 …… 147
能力训练 …… 153
模块5　沥青路面施工技术 …… 157
5.1　透层、封层、黏层施工 …… 158
5.2　热拌沥青混合料路面施工 …… 170
5.3　沥青表面处治路面施工 …… 228
5.4　沥青贯入式路面施工 …… 231
能力训练 …… 235
模块6　水泥混凝土路面施工技术 …… 239
6.1　水泥混凝土的技术要求 …… 239
6.2　水泥混凝土路面施工方法 …… 246
6.3　水泥混凝土路面小型机具施工 …… 248

6.4 水泥混凝土路面三辊轴机组施工 …… 283
6.5 水泥混凝土路面滑模摊铺机施工 …… 285
6.6 碾压水泥混凝土路面施工 …… 290
能力训练 …… 292
模块7 路面工程质量检查与评定 …… 294
7.1 路面工程质量检查 …… 294
7.2 路面工程质量评定 …… 297
能力训练 …… 315
参考文献 …… 318

模块 1　路面工程概述

【学习引导】

知识目标：通过本模块的学习，学生能够掌握路面基本要求、路面分类、路面工程的结构组成、路拱形式及路拱横坡度、路面排水。

技能目标：学生能够熟知路面工程的结构组成及其功能；能够掌握路面排水结构和施工技术；能读懂路面结构设计图。

主要内容：模块 1 的主要内容结构如图 1-1 所示。

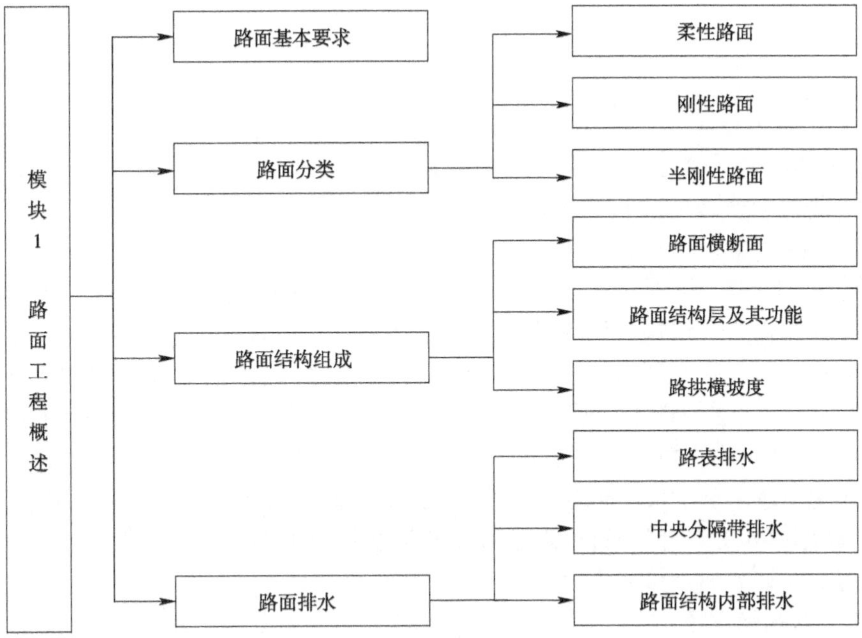

图 1-1　模块 1 的主要内容结构图

路面是指用筑路材料铺在路基顶面，供车辆直接在其表面行驶的一层或多层的道路结构层，具有承受车辆荷载、抵抗车轮磨耗和保持道路表面平整的作用。

学前回顾

路基和路面是道路的主要工程结构物。路基是按照路线位置和一定技术要求修筑的带状构造物，是路面的基础，承受由路面传来的行车荷载。路基标准横断面如图 1-2 所示。高速公路、一级公路的路基宽度一般由行车道、中央分隔带和路肩组成，如图 1-2a）所示；二、三、四级公路的路基宽度一般由行车道和路肩组成，如图 1-2b）所示。

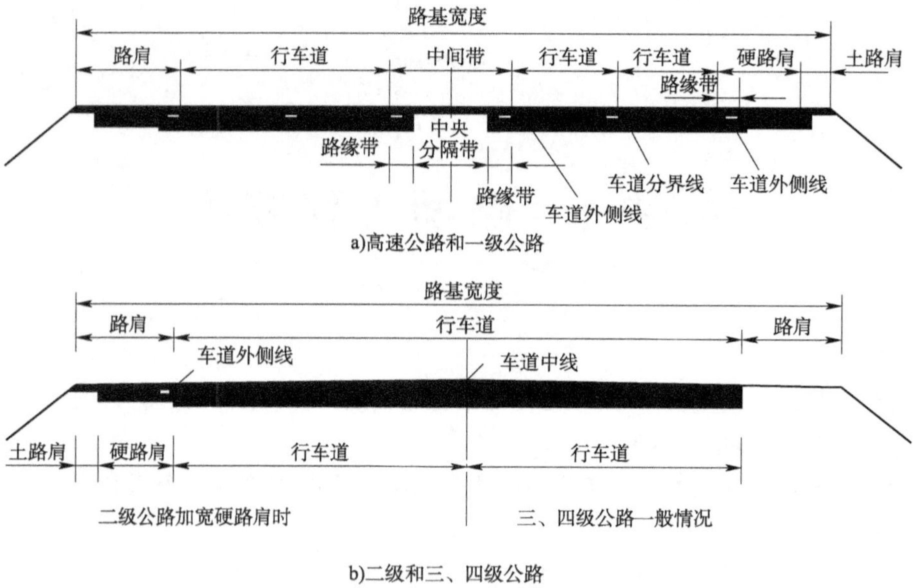

图 1-2　公路路基标准横断面

1.1　路面基本要求

为了保证道路全天候通车,提高行车速度,增强安全性和舒适性,降低运输成本和延长道路使用年限,路面应该满足以下基本要求。

1)具有足够的强度和刚度

行驶在路面上的车辆,通过车轮将荷载传递给路面,路面结构受到外力的作用就会产生应力、应变及位移。当路面结构整体或某一组成部分的强度或抗变形能力不足以抵抗这些应力、应变及位移时,路面就会出现断裂、沉陷、车辙及波浪等病害,造成路况恶化和服务水平下降。为避免行车荷载产生这些破坏,路面结构及其各组成部分都应具有足够的强度和刚度。

路面的强度和刚度是两个既相互联系又相互区别的力学特性。路面结构应具有足够的强度,以抵抗车轮荷载引起的各个部位的各种应力,从而保证路面结构不发生压碎、断裂、剪切等各种破坏。路面结构应具有足够的刚度,在车轮荷载作用下不发生过大的变形和位移,保证路面不发生沉陷、车辙或波浪等病害。

2)具有足够的稳定性

路面结构暴露于大气之中,常年受到温度和湿度的影响,其力学性能会随之不断发生变化,甚至遭到破坏。

温度变化对路面结构的稳定性有着重要影响。高温季节,沥青路面软化、强度降低,在车轮荷载作用下更容易产生永久变形;水泥混凝土路面因高温膨胀,结构内会产生过大内应力,引起路面挤压破坏。北方冰冻地区,在低温冰冻季节,水泥混凝土路面、沥青路面的半刚性基层会因低温收缩产生大量裂缝,失去承载能力。在严重冰冻且地下水源丰富的季冻区,低温会使路面产生冻胀现象,引起路面隆起甚至发生断裂;春天融冻季节,在交通繁重的路段,气温上升会导致路面形成弹簧土甚至引发翻浆,使路基路面发生破坏。即使在没有春融冻胀的季冻区修路,有时路面也会产生融沉现象,且处理起来比较棘手。

湿度对路面结构稳定性的影响也十分显著。由于大气降水等原因,路基路面结构内部的湿度状态会发生变化。沥青混凝土路面受到水分的侵蚀,会引起沥青路面结构层剥落或松散。水泥混凝土路面接缝渗入的水分,如果不能被及时排出结构层,其在车轮荷载反复作用下,会冲刷基层,导致唧泥现象,使结构层受到破坏。砂石路面在雨季会因雨水冲刷和雨水渗入结构层而强度下降,产生沉降、松散等病害。

3)具有足够的表面平整度

路面平整度是指路表面纵向的凹凸量的偏差值。路面平整度是评定路面质量的主要技术指标之一,关系到行车的安全、舒适以及路面所受冲击力的大小和使用寿命。不平整的路表面会增大行车阻力,并使车辆产生附加的振动作用。这种振动作用会造成行车颠簸,影响行车的速度和安全,影响驾驶的平稳和乘客的舒适。同时,振动作用还会对路面施加冲击力,加剧路面和汽车机件的损坏以及轮胎的磨损,并增大燃料的消耗。此外,不平整的路面还会积滞雨水,加速路面的水损坏。因此,为了减小振动冲击力、提高行车速度和增进行车舒适性及安全性,路面应保持一定的平整度。

4)具有足够的表面抗滑性能

路面表面抗滑性能亦称粗糙度,是指路面能够提供汽车车轮在其上安全行驶所需要的足够附着力(或称摩擦力)的性能。该性能通常用摩擦系数和构造深度来表示。

路面表面要求平整,但不能光滑。车辆在光滑的路面上行驶,其车轮与路面之间会缺乏足够的附着力(或摩擦力)在雨天高速行驶时,当车辆紧急制动或突然起动、爬坡或转弯时,车轮易产生空转或打滑,致使行车速度下降、燃料消耗增加,甚至引发交通事故。

5)具有足够的耐久性

路面结构在行车荷载和冷热、干湿气候因素的多次重复作用下,路面材料会产生老化衰变,路面的使用性能将逐步降低,从而逐渐产生疲劳破坏和塑性形变累积,缩短路面的使用年限。因此,路面结构必须具备足够的抗疲劳强度及抗老化和抗累积形变的能力,以保障或延长路面的使用寿命。

6)具有低噪声及低扬尘性

噪声与扬尘会对环境造成污染,影响正常的行车秩序,对行车密度大的高等级公路,这是必须予以足够重视的问题。

行车噪声,一方面因路面平整度差而引起,以及路面面层材料的刚度大而产生;另一方面,不良的线形设计导致车辆频繁的加速、减速、转向也是噪声产生的原因。扬尘主要发生于砂石路面,由车辆行驶时车轮后面产生的真空吸力将面层细集料吸出而引起。值得注意的是,即使是高级路面,如不及时清扫路面浮土和灰尘,也会同样导致严重的扬尘。因此,对于行车噪声和扬尘,应从公路工程的设计、施工、养护和管理等方面统筹考虑,才能保证路面具有尽可能低的扬尘性和尽可能小的噪声。

1.2 路面分类

路面按其力学特性可以分为柔性路面、刚性路面和半刚性路面。

1)柔性路面

柔性路面是指整体结构刚度较小、在车辆荷载的作用下会产生较大的弯沉变形、路面结构的抗弯拉强度较低、主要靠抗压和抗剪强度来承受车辆荷载作用的路面。柔性路面主要包括由粒料类基层或沥青稳定类基层与沥青面层所组成的路面结构,或由砂石类面层所组成的路面结构。由于车轮荷载通过各结构层向下传递到土基的压应力较大,因此柔性路面对土基的强度和稳定性要求较高。

2)刚性路面

刚性路面主要是指水泥混凝土做面层或基层的路面结构。刚性路面与柔性路面的主要区别在于路面的破坏状态和分布到路基上的荷载状态有所不同。刚性路面的特点是刚度与强度较高,弹性模量较大,结构呈板体性,分布到土基的荷载面较宽,传递到土基的应力较小。

3)半刚性路面

半刚性路面主要是指由无机结合料稳定材料铺筑的基层与各类沥青面层所组成的路面结构。无机结合料稳定材料在前期具有柔性路面的力学性质,随着时间的推移,后期的强度和刚度均有较大幅度的增长,但最终的强度和刚度仍远小于水泥混凝土,因此这类基层称为半刚性基层。

1.3 路面结构组成

1.3.1 路面横断面

1)路面横断面组成

路面横断面一般由行车道、硬路肩、土路肩以及视情况设置的中央分隔带组成,如图1-2所示。

(1)行车道

行车道是指供各种车辆纵向排列、安全顺适地行驶的公路带状部分。行车道由车道组成,车道可供单一纵列车辆行驶。行车道中的车道只包括行车车道和超车车道,而不包括其他起特殊作用的陡坡车道、变速车道等,如图1-3所示。

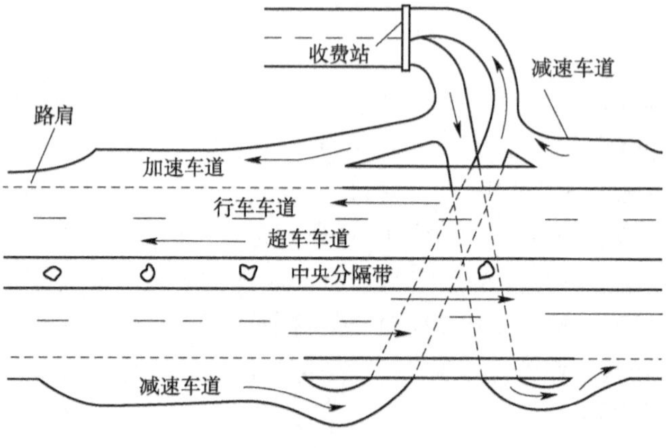

图1-3　行车道

各级公路车道数应符合表1-1的规定。高速公路和一级公路各路段车道数应根据设计交通量、设计通行能力确定;当车道数为双车道以上时,车道数应按双数增加。

各级公路车道数　　表1-1

公路等级	高速公路、一级公路	二级公路	三级公路	四级公路
车道数	≥4	2	2	2(1)

注:四级公路应采用双车道,交通量小或困难路段可采用单车道。

车道宽度应符合表1-2的规定。

车 道 宽 度 表 1-2

设计速度(km/h)	120	100	80	60	40	30	20
车道宽度(m)	3.75	3.75	3.75	3.50	3.50	3.25	3.00

注:1. 八车道及以上公路在内侧车道(内侧第1、2车道)仅限小客车通行时,其车道宽度可采用3.5m。

2. 以通行中、小型客运车辆为主且设计速度为80km/h及以上的公路,经论证车道宽度可采用3.5m。

3. 四级公路采用单车道时,车道宽度应采用3.5m。

4. 设置慢车道的二级公路,慢车道宽度应采用3.5m。

5. 需要设置非机动车道和人行道的公路,非机动车道和人行道的宽度宜视实际情况确定。

(2)路肩

路肩是位于行车道外缘至路基边缘、具有一定宽度和强度的带状结构部分。路肩按是否进行铺装,分为硬路肩和土路肩。路肩的主要作用包括为路面结构提供横向保护、增加侧向余宽,还可供故障车辆临时停车等。

(3)路缘带

路缘带是硬路肩或中间带的组成部分,与行车道连接,用行车道的外侧标线或不同的路面颜色来表示。其主要作用是诱导驾驶员视线和分担侧向余宽功能,以利于行车安全。路缘带如图1-2a)所示,实景如图1-4所示。

(4)中央分隔带

中央分隔带(中间带)的主要作用是分隔对向行车、排除纵向干扰、防止对向车辆碰撞,减轻夜间车灯炫光问题,清晰显示道路内侧边缘,引导驾驶员视线,防止行驶车辆任意转弯掉头等;可作为设置公路牌、埋设管线及设置防撞护栏等其他交通管理设施的场地;提供中间余宽和绿化场地,增加舒适感和美观性。中央分隔带和两条左侧路缘带组成中间带。

2)路面横断面形式

路面的横断面形式可分为槽式横断面和全铺式横断面两种,如图1-5所示。

图1-4 路缘带

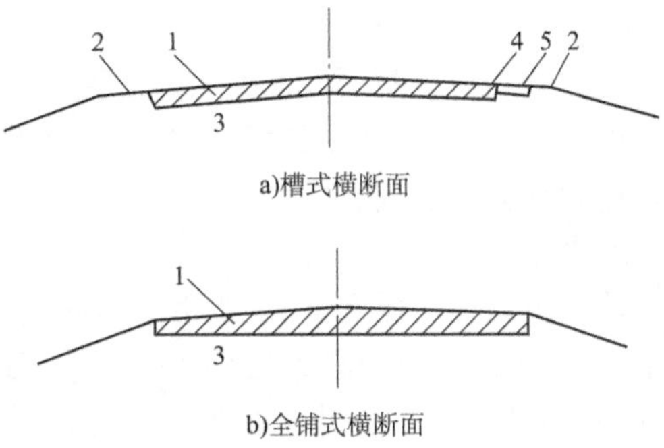

图1-5 路面横断面形式

1-路面;2-土路肩;3-路基;4-路缘石(侧面);5-硬路肩

(1)槽式横断面

路基填挖到设计高程后,在路基上按路面设计宽度范围将路基挖成与路面厚度相同的浅槽;或路基填筑到路床顶面后,按路面设计宽度范围内两侧的路肩部位,培土压实形成与路面厚度相同的浅槽;也可采用半挖半培的方法形成浅槽,然后在浅槽内铺筑路面。

(2)全铺式横断面

全铺式横断面是在路基全部宽度内铺筑路面。在高等级公路建设中,有时为了将路面结构内部的水分迅速排出，在全宽范围内铺筑基层材料，保证水分由横向排入边沟。有时考虑到道路交通需求的迅速增长，为适应扩建的需要，将硬路肩全部按行车道标准铺筑面层。在盛产石料的山区或较窄的路基上铺筑中、低级路面，常采用全铺式横断面。

1.3.2 路面结构层及其功能

行车荷载和自然因素对路面的影响随着深度增加而逐渐减弱，对路面材料的强度、刚度和稳定性的要求也随着深度的增加而降低。所以，通常按照使用的要求、受力状况、土基支撑条件、自然因素对路面影响程度的不同以及经济的角度考虑，将路面分成若干层次来铺筑。按照各个层位功能的不同，路面结构层自上而下一般可划分为面层、基层、底基层和必要的功能层。路面结构层示意图如图1-6所示。

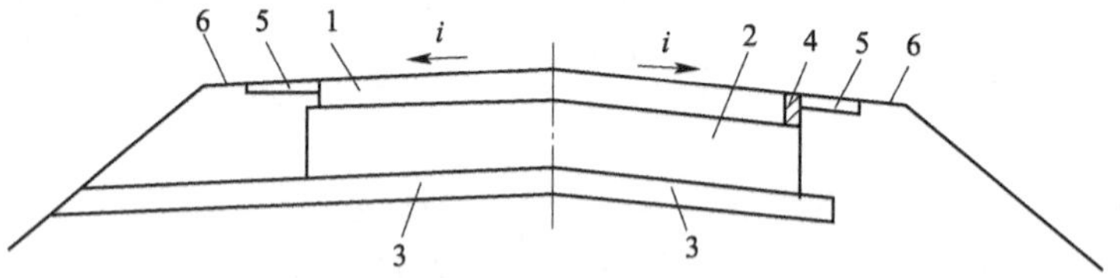

图1-6 路面结构层示意图

1-面层；2-基层及底基层；3-功能层；4-路缘石；5-硬路肩；6-土路肩；i-路拱横坡度

1）面层

面层位于整个路面结构的最上层，直接承受行车荷载的垂直力、水平力，以及车身后所产生的真空吸力的反复作用，同时受到降雨和气温变化的不利影响最大，是能够最直接地反映路面使用性能的结构层。因此，面层应具有较高的结构强度、刚度和较好的水稳定性和温度稳定性，并且耐磨、不透水，其表面还应具有良好的抗滑性和平整度。

修筑面层所用的材料主要有水泥混凝土、沥青混凝土、沥青碎（砾）石混合料、砂砾（或碎石）掺土（或不掺土）的混合料以及块料等。

沥青类路面的面层可分为单层、双层和三层。双层结构自上而下分别称为表面层、下面层。三层结构自上而下分别称为表面层、中面层和下面层。高等级路面的面层常由2~3层组成。中、低级路面如砂石路面面层上所设的磨耗层和保护层亦包括在面层之内，在结构计算时不能作为独立的层次。

2）基层、底基层

基层设置在面层之下，主要承受由面层传递来的车辆荷载垂直力，并将其分布到底基层和土基上。因此，它也应具有足够的强度、刚度和耐久性，并具有良好的扩散应力的能力（应有较好的板体性）。底基层设置在基层之下，底基层材料的强度要求比基层略低些，可充分利用当地材料，以降低工程造价。

由于基层不直接与车轮接触，故一般对基层材料的耐磨性没有严格要求。基层和底基层虽然遭受自然因素的影响比面层小，但是仍然有可能经受地下水和通过面层渗入雨水的侵蚀，所以基层和底基层结构应具有足够的水稳性。基层表面虽然不直接供车辆行驶，但仍然要求有较好的平整度，这是保证面层平整度的基本条件。

在沥青路面结构中，基层是主要承重层，底基层是次要承重层。在水泥混凝土路面结构中，水泥混凝土面层是主要承重层，基层和底基层承受的垂直力作用较小，两者应具有足够的抗冲刷能力和一定的刚度。

基层按所用的材料可分为沥青稳定类、水泥混凝土类、无机结合料稳定类和无结合料的粒料类。具体分类如表 1-3 所示。

常用的基层和底基层类型　　表 1-3

基层和底基层的类型		常用材料
沥青稳定类		沥青碎石、沥青稳定碎石、排水式沥青碎石等
水泥混凝土类		碾压混凝土、贫混凝土等
无机结合料稳定类	水泥稳定类	水泥碎石、水泥砂砾、水泥土等
	石灰工业废渣类	石灰粉煤灰(二灰)碎石、二灰砂砾、二灰土等
	石灰稳定类	石灰碎石土、石灰砾石土、石灰土、石灰土碎石等
粒料类	嵌锁型	泥结碎石、泥灰结碎石、填隙碎石等
	级配型	级配碎石、级配砂砾、级配砾石等

3)功能层

功能层包括防冻层、排水层、黏层、封层和透层等,功能层结构设置如图 1-7 所示。

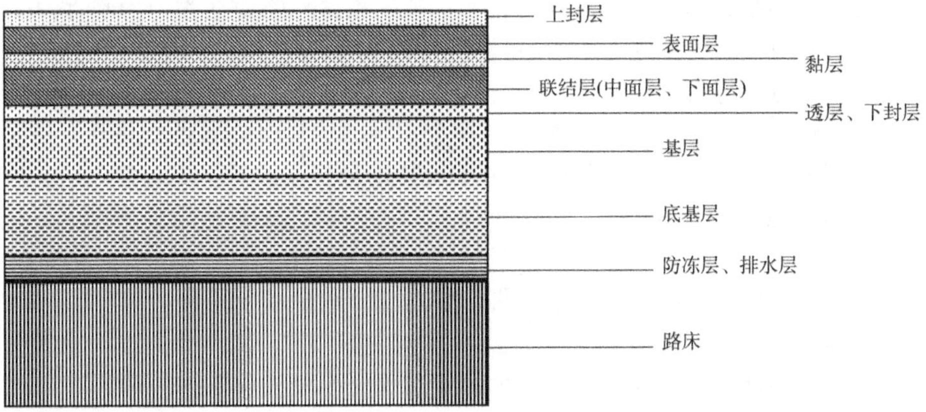

图 1-7　功能层结构示意图

防冻层是铺筑在路基之上防止路基冻融的功能层;排水层是具有较大空隙率,起排除进入路面结构的雨雪水、层间水等作用的功能层;黏层是洒布在沥青层之间或沥青层与水泥混凝土结构层之间,起黏结作用的功能层;封层是铺筑在结构层之间用以阻止水下渗的功能层;透层是指为使沥青层与非沥青材料基层(底基层)结合良好,在基层上喷洒的能透入基层(底基层)表面一定深度的功能层。铺筑在基层下面的功能层还能扩散荷载应力,以减小土基的应力和变形,而且也能阻止路基土挤入基层中,从而可以保证基层的结构性能。

修筑防冻和排水功能层所用的材料,强度不一定很高,但隔热性和水稳性要好。常用材料有两类:一类是用砂、砾石和炉渣等松散粒料组成的透水性材料;另一类是由石灰土或炉渣石灰土等整体性材料组成的稳定材料。

此外,为了保护路面的边缘,便于施工,一般要求基层较面层每边宽出 25cm,功能层也要较基层每边宽出 25cm。

应当指出,不是任何路面结构都需要上述几个层次,而应根据具体情况设定,而且层次的划分也不是一成不变的,例如在道路改建中,旧路的面层可作为新路面的基层。

1.3.3　路拱横坡度

为了保证路面上的雨水能够被及时排出,减少雨水对路面的浸润和渗透,从而保证路面的结构强度，路面表面应做成中间高、两边低的形状，称为路拱。在横断面上，路拱常采用直线形和直线抛物线组合线形两种形式。

路面表面的高差与水平距离的百分比称为路拱横坡度。高级路面的平整度高、水稳定性较好、透水性也较小，通常采用直线形路拱和较小的路拱横坡度。低级路面为了有利于迅速排出路表积水，通常采用较大的路拱横坡度和抛物线形路拱。表1-4列出了各种不同类型路面的路拱平均横坡度参考值。

各类路面的路拱平均横坡度 表1-4

路面类型	沥青混凝土、水泥混凝土	其他沥青路面	碎石、砾石等粒料路面
路拱平均横坡度(%)	1~2	1.5~2.5	3~4

1.4 路面排水

路面排水的目的是迅速排出路面表面的大气降水和渗入路面结构中的水，防止水对路面结构层的损害，即水损害，确保路面结构的强度和稳定性。

路面排水设计应根据公路等级、降水量、路线纵坡等因素，结合路基、桥涵结构物的排水设计，来合理选择排水方案、布置排水设施，形成完整、畅通的排水体系，保证路基和路面的稳定。路面排水包括路表排水、中央分隔带排水和路面结构内部排水。

1.4.1 路表排水

路表排水常采用分散排水和集中排水两种形式。分散排水由路面横坡、路肩和边坡防护组成，适用于路线纵坡平缓、汇水量较小、路堤高度较低的路段。集中排水由路面横坡、拦水缘石或矩形槽、泄水口和急流槽组成，适用于路堤高度较高或路堤边坡易受冲刷的粉性土、砂性土路段及凹形曲线路段的底部等。

1)分散排水路段的土路肩边部构造

一般情况下，分散排水路段的土路肩常采用生态防护，种植适合当地气候、土质条件的草皮，并在底基层顶面外侧设置横向排水管，将滞留在填土绿化层底面的渗水通过横向排水管排到路基外，如图1-8a)所示。对于低填方路堤，可将功能层(垫层)铺至路基边缘，如图1-8b)所示。对于冲刷相对较大的路段，土路肩宜用不小于50mm厚的预制水泥混凝土块铺砌，或现场浇筑混凝土，下设砂砾、砂、碎石等透水材料，以利于路面结构排水，如图1-8c)所示；也可用碎石、砂砾加固，如图1-8d)所示。分散排水设计应与路基边坡、边沟或排水沟相结合。

2)直线段的集中排水

采用集中排水时，直线路段的集中排水泄水口的间距应按有关规范计算确定，一般30~50m设一处，其开口宽度一般为0.5m。在凹形竖曲线的底部或其他位置，间距宜适当加密。

当路面排水采用集中排水方式时，需设置拦水带，将路面表面水汇集在拦水带内，通过间隔一定距离设置的泄水口和急流槽集中排放到路堤坡脚外。拦水带是沿硬路肩或路面外侧边缘设置、拦截路表面水的带状结构物。

拦水带宜采用水泥混凝土、沥青砂或当地其他材料预制或现场浇筑。当用沥青混凝土拦水带时，其沥青混凝土混合料的级配宜符合有关规范规定，沥青用量宜按马歇尔试验确定的最佳沥青用量增加0.5%~1%，采用双面击实50次，空隙率宜为2%~4%。预制水泥混凝土拦水缘石，或用滑模整体浇筑的缘石，应预留相应的出水孔，以利于路面结构内部排水。拦水带示意图如图 1-9 所示。沥青砂拦水带如图 1-10 所示。橡胶拦水带如图 1-11 所示。

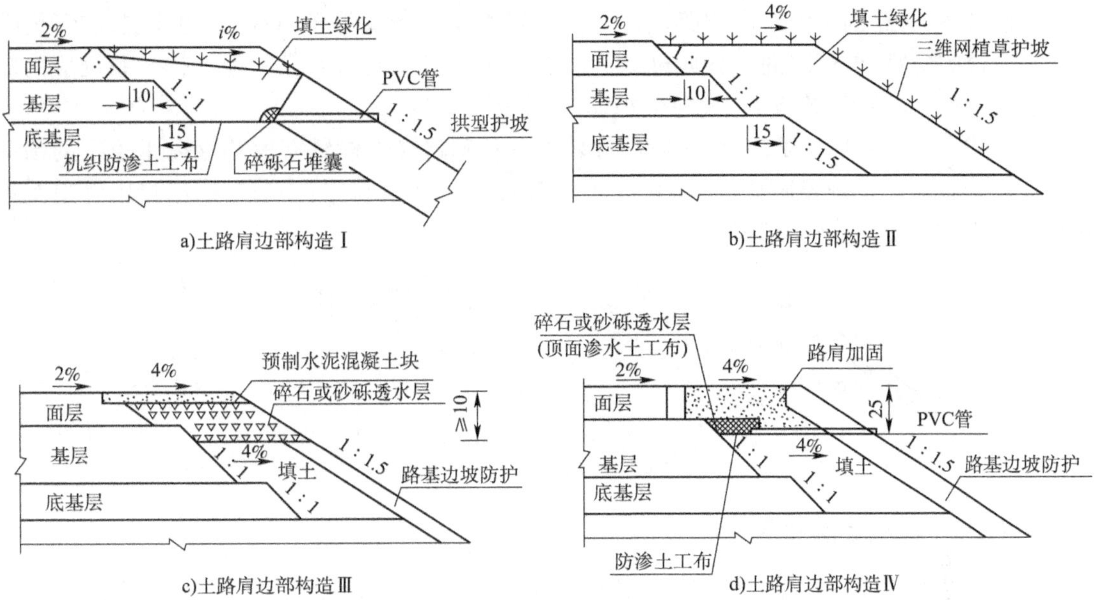

图 1-8　分散排水路肩构造图(尺寸单位:cm)

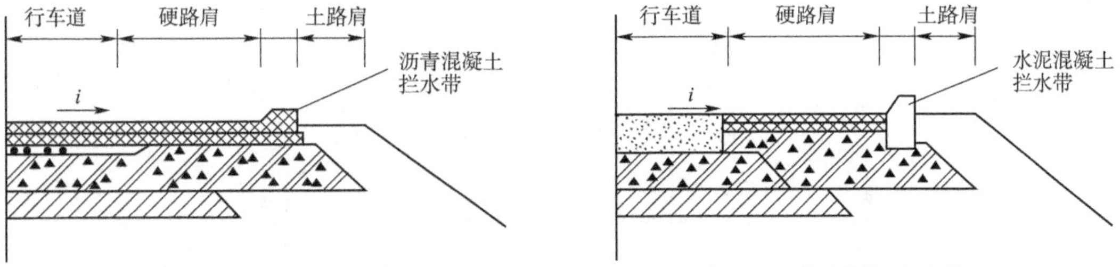

图 1-9　拦水带示意图

图 1-10　沥青砂拦水带实景图

图 1-11　橡胶拦水带

设置拦水带汇集路面表面水时,拦水带过水断面内的水面,在高速公路及一级公路上不得漫过右侧车道外边缘,在二级及二级以下公路不得漫过右侧车道中心线。

3)超高段的集中排水

按照《公路排水设计规范》(JTG/T D33—2012)的规定,超高段外侧排水,可根据降雨量及路面宽度选择采取经内侧路面排除或设置地下排水设施排出的方案。年降水量小于 400mm

的地区(主要集中在西北、内蒙古、东北西北部地区),双向四车道公路可采用在中央分隔带设开口明槽方案,使路面水流经内侧路面排出。年降水量大于或等于400mm的地区,或车道数超过四车道的公路,外侧路面水宜通过地下排水系统排出。超高路段的地下排水系统应由纵向集水沟(管)、集水井、检查井、横向排水管、急流槽等组成。

对新建高速公路超高段的集中排水,宜采用在左侧路缘带设置有钢筋混凝土盖板的预制整体式U形混凝土沟或缝隙式排水沟,每25~50m设一处集水井,并通过横向排水管引至边坡的急流槽或暗管,如图1-12所示。

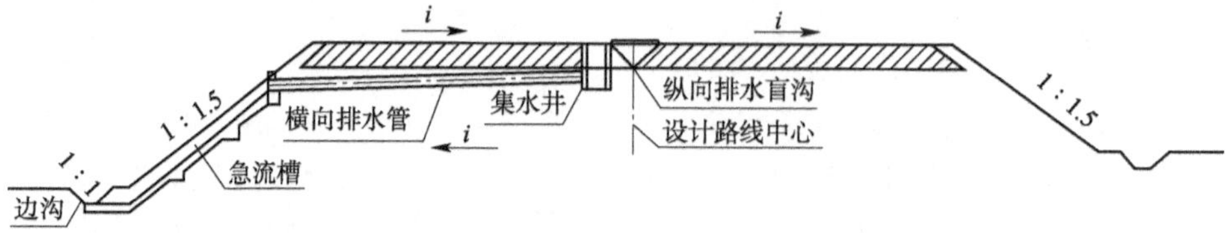

图1-12 超高段集中排水构造图

1.4.2 中央分隔带排水

中央分隔带的排水设施由排水沟(明沟、暗沟、盲沟)、渗沟、雨水井、集水井、横向排水管等组成,中央分隔带可用凸式、平式或凹式。一般不封闭[图1-13a)],某些条件下也可封闭[图1-13b)]。

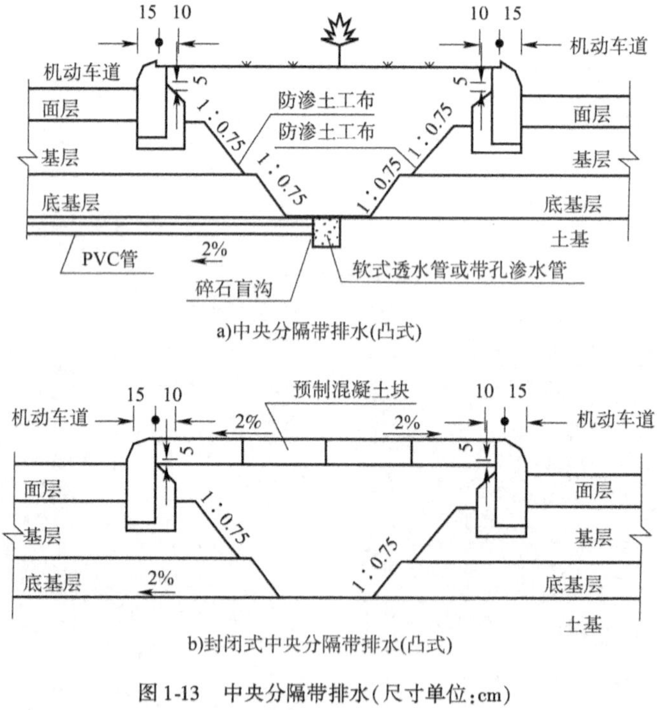

图1-13 中央分隔带排水(尺寸单位:cm)

为排出渗入分隔带内的表面水,中央分隔带内可设置纵向排水渗沟或盲沟,并间隔40~80mm设一条横向排水管将渗沟内的水排引出。渗沟周围包裹反滤织物(土工布),以免渗入水携带的细粒将渗沟堵塞。在渗沟上的回填料与路面结构的交界处铺设防水土工布或设置防水层。

中央分隔带封闭后可不设内部排水系统。中央分隔带封闭可用40~80mm预制混凝土块或现浇混凝土，其下设砂砾垫层。

1.4.3 路面结构内部排水

遇到下列情况之一时，需设置路面结构内部排水系统：

(1)年降水量在600mm以上的湿润多雨地区，路床由渗透系数不大于10^{-4}mm/s的细粒土填筑的高速公路、一级公路或重要的二级公路。

(2)路基两侧有滞水，可能渗入路面结构内。

(3)重冰冻地区，路床为粉性土的潮湿路段 。

(4)现有公路路面改建或路基改善工程，需排除积滞在路面结构内的水。

路面结构内部排水系统可由路面边缘排水系统、排水基层或排水垫层单独或组合构成。

1)路面边缘排水系统

路面边缘排水系统应沿路面结构外侧边缘设置，宜由纵向排水管、横向出水管、透水性填料的集水沟和反滤织物(土工布)等组成，如图1-14所示。

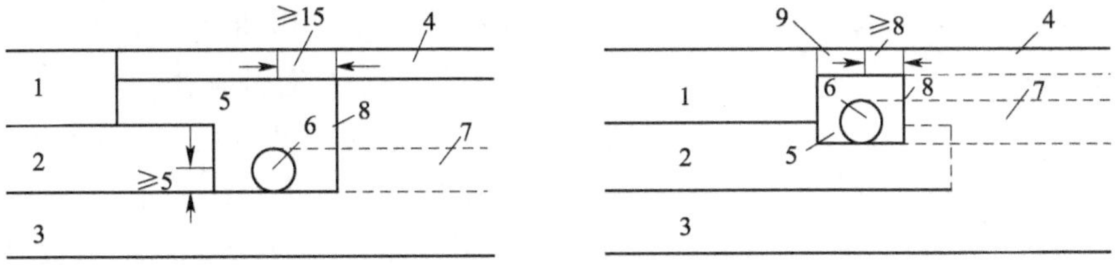

a)新建路面边缘排水系统　　b)改建路面边缘排水系统

图1-14　边缘排水系统(尺寸单位:cm)

1-面层;2-基层;3-垫层;4-路肩面层;5-集水沟;6-排水管;7-出水管;8-反滤织物;9-回填路肩面层

(1)纵向排水管

纵向排水管通常选用聚氯乙烯(PVC)或聚乙烯(PE)塑料管，每延米排水管的开口总面积不宜小于4 200mm^2。排水管宜设三排槽口或孔口，沿管周边等间隔(120°)排列。设槽口时，槽口的宽度可为1.3mm，长度可为15mm；设孔口时，孔的直径可为5mm。纵向带孔排水管管径应按设计流量根据水力计算确定，宜在70~150mm范围内选用。排水管的强度及埋设深度应保证不被车辆或施工机械压坏。新建路面时，排水管管底宜与基层底面齐平；旧路面新增边缘排水系统时，管中心应低于基层顶面。排水管的纵向坡度宜与路线纵坡相同，但不得小于0.3%。

(2)横向出水管

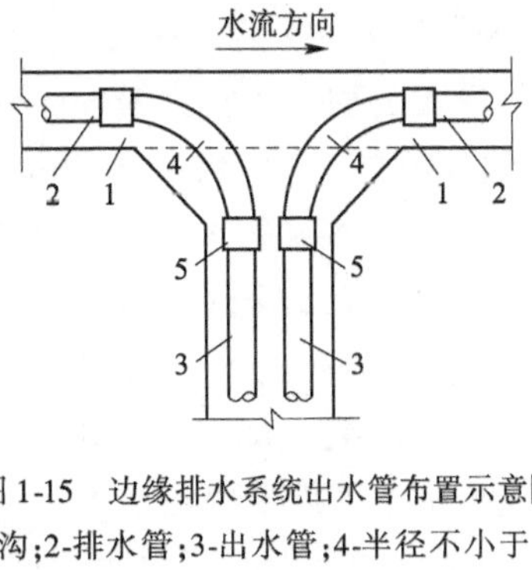

图1-15　边缘排水系统出水管布置示意图

1-集水沟;2-排水管;3-出水管;4-半径不小于300mm的弯管;5-承口管

横向出水管选用不带槽或孔的聚氯乙烯或聚乙烯塑料管，管径应不小于纵向排水管管径。出水管的横向坡度不宜小于5%。除了始端和终端外，中间段的出水管宜采用双管的布置方案；出水管和排水管之间应采用圆弧形承口管连接，圆弧半径不宜小于300mm，如图1-15所示。埋设出水管应采用反开槽法，并用低透水材料回填。出水管的外露端头用镀锌铁丝网或格栅罩住。出水口的下方应铺设水泥混凝土防冲刷垫板或者对泄水道的坡面进行浆砌片石防护，以防止水流冲刷路基边坡和植物生长。此外，出水水流应尽可能排引至排水沟或涵洞内。

(3)透水性填料

透水性填料宜采用水泥处治开级配碎石,其空隙率宜为15% ~20%。粗集料最大粒径不应大于31.5mm,粒径4.75mm以下的细粒含量不应超过16%,2.36mm以下的细粒含量不应超过6%。集料在通过率为15%时的粒径应为排水管槽口宽或孔口直径的1.0~1.2倍。水泥处治集料的配合比,应按透水性要求和施工要求通过试配确定,水泥同集料的比例可为1:10~1:6,水灰比可为0.35~0.47。

(4)集水沟

集水沟的断面尺寸应根据透水材料的渗透系数和设计泄水能力确定。集水沟底面的最小宽度,对新建路面不宜小于30cm;对于旧路面新增边缘排水系统,应能保证排水管两侧各有至少10cm宽的透水填料。透水性填料底面和外侧应铺反滤织物(土工布),以防垫层、基层路肩内的细料侵入而堵塞填料空隙或管孔。反滤织物可选用由聚酯类、丙烯材料制成的无纺织物,满足能透水但细粒土不能随水一起透过的要求。

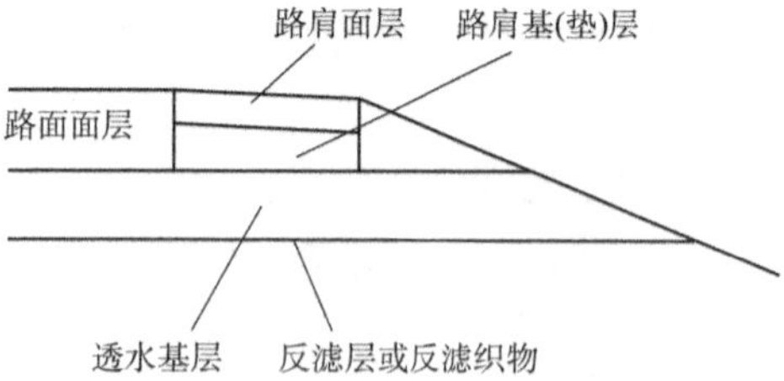

图1-16 全宽式排水基层

2)排水基层排水系统

透水性排水基层应直接设置在面层下,排水基层下应设置不透水层阻截自由水的下渗。排水基层可采用横贯路基整个宽度的形式,也可采用在排水基层边缘设置边缘排水系统的形式。全宽式排水基层如图1-16所示。排水基层排水系统(组合式排水基层)如图1-17所示。

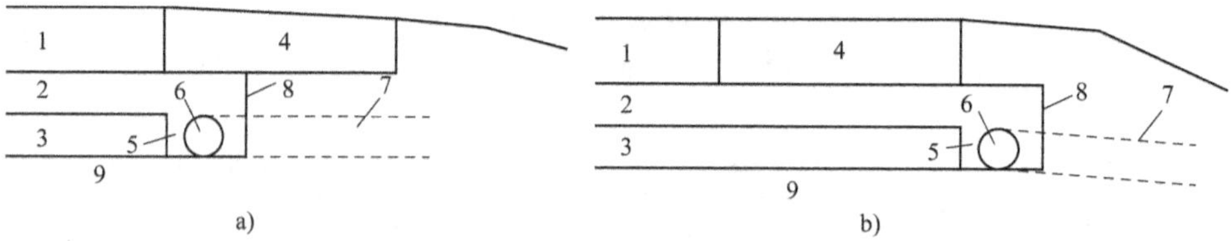

图1-17 排水基层排水系统

1-面层;2-排水基层;3-不透水垫层;4-路肩面层或水泥混凝土路肩面层;5-集水沟;6-排水管;7-出水管;8-反滤织物;9-路基

排水基层可采用水泥或沥青处治的不含或含少量粒径4.75mm以下细粒的开级配碎石材料,也可采用未经结合料处治的开级配碎石材料,并应符合下列要求:

(1)排水基层的集料应选用洁净、坚硬且耐久的碎石,其压碎值不应大于28%。采用沥青处治时,最大公称粒径宜为16mm;采用水泥处治时,最大公称粒径宜为19mm;最大公称粒径不得超过层厚的2/3。粒径4.75mm以下细料的含量不得大于10%。混合料集料级配应满足透水性要求,且渗透系数不得小于300m/d(渗透系数可采用常水头或变水头渗透试验测定)。

(2)水泥处治碎石集料的水泥用量不得少于160kg/m^3,其7d浸水抗压强度不得低于3MPa。沥青处治碎石集料的沥青用量可为集料烘干质量的2.5% ~4.5%。

(3)水泥混凝土面层的排水基层,宜采用水泥处治开级配碎石。沥青混凝土路面的排水基层,宜采用沥青处治碎石。

纵向集水沟可设在面层边缘外侧、路肩下或路肩边缘外侧。集水沟中的填料采用与排水基层相同的透水性材料。集水沟的下部设置带槽口或圆孔的纵向排水管,并间隔适当距离设置不带槽孔的横向出水管。

3)排水垫层排水系统

为拦截地下水、滞水或泉水进入路面结构，或排出因负温差作用而积聚在路基上层的自由水，可直接在路基顶面设置透水性排水垫层。排水垫层宜采用横贯路基整个宽度的形式，也可采用结合边缘排水系统的形式，其厚度不宜小于0.15m。路基为路堑或半路堑时，挖方坡脚处还应设置纵向集水沟和排水管，如图1-18所示。排水垫层选用开级配集料（砂或砂砾石），其级配应满足排水和反滤的要求。

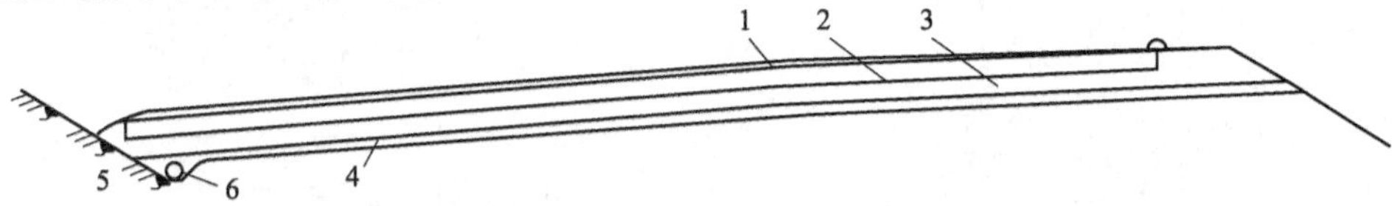

图1-18　排水垫层排水系统示意图

1-面层；2-基层；3-垫层；4-排水垫层；5-集水沟；6-排水管

【工程实例——京港澳高速公路石家庄至磁县（冀豫界）段改扩建工程路面排水设计】

京港澳高速公路石家庄至磁县（冀豫界）段是国家高速公路网（7918网）中的"射3"（北京—港澳）线河北段的重要组成部分，也是河北省2020年高速公路网布局规划"五纵、六横、七条线"中最主要的南北交通干线。

京港澳高速公路石家庄至磁县（冀豫界）段路面排水设计如下，如图1-19所示。

（1）路面表面排水

路面集中排水的截水方式主要有两类：凸起式拦水带和截水沟。凸起式拦水带施工简便，截水效果稳定，但对于八车道等路面较宽的道路，易在暴雨天发生排水不及现象，导致硬路肩甚至外侧行车道形成水膜，影响行车安全。截水沟常设置于土路肩处，能较好地避免拦水带的安全隐患，但为了避免其与路侧护栏立柱位置冲突，需要一定程度上限制其断面尺寸。考虑到其施工较拦水带繁琐，且清淤养护工作量较大，现阶段推荐使用凸起式拦水带，待路侧坡面植被形成防冲刷能力后，方可考虑拆除拦水带，改为散排方式。

本项目路面排水方案：

对于本项目的主线及互通区匝道：

路基高度$H<1.5$m的路段，路基边缘采用分散排水。

路基高度$1.5\text{m}\leq H<4$m的路段，对于纵坡<0.3%或竖曲线凹点路段使用分散排水；对于纵坡≥0.3%的路段，路基边缘采用拦水带集中排水。

路基高度$H\geq 4$m的路段，路基边缘采用分散排水。

对于以上连续长度不足30m的集中排水段，改为分散排水处理路面端部。

集中排水，对于路面上的降水，通过路拱横坡采用横向漫流的方式引流至土路肩内部设置的沥青砂拦水带，纵向每隔24m拦水带设一处开口，通过泄水槽将路面水排至路侧排水沟内。泄水槽的出口处纵向2.5m范围内的排水沟需做防冲刷处理。

（2）路肩排水

对于集中排水的土路肩，其顶部铺设15cm厚水泥混凝土预制块，用以硬化土路肩，实现防冲刷，预制块以下采用绿色三维网包裹营养土植草防护，并在土路肩内部，铺设三维（复合）排水网排出路面结构内积水。

对于分散排水段的土路肩，其顶部铺设15cm厚水泥混凝土预制块，用以硬化土路肩，实现防冲刷，预制块以下直接培土并用30cm厚M7.5浆砌片石包边至路床顶面，并在土路肩内

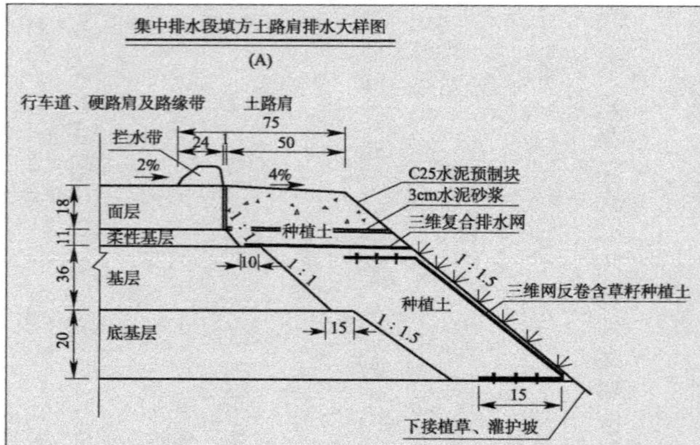

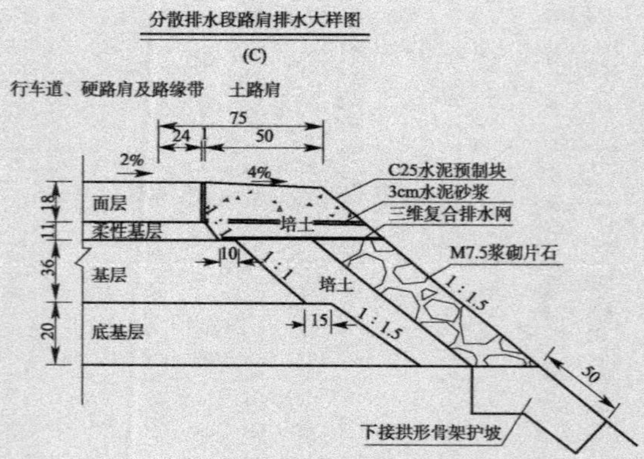

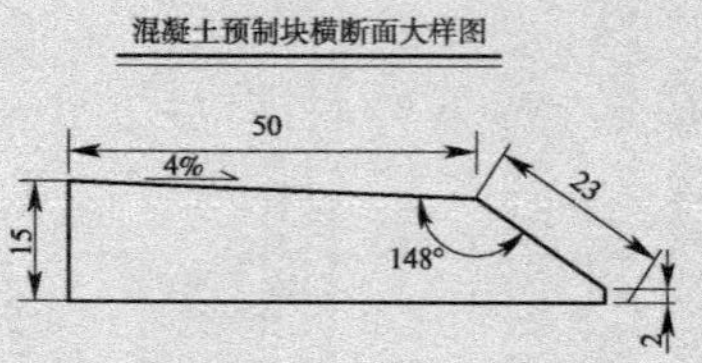

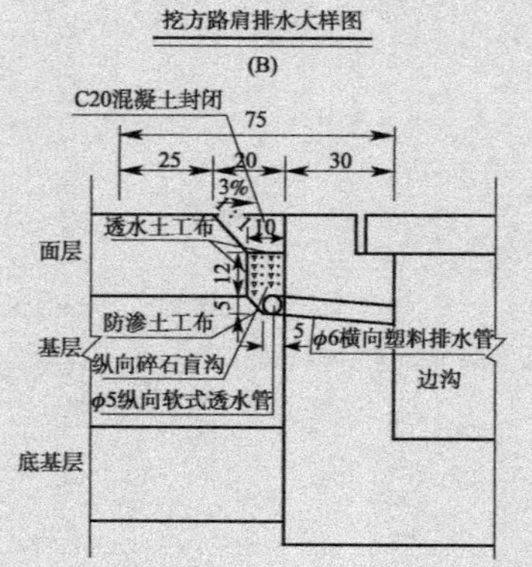

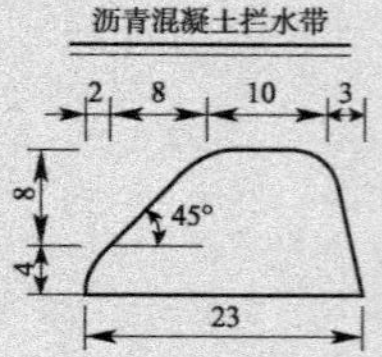

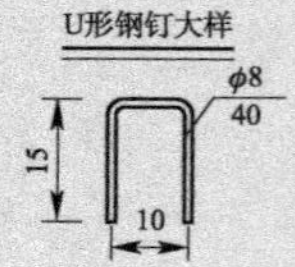

注：

1.图中尺寸均以cm计；

2.图(A)用于集中排水段的路面边部，图(C)适用于散排段的路面边部，图(B)适用于路堑段路面边部。

3.混凝土预制块纵向长为0.5m，预制块与路面之间用砂浆抹缝。

4.防渗土工布与路面搭接处，首先喷洒热沥青，然后将防渗土工布铺好，并且固定好。

5.透水土工布规格为200g/m^2，防渗土工布规格为200g/0.3mm/m^2。

6.横向塑料排水管每10m一处。

图(A/B/C)单侧每延米工程数量表

材料名称	单位	(A)	(B)	(C)
防渗土工布	m^2/m	—	0.25	—
纵向碎石盲沟	m^3/m	—	0.016	—
横向塑料排水管	m/处	—	0.35	—
纵向软式透水管	m/m	—	1.0	—
水稳石开挖	m^3/m	—	0.004	—
三维(复合排水网)	m^2/m	0.77	—	0.77
培土	m^3/m	0.42	—	0.12
透水土工布	m^2/m	—	0.26	—
沥青混凝土拦水带	m^3/m	0.023	—	—
现浇C20混凝土	m^3/m	—	0.015	—
三维网	m^2/m	1.308	—	—
砂浆	m^3	0.023	—	0.023
U形钢钉	kg/m	0.948	—	0.948
预制C25混凝土	m^3	0.092	—	0.092
M7.5浆砌片石	m^3	—	—	0.3

河北省高速公路管理局(集团)	河北省石家庄至磁县(冀豫界)公路改扩建工程 第KJ-7标段(K439+300~K454+900)	路面排水工程设计图	比例： 日期：	图号 ZB-3-21	中交第一公路勘察设计研究院有限公司 河北省交通规划设计院

图1-19　京港澳高速公路石家庄至磁县(冀豫界)段路面排水设计

部，铺设三维（复合）排水网排出路面结构内积水。

（3）中央分隔带排水

原路主线的中央分隔带是凸起式，采用波形梁护栏，其内部填土后植草、植灌木防炫。改建过程中，原中央分隔带除更换部分护栏外基本保持原状。改建后主线的中央分隔带设分离式波形梁护栏，更换凸起式路缘石，保留原中分带种植土，基本保留原防眩植被[可参考图1-13a)]。

能力训练

一、单项选择题（每题的备选项中，只有1个最符合题意）

1. 下面路面结构中，最适合做一级公路路面面层的是（　　）。

A. 块石路面　　B. 沥青表面处治路面

C. 沥青混凝土路面　　D. 水泥稳定碎石路面

2. 在路面结构中，主要用于改善路面结构水稳定性的结构层是（　　）。

A. 面层　　B. 基层　　C. 功能层　　D. 土基

3. 路拱的作用主要是（　　）。

A. 方便行车　　B. 利于排水　　C. 增加美观　　D. 满足施工的要求

4. 功能层的主要作用之一是（　　）。

A. 承受车辆荷载　　B. 承受基层传递下来的荷载

C. 承受其上各层的重力及车辆荷载　　D. 调节土基的水温状况

5. 路面封层可分为上封层和下封层，上封层修筑在（　　）。

A. 垫层之上　　B. 基层之上　　C. 面层之上　　D. 路基与基层之间

6. 钢筋混凝土（素混凝土）路面属于（　　）。

A. 柔性路面　　B. 刚性路面　　C. 半刚性路面　　D. 半柔性路面

7. 在水泥混凝土路面结构层中，主要承受车辆荷载的结构层是（　　）。

A. 面层　　B. 基层　　C. 土基　　D. 垫层

8. 透层是设置在（　　）之间的结构层。

A. 底基层与基层　　B. 底基层与土基

C. 上底基层与下底基层　　D. 面层与基层

9. 排水层的透水性材料可以采用经水泥或沥青处治，或者未经处治的（　　）。

A. 开级配碎石集料　　B. 密级配碎石集料

C. 中粗砂　　D. 细砂

10. 在路堤较高，边坡坡面未做防护而易遭受路面表面水流冲刷，或者坡面虽已采取防护措施但仍有可能受到冲刷时，应沿路肩外侧边缘设置（　　），汇集路面表面水，然后通过泄水口和急流槽排离路堤。

A. 边沟　　B. 拦水带　　C. 硬路肩　　D. 暗沟

11. 设置拦水带汇集路面表面水时，拦水带过水断面内的水面，在高速公路及一级公路上不得漫过（　　）。

A. 右侧车道中心线　　B. 边沟

C. 左侧车道中心线　　D. 右侧车道外边缘

12. 当硬路肩汇水量较大时，可在土路肩上设置（　　）形混凝土预制构件砌筑的排水沟。

A. “O”　　B. “U”　　C. “V”　　D. “Y”

13. 路面基层排水系统是直接在（　　）下设置透水性排水基层。

A. 面层　　B. 垫层　　C. 上基层　　D. 下基层

14. 水泥混凝土路面的排水基层宜采用（　　）。

A. 开级配碎石　　B. 沥青处治开级配碎石

C. 水泥处治开级配碎石　　D. 未筛分碎石

15. 沥青混凝土路面的路拱平均横坡度宜为（　　）。

A. 1% ~2%　　B. 1.5% ~2.5%　　C. 2% ~3%　　D. 3% ~4%

二、多项选择题

1. 路面表面防排水设施由（　　）等组成。

A. 路拱横坡　　B. 盲沟　　C. 路肩坡度　　D. 拦水带　　E. 止水带

2. 路面基层排水施工时，排水基层下必须设置（　　）。

A. 透水层　　B. 反滤层

C. 防水层　　D. 排水层

E. 不透水垫层

3. 路面基层排水系统由（　　）组成。

A. 纵向集水沟　　B. 纵向排水管

C. 横向出水管　　D. 拦水带

E. 路肩坡度

4. 公路排水中地表排水包括（　　）。

A. 路面表面排水　　B. 中央分隔带排水

C. 坡面排水　　D. 路面结构层内排水

E. 排水基层排水

5. 路面边缘排水系统应沿路面结构外侧边缘设置，宜由（　　）组成。

A. 纵向排水管　　B. 横向排水管

C. 集水沟　　D. 反滤织物

E. 路缘石

三、简答题

1. 路面的基本要求有哪些？路面的分类有哪些？

2. 路面横断面的组成及作用是什么？

3. 路面结构层及其功能是什么？

4. 路表排水有哪几种形式？

5. 路面结构内部排水和中央分隔带排水分布有哪些要求？

四、识图训练

图 1-20 是张承高速公路崇礼至张承界段整体式路面结构右半幅，左半幅与其对称，问题：

1. 路面的结构层次有哪些？各结构层次用的是什么材料？

2. 图中 A、B 各指什么？

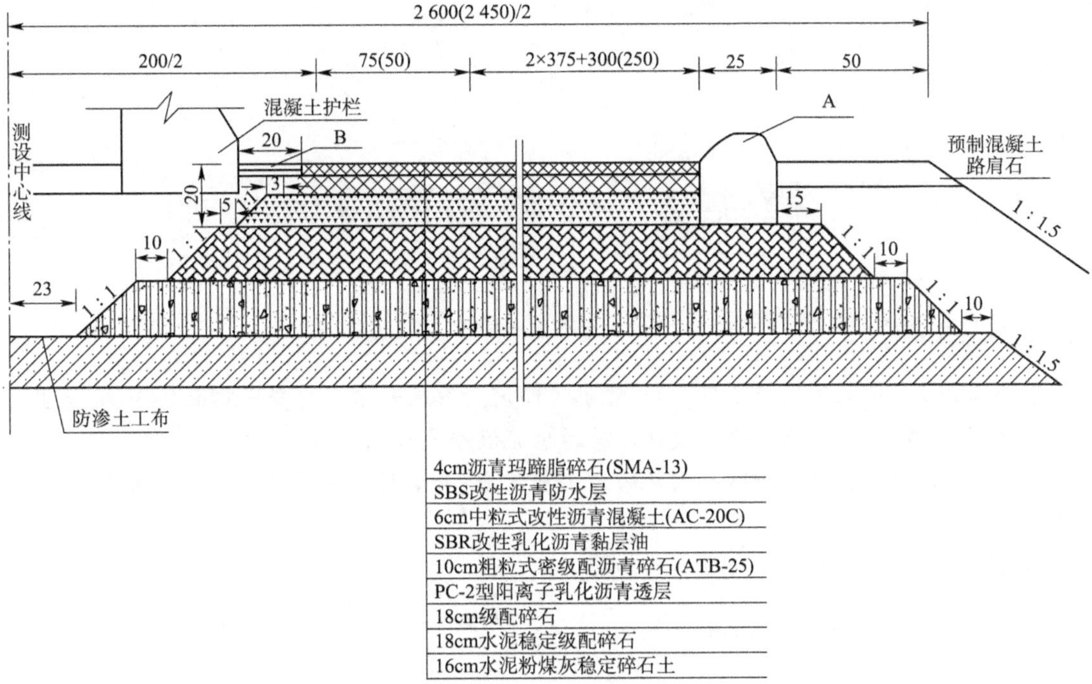

图1-20　张承高速公路崇礼至张承界段整体式路面结构右半幅(尺寸单位:cm)

模块2　公路路面设计

【学习引导】

知识目标：通过本模块的学习，学生能够了解沥青路面和水泥混凝土路面的分类、特点、性能要求及破坏类型，熟悉沥青路面设计及普通水泥混凝土路面设计。

技能目标：学生能够熟知路面设计的方法与流程；能够进行沥青路面、水泥混凝土路面的初步设计。

主要内容：模块2的主要内容结构如图2-1所示。

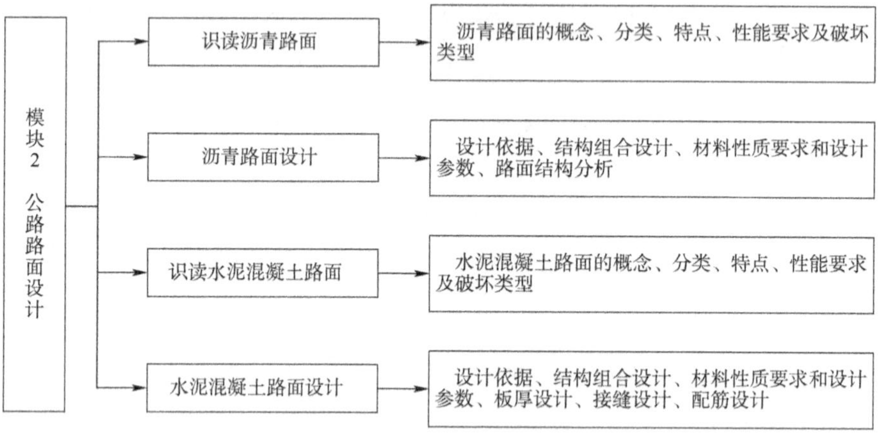

图2-1　模块2的主要内容结构图

2.1　识读沥青路面

沥青路面是指用沥青作为结合料铺筑面层的路面结构的总称。沥青路面属于柔性路面，其抗弯拉强度较低，承载力与稳定性很大程度上取决于土基和基层的特性。

2.1.1　沥青路面的分类

1)按技术品质和使用情况分类

(1)沥青混凝土路面：由适当比例的各种不同大小颗粒的集料、矿粉和沥青，加热到一定温度后拌和，经摊铺压实而成的路面面层。采用相当数量的矿粉是沥青混凝土的一个显著特点。较高的黏结力使路面具有较高的强度，可以承受比较繁重的车辆交通。但沥青混凝土路面的允许拉应变值较小，会产生规则的横向裂缝，因而要求基层强度较高。沥青混凝土路面对高温稳定性与低温稳定性均有要求。较小的空隙率使沥青混凝土路面透水性小、水稳性好、耐久性高、有较强的抵抗自然因素的能力，使用年限可达15年以上。沥青混凝土路面适用于各级公路面层。

(2)沥青碎石路面:用沥青碎石做面层的路面,其高温稳定性好,路面不易产生波浪,冬季不易产生冻缩裂缝,行车荷载作用下裂缝少;路面较易保持粗糙,有利于高速行车;对石料级配和沥青规格要求较宽,材料组成设计比较容易满足要求;沥青用量少,且不用矿粉,造价低。但其孔隙较大,路面容易渗水和老化。热拌沥青碎石适宜用于三、四级公路。中粒式、粗粒式沥青碎石宜用作沥青混凝土面层下层、联结层或整平层。

(3)沥青贯入式:用沥青贯入碎(砾)石做基层、联结层、面层的路面。即在初步压实的碎石(或破碎砾石)上,分层浇洒沥青、撒布嵌缝料,或再在上部铺筑热拌沥青混合料封层,经压实而成的沥青面层。贯入式路面的强度与稳定性主要由石料的相互嵌挤作用和沥青材料的黏结力形成。贯入式路面需要 2 ~ 3 周的成型期,在行车碾压与重力作用下,沥青逐渐下渗包裹石料,填充空隙,形成整体的稳定结构层,温度稳定性好,热天不易出现推移、拥包,冷天不易出现低温裂缝。贯入式路面的最上层应撒布封层料或加铺拌和层。沥青贯入式路面适用于三、四级公路,也可作为沥青混凝土面层的联结层。

(4)沥青表面处治:用沥青和集料按层铺法或拌和法铺筑而成的厚度不超过 3cm 的沥青面层。表面处治按浇洒沥青和撒布集料的遍数不同,分为单层式、双层式、三层式。表面处治路面的使用寿命不及贯入式路面,设计时一般不考虑其承重强度,其作用主要是对非沥青承重层起保护和防磨耗作用,而对旧沥青路面,则是一种日常维护的常用措施。沥青表面处治,一般用于三、四级公路,也可用作沥青路面的磨耗层、防滑层。

2)按集料公称最大粒径、矿料级配、空隙率分类

热拌沥青混合料(HMA)适用于各种等级公路的沥青路面,其种类可按集料公称最大粒径、矿料级配、空隙率划分,分类见表 2-1。

热拌沥青混合料种类 表 2-1

混合料类型	密级配			开级配		半开级配	公称最大粒径(mm)	最大粒径(mm)
	连续级配		间断级配	间断级配		沥青稳定碎石		
	沥青混凝土	沥青稳定碎石	沥青玛蹄脂碎石	排水式沥青磨耗层	排水式沥青碎石基层			
特粗式	—	ATB-40	—	—	ATPB-40	—	37.5	53.0
粗粒式	—	ATB-30	—	—	ATPB-30	—	31.5	37.5
	AC-25	ATB-25	—	—	ATPB-25	—	26.5	31.5
中粒式	AC-20	—	SMA-20	—	—	AM-20	19.0	26.5
	AC-16	—	SMA-16	OGFC-16	—	AM-16	16.0	19.0
细粒式	AC-13	—	SMA-13	OGFC-13	—	AM-13	13.2	16.0
	AC-10	—	SMA-10	OGFC-10	—	AM-10	9.5	13.2
砂粒式	AC-5	—	—	—	—	AM-5	4.75	9.5
设计空隙率*(%)	3 ~ 5	3 ~ 6	3 ~ 4	>18	>18	6 ~ 12	—	—

注:*空隙率可按配合比设计要求适当调整。

(1)热拌沥青混合料按材料组成及结构可分为连续级配、间断级配混合料。连续级配是某一矿质混合料在标准筛孔配成的套筛中进行筛析时,所得的级配曲线平顺圆滑、具有连续的(不间断的)性质,相邻粒径的粒料之间有一定的比例关系(按质量计)。这种由大到小逐级粒径均有,并按比例互相搭配组成的矿质混合料称为连续级配矿质混合料。代表类型有沥青混

凝土和沥青稳定碎石,分别以 AC 和 ATB 表示。间断级配沥青混合料是指矿料级配组成中缺少 1 个或几个档次(或用量很少)而形成的沥青混合料,代表类型有沥青玛蹄脂碎石混合料(SMA)。

(2)热拌沥青混合料按矿料级配组成及空隙率大小分为密级配、半开级配、开级配混合料。密级配沥青混合料是按密实级配原理设计组成的各种粒径颗粒的矿料,与沥青结合料拌和而成,设计空隙率较小(对不同交通及气候情况、层位可作适当调整)的密实式沥青混凝土混合料(以 AC 表示)和密实式沥青稳定碎石混合料(以 ATB 表示)。按关键性筛孔通过率的不同又可分为细型(以 F 表示)、粗型(以 C 表示)密级配沥青混合料等。粗集料嵌挤作用较好的也称嵌挤密实型沥青混合料。开级配沥青混合料是指矿料级配主要由粗集料嵌挤组成,细集料及填料较少,设计空隙率为 18% 的混合料。其代表类型有排水式沥青磨耗层混合料(以 OGFC 表示)、排水式沥青稳定碎石基层(以 ATPB 表示)。半开级配沥青碎石混合料是由适当比例的粗集料、细集料及少量填料(或不加填料)与沥青结合料拌和而成,经马歇尔标准击实成型试件的剩余空隙率在 6% ~12% 的半开式沥青碎石混合料,其代表类型是沥青稳定碎石(以 AM 表示)。

(3)热拌沥青混合料按公称最大粒径的大小可分为特粗式(公称最大粒径大于或等于 31.5mm)、粗粒式(公称最大粒径为 26.5mm)、中粒式(公称最大粒径为 16mm 或 19mm)、细粒式(公称最大粒径为 9.5mm 或 13.2mm)、砂粒式(公称最大粒径小于 9.5mm)沥青混合料。

【知识链接——沥青混合料符号含义】

符号含义:AC——密级配沥青混合料;AC-C——密级配粗型沥青混合料;AC-F——密级配细型沥青混合料;SMA——沥青玛蹄脂碎石混合料;AM——半开级配沥青碎石;ATB——密级配沥青稳定碎石。例:AC-5 的含义为公称最大粒径为 5mm 的密级配沥青混合料。

3)按制造工艺分类

沥青混合料按制造工艺可分为热拌沥青混合料、冷拌沥青混合料、再生沥青混合料等。热拌沥青混合料是指沥青与矿料经加热后拌和,并在一定的温度下完成摊铺和碾压施工过程的混合料。冷拌沥青混合料又称常温沥青混合料,是指采用乳化沥青或稀释沥青在常温下(或者加热温度很低)与矿料拌和,并在常温下完成摊铺和碾压过程的混合料。沥青混合料再生利用,就是将旧沥青路面经过翻挖、回收、破碎、筛分后,与再生剂、新沥青材料、新集料等按一定比例重新拌和成混合料,达到能够满足一定的路用性能并重新铺筑于路面的一整套工艺。

4)按组成结构分类

(1)密实—悬浮结构:在采用连续密级配矿料配制的沥青混合料中,一方面矿料的颗粒由大到小连续分布,并通过沥青胶结作用形成密实结构。另一方面较大一级的颗粒只有留出充足的空间才能容纳下一级较小的颗粒,这样粒径较大的颗粒就往往被较小一级的颗粒挤开,造成粗颗粒之间不能直接接触,也就不能相互支撑形成嵌挤骨架结构,而是彼此分离悬浮于较小颗粒和沥青胶浆中间,这样就形成了密实—悬浮结构的沥青混合料,如图 2-2a)所示。工程中常用的 AC 型沥青混凝土就是这种结构的典型代表。

(2)骨架—空隙结构:当采用连续开级配矿料与沥青组成沥青混合料时,由于矿料大多集中在较粗的粒径上,所以粗粒径的颗粒可以相互接触,彼此相互支撑,形成嵌挤的骨架。但因含量细颗粒很少,粗颗粒形成的骨架空隙无法填充,混合料在压实后留下较多的空隙,形成骨架—空隙结构,如图 2-2b)所示。工程中使用的沥青碎石混合料(AM)和排水沥青混合料(OG-

FC)是典型的骨架空隙型结构。

(3)密实—骨架结构：当采用间断型密级配矿料与沥青组成沥青混合料时，由于矿料颗粒集中在级配范围的两端，缺少中间颗粒，所以一端的粗颗粒相互支撑嵌挤形成骨架，另一端较细的颗粒填充于骨架留下的空隙中间，使整个矿料结构呈现密实状态，形成密实—骨架结构，如图2-2c)所示。沥青玛蹄脂碎石混合料(SMA)是一种典型的骨架密实型结构。

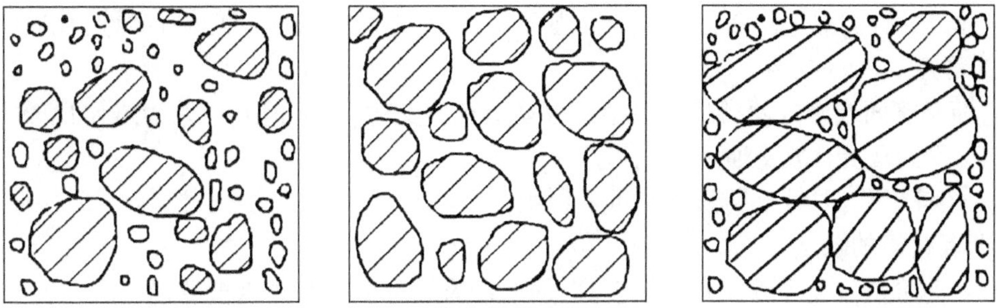

a)密实—悬浮结构　b)骨架—空隙结构　c)密实—骨架结构

图2-2　沥青混合料的结构类型

5)按施工工艺分类

(1)层铺法：用分层洒布沥青、分层铺撒矿料和碾压的方法修筑路面的方法。层铺法的特点是工艺和设备简便、功效较高、施工进度快、造价较低；缺点是路面成型期较长，需要经过炎热季节行车碾压之后路面方能成型。适宜路面类型为沥青表面处治和沥青贯入式两种。

(2)路拌法：在路上用机械将矿料和沥青材料就地拌和摊铺、碾压密实形成沥青面层的方法。此类面层所用的矿料若为碎(砾)石则称为路拌沥青碎(砾)石；所用的矿料若为土则称为路拌沥青稳定土。路拌沥青面层通过就地拌和，沥青材料在矿料中的分布比层铺法均匀，路面成型期较短。但因所用的矿料为冷料，需使用黏稠度较低的沥青材料，故混合料的强度较低。

(3)厂拌法：将规定级配的矿料和沥青材料用专用设备加热拌和，然后送到工地摊铺碾压形成沥青路面的方法。矿料中细颗粒含量少，不含或含少量矿粉，混合料为开级配的(空隙率达10%～15%)，称为厂拌沥青碎石；若矿料中含有矿粉，混合料是按最佳密实级配配制的(空隙率在10%以下)称为沥青混凝土。施工现场沥青混合料搅拌站如图3-4所示。

按混合料铺筑时温度的不同，可分为热拌热铺和热拌冷铺两种。热拌热铺是将混合料在专用设备中加热拌和后立即趁热运到路上摊铺压实的方法。如果混合料加热拌和后储存一段时间再在常温下运到路上摊铺压实，则为热拌冷铺。

【知识链接——沥青稳定碎石混合料和沥青玛蹄脂碎石混合料】

沥青稳定碎石混合料(简称沥青碎石)：由矿料和沥青组成的具有一定级配要求的混合料，按空隙率、集料最大粒径、添加矿粉数量的多少，分为密级配沥青碎石(ATB)、开级配沥青碎石(OGFC表面层及ATPB基层)、半开级配沥青碎石(AM)。

沥青玛蹄脂碎石混合料：由沥青结合料与少量的纤维稳定剂、细集料以及较多量的填料(矿粉)组成的沥青玛蹄脂，填充于间断级配的粗集料骨架的间隙，组成一体形成的沥青混合料，简称SMA。

2.1.2 沥青路面的特点

1)沥青路面的优点

(1)沥青混凝土是一种弹塑黏性材料,具有良好的力学性能,不需要设置施工缝和伸缩缝。

(2)沥青路面具有良好的表面功能特性。沥青路面表面平整且有一定粗糙度,即使雨天也有较好的抗滑性;黑色路面在日照下无强烈反光,行车比较安全;路面有弹性,能减振降噪,行车较为舒适。

(3)沥青路面维修方便,维修完成后,可马上开放交通;水泥混凝土路面维修比较麻烦,需要养护期,不能马上开放交通。

(4) 经济耐久,并可分期修建和再生利用。

2)沥青路面的缺点

(1)石油价格较高导致沥青价格较高,因此沥青路面造价高于水泥路面 。

(2)沥青易老化。随着使用期的延长,沥青的胶体结构和组成成分发生变化,使沥青黏性变差、塑性降低、沥青路面易表面松散、整体性降低,从而导致结构破坏。

(3)沥青路面温度敏感性较差。夏季高温易流淌,高温稳定性差;低温易发脆,抗裂性能差。

2.1.3 沥青路面的性能要求

1)高温稳定性

沥青路面的高温稳定性主要是指沥青混合料在高温条件下,能够抵抗车辆荷载的反复作用,不发生显著永久变形,保持路面平整度的特性。当沥青路面的高温稳定性不足时,可能出现车辙、推移、拥包、波浪、泛油等病害。路面车辙和拥包分别如图 2-3 和图 2-4 所示。

图 2-3 车辙

图 2-4 拥包

我国现行标准规定高温稳定性的检验方法为车辙试验,评价指标为动稳定度。

提高沥青混合料高温稳定性的措施主要包括:选用稠度较大和黏结力较强的沥青;采用碱性矿料;使用形状接近立方体、有棱角和表面粗糙的碎石以及增加粗集料用量;合理设计矿料级配组成,推荐选用密实—骨架结构。

2)低温抗裂性

低温抗裂性是指沥青路面在低温下抵抗开裂的能力。路面开裂表现形式主要有两种:其一是由于气温骤降使面层产生温度收缩变形,在有约束的条件下沥青面层内产生的温度拉应力超过沥青混合料的抗拉强度而形成的低温开裂;其二是由于一年四季气候的变化,使沥青面层产生温度疲劳裂缝。

我国现行标准规定低温抗裂性的检验方法为低温弯曲试验,评价指标为破坏应变。

提高沥青混合料低温抗裂性的措施主要包括:使用稠度较低、针入度较大、温度敏感性较小的沥青。

3)水稳定性

水稳定性通常指沥青路面抵抗水损害的能力。水稳定性的检验方法为浸水马歇尔试验(评价指标为残留稳定度)和冻融劈裂试验(评价指标为残留强度比)。

水稳定性差容易导致沥青路面松散、坑槽等,如果渗到路基内部或土基,还会引起唧浆、冻胀、不均匀沉降等。路面坑槽如图2-5所示。

图2-5 路面坑槽

提高沥青路面水稳定性的措施主要包括:选择表面粗糙、洁净的集料;使用水泥或消石灰处理集料表面,也可掺加抗剥落剂来提高沥青结合料与矿料之间的黏附性;选择密级配的沥青混合料。国内外的经验证明,使用消石灰处理集料表面的效果较好,而且比较经济。

4)耐久性

耐久性是指沥青路面抵抗沥青老化与荷载重复作用的抗疲劳能力。

沥青材料在沥青混合料的拌和、摊铺、碾压以及运营使用中,都存在老化问题。老化过程主要包括两个方面:一是施工过程中因超过规定的高温加热所致的老化;二是使用过程中由于空气及紫外线照射等长期作用导致的老化。

评价沥青材料热老化的能力一般采用蒸发损失、薄膜烘箱及旋转薄膜烘箱试验,而评价长期老化性能则采用压力老化试验。

提高沥青路面耐老化性能的措施主要包括:在保证施工质量的前提下采用较低的拌和温度,同时避免低温季节施工;缩短沥青混合料的高温保存时间;保证沥青路面具有足够的密实度。

路面材料受到车辆荷载的反复作用,在低于极限抗压强度下发生的破坏,称为疲劳破坏,导致疲劳破坏最终的荷载作用次数称为材料的疲劳寿命。

提高沥青路面抗疲劳性能的措施主要包括:增设橡胶沥青封层和应力吸收薄膜;增设级配碎石中间层;加铺土工合成材料夹层。

5)抗滑性

抗滑性是指沥青路面在不利情况下保证车辆安全行驶的能力。

提高沥青路面抗滑性的主要措施包括:高速公路、一级公路沥青路面的表面层(或磨耗层)的磨光值应满足沥青路面施工规范的要求;沥青混合料的级配按骨架结构设计;控制沥青用量;沥青的含蜡量满足要求。

6)防渗性或透水性

防渗性或透水性是指密级配路面的抗渗能力或排水路面的透水能力。沥青路面表层成型后应立即测定渗水系数,渗水系数应满足沥青路面施工规范的规定。

2.1.4 沥青路面的破坏类型

沥青路面的破坏类型可分为裂缝类(含龟裂、不规则裂、横裂、纵裂等)、松散类(含坑槽、啃边、脱皮、麻面等)、变形类(含沉陷、车辙、波浪、拥包等)及其他类(翻浆、泛油、修补损坏等)四大类。

(1)龟裂是指相互交错的裂缝将路面分割成形似龟纹锐角多边形小块,通常是路面由于整体强度不足在行车荷载的反复作用下而引起的疲劳裂缝。

(2)坑槽是指路面由于局部龟裂松散,在行车荷载和雨水等综合作用下导致部分混合料被带走而形成的。

(3)麻面是指沥青混合料的结合料大部分磨失,路面成片地出现过度的粗糙段的现象。

(4)车辙是指路面上沿行车轨迹产生的纵向带状凹槽。

(5)修补是指龟裂、坑槽、松散、沉陷、车辙等的修补面积或修补影响面积(裂缝修补按长度计算,影响宽度为0.2m)。众多损坏将导致修补处难以与路面成为一个整体。

2.2 沥青路面设计

2.2.1 设计依据

1)安全等级和可靠度

各级公路路面结构的安全等级及相应的可靠度、可靠度指标应不低于表2-2的规定。

设计安全等级、可靠度和可靠度指标 表2-2

公路等级	高速公路	一级公路	二级公路	三级公路	四级公路
设计安全等级	一级		二级	三级	
可靠度(%)	95	90	85	80	70
可靠度指标 β	1.65	1.28	1.04	0.84	0.52

2)路面结构的设计期

路面结构的设计期应根据经济发展、交通增长以及公路在路网中的地位,考虑环境和投资条件等综合确定。各级公路的新建沥青路面结构的设计期不宜低于表2-3的要求。

各级公路新建路面结构的设计期 表2-3

公路等级	设计期(年)	公路等级	设计期(年)
高速公路、一级公路	15	三级公路	8
二级公路	12	四级公路	6

3)设计轴载、轴载换算

交通荷载参数的数据调查和计算分析,参照我国现行规范规定进行,分为三个层次:第一层次,根据实测数据分析确定交通参数;第二层次,采用项目所在地区的交通参数默认值;第三层次,采用规范推荐的交通参数默认值。

高速公路路面加铺设计应采用第一层次,高速公路和一级公路新建路面设计应采用第一层次或第二层次,其他情况可采用第二层次或第三层次。

采用单轴—双轮组100kN作为设计轴载,其计算参数如表2-4所示。

设计轴载的参数 表 2-4

设计轴载(kN)	轮胎接地压强(MPa)	单轮接地当量圆直径(mm)	两轮中心距(mm)
100	0.70	213	319.5

按规范要求将各类车辆的作用次数换算为设计轴载的作用次数,并计算设计期累计当量轴载作用次数 N_e。

4)交通荷载分级

路面所承受的交通荷载作用,按设计期内设计车道所承担的累计货车交通量分为5个等级,分级范围如表2-5所示。其中,极重交通主要适用于以集装箱车辆为主的货运干线公路,以及运送大宗散装货物为主的货运专用公路。

交 通 荷 载 分 级 表 2-5

交通荷载等级	极重	特重	重	中等	轻
设计车道累计货车交通量($\times 10^6$)	≥20	20~9	9~5	5~1.5	<1.5

5)路面性能设计指标

路面结构设计应保证设计期内路面结构在环境条件和交通荷载作用下,路面使用性能满足要求。路面性能指标包括沥青层疲劳开裂、无机结合料层疲劳开裂、路基永久变形、沥青层永久变形、低温开裂、抗滑性能和平整度。以上各指标的设计要求如下:

沥青层疲劳开裂:沥青层疲劳寿命 N_{f1} 不小于按照沥青层疲劳等效换算得到的设计车道累计当量轴载作用次数 N_{e1}。

无机结合料层疲劳开裂:无机结合料层疲劳寿命 N_{f2} 不小于按照无机结合料层疲劳等效换算得到的设计车道累计当量轴载作用次数 N_{e2}。

路基永久变形:路基顶面的最大竖向压应变应不大于容许压应变值 ε_z。

沥青层容许永久变形:沥青路面的车辙深度宜符合表2-6的要求。

各等级公路路面容许车辙深度(单位:mm) 表 2-6

公路等级	高速、一级公路	二级公路	三级、四级公路
容许车辙深度,≤	15	20	25

低温开裂:对于高速公路和一级公路,裂缝指数I宜不大于3.0。

抗滑性能:抗滑性能以横向力系数SFC60和宏观构造深度TD为主要指标。高速公路、一级公路路面在交工验收时,其抗滑技术指标宜符合表2-7的技术要求。二级及以下等级公路可参照表2-7执行。

沥青路面抗滑技术指标 表 2-7

年平均降雨量(mm)	交工检测指标值	
	横向力系数 SFC60	构造深度 TD(mm)
>1 000	≥54	≥0.55
500~1 000	≥50	≥0.50
250~500	≥45	≥0.45

平整度:对于高速公路和一级公路,国际平整度指数 IRI≤2.0m/km,σ≤1.0mm。

6)设计流程

沥青路面设计流程如图2-6所示。

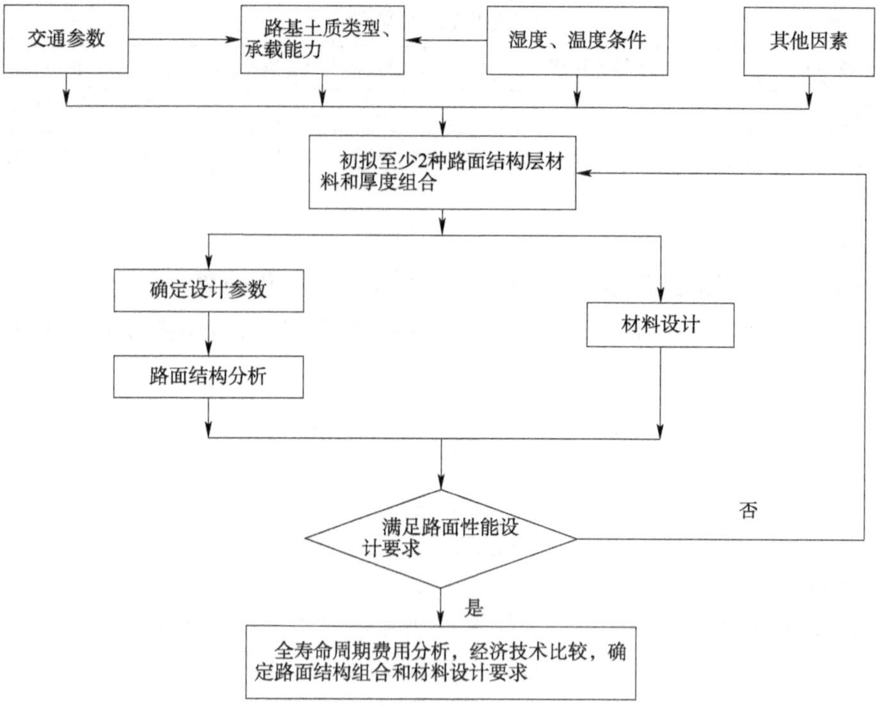

图 2-6　沥青路面设计流程

2.2.2　结构组合设计

沥青路面结构层自上而下可由面层、基层、底基层和必要的功能层组成，面层可分为表面层和联结层。表面层直接承受交通荷载作用和气候因素影响，并保证行车的安全和舒适性。联结层承上启下，连接表面层与基层。基层是路面结构的主要承重层，当基层较厚时，可分层填筑，最下一层称为底基层。其他功能层包括防冻层、排水层、黏层、封层和透层等。

路面结构组合应与交通条件、路基的承载能力、环境条件、材料性能和施工水平相适应。路面结构组合设计应注重路面功能设计与结构性能设计相协调，尽可能提高路面结构性能的耐久性。路面在设计期内不应发生结构性破坏。基层、底基层等结构层在路面设计期内应保持良好的结构性能，在路面结构设计期内表面层可进行周期性养护、维修。

对于表面层，可允许进行周期性的养护、维修，即允许 1 次或多次针对车辙、抗滑、横向裂缝等损坏的维修工作，这些维修工作多采用路表处理方式，其使用年限可比路面结构的设计期短。

对于无机结合料稳定类基层、底基层的疲劳开裂，以及沥青面层、基层的疲劳开裂，往往需要对路面进行自下而上的“翻修”，这意味着路面结构的破坏，因此联结层及以下的结构层应在路面设计期内保持良好的结构性能，其使用年限应与路面结构设计期相当或更长。

根据路面结构组合设置适当的黏层、封层和透层等，增强路面结构层间的结合。在进行结构组合设计时应考虑路面结构的防水、排水性能，减少水进入或滞留于路面结构内的风险。

1）路面结构组合

沥青路面结构组合按基层材料类型分为四类：无机结合料类基层沥青路面、沥青稳定类基层沥青路面、粒料类基层沥青路面、水泥混凝土做基层的复合式路面。复合式路面的水泥混凝土基层按《公路水泥路面设计规范》（JTG D40—2011）进行设计。

按各种路面结构组合的技术特性、主要损坏类型及性能衰变规律得到不同结构组合沥青路面的损坏特点如表 2-8 所示。复合式沥青路面的主要损坏类型为设传力杆水泥混凝土板的疲劳开裂、沥青表面层的反射裂缝以及由于沥青表面层与水泥混凝土板之间的层间结合不良而产生的剪切推移变形。对于季节性冰冻地区，还需考虑沥青表面层的低温开裂。

不同结构组合沥青路面的主要损坏类型(单位:mm)　　表 2-8

结构类型	粒料类基层沥青路面、底基层采用粒料的沥青结合料类基层沥青路面			无机结合料类基层沥青路面、底基层采用无机结合料类材料的沥青结合料类基层沥青路面	
沥青层厚度	≤50	50 ~ 150	≥150	<150	≥150
主要损坏类型	永久变形	沥青层疲劳开裂 沥青层永久变形	沥青层永久变形 沥青层疲劳开裂	基层疲劳开裂 面层反射裂缝	面层永久变形 基层疲劳开裂 面层反射裂缝
季冻地区	面层低温开裂				

根据交通荷载等级、沥青层厚度和气候条件等选择路面结构组合，组合的原则宜符合表 2-9的规定。

沥青路面结构组合设计参考表(单位:mm)　　表 2-9

结构组合			交通荷载等级与年平均降雨量							
面层厚度	基层	底基层	极重		重、特重		中等		轻	
			<1 000	>1 000	<1 000	>1 000	<1 000	>1 000	<1 000	>1 000
<50	无机结合料类	无机结合料类	×	×	×	×	√	×	√	√
		粒料类	×	×	×	×	√	×	√	√
	沥青结合料类	无机结合料类	×	×	√	√	×	√	×	×
		粒料类	×	×	√	√	×	√	×	×
	粒料类	无机结合料类	×	×	×	×	√	×	√	√
		粒料类	×	×	×	×	√	×	√	√
	水泥混凝土	无机结合料类	√	√	√	√	×	×	×	×
		粒料类	√	√	√	√	×	×	×	×
50 ~ 150	无机结合料类	无机结合料类	√	√	√	√	×	√	×	×
		粒料类	○	○	√	○	√	√	×	√
	沥青结合料类	无机结合料类	√	√	√	√	×	×	×	×
		粒料类	√	√	√	√	×	×	×	×
	粒料类	无机结合料类	√	×	√	√	√	√	×	○
		粒料类	○	×	√	√	√	√	×	√
	水泥混凝土	无机结合料类	√	√	√	√	×	×	×	×
		粒料类	×	×	√	√	×	×	×	×

续上表

结构组合			交通荷载等级与年平均降雨量							
面层厚度	基层	底基层	极重		重、特重		中等		轻	
			<1 000	>1 000	<1 000	>1 000	<1 000	>1 000	<1 000	>1 000
>150	无机结合料类	无机结合料类	√	√	√	√	×	×	×	×
		粒料类	√	√	√	√	×	×	×	×
	沥青结合料类	无机结合料类	√	√	√	√	×	×	×	×
		粒料类	√	√	√	√	×	×	×	×
	粒料类	无机结合料类	√	√	√	√	×	×	×	×
		粒料类	√	√	√	√	×	×	×	×

注：√表示推荐采用，×表示不推荐采用，○表示在论证的基础上可酌情采用。

2）路基

路基应稳定、密实和均匀，具有足够的承载能力。路床顶面回弹模量值的确定应与交通荷载等级相适应，并应符合表 2-10 的规定。路床顶面回弹模量值不满足要求时，应采取改变填料、增设粒料层或采用无机结合料改善等措施。

路床顶面回弹模量要求（单位：MPa）　　表 2-10

交通荷载等级	极重	特重	中等、重	轻交通
回弹模量，≥	120	90	60	40

岩石或填石路床顶面应铺设整平层。整平层可采用碎石、石屑或低剂量水泥稳定粒料，其厚度视路床顶面平整程度而定，一般为 100 ~ 150mm。

3）基层和底基层

基层和底基层应具有足够的承载能力和抗疲劳开裂性能、足够的耐久性和水稳定性；对于沥青稳定类和粒料类材料还应具有足够的抗永久变形的能力。依据交通荷载等级、材料供应情况和结构层组合要求，可参照表 2-11 选用基层和底基层的组成材料种类。

基层和底基层组成材料种类选用　　表 2-11

类型	材料类型	适用场合
无机结合料类	水泥稳定碎石、石灰—粉煤灰稳定碎石	各交通荷载等级的基层和底基层
	贫混凝土	特重或极重交通的基层
	水泥稳定开级配碎石	多雨地区、特重或重交通的排水基层
	水泥稳定未筛分碎（砾）石、石灰—粉煤灰稳定未筛分（砾）石、石灰稳定未筛分（砾）石	轻交通的基层、各交通荷载等级的底基层
	水泥土、石灰土、石灰—粉煤灰土	轻交通的基层、中等交通和轻交通的底基层
沥青结合料类	密级配沥青碎石、半开级配沥青碎石	特重和重交通的基层
	开级配沥青碎石	多雨地区、特重或重交通的排水基层
	沥青贯入碎石	中等和轻交通的基层
粒料类	级配碎石	重交通、中等交通和轻交通的基层和底基层
	级配砾石、未筛分碎石、填隙碎石	轻交通的基层、各交通荷载等级的底基层
再生类材料	厂拌热再生混合料	特重、重交通的基层
	乳化沥青冷再生混合料、泡沫沥青冷再生混合料、无机结合料冷再生混合料	各交通荷载等级的基层和底基层

各种基层和底基层的结构层最小厚度，按所选集料的公称最大粒径和压实效果的要求而定，可参照表 2-12 选用。再生类材料结构层的最小厚度要求参照《公路沥青路面再生技术规范》(JTG F41—2008)的规定。

基层或底基层的设计层厚超出施工条件所具备的压实能力时，需分层铺筑，且最小厚度不宜小于表 2-12 的规定。

基层和底基层材料的结构层最小厚度(单位：mm)　　表 2-12

材料种类	集料公称最大粒径	最小层厚
密级配沥青碎石 半开级配沥青碎石 开级配沥青碎石	37.5	100
	31.5	90
	26.5	80
	19.0	50
沥青贯入碎石	贯入式沥青碎石为 40mm，上拌下贯沥青碎石为 60mm	
贫混凝土	31.5	120
无机结合料稳定类	26.5、31.5	150
级配碎石	19.0、26.5	100
未筛分碎石	31.5	
级配砾石、级配碎砾石	31.5	
填隙碎石	53(基层)63(底基层)	100

选用无机结合料类材料做基层或底基层时，应控制其与下卧层的相对刚度，且下卧层宜选用细料含量少的材料，以防止产生唧泥病害。无机结合料类基层或底基层的上层可选用由半开级配沥青碎石或开级配沥青碎石层作为反射裂缝减缓层。采用此类结构时，必须设置路面边缘排水系统，将渗入水排引出路基。

在年降水量大于 1 000mm 的潮湿多雨地区，以及路基为低透水性细粒土的高速公路和一级公路，可在沥青面层下设置沥青碎石排水基层，并设置路面边缘排水系统。排水基层下应设置不透水的结构层次。

4)表面层与联结层

表面层应具有平整、抗滑、耐磨损、抗车辙、抗疲劳开裂、抗低温缩裂和抗水损害等性能。可根据公路等级、交通荷载等级、特定使用要求的不同，选择表面层的材料类型。密级配沥青混合料适用于各种交通荷载等级。极重、特重交通或重交通的表面层，可选用沥青玛蹄脂碎石混合料。对雨季抗滑或降低交通噪声有特殊要求的路段，可选用开级配沥青混合料。轻交通或中等交通的三级和四级公路，可选用沥青表面处治或沥青贯入碎石作为表面层。

联结层应具有平整、抗车辙、抗疲劳开裂和抗水损害等性能。联结层宜选用密级配沥青混合料。极重、特重交通可选用沥青玛蹄脂碎石混合料。各沥青层中应设置至少 1 层泌水性好的密级配沥青混合料或沥青玛蹄脂碎石结构层。

密级配沥青混合料和沥青玛蹄脂碎石混合料的结构层最小厚度不宜小于集料公称最大粒径的 2.5 ~ 3.0 倍。开级配沥青混合料的结构层最小厚度不宜小于集料公称最大粒径的 2.0 ~

2.5 倍。表面层和联结层的最小厚度不宜小于表 2-13 的规定。

不同类型沥青结构层的最小层厚(单位:mm)　　表 2-13

沥青混合料类型	集料公称最大粒径					
	4.75	9.5	13.2	16.0	19.0	26.5
密级配沥青混合料(细型)	15	25	30	40	50	75
密级配沥青混合料(粗型)	—	30	40	50	60	75
沥青玛蹄脂碎石	—	30	40	50	60	—
开级配沥青混合料	—	19	25	30	—	—
沥青贯入碎石	贯入式沥青碎石为 40mm,上拌下贯沥青碎石为 60mm					
沥青表面处治	单层式为 10mm,双层式为 15mm,三层式为 25mm					

对于长大纵坡路段的沥青路面,宜采取增强路面抗永久变形能力的措施。长大纵坡路段的上坡方向,由于货车车速缓慢,交通荷载对路面破坏作用加剧,易引起路面永久变形的加速发展。因此,设计时宜提高长大纵坡路段路面的抗永久变形能力。

5)其他功能层

(1)防冻层

在季节性冰冻地区,应根据道路多年最大冻深等因素,验算路面的防冻厚度。道路多年最大冻深按公式(2-1)计算。

$$Z_{\max} = abcZ_{\mathrm{d}} \tag{2-1}$$

式中:$Z_{\max}$——道路多年最大冻深,mm;

a——大地冻深范围内路基及路面各层材料热物性系数的加权平均值,材料的热物性系数按照表 2-14 确定;

b——路基湿度系数,按照表 2-15 确定;

c——路基断面形式系数,根据表 2-16 按内插法确定;

Z_{d}——大地标准冻深,mm。

路基、路面材料热物性系数 a　　表 2-14

路基材料	黏质土	粉质土	粉土质砂	细粒土质砂、黏土质砂	含细粒土质砾(砂)
热物性系数	1.05	1.10	1.20	1.30	1.35
路面材料	水泥混凝土	沥青混合料	级配碎石	二灰或水泥稳定粒料	二灰土及水泥土
热物性系数	1.40	1.35	1.45	1.40	1.35

路基湿度系数 b　　表 2-15

干湿类型	干燥	中湿	潮湿
湿度系数	1.0	0.95	0.90

路基断面形式系数 c　　表 2-16

填挖形式	路基填土高度					路基挖方深度			
	零填	2m	4m	6m	> 6m	2m	4m	6m	> 6m
断面形式系数	1.0	1.02	1.05	1.08	1.10	0.98	0.95	0.92	0.90

对于季节性冰冻地区中湿和潮湿状态的路基,路面结构厚度小于表 2-17 规定的最小防冻

厚度要求时，应设防冻层。

沥青路面结构最小防冻厚度（单位：mm）　　表2-17

路基干湿类型	路基土质	道路多年最大冻深			
		500～1 000	1 000～1 500	1 500～2 000	>2 000
中湿	黏质土	300～450	350～500	400～600	500～700
	粉质土	300～450	400～600	450～700	500～750
潮湿	黏质土	350～550	450～600	500～700	550～800
	粉质土	400～600	500～700	600～800	650～1 000

防冻层的宽度应与路基同宽，其最小厚度为150mm。宜采用砂、砂砾、碎石等粒料类材料。

（2）排水层

潮湿地区路面底基层为无机结合料类材料时，宜在底基层与路床之间设置粒料层，宽度应与路基同宽，其最小厚度为150mm。

（3）黏层

路面各沥青层之间必须喷洒黏层。黏层沥青可选用乳化沥青、改性乳化沥青、热喷沥青或改性沥青等。交通量较大或重要公路的黏层，以及用于改建工程加铺层与原路面之间时，宜采用改性乳化沥青或热喷改性沥青。

（4）封层

无机结合料类基层上应设置封层。可采用单层沥青表面处治、改性沥青应力吸收层或稀浆封层等。

（5）透层

粒料类基层和无机结合料类基层顶面宜喷洒透层沥青。透层沥青应具有良好的渗透性，可选用液体沥青（稀释沥青）、乳化沥青等。

6）路肩

路肩应具有一定的承载能力，其结构组合和材料选用应与行车道路面相协调，并保证进入路面结构中的水不被封堵。

路肩铺面宜选用沥青结合料类面层。三级和四级公路的路肩铺面可选用粒料类面层，但行车道路面面层宽度应超出行车道外侧边缘线600mm以上。基层选用粒料时，其粒径小于0.075mm的颗粒含量不宜大于6%。

极重、特重交通和重交通公路以及重冰冻地区公路的路肩，其基层和底基层的材料类型和厚度应与行车道路面结构相同，并横向贯通到路基边缘。

7）路面排水

路面排水包括路面表面排水、排水结构层和边缘排水系统等。路面排水系统应与公路其他相关排水系统相结合，按照《公路排水设计规范》（JTG/T D33—2012）的规定进行设计。

选用开级配沥青混合料做表面层时，应设置配套的路面边缘排水系统，将渗入水排引出路基。

设置排水基层或防冻层时，应在排水基层或防冻层外侧边缘设置纵向集水沟和带孔集水管，并间隔50～100m的纵向距离设置横向排水管。排水基层的纵向边缘集水沟应设在路肩内侧边缘外。防冻层的纵向边缘集水沟应设在路床边缘。

2.2.3 材料性质要求和设计参数

路面材料设计应在考虑公路等级、气候和交通条件、各结构层功能要求、当地材料特点、施工水平等因素的前提下，在经济技术论证的基础上进行开展。

路面材料和路基的设计参数一般分为3个层次确定：第一层次，按标准试验方法，实测材料的设计参数；第二层次，实测材料的物性参数，利用经验关系式确定设计参数；第三层次，参照规范规定的参考值表，根据项目情况选用。

高速公路和一级公路的工程可行性研究阶段、初步设计阶段可采用第二或第三层次；施工图设计阶段，路基和粒料可采用第三层次或第一层次，其他材料宜采用第一层次。二级及以下等级公路各设计阶段可采用第二或第三层次。

1）路基

高液限黏土及含有机质的细粒土不得用作高速和一级公路的路床填料或二级和二级以下等级公路的上路床填料；高液限粉土、塑性指数大于16或膨胀率大于3%的低液限黏土，不得用作高速和一级公路的上路床填料。因条件受限而采用上述填料时，应掺加水泥、粉煤灰或石灰等结合料进行改善。

路基干湿类型按路基工作区的湿度来源分为三类：受地下水控制的潮湿类、受气候因素控制的干燥类和兼受以上两因素影响的中湿类。

【知识链接——路基工作区】

在路基的某一深度处，车辆荷载引起的应力 σ_1 与路基自重引起的应力 σ_2 相比只占一小部分（1/10～1/5），在此深度以下，车辆荷载对土基的作用影响很小，可以忽略不计，将此深度 Z_a 范围内的路基称为路基工作区，即车轮荷载作用影响较大的路基土范围，如图2-7所示。路基高度 H 和路基工作区深度 Z_a 的关系如图2-8所示。在路基工作区内，路基土的强度和稳定性对保证路基路面结构的强度和稳定性具有十分重要的意义。

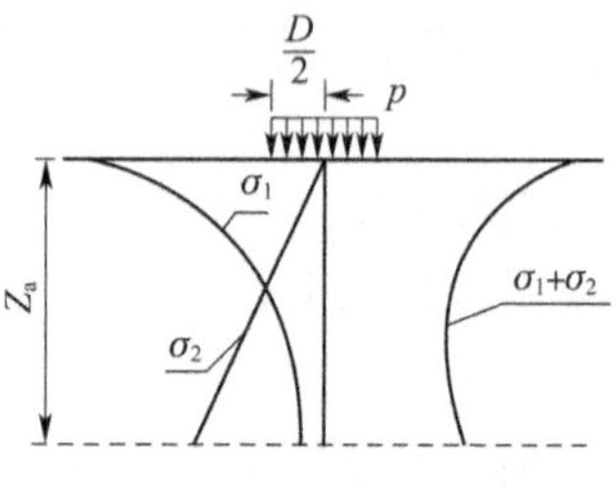

图2-7 路基工作区深度示意图

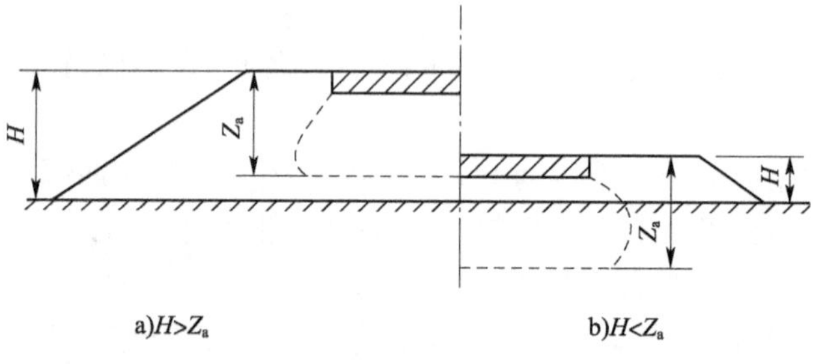

图2-8 路基高度 H 和路基工作区深度 Z_a 的关系

路基工作区深度 Z_a 可以用式（2-2）计算：

$$Z_a = \left(\frac{KnP}{\gamma}\right)^{1/3} \tag{2-2}$$

式中：Z_a——路基工作区深度，m；

K——系数，取 $K=0.5$；

n——系数，$n=5\sim10$；

P——一侧车轮荷载，kN；

γ——土的重度，kN/m^3。

【知识链接——路基平衡湿度】

路基湿度状况受大气降水和蒸发、地下水、温度和路面结构及其透水程度等多种因素的影响。许多观测资料表明，在路面完工后的2～3年内，路基的湿度变化逐渐趋近于某种平衡湿度状态。依据路基的湿度来源，将路基的平衡湿度状况分为3类：

地下水控制的潮湿类路基——地下水或地表长期积水的水位高，路基工作区处于地下水毛细润湿区影响范围内，路基平衡湿度由地下水或地表长期积水的水位升降所控制。

路基湿度受地下水或地表长期积水影响的临界水位深度可根据土质及当地经验确定，缺乏实际资料时，黏土可采用6m，砂质黏土和粉土可采用3m，砂可采用0.9m。

气候因素控制的干燥类路基——地下水位很低，路基工作区处于地下水毛细润湿区之上，路基平衡湿度由气候因素变化所控制；兼受地下水和气候因素影响的中湿类路基——地下水位较高，路基工作区下部处于地下水毛细润湿区影响范围内，上部则受气候因素影响。

采用稠度表征路基的湿度，一方面无法反映非黏性土的湿度状态，另一方面单以含水率表征湿度，也无法准确反映它对回弹模量的影响，因为含水率变化会同时引起土密实度发生变化，而密实度也是影响回弹模量的一项主要因素。而土的饱和度既反映了含水率，也包含了密实度的影响。因此，采用饱和度来表征路基土的湿度状态较为合适。饱和度按下式确定：

$$S=\frac{\omega_v}{1-\dfrac{\gamma_s}{G_s\gamma_w}} \quad 或 \quad S=\frac{\omega}{\dfrac{\gamma_w}{\gamma_s}-\dfrac{1}{G_s}} \tag{2-3}$$

$$\omega_v=\omega\frac{\gamma_s}{\gamma_w} \tag{2-4}$$

式中：S——饱和度，%；

ω_v——体积含水率，%；

ω——质量含水率，%；

γ_s、γ_w——土的干密度和水的密度，g/cm^3；

G_s——土的相对密度。

(1)潮湿类路基的平衡湿度

潮湿类路基的平衡湿度根据地下水位的高度确定。不同土类，距离地下水位不同距离处的饱和度按照表2-18确定。

各类土在距地下水位不同距离处的饱和度 S_r（单位：%） 表2-18

土组	计算点距地下水或地表长期积水水位的距离(m)						
	0.3	1.0	1.5	2.0	2.5	3.0	4.0
粉土质砾GM	69.3～84.0	54.6～69.2	50.3～64.8	49.0～61.5	44.8～58.7	42.9～57.1	—
黏土质砾GC	79.0～96.2	64.1～82.9	59.5～78.5	56.1～75.1	53.8～72.6	52.1～70.7	—
砂(级配好)SW	100	89.5～100	—	—	—	—	—
砂(级配差)SP	100	96.6～100	—	—	—	—	—
粉土质砂SM	79.0～90.3	64.1～76.5	59.5～71.9	56.1～68.4	53.8～66.3	52.1～64.3	—
黏土质砂SC	90.3～98.7	76.5～86.9	71.9～83.0	68.4～80.4	66.3～78.2	64.3～76.0	—

续上表

土组	计算点距地下水或地表长期积水水位的距离(m)						
	0.3	1.0	1.5	2.0	2.5	3.0	4.0
低液限粉土 ML	93.7~100	80.5~89.9	76.1~85.8	73.1~83.4	70.7~81.3	68.7~79.7	—
低液限黏土 CL	93.2~100	80.3~93.1	75.6~89.9	72.7~87.8	70.3~86.1	68.4~84.7	65.6~82.6
高液限粉土 MH	100	89.9~94.6	85.8~92.0	83.4~90.0	81.3~88.7	79.7~87.4	—
高液限黏土 CH	100	93.1~97.4	89.9~92.5	87.8~91.1	86.1~89.6	85.4~88.8	82.6~87.1

注:1. 对于砂(SW、SP),D_{60}(通过率为60%时的颗粒粒径)大时,平衡湿度取低值;D_{60}(通过率为60%时的颗粒粒径)小时,平衡湿度取高值。

2. 对于其他含细粒的土组,小于0.075mm颗粒含量大和塑性指数高时,取低值;反之,取高值。

(2)干燥类路基的平衡湿度

干燥类路基的平衡湿度主要受气候因素影响。以湿度指标TMI表征气候因素特性,不同自然区划的TMI值参照表2-19选取。湿度指标TMI是Thornthwaite于1948年提出的,用以对气候因素的影响进行地区划分,并绘制了美国TMI等值线图。TMI综合考虑了年降水量、蒸散量(包括蒸发量和散发量)、径流量、土层储水量和不足量的影响。TMI按下式确定:

$$TMI_y = \frac{100R_y - 60DF_y}{PE_y} \tag{2-5}$$

式中:R_y——y年的水径流量,cm;

DF_y——y年的水不足量,cm;

PE_y——y年的潜在蒸散量,cm。

各公路自然区划的TMI值变动范围　　表2-19

公路自然区划	I_1	I_2	II_1(黑)	II_1(吉、辽)	II_{1a}	II_2、II_{2a}
TMI范围	-8~-5	-10~1	-8~0	9~35	-11~-4	-12~-1
公路自然区划	II_3、II_4、II_{4a}、II_{4b}	II_5、II_{5a}	III_1	III_{1a}	III_2	III_{2a}
TMI范围	-27~-8	-16~-1	-26~-21	-29~-13	-20~-10	-20
公路自然区划	III_3	III_4	IV_1、IV_{1a}	IV_2	IV_3	IV_4
TMI范围	-26~-19	-24~-11	22~25	-6~35	34~40	32~68
公路自然区划	IV_5	IV_6	IV_{6a}	IV_7	IV_{7b}	V_1
TMI范围	45~89	27~65	41~97	16~69	-5~23	-25~7
公路自然区划	V_2	V_{2a}	V_3	V_{3a}	V_4	V_5
TMI范围	1~30	40~44	12~88	-8~47	-3~51	40~101
公路自然区划	V_{5a}	VI_1	VI_{1a}	VI_2、VI_3	VI_4	VI_{4a}
TMI范围	24~39	-46~-15	-47~-40	-59~-40	-57~-19	-37~-34
公路自然区划	VI_{4b}	VII_1	VII_2	VII_3	VII_4	VII_5
TMI范围	-37~-3	-56~-3	-58~-49	-22~83	-6~-5	-20~91

按路基所在地区的TMI值和路基的土类,根据表2-20插值查取该地区相应的路基土饱和度S_r(%)。

各类土在不同 TMI 值时的饱和度 S_r（单位:%）　　表 2-20

土组	TMI					
	-50	-30	-10	10	30	50
砂(级配好)SW	4.1～11.7	5.5～15.2	6.9～17.9	6.9～19.3	7.6～20.7	8.3～21.0
砂(级配差)SP	6.9～22.8	9.0～29.6	10.3～34.5	11.0～37.9	12.4～43.4	13.1～44.1
粉土质砂 SM	47.6～49.6	60.7～64.8	75.2～78.6	83.0～85.5	88.5～89.0	89.4～92.1
黏土质砂 SC	42.1～47.6	60.7～65.5	78.6～83.4	84.1～85.5	89.0～89.7	92.1～93.1
低液限粉土 ML	41.4～45.5	59.3～63.4	75.9～76.5	84.1～86.2	91.0～91.4	91.7～92.4
低液限黏土 CL	39.3～41.1	57.2～64.1	75.2～75.9	86.2	91.0	91.8～94.1
高液限粉土 MH	41.3～41.4	60.7～62.1	75.9～79.3	85.5～87.6	90.3～92.4	92.7～94.9
高液限黏土 CH	39.3～51.3	57.9～69.0	73.8～85.5	86.2～91.7	91.0～94.5	94.3～97.0

(3)兼受地下水和气候因素影响类路基的平衡湿度

路床顶面高出地下水毛细润湿区上限，而路基工作区仍有部分在该区范围内，这种路基的平衡湿度兼受地下水和气候因素的影响。路基工作区的上部，按土类和 TMI 值确定其平衡湿度。路基工作区的下部，按土类和离地下水位的距离确定其平衡湿度。上部湿度与下部某深度处湿度的平衡点，为上下部的分界点(图 2-9)，由此可确定该类路基的平衡湿度沿深度分布的剖面。显然，路基工作区的平均湿度随路床顶离地下水位的距离大小(即路基工作区内各部分湿度来源所占相对密度)而变化。

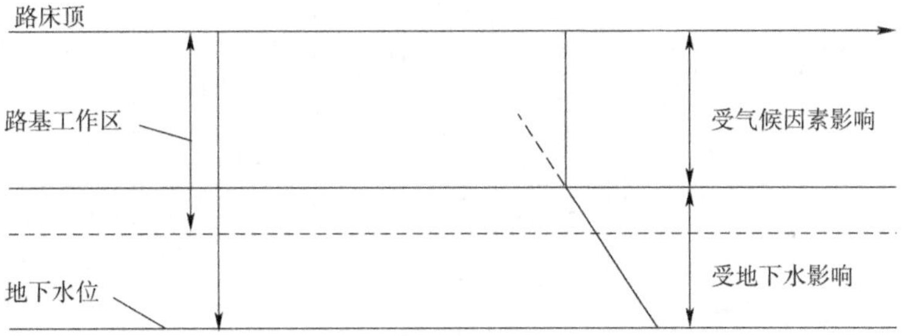

图 2-9　兼受地下水和气候因素影响类路基的湿度状况

注:图片来自文献[12].

路面结构分析采用平衡湿度状态下路基顶面的回弹模量，并进行结构层模量调整，由标准条件下的回弹模量值乘以湿度调整系数和结构层模量调整系数得到。湿度调整系数根据所在地区和路基湿度状况确定，表 2-21 为地下水控制类路基(潮湿类)的回弹模量湿度调整系数。表 2-22 为气候因素控制类路基(干燥类)的回弹模量湿度调整系数。对于兼受地下水和气候因素影响类路基(中湿类)的回弹模量湿度调整系数，则按路基工作区内两类湿度来源的平衡湿度值分别确定其湿度调整系数，并按所占工作区厚度的比重进行加权后得到工作区的总调整系数。基层或底基层采用无机结合料类材料的路面，结构层模量调整系数为 0.5，其他结构类型结构层调整系数为 2.0。

地下水控制类路基的回弹模量湿度调整系数　　表 2-21

土组	路床顶距地下水位的距离(m)					
	1.0	1.5	2.0	2.5	3.0	4.0
含细粒土砾(GF)、细粒土质砾(GM、GC)	1.00～1.47	1.20～1.70	1.38～1.88	1.50～1.97	1.58～2.04	—
砂(SW、SP)	0.56～0.66	—	—	—	—	—
含细粒土砂(SF)、细粒土质砂(SM、SC)	0.82～1.32	1.00～1.55	1.15～1.75	1.27～1.85	1.35～1.92	—

续上表

土组	路床顶距地下水位的距离(m)					
	1.0	1.5	2.0	2.5	3.0	4.0
低液限粉土(ML)	0.79 ~ 1.01	0.94 ~ 1.22	1.07 ~ 1.40	1.16 ~ 1.51	1.24 ~ 1.61	—
低液限黏土(CL)	0.71 ~ 0.99	0.84 ~ 1.20	0.94 ~ 1.38	1.01 ~ 1.50	1.07 ~ 1.58	1.70 ~ 1.22
高液限粉土(MH)、高液限黏土(CH)	0.72 ~ 0.79	0.82 ~ 0.94	0.89 ~ 1.07	0.94 ~ 1.16	0.97 ~ 1.24	1.04 ~ 1.36

注:1. 对于砾和砂,D_{60}(通过率为60%时的颗粒粒径)大时,调整系数取高值,D_{60}小时,调整系数取低值。

2. 对于其他含细粒的土组,小于0.075mm颗粒含量大和塑性指数高时,调整系数取低值,反之调整系数取高值。

气候因素控制类路基的回弹模量湿度调整系数 表2-22

土组	TMI											
	-100	-90	-70	-50	-30	-10	10	30	50	70	90	100
砂(级配好)SW	1.98 ~ 1.99	1.98 ~ 1.99	1.98 ~ 1.99	1.97 ~ 1.98	1.97 ~ 1.98	1.96 ~ 1.98	1.96 ~ 1.98	1.96 ~ 1.98	1.96 ~ 1.98	1.96 ~ 1.98	1.96 ~ 1.98	1.96 ~ 1.98
砂(级配差)SP	1.99	1.98 ~ 1.99	1.97 ~ 1.98	1.95 ~ 1.98	1.93 ~ 1.98	1.90 ~ 1.98	1.88 ~ 1.98	1.83 ~ 1.98	1.82 ~ 1.98	1.82 ~ 1.98	1.81 ~ 1.97	1.81 ~ 1.97
粉土质砂SM	1.98 ~ 1.99	1.95 ~ 1.98	1.88 ~ 1.949	1.76 ~ 1.81	1.45 ~ 1.61	1.11 ~ 1.27	0.94 ~ 1.06	0.86 ~ 0.93	0.80 ~ 0.91	0.76 ~ 0.90	0.75 ~ 0.88	0.74 ~ 0.87
黏土质砂SC	1.99	1.98 ~ 1.99	1.93 ~ 1.96	1.78 ~ 1.87	1.74 ~ 1.92	0.99 ~ 1.18	0.94 ~ 1.03	0.85 ~ 0.92	0.79 ~ 0.86	0.74 ~ 0.81	0.72 ~ 0.80	0.71 ~ 0.79
低液限粉土ML	2.49	2.47 ~ 2.49	2.39 ~ 2.43	2.17 ~ 2.28	1.70 ~ 1.91	1.22 ~ 1.35	0.89 ~ 1.05	0.74 ~ 0.83	0.72 ~ 0.81	0.69 ~ 0.80	0.66 ~ 0.78	0.65 ~ 0.78
低液限黏土CL	2.49	2.49	2.43 ~ 2.45	2.24 ~ 2.30	1.68 ~ 1.97	1.25 ~ 1.37	0.89 ~ 0.98	0.75 ~ 0.83	0.68 ~ 0.80	0.61 ~ 0.79	0.59 ~ 0.78	0.58 ~ 0.76
高液限粉土MH	2.49	2.49	2.43 ~ 2.44	2.24 ~ 2.28	1.75 ~ 1.87	1.12 ~ 1.35	0.85 ~ 1.00	0.72 ~ 0.85	0.66 ~ 0.78	0.61 ~ 0.72	0.58 ~ 0.71	0.57 ~ 0.69
高液限黏土CH	2.49	2.48 ~ 2.494	2.35 ~ 2.44	2.05 ~ 2.30	1.50 ~ 1.95	0.91 ~ 1.43	0.73 ~ 0.98	0.67 ~ 0.83	0.61 ~ 0.74	0.57 ~ 0.68	0.56 ~ 0.65	0.56 ~ 0.65

标准状态下路基顶面回弹模量可根据路基工作区内土的回弹模量确定,根据公路等级和设计阶段,可采用试验实测或根据土的类别采用推荐值。回弹模量测试采用重复加载三轴压缩试验。依据土的类别确定标准条件下路基土的回弹模量时,由表2-23查取回弹模量参考值范围。

标准条件下路基回弹模量参考范围 表2-23

土组	取值范围(MPa)	代表值(MPa)	土组	取值范围(MPa)	代表值(MPa)
级配良好砾(GW)	240 ~ 290	250	含细粒土砂(SF)	80 ~ 160	120
级配不良砾(GP)	170 ~ 240	190	粉土质砂(SM)	120 ~ 190	150
含细粒土砾(GF)	120 ~ 240	180	黏土质砂(SC)	80 ~ 120	100
粉土质砾(GM)	160 ~ 270	220	低液限粉土(ML)	70 ~ 110	90
黏土质砾(GC)	120 ~ 190	150	低液限黏土(CL)	50 ~ 100	70
级配良好砂(SW)	120 ~ 190	150	高液限粉土(MH)	30 ~ 70	50
级配不良砂(SP)	100 ~ 160	130	高液限黏土(CH)	20 ~ 50	30

注:1. 对于砾和砂,D_{60}(通过率为60%时的颗粒粒径)大时,模量取高值,D_{60}小时,模量取低值。

2. 对于其他含细粒的土组,小于0.075mm颗粒含量大和塑性指数高时,模量取低值,反之模量取高值。

路基工作区采取换填、掺灰等措施，设置路基改善层或由于其他原因导致的路基工作区不同深度处模量差异较大时，根据路基工作区内不同材料的分层情况，分别确定各层回弹模量值，按照层厚进行加权确定路基顶面的回弹模量。

2）粒料类材料

级配碎石基层的 CBR 值应不小于 120，底基层的 CBR 值应不小于 80。级配砾石或天然砂砾基层的 CBR 值应不小于 80；用于底基层时，对于特重、重交通，其 CBR 值应不小于 80，对于中等交通，其 CBR 值应不小于 60，对于轻交通，其 CBR 值应不小于 40。

防冻层所用砂或砂砾材料中通过 0.075mm 筛孔的细粒含量不宜大于 5%。

路面设计采用平衡湿度状态下粒料的回弹模量，由标准条件下的回弹模量值乘以湿度调整系数得到。湿度调整系数为 1.6～2.0。根据公路等级和设计阶段，标准条件下粒料的回弹模量可采用试验实测或根据粒料的类别查表确定。回弹模量测试采用重复加载三轴压缩试验。依据粒料的类别确定标准条件和平衡湿度条件下的回弹模量时，由表 2-24 查取粒料的回弹模量参考值范围。

标准条件和平衡湿度条件下粒料层回弹模量参考范围（单位：MPa）　　表 2-24

材料类型	标准条件	平衡湿度条件	材料类型	标准条件	平衡湿度条件
级配碎石（基层）	200～400	300～700	级配砾石（基层）	150～300	250～600
级配碎石（底基层）	180～250	190～440	级配砾石（底基层）	150～220	160～380
未筛分碎石	180～220	170～400	天然砂砾	105～135	100～240

3）无机结合料类材料

用于基层时，各种无机结合料类材料的最大粒径不宜大于 31.5mm；用于底基层时，最大粒径不宜大于 37.5mm。

水泥稳定类材料水泥剂量一般为 2.5%～5.0%，当达不到强度要求时，应通过优化混合料设计、更换原材料或加强施工质量控制等方式提高强度，不应过多增加水泥剂量。最大水泥剂量不应超过 6%。

无机结合料类材料的回弹模量和弯拉强度试验中，水泥稳定类、水泥—粉煤灰稳定类材料的试件龄期为 90d，石灰稳定类、石灰—粉煤灰稳定类材料的试件龄期为 180d。回弹模量可采用侧面法单轴压缩试验确定。弯拉强度测试参照《公路工程无机结合料稳定材料试验规程》（JTG E51—2009）的规定。试验条件受限时，回弹模量和弯拉强度可参考表 2-25 选取。

无机结合料类材料的抗压强度和回弹模量参考值（单位：MPa）　　表 2-25

材料		抗压强度	弯拉强度	试件回弹模量
水泥稳定碎石、石灰—粉煤灰稳定碎石	强	8.0～12.0	1.3～1.6	18 000～28 000
	弱	5.0～8.0	1.1～1.3	14 000～20 000
水泥稳定土、石灰—粉煤灰稳定土		1.5～5.0	0.4～0.6	5 000～7 000

在进行路面结构分析时，无机结合料层采用经过结构层模量调整后的回弹模量值，由无机结合料类材料的回弹模量乘以结构层模量调整系数得到，结构层模量调整系数为 0.5。

4）沥青结合料类材料

沥青路面应采用道路石油沥青或其加工产品，沥青类型应根据公路等级、气候条件、交通条件、面层结构与层次、施工工艺等因素并结合当地工程经验确定。

对于极重、特重、重交通条件，或气候严酷地区，以及连续长、陡纵坡段等，沥青面层可选用改性沥青，或在沥青或混合料中添加有针对性的外掺剂。

沥青面层的粗集料应选用碎石，也可选用经轧制的碎砾石，轻交通路面可用经筛选的砾石。

粗集料与沥青应具有良好的黏附性。对年平均降雨量在 1 000mm 以上地区的高速公路和一级公路，表面层所用集料与沥青的黏附性宜达到 5 级；其他情况黏附性宜不低于 4 级。当集料和沥青黏附性达不到要求时，应采取提高黏附性的技术措施或更换集料。

沥青混合料的配合比可参照《公路沥青路面施工技术规范》(JTG F40—2004)进行设计，具体可采用马歇尔法或其他方法。

设计中可根据公路等级、气候和交通条件等因素，结合对沥青层永久变形量的分析，确定沥青混合料的轮辙试验动稳定度技术要求。

对长大纵坡路段的沥青混合料，宜适当提高动稳定度技术要求。

季节性冰冻地区高速公路和一级公路表面层沥青混合料所选用的沥青应满足下列低温性能指标要求：当地最低气温加 10℃条件下，沥青弯曲梁流变试验的蠕变劲度 $S_t<300$MPa，蠕变曲线斜率 $m>0.30$；当沥青弯曲梁流变试验 300MPa $<S_t<$ 600MPa 且 $m>0.30$ 时，沥青直接拉伸试验的断裂应变大于 1%；以上都不满足时，由沥青弯曲梁流变试验和直接拉伸试验确定的沥青临界开裂温度应低于当地最低气温。

沥青类型及其技术要求的确定应综合考虑沥青混合料高温性能和低温性能两方面的技术要求，难以兼顾时，应根据具体工程特点，经过技术论证确定。

设计中可根据公路等级和设计阶段，结合沥青混合料组成，选择沥青混合料回弹模量分析的层次等级。不同沥青类型和级配组成的沥青混合料回弹模量分析的层次等级要求如表 2-26 所示。

沥青混合料回弹模量分析等级的选择 表 2-26

混合料特性	第一层次	第二层次	第三层次
	基于标准试验	基于预估模型	基于推荐值
道路石油沥青、常规级配	可选用	可参考使用	可参考使用
道路石油沥青、非常规级配	推荐采用	可参考使用	不可采用
改性沥青	推荐采用	不可采用	可参考使用

沥青混合料回弹模量测试采用重复加载单轴压缩回弹模量试验，试验温度采用 20℃，面层沥青混合料加载频率采用 10Hz(相当于 60～65km/h 的行车速度对路面的作用频率)，基层沥青稳定类材料加载频率采用 5Hz。

常用沥青混合料在标准条件下的回弹模量，可参照表 2-27 确定。不同材料结构层的泊松比如表 2-28 所示。

常用沥青混合料在 20°C、10Hz 条件下的回弹模量参考值(单位：MPa) 表 2-27

沥青混合料类型	沥青种类			
	70 号道路石油沥青	90 号道路石油沥青	110 号道路石油沥青	SBS 改性沥青
SMA10/SMA13/SMA16	—	—	—	6 500～13 000
AC10/AC13	7 000～13 000	6 500～12 500	6 000～11 500	7 500～13 500
AC16/AC20/AC25	8 000～14 500	7 500～14 000	6 500～13 000	8 000～14 500
ATB25	6 000～12 000	—	—	—

不同材料结构层的泊松比　表 2-28

结构层材料类型	沥青混合料		无机结合料类材料	粒料	土基
	密级配/沥青玛蹄脂碎石	开级配/半开级配			
泊松比	0.25	0.35	0.25	0.35	0.40

2.2.4 路面结构分析

对于公路等级高、交通量大或者采用当地不常用的路面结构类型时，则需按照规定进行性能分析验证，以保证路面结构的可靠性。对初选路面结构进行沥青层及无机结合料层抗疲劳开裂、沥青层和路基抗永久变形性能、路面低温开裂的分析，检验初选路面结构各指标是否满足要求。根据结构分析结果和工程经验，结合全寿命费用成本分析，确定路面结构方案。

对于二级及以下等级公路，当交通荷载等级为轻、中等水平时，可依据所在地区经验结构合理选择路面设计方案。

对于沥青层抗永久变形和低温开裂等性能指标，路面设计期内需要进行 1 次或 1 次以上的针对性维修时，该性能指标的设计期可采用对应路面至需维修的时长；对于疲劳开裂和路基抗永久变形等结构性能指标，其设计期应采用与路面结构设计期相同的时长。

结构分析应综合考虑设计期内路面的养护、维修工作。对于车辙和低温开裂，一些情况下难以实现在设计期内其损坏程度控制在设计标准内，可考虑设计期内允许发生超出设计标准的损坏，通过相应的维修保证路面服务水平，此时损伤指标的设计期应取路面至需维修所对应的时长。对于结构层疲劳开裂和路基永久变形等涉及路面的深层破坏的情况，由于维修困难，所以在路面设计期内不允许超过损伤标准，应采用与路面结构相同的设计期。

1）路面结构力学模式

路面结构可简化为承受双圆均布竖向荷载作用的多层体系，采用层间连续接触的弹性层状体系理论分析各特征计算点的力学响应量。多层弹性体系计算图式如图 2-10 所示。双圆均布垂直荷载作用图式如图 2-11 所示。双圆均布垂直荷载作用的多层弹性连续体系理论基本假定：

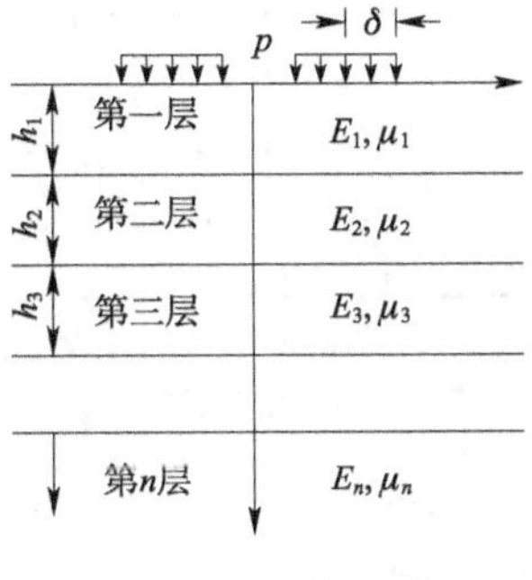

图 2-10　多层弹性体系计算图式

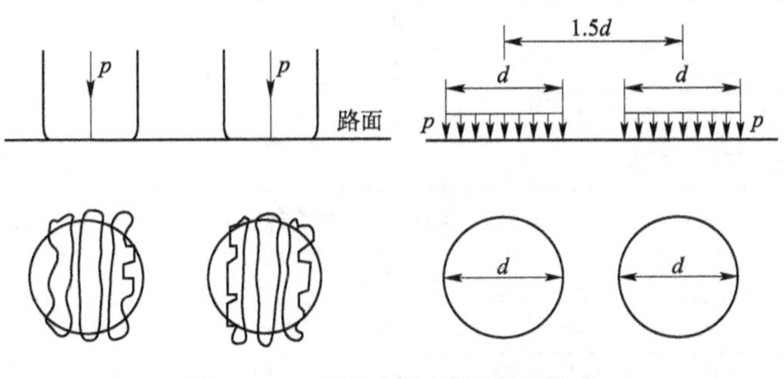

图 2-11　双圆均布垂直荷载作用图式

（1）各层都是由均质的各向同性的线弹性材料组成，其弹性模量和泊松比分别为 E 和 μ。

（2）假定土基在水平方向和向下的深度方向均为无限，其上的路面各层厚度均为有限，但水平方向仍为无限。

（3）假定路面上层表面作用有垂直荷载，荷载与路面表面接触面形状为圆形，接触面上的压力呈均匀分布。

（4）每一层之间的接触面假定为完全连续的（具有充分的摩阻力）。

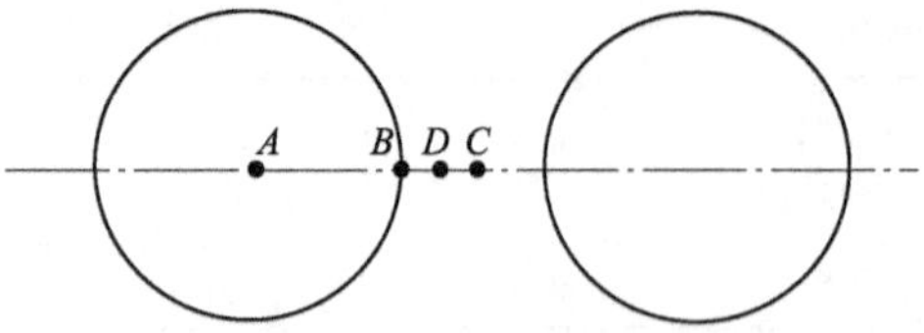

图 2-12　路面受力计算分析点平面图示

设计轴载的双圆荷载参数见表 2-4。不同设计指标对应的力学指标及其竖向位置如表2-29所示。水平方向计算点为单圆中心点、单圆边缘点、双圆中心距中点以及后两点的中点，如图 2-12 所示的 *A*、*B*、*C*、*D* 点，取 4 个点的最大的力学响应量进行路面结构分析。受力分析时，沥青层取 20℃ 时的回弹模量值。

路面设计指标对应的力学指标及竖向位置　　　　表 2-29

设 计 指 标	力 学 指 标	竖 向 位 置
沥青层疲劳	水平向拉应变	沥青层层底
无机结合料层疲劳	水平向拉应力	无机结合料层层底
按轮辙试验总变形量分析沥青层永久变形	竖向压应力	沥青层各分层的顶面
按沥青混合料抗剪强度分析沥青层永久变形	剪切应力	沥青层各分层的中点
路基永久变形	竖向压应变	路基顶面

2) 温度调整系数与等效温度

在进行路面结构分析时，应根据所在地气温条件对路面疲劳寿命进行温度调整。不同路面性能指标的温度调整系数或等效温度，应根据公路所在地区气候条件、结构层厚度及模量等因素按照规范确定。

3) 路面结构分析

对于不同交通荷载等级，常用沥青路面结构层厚度组合可参照表 2-30 ~ 表 2-34 选用。具体结构层厚度应根据交通量等因素选择，交通量大时取靠近高限的厚度或选择高一个公路等级的参考路面结构，反之靠近低限取值；综合考虑交通量、气候条件等因素选择材料类型，交通量大、气候条件不利时选择性能更优的路面结构层材料；路基湿度大、承载能力不足或路基土易冲刷，且路面不含具有排水功能的结构层时，宜设粒料类路基改善层。

无机结合料类基层（粒料类底基层）**路面厚度组合**（单位：mm）　　　　表 2-30

交通荷载等级	特重、极重	重	中等	轻
面层	180 ~ 270	150 ~ 250	100 ~ 200	20 ~ 100
基层（无机结合料类）	300 ~ 500	200 ~ 400	200 ~ 400	150 ~ 300
底基层（粒料类）	150 ~ 200			

无机结合料类基层（无机结合料类底基层）**路面厚度组合**（单位：mm）　　　　表 2-31

交通荷载等级	特重、极重	重	中等	轻
面层	120 ~ 220	100 ~ 180	100 ~ 150	20 ~ 100
基层（无机结合料类）	300 ~ 400	300 ~ 400	150 ~ 350	200 ~ 450
底基层（无机结合料类）	150 ~ 200			—

粒料类基层（粒料类底基层）**路面厚度组合**（单位：mm）　　　　表 2-32

交通荷载等级	重	中等	轻
面层	200 ~ 300	150 ~ 250	100 ~ 200
基层（粒料类）	350 ~ 450	300 ~ 400	250 ~ 350
底基层（粒料类）	150 ~ 200		

沥青结合料类基层(粒料底基层)**路面厚度组合**(单位:mm)　　表 2-33

交通荷载等级	重	中等	轻
面层	120 ~ 140	100 ~ 120	40 ~ 80
基层(沥青结合料类)	200 ~ 240	180 ~ 220	120 ~ 200
底基层(粒料类)	300 ~ 400	300 ~ 400	250 ~ 350

沥青结合料类基层(无机结合料类底基层)**路面厚度组合**(单位:mm)　　表 2-34

交通荷载等级	特重、极重	重	中等	轻
面层	100 ~ 120	100 ~ 120	80 ~ 100	40 ~ 80
基层(沥青结合料类)	120 ~ 180	120 ~ 150	100 ~ 150	80 ~ 100
底基层(无机结合料类)	300 ~ 400	300 ~ 400	250 ~ 350	200 ~ 250

根据初拟的路面结构,参考表 2-35 选择对应的设计指标。根据当地的气候、交通参数和结构层材料设计参数,按照规范的规定进行路面结构分析。

不同结构组合路面的设计指标　　表 2-35

基 层 类 型	底基层类型	设 计 指 标
沥青结合料类	粒料类	沥青层永久变形、路基永久变形、沥青层疲劳
	无机结合料类	沥青层永久变形、无机结合料层疲劳
粒料类	粒料类	沥青层永久变形、路基永久变形、沥青层疲劳
	无机结合料类	沥青层永久变形、沥青层疲劳、无机结合料层疲劳
无机结合料类	粒料类或无机结合料类	沥青层永久变形、无机结合料层疲劳
水泥混凝土、贫混凝土		沥青层永久变形

注:除表中所列指标外,对于季节性冰冻地区的高速公路和一级公路,应增加路面低温开裂的分析。

初拟路面结构的设计指标分析结果,应能满足路面性能设计指标规定的设计要求;不满足时应调整路面结构方案,重新分析,直至满足要求。

2.3　识读水泥混凝土路面

水泥混凝土路面是指以水泥混凝土做面层(配筋或不配筋)的路面,亦称刚性路面。水泥混凝土路面立体结构如图 2-13 所示。

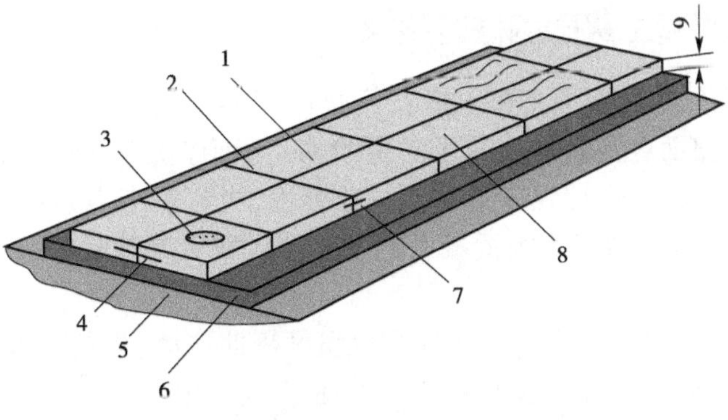

图 2-13　水泥混凝土路面立体结构

1-纵缝;2-横缝;3-表面构造;4-拉杆;5-路基;6-基层;7-传力杆;8-路面板;9-板厚

2.3.1 水泥混凝土路面的分类

根据混凝土的类型,水泥混凝土路面可以分为普通混凝土(素混凝土)、钢筋混凝土、连续配筋混凝土、预应力混凝土、装配式混凝土、钢纤维混凝土和混凝土预制块铺砌路面等。

普通混凝土路面是指除接缝区和局部范围外,面层内均不配筋的水泥混凝土路面,也称素混凝土路面。钢筋混凝土路面是指面层内配置纵、横向钢筋或钢筋网并设接缝的水泥混凝土路面;连续配筋混凝土路面是指面层内配置纵向连续钢筋和横向钢筋、横向不设缩缝的水泥混凝土路面。复合式路面是指面层由两层不同材料类型和力学性质的结构层复合而成的路面。

2.3.2 水泥混凝土路面的特点

与沥青路面相比,水泥混凝土路面具有以下优点:

(1)强度高、耐久性好。水泥混凝土路面具有较高的抗压、抗弯拉、抗磨耗的力学性能,因而耐久性好、使用年限较长。

(2)稳定性好。水泥混凝土路面的水稳性、热稳性均较好,强度能随着时间的延长而逐渐提高,不存在沥青路面的"老化"现象。

(3)平整度和粗糙度好。尽管水泥混凝土路面设有接缝,但它的表面很少有起伏、波浪变形,通行各种重型车辆均能够保持良好的平整度。同时,路面在潮湿时仍能保持足够的粗糙度而使车辆不打滑,能够保持较高的安全行车速度。

(4)养护维修费用少,运输成本低。由于水泥混凝土路面坚固耐久,养护维修的工作量小,故所需的养护费用少而且路面平整、行车阻力小,能提高车速、减少燃料消耗和降低运输成本。

水泥混凝土面层的缺点主要有以下几方面:

(1)对水泥和水的需要量大,在水泥供应不足和缺水地区施工困难。

(2)普通水泥混凝土面层设置的接缝增加了施工和养护的复杂性,而且影响行车的舒适性,易导致路面板边和板角处破坏。

(3)开放交通较迟。水泥混凝土面层完工后,一般要经过 14 ~ 21d 养生才能开放交通,如需提早开放交通,则需采取特殊措施。

(4)修复困难。水泥混凝土面层损坏后,开挖难度较高、修补工作量大且影响交通。

2.3.3 水泥混凝土路面的性能要求

水泥混凝土路面的性能要求主要包括以下 4 个方面:

(1)水泥混凝土路面应具有足够的强度、耐久性,表面应抗滑、耐磨、平整。

(2)水泥混凝土面板的弯拉强度远小于抗压强度,当弯拉应力超过混凝土面板的弯拉强度时,板将产生断裂破坏。普通水泥混凝土配合比设计需重点考虑的强度指标是弯拉强度而不是抗压强度。

(3)面板顶面、底面的温度差使板体内产生温度翘曲应力,板的平面尺寸越大,翘曲应力越大。在车辆荷载的作用下,混凝土面板产生弯曲,当轮载作用于面板中部时,面板顶面出现压应力而底部承受弯拉应力;当轮载作用于板角时,面板底面承受压应力而顶面出现弯拉应力。在重复荷载的作用下,混凝土面板将反复承受弯拉应力与压应力的作用,因此在进行混凝土面板厚度设计时应考虑荷载疲劳应力和温度疲劳应力的综合作用。

(4)水泥混凝土是一种脆性材料,断裂时其相对拉伸变形很小,所以在荷载作用下,土基、基层的变形情况对混凝土面板的影响很大,不均匀的变形会导致面板与基层脱空,板体会因此断裂。因此,在摊铺水泥混凝土面层前,应对基层进行检查处理,并洒水湿润,以防混凝土面层因失水而产生裂缝。施工时,应注意接缝设置、切缝时间、养生,以防水泥混凝土路面产生裂缝及发生断板。

2.3.4 水泥混凝土路面的破坏类型

水泥混凝土路面在行车荷载和环境因素的作用下可能出现的破坏类型主要有断裂、唧泥、错台、拱起、接缝挤碎等。

(1)断裂。面板由于所受内应力超过了混凝土的强度可能出现横向或纵向以及板角的断裂和裂缝,其原因是多方面的:板太薄或轮载太重;行车荷载的渠化作用(荷载次数超过允许值);板的平面尺寸太大,使温度翘曲应力过大;地基过量塑性变形使板底脱空失去支承能力;养生期间收缩应力过大;由于材料或施工质量不良,混凝土未能达到设计要求。

(2)唧泥。唧泥是汽车行经接缝时,由缝内喷溅出稀泥浆的现象。在轮载的频繁作用下,基层由于塑性变形积累而同面层板脱空,地面水沿接缝下渗而集聚在脱空的空隙内;在轮载作用下积水变成有压水而同基层内浸湿的细料混搅成泥浆,并沿接缝缝隙喷溅出来。唧泥的出现,使面板的边缘部分失去支撑,最终产生板断裂的现象。

(3)错台。错台是指横向接缝两侧路面板出现的竖向相对位移的现象。当胀缝两侧混凝土壁面不垂直时,缝旁侧面板在伸胀挤压过程中会上下错开而形成错台。地面水通过接缝渗入基础使其软化,或者接缝传荷能力不足或传荷能力降低时,都会导致错台的产生。当交通量或基础承载力在横向各幅板上分布不均匀、各幅板沉陷不一致时,纵缝也会产生错台现象。

(4)拱起。混凝土面板两侧路面在膨胀受阻时,接缝两侧的板突然向上拱起的现象称为拱起。由于板收缩时缝隙张开,填缝料失效,坚硬碎屑等不可压缩的材料塞满缝隙,使板在膨胀时不可能恢复原位,产生较大的热压应力,从而出现纵向压曲失稳。

(5)接缝挤碎。接缝挤碎出现于横向接缝两侧数十厘米宽度内。这是由于胀缝内的滑动传力杆位置不正确,或滑动端的滑动功能失效,或施工期间胀缝内局部有混凝土搭连,或胀缝内落入坚硬的杂屑等原因,阻碍了板的伸长,使混凝土在膨胀时受到较高的挤压应力。当挤压应力超过混凝土的抗剪强度时,板即发生剪切挤碎。

2.4 水泥混凝土路面设计

2.2.1 设计依据

1)设计理论

水泥混凝土路面结构分析采用弹性地基板理论。弹性地基板理论把刚度大的水泥混凝土面层看作是支承于弹性地基上的小挠度弹性板。水泥混凝土面板的刚度远大于基层(功能层)和路基的刚度,在荷载作用下具有良好的荷载扩散能力,其所产生的弯曲变形远小于其厚度,因此可采用小挠度薄板理论分析。基本假定如下:①板为具有弹性常数 E(弹性模量)和 μ(泊松比)的等厚弹性体;②作用于板上的荷载,可近似地忽略竖向压缩应变和剪切应变的影响,利用薄板弯曲理论进行计算分析;③弹性地基在接触面处对板仅作用竖向反力,即地基和板之间无摩阻力;同时,在荷载作用下,板同地基的接触保持完全连续,板的挠度即为地基顶面的挠度。

为了建立接触面处地基顶面挠度与地基反力之间的关系,可对地基采用不同的模型进行分析,其中主要有三种,:

(1)文克勒(Winkler)地基模型。如图 2-14a)所示,地基如同由许多紧密排列而互不关联的线性弹簧所组成,地基顶面任一点的挠度仅同作用于该点的压力成正比,而与其他点上的压力无关。此压力同挠度的比例系数 k,称作地基反应模量。

(2)弹性半空间地基模型。如图 2-14b)所示,将地基看作是均质的半无限连续介质。地基顶面任一点的挠度不仅同作用于该点的压力有关,也同顶面其他点上的压力有关。采用弹性模量 E_0 和泊松比 μ_0 来表征其弹性性质。

(3)巴斯特纳克(Pasternak)地基模型。如图 2-14c)所示,假设 Winkler 地基的弹簧单元之间存在一定程度的剪切阻尼作用,类似于弹簧顶部与由不可压缩的梁或板单元组成的剪切层相连接,层内各单元间由于横向剪切变形而变形。此模型采用地基反应模量 k 和剪切模量 G 两项系数来表征地基性质。当剪切模量 G 为零时,此模型即为 Winkler 地基模型;而当 G 增大时,便可通过增加横向联系来调整地基的反应,使之趋近于半空间地基。因此,这是一种介于 Winkler 地基模型和半空间地基模型之间的过渡模型。

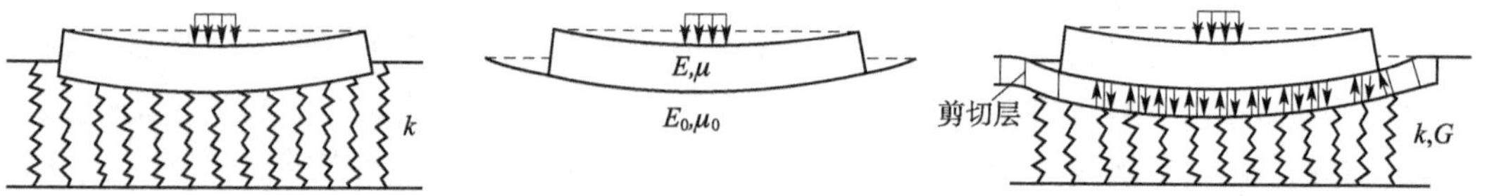

a)Winkler地基模型　　b)弹性半空间地基模型　　c)Pasternak地基模型

图 2-14　地基模型

根据我国的生产实践和研究成果,现行规范规定水泥混凝土路面设计采用弹性地基板理论,而地基模型则采用以弹性模量和泊松比表征的弹性地基模型。

按照基层和面层类型和组合的不同,路面结构分析的力学模型可分为以下 3 类:

(1)弹性地基单层板模型——适用于粒料基层上混凝土面层、旧沥青路面加铺混凝土面层,面层板底面以下部分按弹性地基处理。

(2)弹性地基双层板模型——适用于无机结合料类基层或沥青类基层上混凝土面层、旧混凝土路面上加铺分离式混凝土面层,面层和基层或者新旧面层作为双层板,基层底面以下或者旧面层底面以下部分按弹性地基处理。

(3)复合板模型——适用于由两层不同性能材料组成的面层或基层复合板。旧混凝土路面上加铺结合式混凝土面层,两层不同性能材料组成的层间黏结的面层,作为弹性地基上的单层板或者弹性地基上双层板的上层板;无机结合料类基层或沥青类基层与无机结合料类底基层组成的基层,作为弹性地基上双层板的下层板。

2)设计标准和验算标准

水泥混凝土路面结构设计应以面层板在设计基准期内,在行车荷载和温度梯度综合作用下不产生疲劳断裂作为设计标准,并以最重轴载和最大温度梯度综合作用下,不产生极限断裂作为验算标准。其极限状态下设计表达式可分别采用式(2-6)和式(2-7)。

$$\gamma_r(\sigma_{pr} + \sigma_{tr}) \leqslant f_r \tag{2-6}$$

$$\gamma_r(\sigma_{p,max} + \sigma_{t,max}) \leqslant f_r \tag{2-7}$$

上两式中：σ_{pr}——面层板在临界荷位处产生的行车荷载疲劳应力，MPa；

σ_{tr}——面层板在临界荷位处产生的温度梯度疲劳应力，MPa；

$\sigma_{p,max}$——最重轴载在临界荷位处产生的最大荷载应力，MPa；

$\sigma_{t,max}$——所在地区最大温度梯度在临界荷位处产生的最大温度翘曲应力，MPa；

γ_r——可靠度系数，依据所选目标可靠度、变异水平等级和变异系数通过计算确定；

f_r——水泥混凝土弯拉强度标准值，MPa。

水泥混凝土路面同时承受荷载疲劳应力和温度疲劳应力的共同作用。水泥混凝土路面面板内不同深度的温度随气温的变化而变化，这种变化使水泥混凝土板出现膨胀或收缩变形的趋势。当变形受阻时，板内便会产生胀缩应力或翘曲应力。板的平面尺寸越大，翘曲应力就越大。这种温度疲劳应力是导致混凝土板破坏的原因之一。当路面板被划分为有限尺寸板块后，因收缩而产生的应力很小，可不予考虑。由于水泥混凝土板、基层和土基的导热性能较差，因此当气温变化较快时，板顶面温度较其底面板高，板顶的膨胀变形较板底的大，板的中部可能隆起；当气温下降时，板顶面温度较其底面板低，板顶的收缩变形较板底的大，板的边缘和角隅可能翘起，如图 2-15 所示。由于板的自重、地基反力和相邻板的钳制作用，使得部分翘曲变形受阻，而使板内产生翘曲应力。当气温升高而使板中部隆起受到限制时，板底面就会出现拉应力；当气温降低而使板四周翘起受阻时，板顶面就会出现拉应力。

水泥混凝土路面的结构设计以轴重 100kN 的单轴—双轮组荷载作为标准轴载。临界荷位是指混凝土板内产生最大荷载和温度梯度综合疲劳损坏时标准轴载的作用位置。现行规范中选取水泥混凝土板的纵缝边缘中部作为产生最大荷载和温度梯度综合疲劳损坏的临界荷位，如图 2-16 所示。

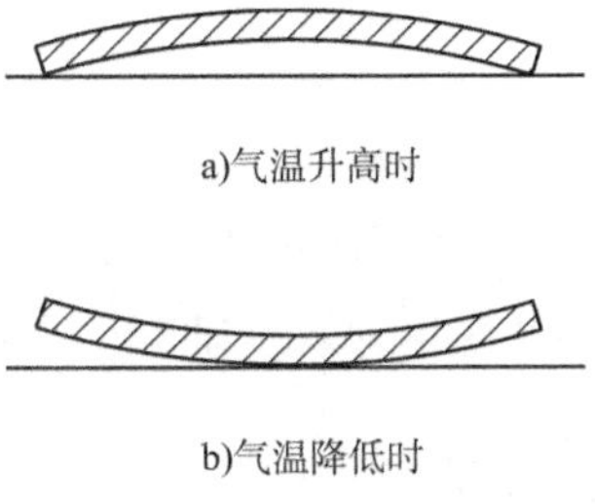

图 2-15　混凝土路面板的翘曲变形

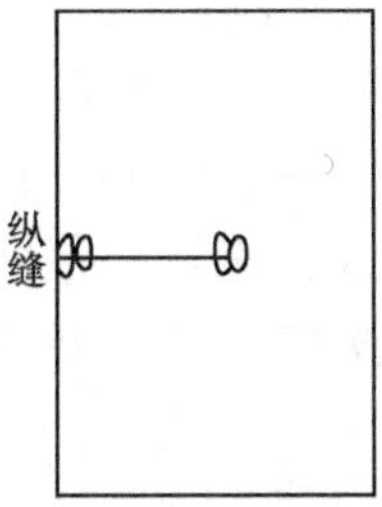

图 2-16　临界荷位

3）设计参数

水泥混凝土路面设计包括结构组合设计、结构层厚度设计、材料组成设计、接缝构造设计、钢筋配置设计等内容。

水泥混凝土路面结构应按规定的安全等级和目标可靠度要求，在设计基准期内承受预期的交通荷载作用，适应所处的自然环境，满足预期的使用性能要求。

（1）安全等级和可靠度

各级公路水泥混凝土路面结构的设计安全等级及相应的设计基准期、目标可靠指标与目标可靠度，应符合表 2-36 的规定。二级及二级以下公路路面结构破坏可能产生很严重的后果时，可提高一级安全等级。

可靠度设计标准　　表 2-36

公路技术等级	高速	一级	二级	三级	四级
安全等级	一级		二级	三级	
设计基准期(年)	30		20	15	10
目标可靠度(%)	95	90	85	80	70
目标可靠指标	1.64	1.28	1.04	0.84	0.52

(2)变异水平

路面材料性能和结构尺寸参数的变异水平可分为低、中和高三级。按公路等级、施工技术、施工质量控制和管理水平,通过调研确定变异水平等级和相应的变异系数。高速公路、一级公路的变异水平等级应为低级,二级公路的变异水平等级应不大于中级。主要设计参数的变异系数变化范围应符合表 2-37 的规定。

变异系数 C_v 的变化范围　　表 2-37

变异水平等级	低	中	高
水泥混凝土弯拉强度	$0.05 \leqslant C_v \leqslant 0.10$	$0.10 < C_v \leqslant 0.15$	$0.15 < C_v \leqslant 0.20$
基层顶面当量回弹模量	$0.15 \leqslant C_v \leqslant 0.25$	$0.25 < C_v \leqslant 0.35$	$0.35 < C_v \leqslant 0.55$
水泥混凝土面层厚度	$0.02 \leqslant C_v \leqslant 0.04$	$0.04 < C_v \leqslant 0.06$	$0.06 < C_v \leqslant 0.08$

【知识链接——设计基准期】

设计基准期是指路面设计时取用的路面使用时间。需要指出的是,设计基准期不是路面结构的使用寿命,而是指计算路面结构可靠度时,考虑各项基本度量与时间关系所取用的基准时间段(年)。在这个时间段内关于路面结构可靠性的分析是有效的。虽然设计基准期与路面的寿命有一定的联系,但并不是一旦路面的使用年限超过路面的设计基准期路面就全部报废,而是路面结构的可靠度下降。

(3)设计轴载累计作用次数

水泥混凝土路面按疲劳断裂设计标准进行结构分析时,以 100kN 单轴—双轮组荷载作为设计轴载。对极重交通荷载等级的水泥路面,宜选用货车中占主要份额的特重车型的轴载作为设计轴载。各级轴载作用次数 N_i 可按式(2-8)换算为设计轴载的作用次数 N_s。

$$N_s = \sum_{i=1}^{n} N_i \left(\frac{P_i}{P_s}\right)^{16} \tag{2-8}$$

式中:N_s——设计轴载的作用次数;

N_i——i 级轴载的作用次数;

P_i——第 i 级轴载重,kN;

P_s——设计轴载重,kN;

n——各种轴型的轴载级位数。

设计基准期内水泥混凝土路面设计车道临界荷位处所承受的设计轴载累计作用次数,应按式(2-9)计算确定。

$$N_e = \frac{N_s \times [(1+g_r)^t - 1] \times 365}{g_r} \times \eta \tag{2-9}$$

式中:N_e——设计基准期内设计车道所承受的设计轴载累计次数,轴次/车道;

g_r——基准期内货车交通量的年平均增长率,%;

t——设计基准期,年;

η——临界荷位处的车辆轮迹横向分布系数,按表2-38选用。

车辆轮迹横向分布系数 表2-38

公路等级		纵缝边缘处
高速公路、一级公路、收费站		0.17~0.22
二级及二级以下公路	行车道宽>7m	0.34~0.39
	行车道宽≤7m	0.54~0.62

注:车道、行车道较窄或者交通量较大者,取高值;反之取低值。

(4)交通荷载分级

按设计基准期内设计车道临界荷位处所承受的设计轴载,将累计作用次数分为5级,分级范围如表2-39所示。

交通荷载分级 表2-39

交通荷载等级	极重	特重	重	中等	轻
设计基准期内设计车道承受设计轴载(100kN)累计作用次数 N_e (10^4)	$>1\times10^6$	$2\,000\sim1\times10^6$	100~2 000	100~3	<3

(5)水泥混凝土设计强度

水泥混凝土的设计强度采用28d龄期的弯拉强度。各交通荷载等级要求的水泥混凝土弯拉强度标准值不得低于表2-40的规定。

水泥混凝土弯拉强度标准值(单位:MPs) 表2-40

交通荷载等级	极重、特重、重	中等	轻
水泥混凝土的弯拉强度标准值	≥5.0	4.5	4.0

(6)防冻厚度

在季节性冰冻地区,路面结构层的总厚度不应小于表2-41规定的最小防冻厚度。

水泥混凝土路面最小防冻厚度(单位:m) 表2-41

路基干湿类型	路基土类别	当地最大冰冻深度			
		0.50~1.00	1.00~1.50	1.50~2.00	>2.00
中湿路基	易冻胀土	0.30~0.50	0.40~0.60	0.50~0.70	0.60~0.95
	很易冻胀土	0.40~0.60	0.50~0.70	0.60~0.85	0.70~1.10
潮湿路基	易冻胀土	0.40~0.60	0.50~0.70	0.60~0.90	0.75~1.20
	很易冻胀土	0.45~0.70	0.55~0.80	0.70~1.00	0.80~1.30

注:1.易冻胀土——细粒土质砾(GM、GC)、除极细粉土质砂外的细粒土质砂(SM、SC)、塑性指数小于12的黏质土(CL、CH)。

2.很易冻胀土——粉质土(ML、MH)、极细粉土质砂(SM)、塑性指数在12~22之间的黏质土(CL)。

3.冻深小或填方路段,或者基层、功能层为隔温性能良好的材料,可采用低值;冻深大或挖方及地下水位高的路段,或者基层、功能层为隔温性能稍差的材料,应采用高值。

4.冻深小于0.50m的地区,一般不考虑结构层防冻厚度。

(7)最大温度梯度标准值

水泥混凝土面层的最大温度梯度标准值 T_g,可按公路所在地的公路自然区划查表2-42选用。

最大温度梯度标准值 T_g(单位:℃/m)　　表 2-42

公路自然区划	Ⅱ、Ⅴ	Ⅲ	Ⅳ、Ⅵ	Ⅶ
最大温度梯度	83~88	90~85	86~92	93~98

注:海拔高时,取高值;湿度大时,取低值。

2.2.2 结构组合设计

选择及组合水泥混凝土路面结构时,要考虑公路等级、交通荷载、路基条件、当地温度和湿度状况以及使用性能要求。同时,要充分考虑地表水的渗入和冲刷作用,采取封堵和疏排措施,减少地表水渗入,防止渗入水积滞在路面结构内。此外,基层应选用抗冲刷能力强的材料。

1)路基

(1)路基应稳定、密实、均质,对路面结构提供均匀的支承。路床顶面的综合回弹模量值在轻交通荷载等级时不得低于40MPa,中等或重交通荷载等级时不得低于60MPa,特重或极重交通荷载等级时不得低于80MPa。路床顶面综合回弹模量值不满足要求时,应选用粗粒土或低剂量无机结合料稳定土作路床或上路床填料。当路基工作区底面接近或低于地下水时,可采取更换填料、设置排水渗沟等措施。

(2)路基填料应满足下列要求:

①高液限黏土及含有机质的细粒土不应用作高速公路和一级公路的路床填料或二级及二级以下公路的上路床填料。

②高液限粉土、塑性指数大于16或膨胀率大于3%的低液限黏土不应用作高速公路和一级公路的上路床填料。

③因条件限制,必须采用上述土作填料时,应掺加水泥、粉煤灰或石灰等结合料进行改善。

(3)季节性冰冻地区的中湿类、潮湿类和过湿类路基,当冰冻线深度达到路基的易冻胀土层时,在易冻胀土层上应设置防冻层或用不易冻胀土置换冰冻线深度范围内的易冻胀土。

(4)石质挖方或填石路床顶面应铺设整平层。整平层可采用碎石、低剂量水泥稳定粒料等材料,其厚度可根据路床顶面平整程度确定,最小厚度不小于10cm。

2)功能层(垫层)

(1)在季节性冰冻地区,路面结构厚度小于最小防冻厚度要求时,应设置防冻层,使路面结构厚度符合要求。

(2)水文地质条件不良的土质路堑,路床土湿度较大时,宜设置排水层。

(3)功能层(垫层)应与路基同宽,厚度不得小于15cm。

(4)防冻层和排水层宜采用碎石、砂砾等颗粒材料。

3)基层和底基层

(1)基层和底基层应具有足够的抗冲刷能力和适当的刚度。

(2)基层和底基层的材料应依据交通荷载等级、结构层组合要求和材料供应条件,参照表2-43选用。

各交通荷载等级的基层和底基层材料类型　　表 2-43

交通荷载等级	极重、特重	重	中等、轻
基层材料类型	贫混凝土、碾压混凝土、沥青混凝土	密级配沥青稳定碎石、水泥稳定碎石	级配碎石、水泥稳定碎石、石灰粉煤灰稳定碎石
底基层材料类型	级配碎石、水泥稳定碎石、石灰粉煤灰稳定碎石		未筛分碎石、级配砾石,或不设

(3)承受极重、特重或重交通荷载的路面，基层下应设置底基层；承受中等或轻交通荷载时，可不设底基层。当基层采用无机结合料稳定类材料，且上路床由细粒土组成时，应在基层下设置粒料类底基层。

(4)硬路肩采用混凝土面层时，基层的结构与厚度应与行车道相同。基层的宽度应比混凝土面层每侧宽出30cm(小型机具施工时)或65cm(滑模式摊铺机施工时)。

4)面层

(1)水泥混凝土面层应具有足够的强度和耐久性，表面应抗滑、耐磨和平整。

(2)面层宜采用设接缝的普通水泥混凝土。当面层板的平面尺寸较大或形状不规则，或路面结构下埋有地下设施，或面层位于高填方、软土地基、填挖交界段等有可能产生不均匀沉降的路基段时，应采用接缝设置传力杆的钢筋混凝土面层。

(3)普通水泥混凝土路面和钢筋混凝土路面面层的计算厚度，可依据交通荷载等级、公路等级和变异水平计算确定。各种混凝土面层的设计厚度应依据计算厚度加6mm磨耗层后，按10mm向上取整。

(4)路面表面必须采用拉毛、拉槽、压槽或刻槽等方法筑做表面构造，在交工验收时，构造深度应满足表2-44的要求。

各级公路水泥混凝土面层的表面构造深度要求(单位:mm)　　表2-44

公路等级	高速公路、一级公路	二、三、四级公路
一般路段	0.70~1.10	0.50~1.00
特殊路段	0.80~1.20	0.60~1.10

注:1.特殊路段:对于高速和一级公路指立交、平交或变速车道等处，对于其他等级公路指急弯、陡坡、交叉口或集镇附近。

2.在年降雨量600mm以下的地区，表中所列数值可适当降低。

5)路肩

(1)路肩铺面结构应具有一定的承载能力，其结构层组合和材料选用应与行车道路面相协调，不应使渗入的路表水积滞在行车道路面结构内。

(2)行车道混凝土面层宜宽出外侧车道边缘线0.6m。

(3)高速公路和一级公路以及承受极重、特重和重交通荷载等级的公路，路肩铺面应采用与行车道路面相同的结构层组合和组成材料类型。其他等级公路，路肩铺面的基层和底基层应采用与行车道路面结构相同的材料类型和厚度。

(4)路肩面层可选用水泥混凝土或沥青类材料。路肩面层选用沥青类材料时，中等交通荷载以上等级公路，应采用热拌沥青混合料；低等级公路和轻交通荷载等级公路，可采用沥青表面处治。路基基层为粒料类材料时，其细料(粒径小于0.075mm)含量不应超过6%。

(5)路肩混凝土面层与行车道面层应设置拉杆相连，两者的横向缩缝应连通。行车道面层为连续配筋混凝土时，路肩混凝土面层的横向缩缝间距应为4.5m。

6)路面排水

(1)行车道路面横坡坡度宜为1%~2%，路肩表面的横向坡度宜为2%~3%。

(2)行车道路面结构设置排水基层或排水层(功能层)时，应在排水基层或排水层外侧边缘设置纵向集水沟和带孔集水管，并间隔50~100m设置横向排水管。

(3)对于排水基层的纵向边缘集水沟，当路肩采用沥青面层时，集水沟可设在路肩内侧边缘内；当路肩采用水泥混凝土面层时，集水沟可设在路肩下或路肩外侧边缘内。排水层的纵向边缘集水沟宜设在路床边缘。

(4)带孔集水管的管径宜采用100～150mm。集水沟的宽度宜采用300mm。集水沟的深度应能保证集水管管顶低于排水层底面，并有足够厚度的回填料使集水管不被施工机械压裂。沟内回填料宜采用与排水基层或排水层相同的透水性材料，或不含稀料的碎石或砾石粒料。横向排水管应不带孔，其管径与集水管相同。

(5)集水沟和集水管的纵坡宜与路线纵坡相同，且不宜小于0.3%。横向排水管的坡度不宜小于5%。

(6)横向排水管出口端应设端墙，端头宜用镀锌铁丝网或格栅罩住，出水口下方应铺设水泥混凝土防冲垫板或进行坡面防护。在横向排水管上方的路肩边缘处应设置标志标明出水口位置。

2.2.3 材料性质要求和设计参数

1)材料性质要求

(1)面层材料

水泥混凝土集料公称最大粒径不应大于26.5mm。砂的细度模数不宜小于2.5。水泥含量不得少于300kg/m^3(非冰冻地区)或320kg/m^3(冰冻地区)。冰冻地区的混凝土中必须掺加引气剂。

厚度大于30cm的普通混凝土面层可分上下两层连续铺筑。上层厚度应不小于总厚度的1/3，宜采用高强、耐磨的混凝土材料，集料公称最大粒径不宜大于19mm。

(2)基层材料

水泥稳定粒料、级配碎石或砾石的集料公称最大粒径宜为26.5mm或31.5mm。粒径小于0.075mm的细粒含量不得大于5%，粒径小于4.75mm的颗粒含量不宜大于50%，液限应小于28%，塑性指数应小于5。承受极重、特重和重交通荷载时，水泥剂量宜为4%～6%；中等和轻交通荷载时，水泥剂量宜为4%。

石灰粉煤灰稳定材料的集料公称最大粒径宜为26.5mm。粒径小于0.075mm的细粒含量不得大于7%，粒径小于4.75mm的颗粒含量不宜大于50%。石灰与粉煤灰的配比宜为1:4～1:2。粒料与石灰粉煤灰的配比宜为80:20～85:15。

(3)功能层(垫层)材料

防冻层所采用的粒料(砂或砂砾)中，粒径小于0.075mm的细粒含量不宜大于5%。

排水层的粒料级配应同时满足渗水和反滤的要求。

2)材料设计参数

(1)土和粒料的回弹模量采用重复加载三轴压缩试验测定。土试件的尺寸为直径100mm、高200mm(最大粒径不超过19mm)，粒料试件的尺寸为直径150mm、高300mm。

(2)无机结合料稳定类材料的弹性模量采用单轴压缩试验测定。试件尺寸为直径100mm、高200mm或直径150mm、高300mm。水泥稳定材料的试件龄期为90d，石灰粉煤灰稳定材料的试件龄期为180d，测定前试件应浸水1d。

(3)按照经验数值范围确定路基和路面各结构层的各项设计参数时，可按如下步骤进行：

①依据土的类别选取路基的回弹模量经验参考值，查表2-23确定，并按路床顶距地下水位的距离查表2-45选取路基的湿度调整系数，二者相乘后得到回弹模量值。

路基回弹模量湿度调整系数 表2-45

土　　组	路床顶距地下水位的距离(m)					
	1.0	1.5	2.0	2.5	3.0	4.0
细粒质砾(GF)、土质砾(GM、GC)	0.81~0.88	0.86~1.00	0.91~1.00	0.96~1.00	—	—
细粒质砂(SF)、土质砂(SM、SC)	0.80~0.86	0.83~0.97	0.87~1.00	0.90~1.00	0.94~1.00	—
低液限粉土(ML)	0.71~0.74	0.75~0.81	0.78~0.89	0.82~0.97	0.86~1.00	0.94~1.00
低液限黏土(CL)	0.70~0.73	0.72~0.80	0.74~0.88	0.75~0.95	0.77~1.00	0.81~1.00
高液限粉土(ML)、高液限黏土(CH)	0.70~0.71	0.71~0.75	0.72~0.78	0.73~0.82	0.73~0.86	0.74~0.94

注:1. 粒径小于0.075mm颗粒含量大和塑性指数高时,调整系数取低值;反之调整系数取高值。

2. 当表中调整系数最大值为1.00时,调整系数取高值。

②依据粒料类别选取粒料层的回弹模量,可查表2-24确定。

③无机结合料稳定类基层或底基层的回弹模量,应采用考虑结构层收缩开裂后的有效模量,可查表2-46确定。

无机结合料类基层和底基层材料弹性模量经验参考值(单位:MPa) 表2-46

材料类型	7d浸水抗压强度	试件模量	收缩干裂后模量	疲劳破坏后模量
水泥稳定类	3.0~6.0	3 000~14 000	2 000~2 500	300~500
	1.5~3.0	2 000~10 000	1 000~2 000	200~400
石灰、粉煤灰稳定类	≥0.8	3 000~14 000	2 000~2 500	300~500
	0.5~0.8	2 000~10 000	1 000~2 000	200~400
石灰稳定类	≥0.8	2 000~4 000	800~2 000	100~300
	0.5~0.8	1 000~2 000	400~1 000	50~200
开级配水泥稳定碎石(CTPB)	≥4.0	1 300~1 700		—

2.2.4 板厚设计

目前,国内水泥混凝土路面通常是以无机结合料稳定材料作为路面基层,而无机结合料稳定材料基层水泥混凝土路面的力学模型采用的是弹性地基双层板模型。弹性地基双层板模型计算过程如下。

1)板底地基当量回弹模量 E_t

$$E_t = \left(\frac{E_x}{E_0}\right)^a E_0 \tag{2-10}$$

$$a = 0.86 + 0.26\ln h_x \tag{2-11}$$

$$E_x = \frac{\sum_{i=1}^{n}(h_i^2 E_i)}{\sum_{i=1}^{n} h_i^2} \tag{2-12}$$

$$h_x = \sum_{i=1}^{n} h_i \tag{2-13}$$

上述式中:E_t ——板底地基当量回弹模量,MPa;

E_0 ——路床顶综合回弹模量,MPa;

E_x ——粒料层的当量回弹模量,MPa;

a ——与粒料层总厚度 h_x 有关的回归系数;

h_x ——粒料层的总厚度,m;

n ——粒料层的层数；

E_i ——第 i 层的回弹模量，MPa；

h_i ——第 i 层的厚度，m。

2)混凝土面层板的截面弯曲刚度 D_c

$$D_c = \frac{E_c h_c^3}{12(1 - v_c^2)} \tag{2-14}$$

式中：D_c ——混凝土面层板的截面弯曲刚度，MN · m；

h_c ——混凝土面层板的厚度，m；

E_c——混凝土面层板的弯拉弹性模量，MPa；

v_c——混凝土面层板的泊松比。

3)半刚性基层板弯曲刚度 D_b

$$D_b = \frac{E_b h_b^3}{12(1 - v_b^2)} \tag{2-15}$$

式中：D_b ——下层板的截面弯曲刚度，MN · m；

h_b ——下层板的厚度，m；

E_b ——下层板的弯拉弹性模量，MPa；

v_b ——下层板的泊松比。

4)路面结构总相对刚度半径 r_g

$$r_g = 1.21 \left[\frac{(D_c + D_b)}{E_t}\right]^{1/3} \tag{2-16}$$

式中：r_g ——双层板的总相对刚度半径，m；

其他符号意义同前。

5)荷载应力计算

(1)上面层板的荷载疲劳应力 σ_{pr} 按式(2-17)确定。

$$\sigma_{pr} = k_r k_f k_c \sigma_{ps} \tag{2-17}$$

式中：σ_{pr} ——设计轴载在面层板临界荷位处产生的荷载疲劳应力，MPa；

σ_{ps} ——设计轴载在四边自由板临界荷位处产生的荷载应力，MPa；

k_r ——考虑接缝传荷能力的应力折减系数，采用混凝土路肩时，k_r =0.87～0.92(路肩面层与路面面层等厚时取低值，减薄时取高值)；采用柔性路肩或土路肩时，k_r =1；

k_f ——考虑设计基准期内荷载应力累积疲劳作用的疲劳应力系数，按式(2-18)计算，其中 N_e 为设计基准期内设计轴载累计作用次数，λ 为材料疲劳指数，普通混凝土、钢筋混凝土取 λ =0.057；

$$k_f = N_e^{\lambda} \tag{2-18}$$

k_c ——考虑计算理论与实际差异以及动载等因素影响的综合系数，按公路等级查表2-47确定。

综 合 系 数 k_c 　　表2-47

公路等级	高速公路	一级公路	二级公路	三、四级公路
k_c	1.15	1.10	1.05	1.00

设计轴载 P_s 在上层板临界荷位处产的荷载应力 σ_{ps} 按式(2-19)确定。

$$\sigma_{ps} = \frac{1.45 \times 10^{-3}}{1 + \frac{D_b}{D_c}} r_g^{0.65} h_c^{-2} P_s^{0.94} \tag{2-19}$$

式中：σ_{ps} ——临界荷位处标准轴载荷载应力，MPa；

P_s ——标准轴载，kN，$P_s = 100\text{kN}$。

(2)下层板的荷载疲劳应力 σ_{bpr} 按式(2-20)确定。k_f 和 k_c 的确定方法同前。

$$\sigma_{bpr} = k_f k_c \sigma_{bps} \tag{2-20}$$

$$\sigma_{bps} = \frac{1.41 \times 10^{-3}}{1 + \frac{D_c}{D_b}} r_g^{0.68} h_b^{-2} P_s^{0.94} \tag{2-21}$$

上两式中：σ_{bpr} ——下层板的荷载疲劳应力，MPa；

σ_{bps} ——设计轴载 P_s 在下层板临界荷位处产生的荷载应力，MPa；

其余符号意义同前。

(3)最重轴载在面层板临界荷位处产生的最大荷载应力 $\sigma_{p,max}$，按式(2-22)确定。k_r 和 k_c 的确定方法同前。

$$\sigma_{p,max} = k_r k_c \sigma_{pm} \tag{2-22}$$

式中：$\sigma_{p,max}$ ——最重轴载 P_m 在面层板临界荷位处产生的最大荷载应力，MPa；

σ_{pm} ——最重轴载 P_m 在四边自由板临界荷位处产生的最大荷载应力，MPa，按式(2-23)计算。

$$\sigma_{pm} = \frac{1.45 \times 10^{-3}}{1 + \frac{D_b}{D_c}} r_g^{0.65} h_c^{-2} P_m^{0.94} \tag{2-23}$$

式中：P_m ——最重轴载，kN，以单轴计；

其余符号意义同前。

6)温度应力计算

上层板的温度疲劳应力 σ_{tr}，即在面层板临界荷位处产生的温度疲劳应力按式(2-24)计算。需要指出的是，下层板的温度疲劳应力不需要计算分析。

$$\sigma_{tr} = k_t \sigma_{t,max} \tag{2-24}$$

式中：σ_{tr} ——面层板临界荷位处产生的温度疲劳应力，MPa；

$\sigma_{t,max}$ ——最大温度梯度时面层板产生的最大温度应力，MPa，按式(2-24)确定；

k_t ——考虑温度应力累计疲劳作用的温度疲劳应力系数，按式(2-32)确定。

【知识链接——最大温度梯度时面层板产生的最大温度应力】

最大温度梯度时，面层板产生的最大温度应力 $\sigma_{t,max}$ 按式(2-25)确定。

$$\sigma_{t,max} = \frac{a_c E_c h_c T_g}{2} B_L \tag{2-25}$$

式中：a_c ——混凝土的线膨胀系数，根据粗集料的岩性查表 2-48 选用；

T_g ——公路所在地 50 年一遇的最大温度梯度，查表 2-49 选用；

B_L ——综合温度翘曲应力和内应力的温度应力系数，按公式(2-26)确定。

$$B_L = 1.77 e^{-4.48 h_c} C_L - 0.131(1 - C_L) \tag{2-26}$$

$$C_L = 1 - \left(\frac{1}{1+\xi}\right)\frac{\sinh t\cos t + \cosh t\sin t}{\cos t\sin t + \sinh t\cosh t} \tag{2-27}$$

$$t = \frac{L}{3r_g} \tag{2-28}$$

$$\xi = -\frac{(k_n r_g^4 - D_c)\gamma_\beta^3}{(k_n \gamma_\beta^4 - D_c)r_g^3} \tag{2-29}$$

$$k_n = \frac{1}{2}\left(\frac{h_c}{E_c} + \frac{h_b}{E_b}\right)^{-1} \tag{2-30}$$

$$\gamma_\beta = \left[\frac{D_c D_b}{(D_c + D_b)k_n}\right]^{1/4} \tag{2-31}$$

上述式中：C_L——混凝土面层板的温度翘曲应力系数；

L——面层板的横缝间距，即板长，m；

t——参数；

ξ——与双层板结构有关的参数，按式(2-29)计算；

k_n——面层与基层之间竖向接触刚度，上下层之间不设沥青混凝土夹层或隔离层时按式(2-30)计算，设沥青混凝土夹层或隔离层时，k_n 取 3 000MPa/m；

γ_β——层间接触状况参数，m，按式(2-31)计算。

水泥混凝土线膨胀系数 a_c 经验参考值 表 2-48

粗集料类型	石英岩	砂岩	砾石	花岗岩	玄武岩	石灰岩
水泥混凝土线膨胀系数 a_c ($10^{-6}\cdot℃^{-1}$)	12	12	11	10	9	7

最大温度梯度标准值 T_g 表 2-49

公路自然区划	Ⅱ、Ⅴ	Ⅲ	Ⅳ、Ⅵ	Ⅶ
最大温度梯度 T_g ($℃\cdot m^{-1}$)	83~88	90~95	86~92	93~98

【知识链接——温度疲劳应力系数】

温度疲劳应力系数 k_t 按式(2-32)计算。

$$k_t = \frac{f_r}{\sigma_{t,max}}\left[a_t\left(\frac{\sigma_{t,max}}{f_r}\right)^{b_t} - c_t\right] \tag{2-32}$$

式中：a_t、b_t、c_t——回归系数，按所在地区的公路自然区划查表 2-50 确定。

回归系数 a_t、b_t 和 c_t 表 2-50

系数	公路自然区划					
	Ⅱ	Ⅲ	Ⅳ	Ⅴ	Ⅵ	Ⅶ
a_t	0.828	0.855	0.841	0.871	0.837	0.834
b_t	1.323	1.355	1.323	1.287	1.382	1.270
c_t	0.041	0.041	0.058	0.071	0.038	0.052

7）极限状态校核

其极限状态下设计表达式可分别采用式(2-33)和式(2-34)。

$$\gamma_r(\sigma_{pr} + \sigma_{tr}) \leq f_r \tag{2-33}$$

$$\gamma_r(\sigma_{p,max} + \sigma_{t,max}) \leq f_r \tag{2-34}$$

式中：γ_r——可靠度系数，依据所选目标可靠度、变异水平等级及变异系数通过计算确定，或查表 2-51 确定。

可靠度系数　　表 2-51

变异水平等级	目标可靠度(%)			
	95	90	85	70~80
低	1.20~1.33	1.09~1.16	1.04~1.08	—
中	1.33~1.50	1.16~1.23	1.08~1.13	1.04~1.07
高	—	1.23~1.33	1.13~1.18	1.07~1.11

注:变异系数接近规定下限时,可靠度系数取低值;接近上限时,取高值。

2.2.5 接缝设计

为了防止热胀冷缩破坏路面,普通水泥混凝土路面、钢筋混凝土路面、碾压混凝土路面和钢纤维混凝土路面的面层板宜采用矩形分块。水泥混凝土面层的接缝分为横向接缝和纵向接缝。其纵向接缝和横向接缝应垂直相交,纵缝两侧的横缝不得相互错位。

1)横向接缝

横向接缝是垂直于行车方向的接缝,共有三种形式:横向缩缝、横向胀缝和横向施工缝。

(1)横向缩缝

横向缩缝的作用是保证路面板因温度和湿度的降低而收缩时沿该薄弱断面缩裂,从而避免产生不规则的裂缝。横向缩缝可等间距或变间距布置,应采用假缝形式。对极重、特重和重交通荷载公路的横向缩缝,中等和轻交通荷载公路,在邻近胀缝或自由端部的 3 条横向缩缝,以及收费广场的横向缩缝应采用设传力杆假缝形式,其构造如图 2-17a)所示。其他情况可采用不设传力杆假缝形式,其构造如图 2-17b)所示。

横向缩缝顶部应锯切槽口,设置传力杆时槽口深度宜为面层厚度的 1/4~1/3,不设置传力杆时槽口深度宜为面层厚度的 1/5~1/4。槽口宽度应根据施工条件、填缝料性能等因素而定,宽度宜为 3~8mm,槽内应填塞填缝料。二级及二级以下公路的槽口可一次锯切成型。高速和一级公路槽口宜二次锯切成型,同时在第一次锯切缝的上部宜增设宽 7~10mm 的浅槽口,槽口下部应设置背衬垫条,上部应用填缝料灌填,其构造如图 2-18 所示。

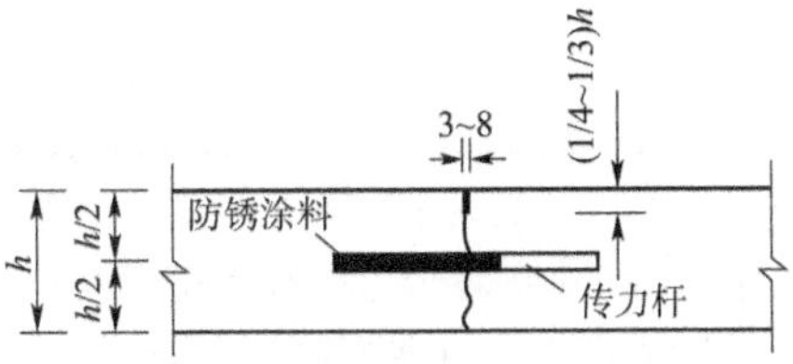

a)设传力杆假缝形式

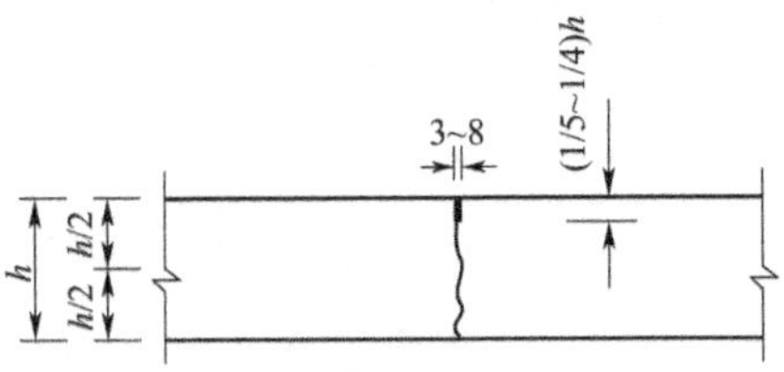

b)不设传力杆假缝形式

图 2-17　横向缩缝构造(尺寸单位:mm)

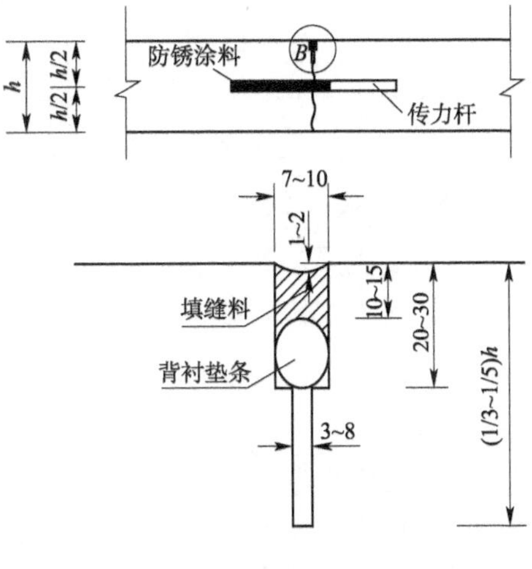

B点大样图

图 2-18　二次锯切槽口构造(尺寸单位:mm)

(2)横向胀缝

设置胀缝的目的是为了消除因温度变化而产生的温度应力,使水泥混凝土板在温度升高时能自由伸展,从而避免路面板在热天产生拱胀或折断破坏,并应采用真缝。在邻近桥梁或其他固定构造物处,或者与其他道路相交处,应设置横向胀缝。胀缝条数应根据膨胀量大小设置。胀缝宽宜为 20 ~ 25mm,缝内应设置填缝板和可滑动的传力杆。横向胀缝构造如图 2-19 所示。

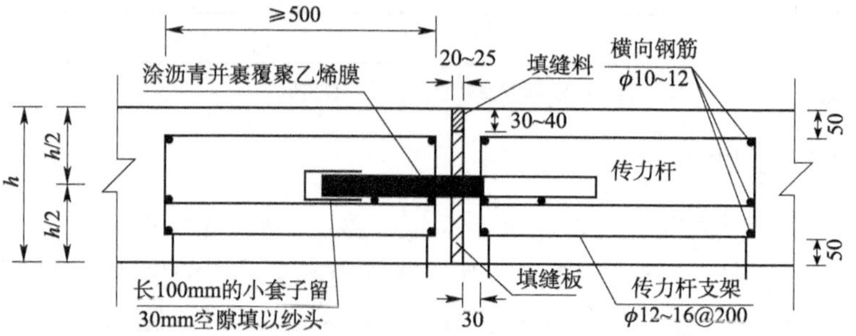

图 2-19　横向胀缝构造(尺寸单位:mm)

【知识链接——传力杆】

传力杆的主要作用是提高接缝的传荷能力。其一端固定在一侧板内,另一端可以在邻侧板内滑动,从而实现在两块路面板之间传递行车荷载和防止错台,增加相邻混凝土块之间的应力传递以防止混凝土路面局部受力较大造成混凝土路面不均匀沉降,传递应力使相邻混凝土块共同受力。

传力杆应采用光圆钢筋。横向缩缝传力杆的尺寸、间距和要求与胀缝相同,可按表 2-52 选用。最外侧传力杆距纵向接缝或自由边的距离宜为 150 ~ 250mm。

传力杆尺寸和间距(单位:mm)　　表 2-52

面层厚度	传力杆直径	传力杆最小长度	传力杆最大间距
220	28	400	300
240	30	400	300
260	32	450	300
280	32 ~ 34	450	300
≥300	34 ~ 36	500	300

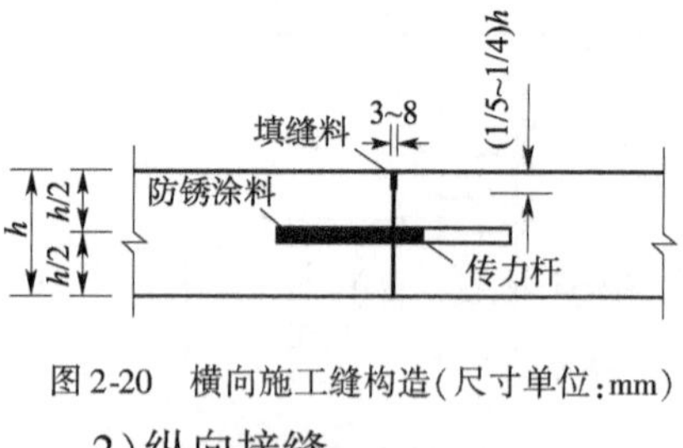

图 2-20　横向施工缝构造(尺寸单位:mm)

(3)横向施工缝

每日施工结束或因临时原因中断施工时,必须设置横向施工缝,其位置宜选在缩缝或胀缝处。设在缩缝处的施工缝,应采用加传力杆的平缝形式,其构造如图 2-20 所示;设置在胀缝处的施工缝,其构造应与胀缝相同,如图 2-19 所示。

2)纵向接缝

纵向接缝是平行于行车方向的接缝,分为纵向施工缝和纵向缩缝两类,构造上分为设拉杆平缝形式和设拉杆假缝形式。

纵向接缝的布设应视路面总宽度、行车道及硬路肩宽度以及施工铺筑宽度而定。

(1)一次铺筑宽度小于路面宽度时,应设置纵向施工缝。纵向施工缝应采用设拉杆平缝形式,上部应锯切槽口,深度宜为 30 ~ 40mm,宽度宜为 3 ~ 8mm,槽内应灌塞填缝料。其构造如2-21a)所示。

(2)一次铺筑宽度大于4.5m时,应设置纵向缩缝。纵向缩缝应采用设拉杆假缝形式,锯切的槽口深度应大于施工缝的槽口深度。采用粒料基层时,槽口深度应为板厚的1/3;采用半刚性基层时,槽口深度应为板厚的2/5。其构造如图2-21b)所示。

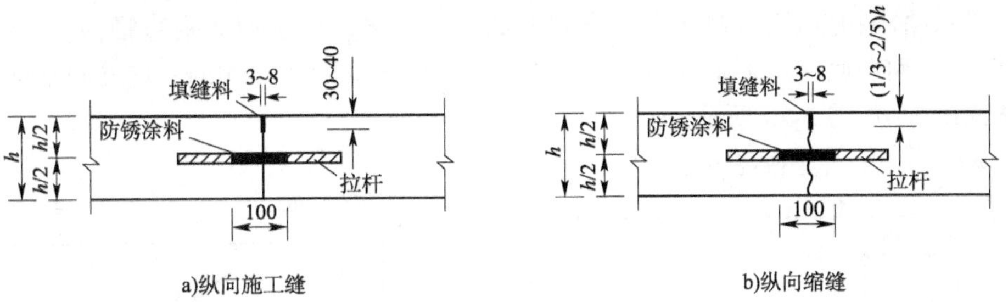

图2-21　纵缝构造(单位:mm)

(3)纵缝应与路线中线平行。在路面等宽的路段内或路面变宽路段的等宽部分,纵缝的间距和形式应保持一致。路面变宽段的加宽部分与等宽部分之间,应以纵向施工缝隔开。加宽板在变宽段起终点处的宽度不应小于1m。

【知识链接——拉杆】

拉杆的主要作用是防止路面板错动和纵缝间隙扩大。拉杆应采用螺纹钢筋,设在板厚中央,并应对拉杆中部100mm范围内进行防锈处理。拉杆的直径、长度和间距可参照表2-53选用。行车道路面与混凝土路肩之间的纵向接缝必须设置拉杆。

拉杆直径、长度和间距(单位:mm)　　表2-53

面层厚度(mm)	到自由边或未设拉杆纵缝的距离(m)					
	3.00	3.50	3.75	4.50	6.00	7.50
200~250	14×700×900	14×700×800	14×700×700	14×700×600	14×700×500	14×700×400
≥260	16×800×800	16×800×700	16×800×600	16×800×500	16×800×400	16×800×300

3)水泥混凝土路面与沥青路面的过渡段

当水泥混凝土路面与沥青路面相接时,应设置不小于3m的过渡段。过渡段的路面应采用两种路面呈阶梯状叠合布置,其下铺设的变厚度混凝土过渡板的厚度不得小于200mm,如图2-22所示。过渡板顶面应设横向拉槽,沥青层与过渡板之间应黏结良好。过渡板与混凝土面层板相接处的接缝内宜设置直径25mm、长700mm、间距400mm的拉杆。混凝土面层毗邻该接缝的1~2条横向接缝应采用胀缝形式。

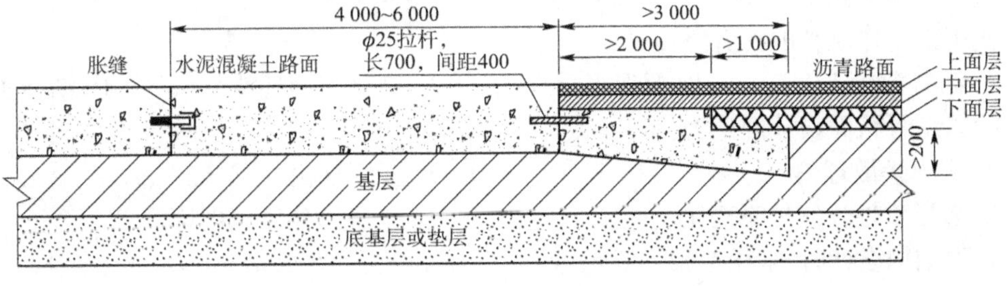

图2-22　水泥混凝土路面与沥青路面相接段的构造布置(尺寸单位:mm)

2.2.6 普通水泥混凝土面层配筋设计

1)边缘钢筋布置

普通水泥混凝土面层基础薄弱的自由边缘、接缝为未设传力杆的平缝、主线与匝道相接处或与其他类型路面相接处,可在面层边缘的下部配置钢筋。可选用 2 根直径为 12 ~ 16mm 的螺纹钢筋,置于面层底面之上 1/4 厚度处并不小于 50mm,间距为 100mm,钢筋两端向上弯起,以加强锚固能力,如图 2-23 所示。

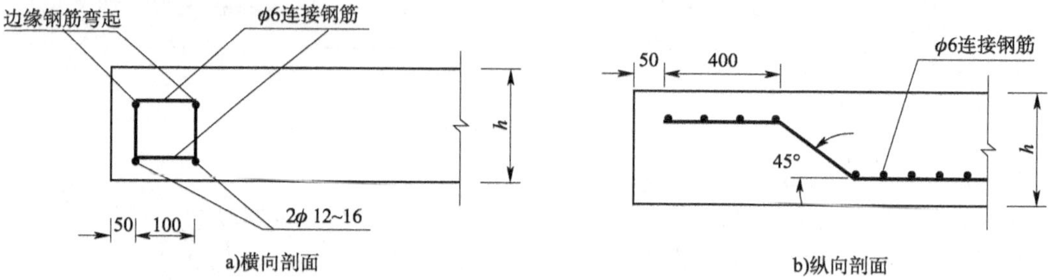

图 2-23　边缘钢筋布置(尺寸单位:mm)

2)角隅钢筋布置

承受极重、特重、重交通荷载的水泥混凝土面层的胀缝、施工缝和自由边的角隅以及承受极重交通荷载的水泥混凝土面层的缩缝的角隅,宜配置角隅钢筋。可选用 2 根直径为 12 ~ 16mm 的螺纹钢筋,置于面层上部,距顶面不小于 50mm,距边缘为 100mm,如图 2-24 所示。

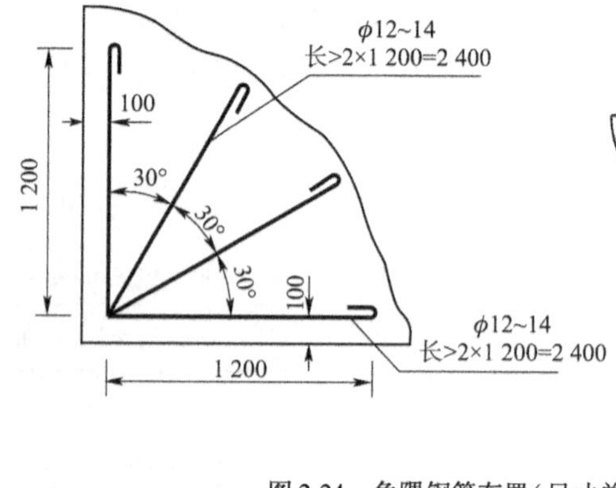

图 2-24　角隅钢筋布置(尺寸单位:mm)

能 力 训 练

一、单项选择题(每题的备选项中,只有 1 个最符合题意)

1. 使用矿粉作填料的沥青路面是(　　)。

A. 沥青混凝土　　B. 沥青碎石　　C. 沥青表面处治　　D. 沥青贯入式

2. 我国沥青路面设计理论为(　　)。

A. 应力扩散理论　　B. 板壳理论

C. 多层弹性连续体系理论　　D. 三层弹性体系理论

3. 路面结构设计时,采用单轴—双轮组(　　)kN 作为设计轴载。

A. 50　　B. 100　　C. 150　　D. 200

4. 在路面设计中，是以(　　)来表征土基的强度。

A. 抗剪强度　　B. 抗压强度　　C. 垂直强度　　D. 回弹模量

5. 刚性路面设计的临界荷位为(　　)。

A. 横缝边缘中部　　B. 纵缝边缘中部　　C. 板中　　D. 板角

6. 水泥混凝土路面施工时，按路面作用混凝土的(　　)强度作配合比设计。

A. 抗压　　B. 抗剪　　C. 弯拉　　D. 抗拉

7. 我国刚性路面设计理论为(　　)。

A. 弹性地基上的小挠度弹性薄板理论　　B. 弹性地基上的弹性厚板理论

C. 文克勒地基上的小挠度弹性薄板理论　　D. 文克勒地基上的弹性厚板理论

8. 水泥混凝土路面横缝处设置的钢筋作为(　　)。

A. 拉杆　　B. 传力杆　　C. 补强钢筋　　D. 拉筋

9. 防止水泥混凝土路面板块出现横向位移的有效措施是(　　)。

A. 设置传力杆　　B. 设置拉杆

C. 设置角隅钢筋　　D. 增强板下基础强度

10. 水泥混凝土路面中的缩缝一般采用(　　)形式。

A. 假缝　　B. 平头缝　　C. 企口缝　　D. 施工缝

11. 下列有关水泥混凝土路面横缝说法错误的是(　　)。

A. 横向施工缝其位置宜与胀缝或缩缝重合

B. 每天摊铺结束应设置横向施工缝

C. 普通混凝土路面横向缩缝宜采用斜缝

D. 摊铺中断时间超过 30min 时应设置横向施工缝

12. 重交通公路水泥混凝土路面横向缩缝应采用的形式是(　　)。

A. 设传力杆平缝型　　B. 设传力杆假缝型

C. 设拉杆企口缝型　　D. 设拉杆平缝型

13. 水泥混凝土路面与沥青路面相接时，应设置不小于 3m 的过渡段。过渡段的路面应采用两种路面呈(　　)布置。

A. 阶梯状　　B. 垂直　　C. 斜接　　D. 水平

14. 水泥混凝土路面钢筋设置如图 2-25 所示，a)、b)图中钢筋分别指(　　)。

A. a-拉杆；b-拉杆　　B. a-传力杆；b-传力杆

C. a-拉杆；b-传力杆　　D. a-传力杆；b-拉杆

a)　　b)

图 2-25　水泥混凝土路路面钢筋布置

15. 沥青混合料回弹模量测试采用重复加载单轴压缩回弹模量试验,其试验温度和加载频率为(　　)。

A. 20℃　5Hz　　B. 20℃　10Hz　　C. 25℃　5Hz　　D. 25℃　10Hz

二、多项选择题(每题的备选项中,有两个或两个以上符合题意)

1. 关于沥青表面处治路面的说法,正确的是(　　)。

A. 沥青表面处治路面的使用寿命一般比沥青贯入式路面更长

B. 沥青表面处治主要是对非沥青承受层起保护和防磨耗作用

C. 可用于高速公路路面面层

D. 可分为单层式、双层式和三层式

E. 设计时一般要考虑沥青表面处治层的承受强度

2. 现行水泥路面设计规范在确定板厚时,考虑(　　)等荷载产生的疲劳损坏。

A. 荷载应力　　B. 温度应力

C. 湿度应力　　D. 表面张力

E. 附加压力

3. 下列属于沥青路面破坏形式的有(　　)。

A. 开裂　　B. 断板　　C. 车辙　　D. 接缝损坏　　E. 坑槽

4. 新建水泥混凝土路面面板抗滑构造施工方法有(　　)。

A. 人工拉槽　　B. 硬刻槽　　C. 拉毛机拉槽　　D. 铺砂　　E. 铣刨机铣刨

5. 无机结合料类沥青路面的设计指标包括(　　)。

A. 沥青层永久变形　　B. 路基永久变形

C. 沥青层疲劳　　D. 无机结合料层疲劳

E. 无机结合料层永久变形

6. 关于沥青碎石路面的说法,正确的是(　　)。

A. 冬季不易产生冻缩裂缝　　B. 沥青用量多,且需要添加矿粉

C. 孔隙率较大,路面容易渗水和老化　　D. 热拌沥青碎石可用于高速公路面层

E. 高温稳定性好,路面不易产生波浪

7. 水泥混凝土路面的纵缝在构造上分为(　　)。

A. 设拉杆假缝型　　B. 设拉杆平缝型

C. 不设拉杆假缝型　　D. 不设拉杆平缝型

E. 不设拉杆企口型

8. 下列属于水泥路面破坏形式的有(　　)。

A. 拱起　　B. 断板　　C. 车辙　　D. 错台　　E. 坑槽

9. 沥青路面设计轴载的参数正确的包括(　　)。

A. 设计轴载 100kN　　B. 设计轴载 200kN

C. 轮胎接地压强 0.7MPa　　D. 单轮接地当量圆直径 213mm

E. 两轮中心距 319.5mm

10. 各种基层和底基层的结构层最小厚度,按(　　)而定。

A. 集料的公称最大粒径　　B. 公路等级

C. 压路机类型　　D. 压实效果的要求

E. 结构层厚度

三、简答题

1. 沥青路面的分类及优缺点有哪些？
2. 沥青路面的基本要求及破坏形式是什么？
3. 我国沥青路面设计理论是什么？其基本假定有哪些？
4. 我国水泥混凝土路面设计理论是什么？其基本假定有哪些？
5. 水泥混凝土路面的破坏形式主要有哪些？
6. 为什么要将水泥混凝土路面板划分成有限尺寸？
7. 水泥混凝土路面板的临界荷位在哪里？
8. 水泥混凝土路面的设计标准和验算标准是什么？

模块 3　路面工程施工准备

【学习引导】

知识目标：通过本模块的学习，学生能够了解路面工程施工准备工作计划与内容，重点把握组织准备、技术准备、物资准备和施工现场准备的具体工作内容。

技能目标：学生能够正确做好路面施工前的各项准备工作，包括熟悉施工项目部组织结构和核对设计文件、技术交底，具有建筑材料的检测能力和控制测量、施工放样的能力，以及机械设备的选型能力，能够填写各种路面工程施工准备资料。

主要内容：模块 3 的主要内容结构如图 3-1 所示。

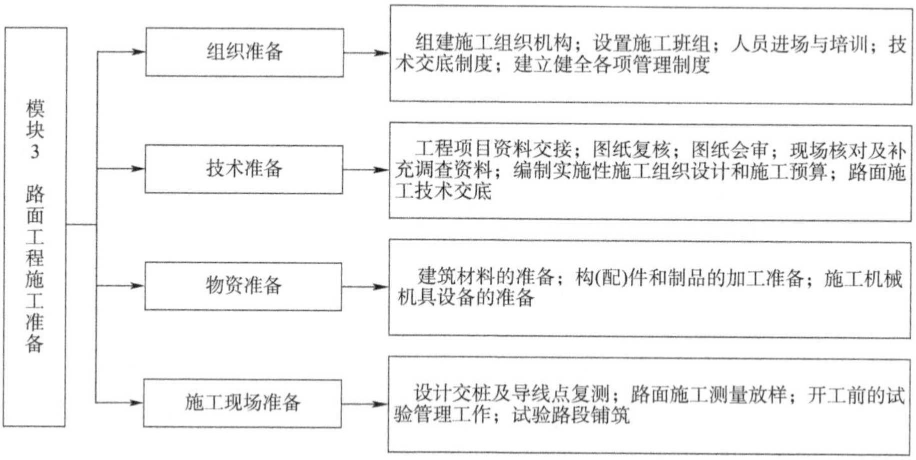

图 3-1　模块 3 的主要内容结构

路面施工前，应根据工程的实际情况做好各项准备工作，使各项施工活动能正常进行。接到工程中标通知书之后，中标的施工单位即可着手进行施工准备工作。准备工作的基本任务就是调查分析施工地区的自然条件、技术经济条件和社会生活条件，并掌握工程特点、要求和关键环节，统筹安排施工力量和部署施工现场，从组织、技术、物资、场地等方面为施工创造必备的条件，以保证工程顺利开工和连续进行。

施工准备工作是建设程序中的重要环节，是保证工程施工顺利实施的基本前提。施工准备工作不仅存在于开工之前，而且贯穿在整个施工过程之中。

路面工程施工准备工作的主要内容包括组织准备、技术准备、物资准备和施工现场准备等。

3.1　组 织 准 备

组织准备是做好一切准备工作的前提。组织准备工作主要包括组建施工组织机构、设置施工班组、人员进场与培训、技术交底、建立健全各项管理制度。

1)组建施工组织机构

施工组织机构组建过程中,应根据施工项目的规模、结构特点和复杂程度,确定施工项目的施工组织结构人选;职能部门的设置、人员的配备应适应工作的需要,力求精干、高效;坚持合理分工与密切协助相结合的原则,做到责权具体,便于指挥和管理。

在工程项目施工之前,施工企业为了完成工程施工任务而设立的组织机构称为项目经理部。项目经理部不具备法人资格,是施工企业根据建设工程施工项目而组建的非常设的下属机构,是一次性的具有弹性的现场生产组织机构。项目经理部通常由项目经理、项目副经理、项目技术负责人(项目总工程师)构成项目管理核心层。对于施工单位,工程项目主要实行项目经理负责制,即项目经理全面负责的目标责任制。项目经理负责全面管理工作,是工程项目的总体负责人,是质量和安全的第一责任人;项目副经理是施工现场的总体管理人,主要分管施工生产、施工安全、施工计划的下达和实施、物资采购供应、机械设备保障等工作;项目技术负责人(项目总工程师)负责工程的质量与技术管理工作。项目经理部下设工程技术部、质检部、财务部、安全生产部、机料部、工程计划部、办公室等管理部门。为便于组织施工及管理,在项目经理部的统一指挥下,按工程项目类别分别设底基层、基层以及面层等专业作业班组(工区)。项目经理部机构配置如图3-2所示。

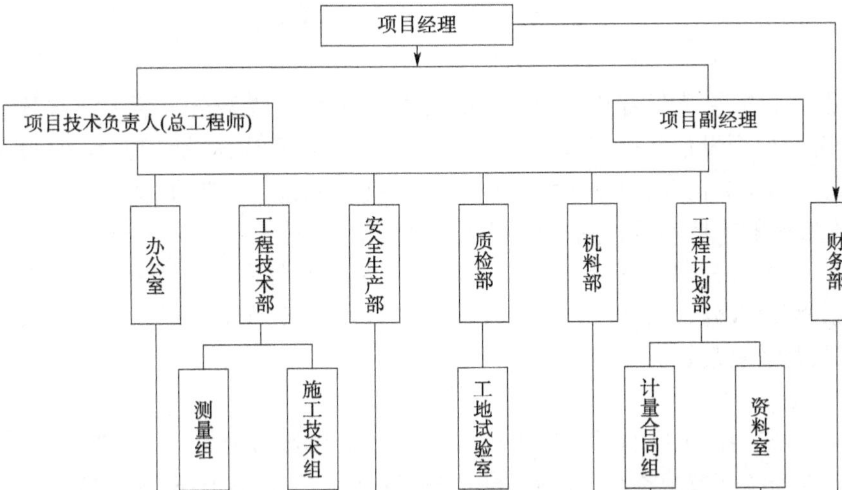

图3-2 项目经理部机构配置

项目经理部的人数视工程规模的大小、工程难易程度而定,对于一般公路配置路桥专业技术人员按平均每人管理3~5km;对于高速、一级公路按平均每人管理1km配置。

2)设置施工班组和人员进场与培训

(1)设置施工班组

施工班组是直接参与施工的基层生产组织,即专业施工队。应根据专业、工种确定合理的施工班组,技工、普工的比例要满足施工组织方式的要求,同时制订出劳动力需要量计划。

施工班组的建立有两种形式,一是按工艺专业化原则建立,如木工班、钢筋班、混凝土班、模板班等；另一个是按施工专业化原则建立，如路面基层班、路面面层班等。

(2)人员进场与培训

在组建项目经理部后，项目负责人应根据各分部分项工程的开工日期和劳动力需要量计划，分批分阶段地组织劳动力进场，并及时组织进行安全、防火和文明施工等方面的培训教育工作。

3)技术交底制度

在工程开工之前，相关项目负责人应详细地向施工班组和操作工人进行技术交底，通常包括施工图纸交底、施工技术交底以及安全技术交底，以保证工程能严格按照设计图纸、施工组织设计、施工技术规范、安全操作规程和施工质量检验评定标准的要求进行施工。交底工作应按照管理系统自上而下逐级进行。根据不同的对象，交底可采取书面、口头和现场示范等形式。

4)建立健全各项管理制度

在施工过程中，项目现场一般应建立技术质量责任、工程技术方案、施工图纸学习、技术交底、职工考勤考核、工程材料和构件的检查验收、工程质量检查与验收、材料出入库登记和保管、安全操作、机具使用保养等管理制度，以保证各项施工活动的顺利进行。

3.2 技术准备

工程项目开工前，要先做好详细而充分的技术准备工作，工程开工后才能有条不紊地顺利进行，避免开工后出现设计问题、现场地形地质与设计资料不符、测量试验不能配合施工、关键材料设备未及时到位等情况，导致工程延误甚至停顿而造成不必要的损失。

施工技术准备的主要内容包括工程项目资料交接、设计交桩及导线点复测、图纸复核、图纸会审、现场核对及补充调查资料、编制实施性施工组织设计和施工预算、开工前的试验管理工作、路面施工测量放样、路面施工技术交底、试验路段铺筑、开工前的技术培训和学习等。

1)工程项目资料交接

(1)交接内容

工程中标后，应会同上级有关主管部门及时进行工程资料交接。需要交接的主要资料包括投标期间的现场考察技术资料、投标答疑资料、投标文件、中标通知书、合同文件，以及与业主签订的协议、投标承诺、图纸等。

(2)需要注意的问题主要包括：办理交接手续时注意检查交接资料是否齐全；保留一套完整的合同文件及设计图纸存档，以便今后编制竣工文件使用；根据需要给相关人员提供资料的复印件。

2)图纸复核

(1)图纸复核的目的

设计图纸是工程施工最重要的依据之一。施工前，组织参加施工的技术和管理人员进行图纸复核，熟悉图纸，了解工程特点，领会设计意图，熟悉设计文件内容，掌握设计标准，核对设计图尺寸，复核工程数量，明确技术要求，找出需要解决的技术难题，制订解决方案，进行工程管理策划；结合施工调查，若发现图纸中存在的问题，应及时与建设单位、设计单位和监理单位联系，共同寻求解决方案，为图纸会审打下良好的基础。

(2)图纸复核应重点关注的问题

①是否符合现行相关技术标准、规范要求,有无重大原则错误。

②现有施工技术水平能否满足设计要求。

③是否符合现场和施工的实际条件。

④设计是否能够进一步优化。

⑤图纸本身有无矛盾。

⑥图纸中的工程数量表、材料表是否有错误。

⑦控制测量数据是否准确。

3)图纸会审

工程各参建单位(建设单位、监理单位、施工单位、各种设备厂家)在收到设计院施工图设计文件后,对图纸进行全面细致的熟悉,审查出施工图中存在的问题及不合理情况并提交设计单位。图纸会审是指设计单位向各参建单位进行设计技术交底,并对施工单位等参建单位在图纸复核中查出的问题及疑问进行处理的一项重要活动。图纸会审由建设单位负责组织并记录。通过图纸会审可以使各参建单位特别是施工单位熟悉设计图纸、领会设计意图、掌握工程特点及难点、找出需要解决的技术难题并拟订解决方案,从而将因设计缺陷等问题消灭在施工之前。

(1)图纸会审的主要内容

①施工图是否符合国家现行的有关标准、经济政策的规定。

②施工的技术设备条件能否满足设计要求;当采取特殊的施工技术措施时,现有的技术力量及现场条件有无困难,能否保证工程质量和安全施工的要求。

③有关特殊技术或新材料的要求,其品种、规格、数量能否满足需要及工艺规定要求。

④建筑结构与安装工程的设备与管线的接合部位是否符合技术要求。

⑤安装工程各分项专业之间有无重大矛盾。

⑥图纸的份数及说明是否齐全、清楚、明确,图纸上标注的尺寸、坐标、高程及地上地下工程和道路交会点等有无遗漏和矛盾。

(2)图纸会审记录

图纸经过会审后,会审组织者应及时将会审中提出的有关设计问题的建议做好详细记录。图纸会审记录上应填写单位工程名称、设计单位、建设单位和主持单位及参加审核人员名单等。对会审提出的问题,凡是设计单位变更修改的,应在会审记录"解决意见"栏内填写清楚,并尽快请设计部门发"设计变更通知单",要求施工时按"设计变更通知单"执行。图纸未经过会审不得施工。

4)现场核对及补充调查资料

施工设计图纸现场核对是施工准备阶段的重要工作。其主要内容包括:

(1)各项计划的安排、设计图纸和资料是否符合国家有关方针、政策和规定,图纸是否齐全,图纸内容及相互之间有无错误和矛盾。

(2)掌握整个工程的设计内容和技术条件,弄清工程规模、结构特点和形式。

(3)设计文件所依据的水文、气象、地质、岩土等资料是否准确、可靠、齐全。

(4)核对路线中线、主要控制点、转角点、水准点、三角点、基线等是否准确无误;重点地段的路基横断面是否合理;构造物的位置、结构形式、尺寸大小、孔径等是否适当;能否采用更先进的技术或使用新材料。

(5)路线或构造物与农田、水利、航道、公路、铁路、电信、管道及其他建筑物的相互干扰情况及其解决办法是否恰当,干扰可否避免。

(6)对地质不良地段采取的处理措施是否先进合理,对防止水土流失和保护环境的处理措施是否适当、有效。

(7)施工方法、料场分布、运输方式、道路条件等是否符合实际情况。

(8)临时房屋、便道、便桥、电力设施、电信设施、临时供水、供电等场地布置是否恰当。

(9)各项纪要、协议书等文件是否完善、齐备。

(10)明确建设期限,包括分期、分批工程期限的要求。

现场核对发现设计不合理或错误之处,应提出修改意见报上级机关审批,然后根据批复的修改设计意见进行施工测量、补充图纸等工作。

现场补充调查是为了优化和修改设计、编制实施性施工组织设计、因地制宜地布置施工场地等收集资料。调查的内容主要有:工程地点的地形、地质、水文、气候条件;自采加工材料场储量、地方材料供应情况、施工期间可供利用的房屋数量;当地劳动力情况、工业生产加工能力、运输条件和运输工具;施工场地的水源、水质、电源以及生活物资供应情况;当地民俗风情、生活习惯等。

5)编制实施性施工组织设计和施工预算

(1)编制实施性施工组织设计

施工组织设计是施工准备工作的重要组成部分,也是指导施工现场全部生产活动的基本技术经济文件。编制施工组织设计的目的在于全面、合理、有计划地组织施工,从而具体地实现设计意图,优质高效地完成施工任务。

概括地说,公路施工组织设计就是从工程的全局出发,根据公路工程的特点,按照客观的施工规律和当时当地的具体条件,统筹考虑施工过程中的人工、材料、机械、资金和施工方法这五个主要因素后,对整个工程的施工进度、资源消耗和平面布置等做出科学而合理的安排。

实施性施工组织设计是工程施工全过程中技术、经济和组织等活动的综合性文件,同时是使施工能按连续性、均衡性、节奏性、协调性和经济性要求进行的指导性文件,也是对施工实行科学管理的重要手段。

(2)编制施工预算

施工预算是施工单位根据中标后的合同价、施工图纸、施工组织设计或施工方案、施工定额等文件进行编制的,可以切实有效地控制施工过程中全部的经济活动。

6)路面施工技术交底

技术交底是项目相关负责人把设计对施工的要求、施工方案及措施转达给基层施工人员,这是落实技术责任制的前提。进行技术交底的目的是保证严格按照路面施工图、实施性施工组织设计、施工操作规程、安全生产规程、工程施工验收规范和其他技术规范进行施工。

技术交底工作应分级进行、分级管理。凡技术复杂(包括推行新技术、新结构、新材料、新工艺等)的重点工程、重点部位施工时,应先由项目总工程师向施工技术队长及有关职能部门负责人交底,明确关键性的施工技术问题,主要项目的施工方法和特殊工程的技术、材料,提出试验项目、技术要求及注意事项等内容,然后再由施工技术队长负责向技术员、施工员、质量检查员、安全员以及班组长交底;最后施工员向班组交底。施工员向班组的交底工作,是各级技术交底的关键。

路面施工技术交底的主要内容包括:

(1)承包合同中有关施工技术管理和监理办法,合同条款规定的法律、经济责任和工期。

(2)路面设计文件、施工图及说明要点等内容。主要包括设计图纸上必须特别注意的问题,如尺寸、轴线高程、预留孔和预埋件的位置、规格和数量等。

(3)材料的特性、技术要求及节约措施。主要包括使用材料的品种、规格、质量、配合比和质量要求。

(4)路面施工技术方案。主要包括工程特点、施工方法、操作工艺和其他工种的配合等。

(5)工程合同技术规范、使用的工法或工艺操作规程。主要包括施工技术规范、质量评定标准和有关要求。

(6)技术措施。主要包括质量保证措施、文明施工措施、季节性施工措施、安全、环保方案等。

(7)路面设计变更情况。

(8)适应工程内容的科研项目、"四新"项目等先进技术推广应用的技术要求。

3.3 物资准备

道路工程材料、构(配)件、制品、机具和设备是保证工程施工顺利进行的物质基础。物资准备工作必须在工程开工前完成,并根据各种物资的需要量计划,分别落实货源,安排运输和储备,使其满足连续施工的要求。

3.3.1 物资准备工作的程序

物资准备工作的程序是搞好物资准备的重要手段。通常按如下程序进行:

(1)根据施工预算、分部(项)工程施工方法和施工进度的安排,拟定国拨材料、统配材料、地方材料、构(配)件及制品、施工机具和工艺设备等物资的需要量计划。

(2)根据各种物资需要量计划,组织货源,确定加工、供应地点和供应方式,签订物资供应合同。

(3)根据各种物资的需要量计划和合同,拟订运输计划和运输方案。

(4)按照施工总平面图的要求,组织物资按计划时间进场,在指定地点按规定方式进行储存或堆放。

3.3.2 物资准备工作的内容

物资准备工作的内容主要包括建筑材料的准备、构(配)件和制品的加工准备、施工机械及机具设备的准备。

1)建筑材料的准备

建筑材料的准备主要是按照施工进度计划要求以及将材料名称、规格、使用时间进行汇总,编制出材料需要量计划,为组织备料、确定仓库和所需场地的堆放面积及组织运输等提供依据。

路面工程建筑材料主要包括沥青、碎石、机制砂、矿粉、石屑等,以及排水工程预制构件所需的集料、水泥等。

2)构(配)件和制品的加工准备

根据施工预算提供的构(配)件、制品的名称、规格、质量和消耗量,确定构(配)件和制品的加工方案、供应渠道及进场后的储存地点和方式,编制出其需要量计划,为组织运输、确定所需场地的堆放面积等提供依据。

3)施工机械的准备

路面工程施工机械是指在公路建设中完成路面材料的生产与施工的机械设备。

路面工程施工机械根据其结构、性能、用途可以有多种分类方法。如果考虑路面结构层和机械用途,路面工程施工机械可分成面层施工机械、基层施工机械、沥青材料加工处理设备、石材集料加工处理设备4类,如图3-3所示。

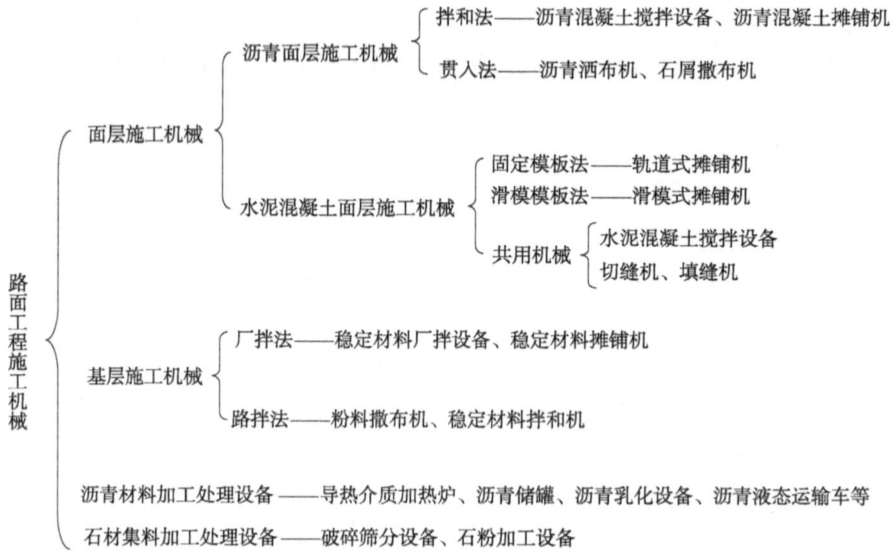

图3-3 路面工程施工机械分类

下面就常用的路面工程施工机械作详细介绍。

(1)沥青混合料搅拌设备

沥青混凝土搅拌设备是沥青混凝土路面施工中主要配套机械设备之一,它的主要用途及功能是将一定温度下的道路施工用不同粒径的集料(骨料)、填料(矿粉)和一定温度下的沥青,按适当的比例要求搅拌制成符合施工技术规范的沥青混合料。该设备适用于公路、城市道路、机场、码头、停车场、货场等工程部门。常用的沥青混合料有沥青混凝土、沥青碎石、沥青砂等。沥青混凝土搅拌设备是沥青混凝土路面施工的关键设备之一,其性能直接影响到所铺筑的沥青路面的质量。

沥青混凝土搅拌设备可按生产能力、搬运方式、工艺流程等方法进行分类。

①按生产能力分类,沥青混凝土搅拌设备可分为小型(生产率在40t/h以下)、中型(生产率在40~400t/h)和大型(生产率在400t/h以上)。间歇式搅拌设备的生产能力最高可达700t/h,连续滚筒式搅拌设备的生产能力最高可达1 200t/h。沥青混合料拌和设备的生产率按每小时拌制混合料的吨数计算,单位为t/h。

②按搬运方式分类,沥青混凝土搅拌设备可分为移动式(将设备装置于拖车上,可随施工地点转移,多用于公路工程)、半固定式(将设备装置在几个拖车上,在施工地点拼装,多用于公路施工)和固定式(设备作业地点固定,又称沥青混凝土加工工厂,适用于工程集中施工、城市道路施工)。

③按工艺流程分类,沥青混凝土拌和设备可分为间歇强制式(集料的加热烘干和混合料的搅拌为连续进行,混合料的搅拌按强制周期性进行。按国内外相关规范要求,高等级公路建设应使

用间歇强制式）和连续滚筒式（集料的加热烘干和混合料的搅拌均在同一个滚筒中连续进行。多用于普通公路建设、场地建设）。此外，按工艺流程还可分为连续强制式和间歇滚筒式。

不同机型的沥青混凝土搅拌设备，其工艺流程也不尽相同。目前，国内外最常用的是间歇强制式和连续滚筒式沥青混合料搅拌设备。下面将对其分别作详细介绍。

a. 间歇强制式沥青混凝土搅拌设备。

该设备基本组成部分为冷集料供应系统、干燥滚筒、热集料提升机、热集料筛分储存装置、矿粉储存及供给装置、称量—搅拌及成品料输送系统、除尘系统、气动系统、沥青储存及供给系统、电气控制系统。间歇式沥青混合料搅拌站实景如图 3-4 所示。间歇式沥青混合料拌和站模拟如图 3-5 所示。间歇强制式沥青混凝土搅拌设备总体结构如图 3-6 所示。

图 3-4　沥青混合料搅拌站实景

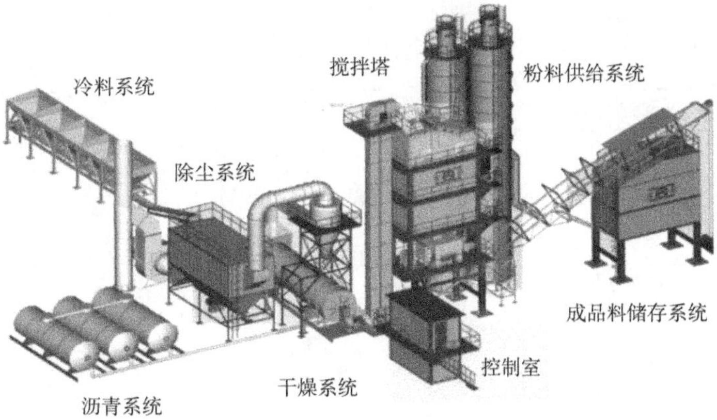

图 3-5　间歇式沥青混合料拌和站模拟

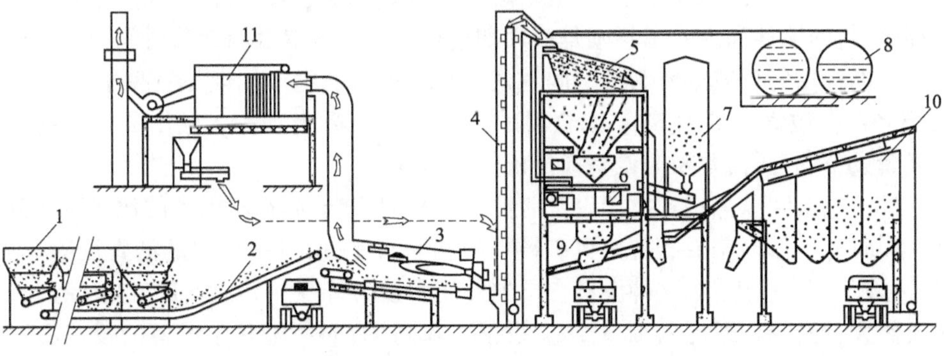

图 3-6　间歇强制式沥青混凝土搅拌设备总体结构

1-冷集料储存配料装置；2-冷集料带式输送机；3-冷集料烘干加热筒；4-热集料提升机；5-热集料筛分储存装置；6-热集料计量装置；7-矿粉供给及计量装置；8-沥青供给装置；9-搅拌器；10-成品料储存仓；11-除尘装置

间歇式沥青混合料拌和站工作原理或工艺流程如图3-7所示。

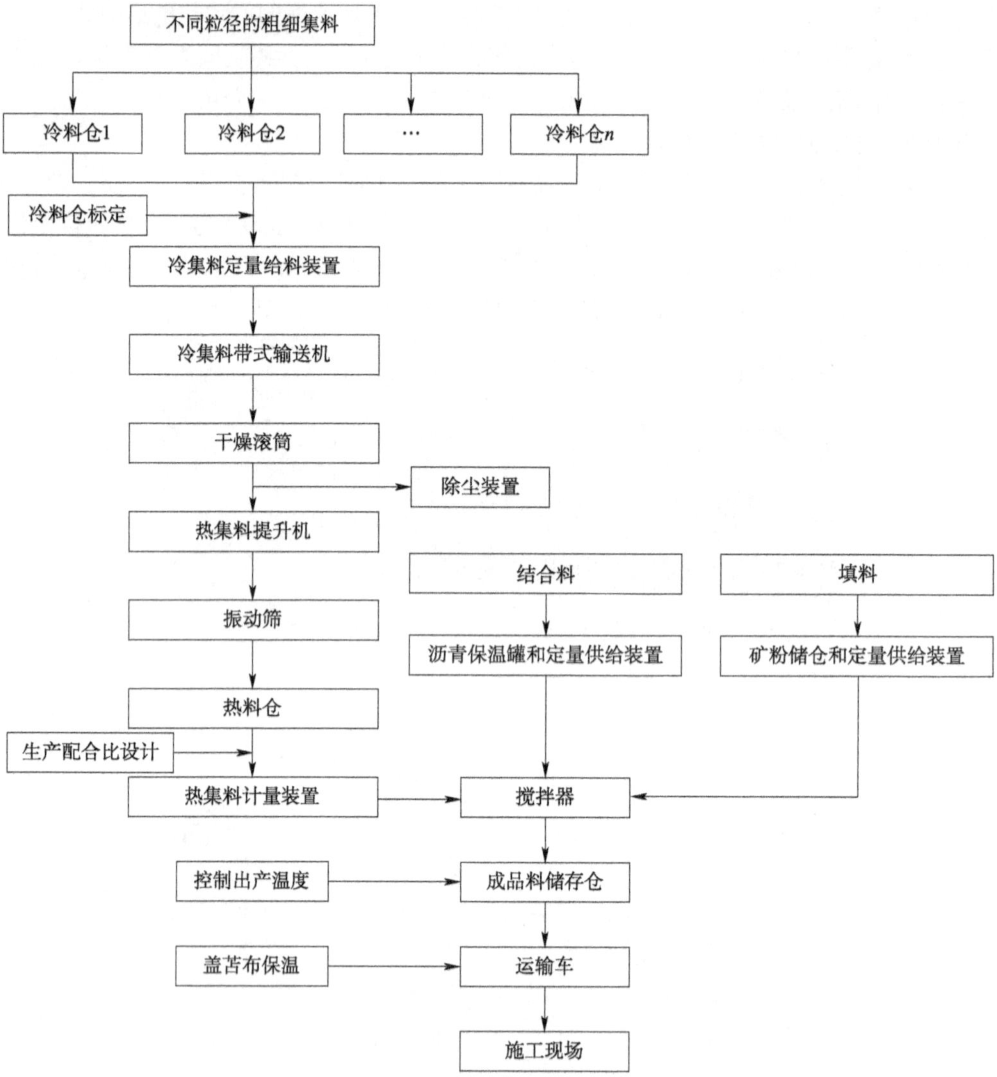

图3-7　间歇式沥青混合料拌和站施工工艺流程

间歇式沥青混合料拌和过程中,冷集料的供给和烘干是连续进行的,而热集料、沥青、矿粉的称量及混合料的搅拌和成品出料则是按周期进行的。沥青混合料拌和时间根据具体情况经试拌确定,以沥青均匀裹覆集料为度。间歇式拌和机每盘的生产周期不宜少于45s(其中干拌时间不少于5s)。改性沥青和SMA混合料的拌和时间应适当延长。操作员在控制室随时监视、控制整套设备的运行,并及时调整搅拌机的工作状态。

由于以上特点,间歇强制式搅拌设备能保证矿料的级配,矿料与沥青的比例可达到相当精确的程度,同时易于根据需要随时变更矿料级配和油石比,所以拌制出的沥青混凝土质量好,可满足各种施工要求。因此,这种设备在国内外使用较为普遍。其缺点是工艺流程长、设备庞杂、建设投资大、耗能高、搬迁困难、对除尘设备要求高(有时所配除尘设备的投资高达整套设备费用的30%~50%)。

沥青混凝土拌和设备的生产率是设备选型的重要指标,选型时根据工程任务计算出摊铺机每小时所需的混合料量,同时还要考虑料场砂石集料含水率对加温脱水时间的影响。集料

含水率过高,加温时间过长,将降低拌和设备的生产能力。间歇强制式搅拌设备的作业生产率可按下式计算:

$$Q_j = \frac{nG_jK_B}{1\,000} \tag{3-1}$$

$$n = \frac{60}{t_1 + t_2 + t_3} \tag{3-2}$$

上两式中:Q_j ——间歇式拌和设备的生产率,t/h;

G_j ——每拌制一份料的质量,kg;

K_B ——时间利用系数,$K_B = 0.8 \sim 0.9$;

n ——每小时拌制的份数;

t_1 ——搅拌器加料时间,min;

t_2 ——混合料搅拌时间,min;

t_3 ——成品料卸料时间,min。

【例 3-1】 施工单位在路段中间位置的右侧建设沥青混凝土拌和站,并配置了一套4000型间歇式沥青混凝土拌和设备。该设备主要指标如下:每拌制一份料的质量 $G_j = 4\,000$kg,每份料的加料时间 $t_1 = 15$s,每份料的拌料时间 $t_2 = 20$s,每份成品料卸料时间 $t_3 = 13$s,时间利用系数 $K_B = 0.85$。

问题:计算沥青混凝土拌和设备的生产率 Q_j 。

参考答案:

(1)每小时拌制的份数 n :

$$n = \frac{60}{t_1 + t_2 + t_3} = \frac{60}{\frac{15}{60} + \frac{20}{60} + \frac{13}{60}} = 75\ (\text{份})$$

(2)沥青混凝土拌和设备的生产率 Q_j:

$$Q_j = \frac{nG_jK_B}{1\,000} = \frac{75 \times 4\,000 \times 0.85}{1\,000} = 255\ (\text{t/h})$$

【知识链接——常见间歇式沥青混合料拌和设备技术参数】

常见间歇式沥青混合料拌和设备技术参数如表3-1 所示。

常见间歇式沥青混合料拌和设备技术参数 表3-1

产品型号	拌缸容量(kg)	生产率(t/h)
江苏路通 LB1000、LB3000、LB4000	1 000、3 000、4 000	60 ~ 80、240、280 ~ 320
三一重工 SLB5000TH-5	5 000	400
铁拓机械 GLB-2000	2 000	160

注:1. 每锅搅拌时间为45 ~60s。例如:5000 型的生产能力为 5 000/45 ×3 600/1 000 =400(t/h),5 000/60 ×3 600/1 000 = 300(t/h),因此,5000 型的生产能力为 300 ~400t/h。

2. 沥青混合料搅拌设备的产品型号由组代号、型式代号、主参数代号、更新和变型代号组成。组代号:LB,是沥青搅拌设备中"沥"、"拌"两字的拼音声母的组合。型式代号:G 表示固定式(可省略);Y 表示移动式。主要参数代号:搅拌器额定容量,kg/锅。更新和变型代号:用大写英文字母顺序表示。示例:LB3000A,组代号:LB;型式代号:G,省略;主参数代号:3 000kg/锅;更新和变型代号:A。

b. 连续滚筒式沥青混凝土搅拌设备。

连续滚筒式沥青混凝土搅拌设备总体结构如图 3-8 所示。该设备主要由以下部分组成：冷集料供给及配料计量装置、烘干—搅拌滚筒、矿粉储存及计量供给系统、沥青储存及供给系统、除尘系统、成品料输送及储存系统、电气控制系统。

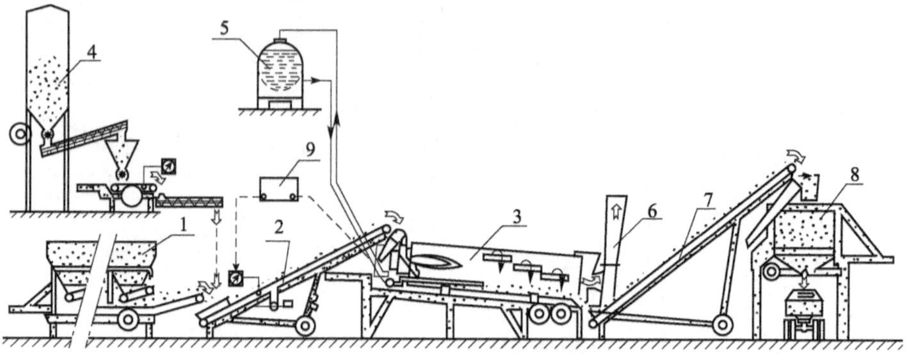

图 3-8　连续滚筒式沥青混凝土搅拌设备总体结构

1-冷集料储存及配料装置;2-冷集料带式输送机;3-烘干—搅拌滚筒;4-矿粉供给系统;5-沥青供给系统;6-除尘系统;7-成品料输送机;8-成品料储存仓;9-油石比控制仪

连续滚筒式沥青混合料搅拌站工作原理或工艺流程如图 3-9 所示。

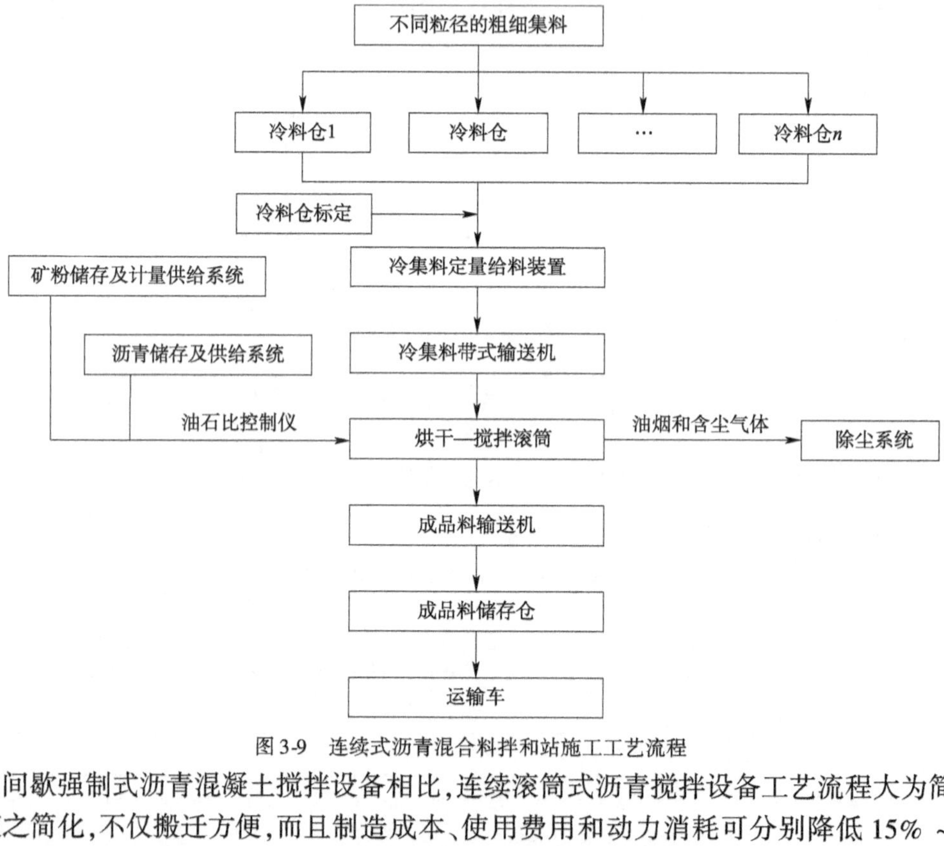

图 3-9　连续式沥青混合料拌和站施工工艺流程

与间歇强制式沥青混凝土搅拌设备相比，连续滚筒式沥青搅拌设备工艺流程大为简化，设备也随之简化，不仅搬迁方便，而且制造成本、使用费用和动力消耗可分别降低 15% ~20%、5% ~12% 和 25% ~30%；另外，由于湿冷集料在干燥滚筒内烘干、加热后即被沥青裹覆，使细小粒料和粉尘难以逸出，因而易于达到环保标准的要求。

连续式沥青混合料拌和设备生产率计算公式如下：

$$Q_L = \frac{60 G_L K_B}{1\,000 t} \tag{3-3}$$

式中：Q_L ——连续式沥青混合料拌和设备生产率，t/h；

G_L ——搅拌器内的粒料质量，kg；

t ——拌和时间（混合料在搅拌器内的停留时间），min。

【工程实例——济祁高速公路砀山段路面 02 标沥青混合料拌和站】

济祁高速公路砀山段路面 02 标沥青混合料拌和站平面图如图 3-10 所示，实景如图 3-4 所示。沥青混合料拌和站占地 41.3 亩（1 亩 = 666.6m^2）；站区主道路宽度为 8m，环形道路宽度为 5m，面积为 2 049m^2，结构层为 20cmC25 水泥混凝土 + 15cm 4% 水泥稳定碎石 + 20cm 5% 灰土；场地硬化面积为 1 4849.5m^2，结构层为 15cmC25 水泥混凝土 + 15cm 4% 水泥稳定碎石 + 20cm 5% 灰土；料仓硬化面积为 9 300m^2，1 ~ 8 号架设大棚，面积为 6 400m^2；站区至济祁高速公路修筑一条宽 8m 的便道；站内设置 U 形排水沟，位于围墙与道路之间，尺寸为 0.4m 宽 ×0.5m 深；料仓隔墙采用砖砌，上口 0.5cm、下口 0.8cm、高度 2.5m。

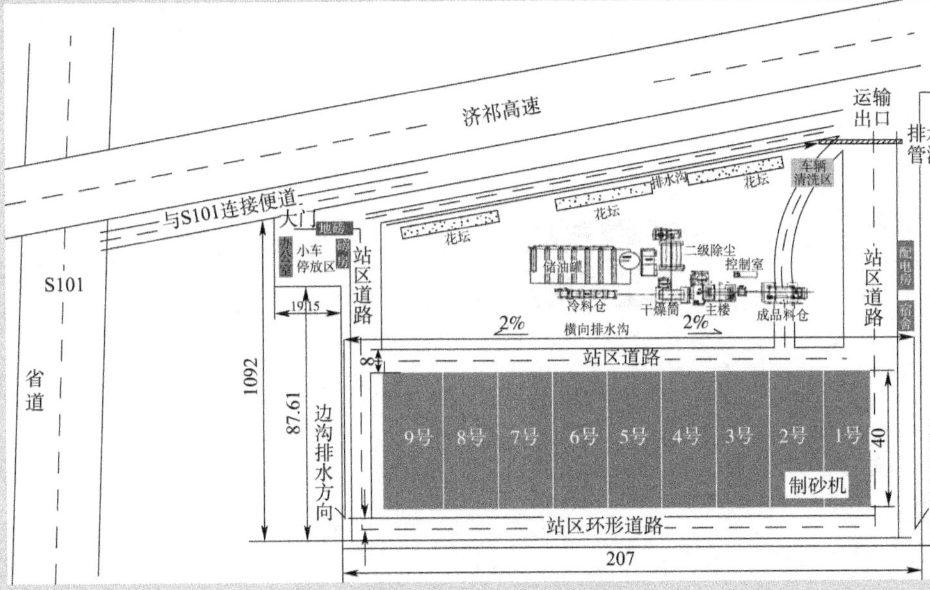

图 3-10　济祁高速公路砀山段路面 02 标沥青拌和站平面图

【知识链接——拌和厂（场、站）的设置要求】

在公路工程中，拌和站分水泥混凝土拌和站、沥青混合料拌和站和稳定土拌和站。

1）拌和站选址

（1）拌和站必须符合国家有关环境保护、消防安全等规定。

（2）拌和站周围无塌方、滑坡、落石、泥石流、洪涝等地质灾害，无高频、高压电源及其他污染源；离集中爆破区 500m 以外；不得占用规划的取、弃土场。

（3）拌和站选址应根据本合同段的主要构造物分布、运输、通电和通水条件等特点综合选址，尽量靠近主体工程施工部位，做到运输便利，经济合理；拌和站应远离生活区、居民区，尽量设在生活区、居民区的下风向。

2）场地建设

(1)拌和站应根据工程实际情况集中布置,宜采用封闭式管理,四周设置围墙,入口设置彩门和值班室。

(2)拌和站建设应综合考虑施工生产情况,合理划分生活区、拌和作业区、材料计量区、材料库及运输车辆停放区等。

(3)拌和站的生活区应同其他区隔离开,生活用房按照项目"驻地建设"相关标准建设。

(4)对场地进行硬化处理。主要运输道路应采用厚度不小于20cm的C20混凝土硬化,对基础不好的道路应增设碎石掺石屑垫层,场内排水宜按照中间高四周低的原则预设不小于1.5%的排水坡度,四周宜设置砖砌排水沟,并采用M7.5砂浆抹面。

(5)拌和站场地面积、搅拌机组配置及产能应满足生产、施工需求和工程进度要求,一般不低于表3-2的规定。

拌和站建设标准 表3-2

拌和站类型	场地面积(m^2)	每个拌和站搅拌机组最低配置
水泥混凝土拌和站	5 000	2台拌和机(每台至少有3个水泥罐、4个集料仓)
沥青混合料拌和站	35 000	1台拌和机(每台至少3个沥青罐、2个矿粉罐、冷热集料仓各5个)
水稳拌和站	15 000	1台拌和机(每台至少3个水泥罐、4个集料仓)

注:1. 场地面积为拌和站(含备料场)面积;崇山峻岭条件困难地区的面积可适当调整。

2. 场地面积、搅拌机组配置可结合施工进度要求、备料场大小等情况优化调整。

(6)对拌和站大门位置必须绘制详细的现场布置图,站内设置明显的标示牌。在拌和站内醒目位置应设置工程公示牌、施工平面布置图、安全生产牌、消防保卫牌、管理人员名单及监督电话牌、文明施工牌等明示标志。拌和站出入口、拌和楼控制室应设置禁止、警告、指令标志。

(7)料仓的容量应满足最大单批次混凝土连续施工的需要,并留有一定的余地,另外还应满足运输车辆和装载机等作业要求。

(8)拌和站建设完成后,需根据拌和机的功率配备相应的备用发电机,确保拌和站有可靠的电源使用。

(9)拌和站的计量设备应通过当地政府计量部门标定后方可投入生产,使用过程中应不定期进行复检,确保计量准确。

3)原材料堆放要求

(1)凡用于工程的砂石料应根据级配要求,按不同粒径、不同品种分场存放,每区醒目位置设置材料标识牌,并采用不小于30cm厚的混凝土或厚度不小于60cm的浆砌片石隔墙等构造物分隔,隔墙高度应确保不串料(一般不小于2.5m),储料仓应预留一定空间以方便装载机上料。砂石材料堆放场地如图3-11所示。材料标识牌如图3-12所示。

图3-11 砂石材料堆放场地

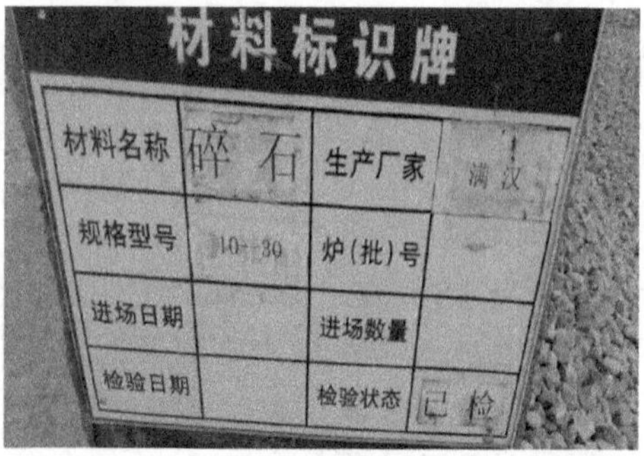

图3-12 材料标识牌

(2)水泥混凝土、路面面层储料场应用混凝土进行硬化处理，路面基层储料场可用水稳材料进行硬化处理。料场底应高于外部地面，修筑成向外顺坡（不小于3%），并在料场口设置排水沟，防止料场积水。

(3)水泥混凝土、路面面层储料场应搭设顶棚，防止太阳直接照晒或雨淋。顶棚宜采用轻型钢结构，高度应满足机械设备操作空间要求（一般不宜小于7m），并满足受力、防风、防雨、防雪等要求。路面基层、底基层储料场地中细集料堆放区宜搭设防雨大棚，防止石料被雨淋。

(4)所有拌和机的集料仓应搭设防雨棚，并设置隔板，隔板高度不宜小于100cm，以确保不串料，如图3-13所示。

图3-13　集料仓搭设防雨棚

(2)沥青混合料摊铺机

①功能与分类。

沥青混合料摊铺机是沥青路面专用施工机械。它的作用是将拌制好的沥青混合料均匀地摊铺在路面底基层或基层上，构成沥青混合料基层或沥青混合料面层，经压路机进一步碾压成型。摊铺机能够准确保证摊铺厚度、宽度、路面拱度、平整度，因而广泛用于公路、城市道路等工程中的沥青混合料摊铺作业。

a. 按摊铺宽度，摊铺机可分为小型、中型、大型和超大型四种。

小型：最大摊铺宽度一般小于3.6m，主要用于路面养护和城市巷道路面修筑工程。

中型：最大摊铺宽度在4～6m之间，主要用于一般公路路面的修筑和养护工程。

大型：最大摊铺宽度一般在7～9m之间，主要用于高等级公路路面工程。

超大型：最大摊铺宽度为12m，主要用于高速公路路面施工。使用装有自动调平装置的超大型摊铺机摊铺路面，纵向接缝少，整体性及平整度好，尤其摊铺路面表层效果最佳。

b. 按走行方式，摊铺机分为拖式和自行式两种，其中自行式又分为履带式、轮胎式两种。

拖式摊铺机是将收料、输料、分料和熨平等作业装置安装在一个特制的机架上组成的摊铺作业装置。工作时靠运料自卸车牵引或顶推进行摊铺作业。该设备结构简单，使用成本低，但摊铺能力小，摊铺质量低，所以仅适用于三级以下公路路面的养护作业。

履带式摊铺机一般为大型摊铺机，其优点是接地比压小、附着力大，摊铺作业时很少出现打滑现象，运行平稳。其缺点是机动性差、对路基凸起物吸收能力差、弯道作业时铺层边缘圆滑程度较轮胎式摊铺机低，且结构复杂，制造成本较高。履带式摊铺机多为大型和超大型机，用于大型公路工程的施工，如图3-14所示。

轮胎式摊铺机靠轮胎支撑整机并提供附着力，它的优点是转移运行速度快、机动性好、对路基凸起物吸收能力强、弯道作业易形成圆滑边缘。其缺点是附着力小，在摊铺路幅较宽、铺层较厚的路面时易产生打滑现象，另外它对路基凹坑较敏感。轮胎式摊铺机主要用于城市道路和已有道路的罩面，在中小型摊铺机上应用广泛，如图3-15所示。

c. 按动力传动方式，摊铺机分为机械式和液压式两种。

d. 按熨平板的延伸方式，摊铺机分为机械加长式和液压伸缩式两种。

机械加长式熨平板用螺栓组装加长熨平板，其结构简单、整体刚度好。因而大型和超大型摊铺机一般采用机械加长式熨平板，最大摊铺宽度可达8～12.5m。

液压伸缩式熨平板靠液压缸伸缩无级调整其长度，其调整方便省力，但整体刚性较差。因而，采用液压伸缩式熨平板的摊铺机最大摊铺宽度不超过9m。

e. 按熨平板的加热方式，分为电加热、液化石油气加热和燃油加热三种形式。

图3-14　履带式摊铺机

图3-15　轮胎式摊铺机

②沥青混合料摊铺机的构造。

一般来说，沥青混合料摊铺机是由主机和熨平装置两大部分以及连接它们的牵引大臂组成，如图3-16所示。

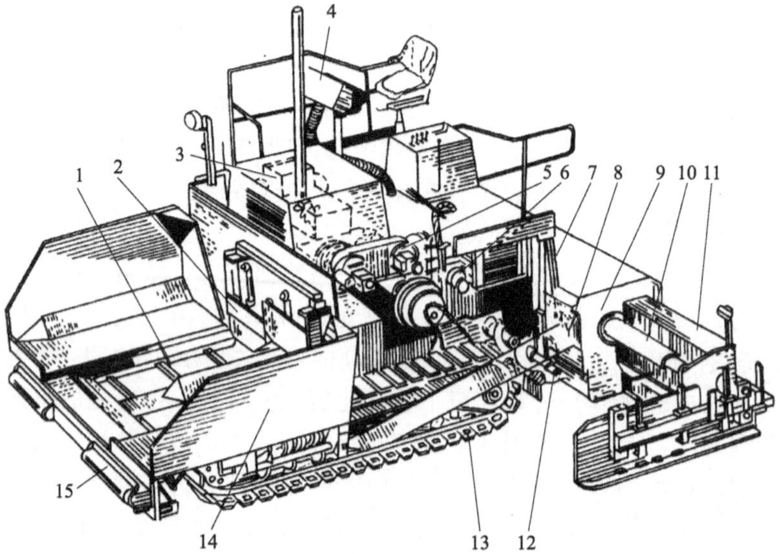

图3-16　履带式沥青混凝土摊铺机

1-刮板输送器；2-闸门；3-发动机；4-操作台；5-变速器；6-润滑装置；7-大臂升降液压油缸；8-大臂（牵引臂）；9-带有振动器和加热器的振捣熨平装置；10-熨平装置伸缩液压油缸；11-伸缩振捣熨平装置；12-螺旋分料器；13-履带行走装置；14-接收料斗；15-推辊

③沥青混合料摊铺机工作原理。

作业前，首先把摊铺机调整好，并按所铺路段的宽度、厚度、拱度等施工要求，调整好摊铺机的各有关机构和装置，使其处于“整装待发”状态；装运沥青混合料的自卸车对准接收料斗倒车，直至汽车后轮与摊铺机料斗前的顶推辊相接触，此时汽车挂空挡，由摊铺机顶推其运行，同时自卸车车箱徐徐升起，将沥青混合料缓缓卸入摊铺机的接收料斗内；位于接收料斗底部的刮板输送器在动力传动系统的驱动下以一定的转速运转，将料斗内的沥青混合料连续均匀地向后输送到螺旋分料器前通道内的路基上；螺旋分料器则将这些混合料沿摊铺机的整个摊铺宽度向左右横向输送，分摊在路基上。分摊好的沥青混合料铺层经熨平装置的振捣梁初步捣实，后经振动熨平板的再次振动预压、整形和熨平而成为一条平整的有一定密实度的铺层，最后经压路机终压而成为合格的路面（或路面基层）。在此摊铺过程中，自卸车一直挂空挡由摊铺机顶推着同步运行，直至车内混合料全部卸完才开走。随后另一辆运料自卸车立即驶来，重复上述作业，继续给摊铺机供料使摊铺机不停顿地进行摊铺作业。

④沥青混合料摊铺机的选型。

沥青混合料摊铺机的选型就是根据道路的设计宽度、摊铺工艺及摊铺质量等要求，综合选择沥青混合料摊铺机的最大摊铺宽度、最大摊铺厚度、摊铺速度、摊铺机生产率（t/h）、摊铺成型精度和摊铺成型质量的过程。

摊铺机的摊铺能力：沥青混合料摊铺机的理论摊铺能力一般很大，实际摊铺量取决于摊铺速度、宽度和厚度三个方面。沥青混合料摊铺机的生产率以每小时所摊铺混合料的吨数来计算，可由式(3-4)求得。

$$Q = hBv_0\rho K_B \tag{3-4}$$

式中：Q ——沥青混合料摊铺机生产率，t/h；

h ——摊铺层的厚度，m；

B ——摊铺宽度，m；

v_0 ——摊铺工作速度，m/h；

ρ ——沥青混合料密度，t/m^3；

K_B ——时间利用系数，$K_B=0.75\sim0.95$。

摊铺宽度：我国现有高速公路路面施工中，单幅宽度一般在 10～14m，匝道宽度可达到 17～20m。如果过分强调选择摊铺宽度超过 12m 的大型摊铺机，以达到一次性全幅面无纵向接缝的摊铺方式，可能会造成摊铺材料的过度离析。主要原因有：摊铺宽度过大，螺旋分料器运送距离较长，会造成粗细料的离析；摊铺宽度增大，平均到料上的振捣力减小，初压实度减小；初压实度的减小，导致重型压路机不能紧跟压实，严重影响了平整度。因此较有效的摊铺方式是采用双机并行梯队作业。一般建议摊铺机选型时的熨平板的宽度不大于 9m，若路宽大于 9m，则采用纵向接缝的办法分次摊铺，此时应尽量保证纵缝在路面的纵向标志之上，此外还应注意避免上下层之间纵缝的重合。

摊铺速度：由于我国通常采用高密实度的熨平板，故宜采用较低的摊铺速度。实际施工经验表明，4～8m/min 的作业速度可使结构层有较好的平整度和较高的作业效率。实际施工过程中应尽量保持摊铺速度恒定，精确的恒速控制，必须采用电子控制装置，通过速度传感器不断检测摊铺速度，并和预设的速度进行比较，通过调整行走变量泵来实现速度的恒定控制。

摊铺厚度：每层沥青混合料的铺筑厚度一般小于 150mm，摊铺厚度在 0～300mm 的摊铺机就能完全满足施工要求，这与目前摊铺机的产品性能基本吻合，没必要对摊铺厚度作太高的要求。摊铺厚度大（>250mm）的工况仅适用于基层稳定材料的摊铺，只有少数的摊铺机（如德国的 ABGTATAN525）的摊铺厚度可达到 400mm。同时还应注意，摊铺厚度的增加将导致施工的初压实度减小，施工层的平整度和压实度难以保证。

(3)沥青洒布车

在采用沥青贯入法或沥青表面处治法铺筑、养护沥青（或渣油）路面时，沥青洒布车可用来运输和喷洒各种液态沥青（热态沥青、乳化沥青和渣油等），也可向就地破碎的土壤喷洒沥青结合料,以修建稳定土路面,如图3-17a)所示。

沥青洒布车结构如图3-17b)所示。沥青洒布车主要由保温沥青箱、加热系统、传动系统、循环洒布系统、操纵机构及检查、计量仪表等部件组成。

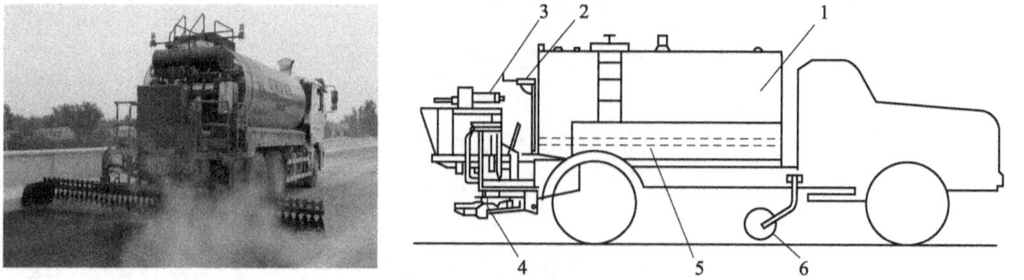

a)实景图　　b)结构示意图

图3-17　沥青洒布车

1-沥青箱;2-操作机构;3-动力及传动装置;4-洒布系统;5-加热火管;6-第五车轮测速仪

沥青洒布车的主要工作流程:由沥青泵从沥青熔化池中将热沥青吸入储箱中;将沥青运输到工地现场,通过加热系统将沥青加热到工作温度;操纵控制机构,开启喷洒阀门;通过洒布管、喷嘴,由沥青泵将沥青按一定的洒布率及一定的洒布压力喷洒到路面上。作业结束后,即操纵沥青泵反向运转,将循环管路中的残留沥青吸送到沥青箱中。

(4)水泥混凝土搅拌设备

①功能与分类。

水泥混凝土搅拌设备是制备新鲜混凝土料的成套专用机械,其功能是将水泥混凝土的原材料——水泥、水、砂、石料和附加剂等,按预先设定的配合比,分别进行输送、上料、储存、配料、称量、搅拌和出料,生产出符合质量要求的成品混凝土。

水泥混凝土搅拌设备分为水泥混凝土搅拌机和水泥混凝土搅拌站(楼)两大类。混凝土搅拌机按其结构形式可分为鼓筒式(图3-18)、双锥反转出料式(图3-19)和强制式(图3-20)三种。

图3-18　鼓筒式

图3-19　双锥反转出料式

图3-20　立轴强制式

水泥混凝土搅拌设备按其生产能力和自动化程度高低,可分为大型(100 ~ 200m^3/h)、中型(60 ~ 100m^3/h)、小型(<20m^3/h)混凝土搅拌设备。

按其现场安装和搬运方式,又可分为固定式搅拌设备(图3-21)和移动式搅拌设备(图3-22)。其中,固定式搅拌设备因其整体布置形式的不同,可分为垂直式搅拌设备和水平式搅拌设备两种;移动式搅拌设备因其移动的方式不同,可分为拆迁式、拖行式和集成式三种。

按所采用的搅拌主机的工艺特征分类,水泥混凝土搅拌设备又可分为自落式搅拌设备(图3-23)和强制式搅拌设备两大类。强制式搅拌设备又分为立轴式搅拌机(图3-24)和卧轴式搅拌机(图 3-25)。立轴式搅拌机的搅拌轴垂直设置,按搅拌轴及搅拌叶片的结构形式又可分为涡桨式和行星式两种类型;卧轴式搅拌机的搅拌轴水平设置,按照搅拌轴的数量又可分为单卧轴式和双卧轴式。

图 3-21　固定式搅拌设备

图 3-22　移动式搅拌设备

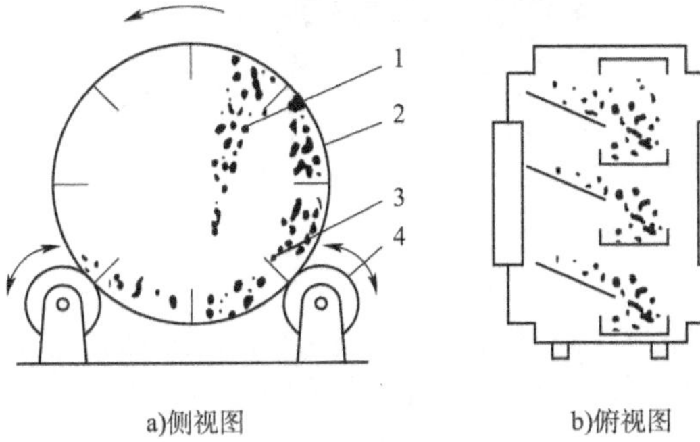

图 3-23　自落式混凝土搅拌机工作原理

1-混凝土;2-搅拌筒;3-搅拌叶片;4-托轮

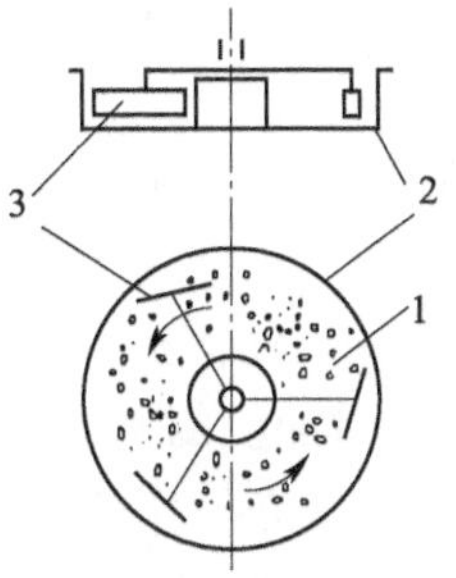

图 3-24　立轴强制式混凝土搅拌机工作原理

1-混凝土;2-搅拌筒;3-搅拌叶片

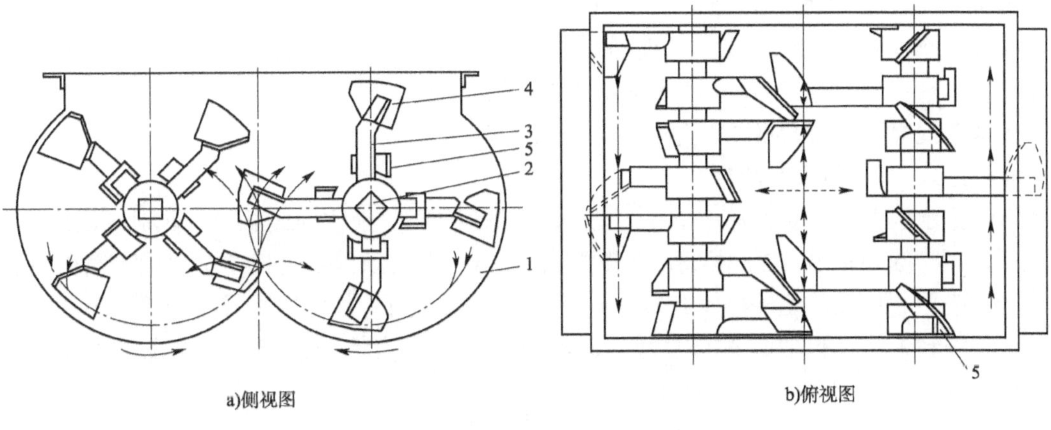

图 3-25　双卧轴混凝土搅拌机搅拌装置

1-搅拌筒;2-搅拌轴;3-搅拌臂;4-搅拌叶片;5-侧叶片

②水泥混凝土搅拌站主要结构与工作原理。

水泥混凝土搅拌站的总体结构一般采用水平式布置,主要由集料存储装置、水泥存储装置、水和附加剂存储装置、称量系统、搅拌机、成品料斗、控制台以及辅助设备等组成,如图 3-26 所示。

其工艺流程为:根据级配设计中集料品种的多少确定砂、石集料斗仓的个数,一般不少于 3 个;斗容一般为 2 ~ 3m^3/个;将水泥装进水泥筒仓备用。砂、石集料的称量斗置于斗仓的下方,便于斗仓直接投料,一般采用累计称量的方式进行集料计量。称量后的集料放入提升斗中,经提升加进搅拌机。水泥由筒仓底部的料门经斜架式螺旋输送机提到位于搅拌机上方的水泥称量斗中,进行单独计量并在计量过后直接投入搅拌机。水和附加剂分别由水泵和附加剂泵从储存箱直接输入搅拌机。搅拌机的卸料口下方一般设有容量不大的成品料储存斗,用于暂存运输车辆间隔期间的成品料。

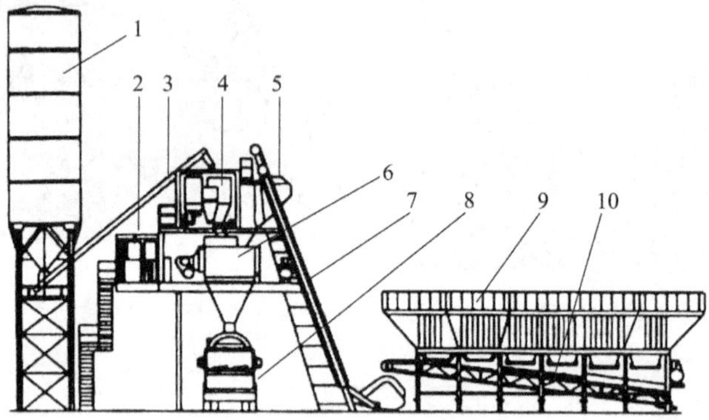

图 3-26　混凝土搅拌站总体结构简图

1-水泥料仓;2-控制系统;3-螺旋输送机;4-配料斗;5-斗式提升机;6-搅拌系统;7-上料导轨;8-混凝土搅拌运输车;9-集料仓;10-皮带输送机

(5)水泥混凝土摊铺机

水泥混凝土摊铺机的功能是把已经搅拌好的水泥混凝土料均匀、平整地摊铺在路基上,再经过振实、整平和抹光等作业程序,使之形成符合标准规范要求的混凝土路面。

水泥混凝土摊铺机按其行走方式的不同,可以分为轨道式摊铺机和履带式摊铺机。轨道式摊铺机采用固定模板铺筑作业,而履带式摊铺机采用随机滑动的模板进行施工,又称为滑模式摊铺机。

滑模式水泥混凝土摊铺机的功能是在给定摊铺宽度(或高度)上,将新拌混凝土混合料进行布料、计量、振动密实、滑动模制成型及抹光,形成路面或水平构造物。

①水泥混凝土摊铺机的主要结构与工作原理。

a. 轨道式水泥混凝土摊铺机。

轨道式水泥混凝土摊铺施工方法是指采用两条固定模板或轨道模板(钢制或混凝土)作为路面侧面支撑和路型定位,模板顶面作为表面基准,在两条固定边模中对混凝土路面进行摊铺、捣实、成型和拉毛养生的施工技术。其按作业方式不同可分为列车式、综合式、桁架式等多种。列车型轨道摊铺机如图 3-27 所示。三辊轴水泥混凝土摊铺机施工及三辊轴水泥混凝土摊铺机分别如图 3-28 和图 3-29 所示。

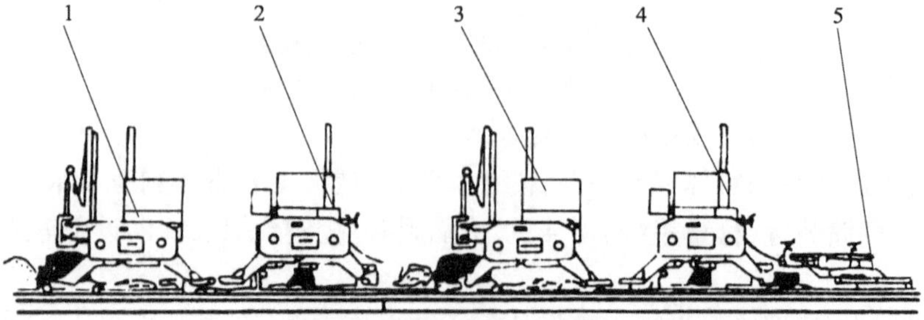

图 3-27　列车型轨道摊铺机

1-布料机;2-整平振实机;3-布料机;4-整平振实机;5-光整做面器

图 3-28　三辊轴水泥混凝土摊铺机施工

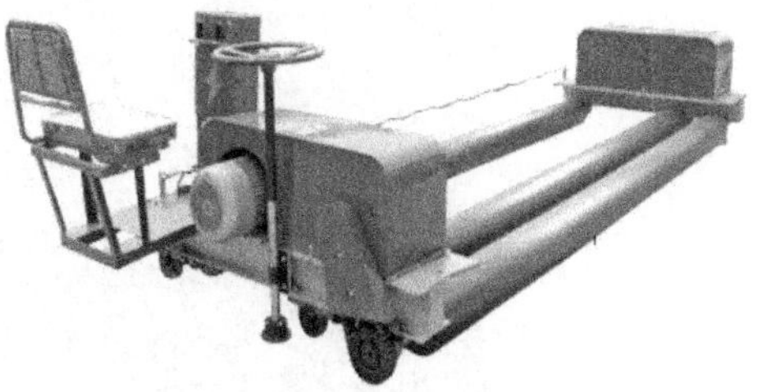

图 3-29　三辊轴水泥混凝土摊铺机

轨道式摊铺机组的优点是结构简单、造价低；工作可靠、故障少、易维修；操作容易，对铺设的混凝土要求低等。其缺点是自动化程度低；钢轨模板需用量大；装卸工作频繁、笨重、要求高，生产效率较低；质量主要取决于模板铺设质量。轨道摊铺机较适于摊铺道路、机场、大坝等大型平面工程。

b. 滑模式水泥混凝土摊铺机。

滑模式摊铺机是一种自动化程度高、技术性能先进的施工机械，如图 3-30a）所示。一般由机架、履带行走机构、操纵控制系统和悬挂在机架下面的一整套作业装置组成，可以完成混凝土路面铺筑的绝大多数工序，如布料、虚方计量、密实、提浆、实方计量、成型、抹光等。其基本组成如图 3-30b）所示。

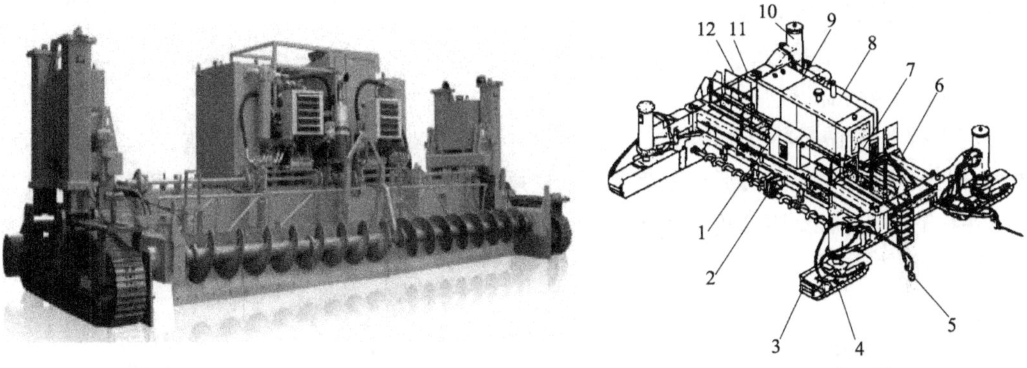

a)实物图　　　　b)结构图

图 3-30　滑模式摊铺机

1-操作控制台；2-摊铺装置；3-行走转向装置；4-自动转向装置；5-自动找平系统；6-伸缩机架；7-人行通道；8-动力系统；9-传动系统；10-浮动支架；11-喷洒水系统；12-固定机架

与轨道式摊铺机相比，滑模式摊铺机在使用性能方面主要有以下优点：整机采用全液压驱动，操纵控制系统采用电—液伺服、传感器自控技术，只需 1 ~ 2 人即可胜任施工作业；摊铺路面时，路拱、纵坡、横坡和弯道均可通过调整成型板和导引机构自动实现；整个路面可以全幅施工，一次成型；生产准备工作简单，无须铺设模板和轨道，只需架设钢丝基准导引拉线即可施工。

滑模式摊铺机的结构较为复杂，操纵技术难度较大，对操纵人员的素质要求比较高；同时对所用混凝土的级配和坍落度等技术指标的要求也比较严格，这些给它的具体应用造成一定局限。从经济技术角度来看，滑模式施工适合于大规模的高速公路水泥混凝土工程。滑模摊铺机施工示意图如图 3-31 所示。

②摊铺机生产率。

图 3-31　滑模式摊铺机施工

连续式摊铺机的生产率可由下式计算：

$$Q = hBv_0\rho K_B \tag{3-5}$$

式中：Q——连续式摊铺机生产率，t/h；

h——摊铺层厚，m；

B——摊铺宽度，m；

v_0——摊铺工作速度，m/h；

ρ——沥青混合料密度，t/m^3；

K_B——时间利用系数，$K_B = 0.75 \sim 0.95$。

(6)稳定土拌和机械

稳定土拌和机械是将土粉碎，并与稳定剂(石灰、水泥、沥青、乳化沥青或其他化学剂)均匀拌和，以提高土的稳定性，形成稳定混合料，用来修建稳定土路面或加强路基的机械。

稳定土拌和机械按其设备与拌和工艺可分为稳定土厂拌设备[图 3-32a)]和稳定土拌和机[图 3-32b)]两类。

a)稳定土厂拌设备　　b)稳定土拌和机

图 3-32　稳定土拌和机械

①稳定土厂拌设备。

稳定土厂拌设备是路面工程机械的主要机种之一，是专用于拌制各种以水硬性材料为结合剂的稳定混合料的搅拌机组，其广泛用于公路和城市道路的基层、底基层施工。

稳定土厂拌设备分为移动式(图 3-33)、固定式(图 3-31)等结构形式。其生产的能力分为小型(200t/h 以下)、中型(200 ~ 400t/h)、大型(400 ~ 600t/h)和特大型(600t/h 以上)四种。

图 3-33　移动式稳定土厂拌设备

稳定土厂拌设备主要由矿料(土壤、碎石、砂砾、粉煤灰等)配料机组、集料皮带输送机、结合料(水泥、石灰)存储配给系统、搅拌器、水箱及供水系统、电器控制系统、成品料皮带输送机、成品储料斗等部件组成(图 3-34)。

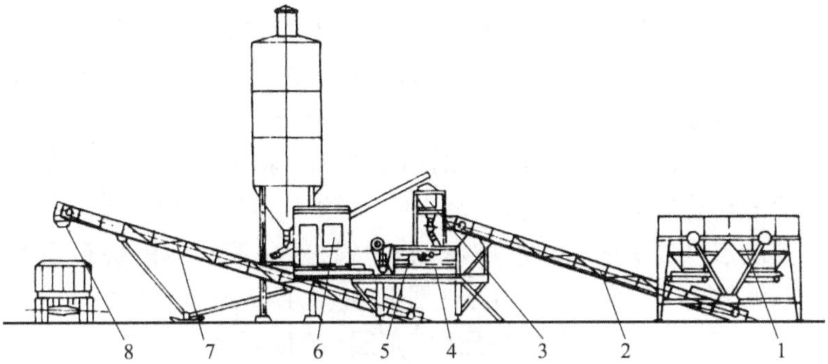

图 3-34　稳定土厂拌设备结构示意图

1-矿料配料机组;2-集料皮带输送机;3-结合料储存配给系统;4-搅拌器;5-供水装置;6-电器控制系统;7-成品料皮带输送机;8-储料斗

②稳定土拌和机。

稳定土拌和机是一种在行驶过程中,以其工作装置——转子就地完成对道路施工现场土壤的切削、翻松、破碎作业并将土与加入的稳定剂(乳化沥青、水泥、石灰等)搅拌均匀的机械。稳定土拌和机工作装置如图 3-35 所示,稳定土拌和机施工如图 3-36 所示。

图 3-35　稳定土拌和机工作装置

图 3-36　稳定土拌和机施工

稳定土拌和机主要用于道路工程中的稳定土基层的现场拌和作业,即路拌法施工。由于路拌法就地取材、施工简便、成本低廉,有厂拌法不可取代的优点。稳定土拌和机的生产能力由拌和宽度、深度和工作行进速度决定。一般的拌和宽度为 2.1m,拌和深度为 100 ~ 485mm,工作速度小于 1.5km/h。

3.4 施工现场准备

1)设计交桩及导线点复测

工程开工前,在业主(或监理工程师)主持下,由设计单位向施工单位进行交桩。交桩应在现场进行。设计单位将路线勘测时所设置的导线控制点、水准控制点及其他重要点位的桩位及相关技术资料逐一交给施工单位。

交桩应有交桩记录。在接受桩位时应注意观察桩位是否有移动、损坏甚至缺失现象,如有此类现象发生,应及时提出并提请设计单位进行补桩。接桩后应安排专人负责,采取措施妥善保护。

项目接受导线控制点、水准控制点的桩位后,要及时对这些控制点进行复测,并将复测的结果报监理工程师审核批准,为下一步的控制测量做好准备。

2)路面施工测量放样

路面开工前应做好施工测量放样工作,其内容包括导线、中线、水准点复测,检查与补测纵横断面,校对和加密水准点,各结构层宽度、厚度的测量、高程放样等。

路面施工测量放样是在路基施工完成后,放出各结构层施工的中线和边线,并把每层施工的松铺挂线高度和压实厚度相应的挂线高程位置放样出来。用摊铺机摊铺混合料时,对于底基层、基层、下面层,要设置摊铺机基准线,以使铺层满足纵断高程、厚度、横坡、平整度的要求。

路面施工阶段的测量放样工作包括恢复中线、测量边线和放样高程。在路面施工前,应根据路线导线点或控制点恢复中线,钉设中心桩和边线桩;一般直线段桩距为10~15m,曲线段为5~10m,并在两侧路肩边缘外0.3~0.5m处设置指示桩;此外,还应测量原有路基顶面的断面高程,在两侧的指示桩上标记路面基层(底基层)的顶面高程位置线。

在路面施工中,要充分考虑路面层次的特点,做到“层层放样、层层抄平”,即每施工一层都要进行放样和高程测量,从底基层、基层直至面层。

【知识链接——抄平】

抄平:为便于施工,用水准仪测定某平面的若干控制点,看是否在一个水平面上,即确定控制点是否高程相同。

(1)中线放样

①低精度公路中线放样。

对于二、三、四级公路,其中线放样可采用传统的方法,即使用经纬仪、钢尺(皮尺)等仪器工具。其施工放样的基本步骤如下:

a.恢复交点和转点。根据原设计资料,对路线各交点和转点逐一进行查找或恢复。

b.直线段中桩放样。根据交点、转点,用经纬仪、钢尺或皮尺按规定桩距订设中线桩。

c.曲线段中桩放样。首先根据设计的曲线要素放样各曲线主点桩,然后按切线支距法、偏角法或弦线支距法等详细放样曲线上各桩。

②高精度公路中线放样。

高速公路和一级公路中线放样应采用自由测站法放样,以恢复主要控制桩。

自由测站法放线的基本思路是根据原设计单位在路线附近设置的一系列控制点形成的连线(自由导线),利用全站仪测定该导线边长、角度等,当各项观测误差和闭合差都符合相应的限差规定时进行平差计算,直至求出这些控制点的坐标。

自由测站法中线施工放样，如图 3-37 所示。主要方法为将全站仪架在自由导线点 C_i 上，棱镜架在相邻的自由导线点 C_{i-1} 或 C_{i+1} 上，然后指挥拟定中线桩上的点 M 或点 K 的棱镜移动，直至满足桩点定位要求，最后用木桩标点。其放线方法有角度距离法放线和坐标法放线两种。

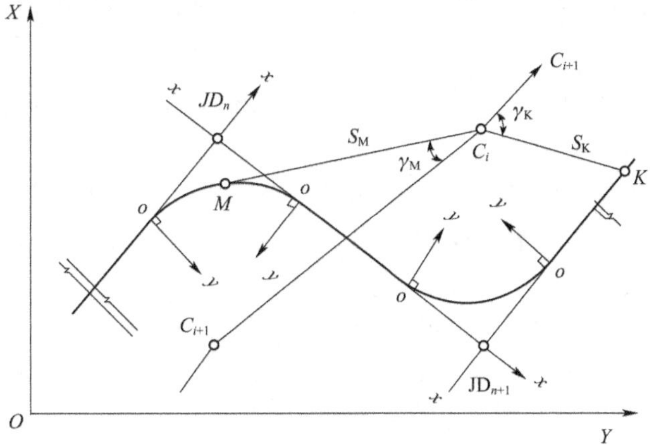

图 3-37　全站仪或 GPS 自由测站法施工放样中线

a. 角度距离法。

用角度距离法放线确定图中 M 点时是将全站仪置于 C_i 点，利用计算好的夹角 γ_M 和距离 S_M 确定 M 点位。其放样步骤如下：

将全站仪架设在“自由导线点”上，瞄准后导线或前导线点，然后读数归零；按照有关公式计算待放桩点与安置仪器点（连线）和后导线或前导线点与置仪点（连线）之间的夹角 γ，以及待放桩点与置仪点之间的距离 S；转动全站仪照准部使水平角的读数等于 γ 并使距离等于 S，指挥持棱镜人员挪动棱镜正好在该点位置即为待放桩点。

b. 坐标法放线。

用全站仪坐标法进行中线放样测量时，控制导线点和待测点的坐标应已知，且通视条件良好。坐标法放样的步骤如下：

架设全站仪于“自由导线”点 C_i 上，后视 C_{i+1} 点；从路线“导线坐标表”中查取置仪点 C_i 的坐标（X_i、Y_i、Z_i）和后视点 C_{i+1} 的坐标（X_{i+1}、Y_{i+1}、Z_{i+1}），输入全站仪，并将测站数据（仪器高、后视方位角等）输入；从路线“逐桩坐标表”中查取待放桩点 K 的坐标，并输入全站仪；松开水平制动，转动照准部使水平角为 $0°0'0''$；在 C_i 到 K 的方向上置反射棱镜并测距，直到面板显示距离值为 0.000m 时为止；在全站仪输入 K 点的坐标后，仪器在计算夹角的同时也计算出了 C_i 到 K 点的距离 S 并自动存储起来。测距时将量测到的距离 C_i 到 K 点的距离 d 自动与 S 进行比较，面板显示其差值 $\Delta S = d - S$，当 $\Delta S > 0$ 时，应向 C_i 方向移动反射棱镜 ΔS；当 $\Delta S < 0$ 时，应远离 C_i 方向移动反射棱镜 ΔS；当 $\Delta S = 0$ 时，即为 K 点的准确位置；在中桩位置定出后，随即测出该桩的地面或路基顶面高程（Z 坐标）；重复上述步骤，测设其他中桩位置。

（2）边线放样

传统的路面边线放样方法使用经纬仪、钢尺等仪器工具。其施工放样的基本步骤如下：

根据道路中心线的放样结果，用经纬仪等找出横断面方向（中心线垂直方向）；用钢尺沿中心线的垂直方向分布水平量取半个路面结构层宽度（$B/2$，以 m 表示，B 为路面结构层宽度），即为路面结构层边缘位置（可钉设边线桩或撒石灰线）；在两侧路面结构层边缘外 0.3 ~ 0.5m 处设置指示桩；重复上述步骤，测设其他边桩和指示桩位置。

测量时，钢尺要保持水平，不得将尺紧贴地面量取，也不得使用皮尺。测量的精度：对高速公路、一级公路，准确至0.005m；对于其他等级公路，准确至0.01m。

路面边线放样也可使用全站仪按角度距离法或坐标法进行。

(3)路面结构层厚度放样

①厚度放样。

路面结构层铺筑施工时，其厚度控制分为松铺厚度控制和压实厚度(设计厚度)控制。对于预先埋设路缘石或安装模板铺筑施工的路段，可在路缘石上或模板上用明显标记标出路面结构层边缘的松铺厚度和设计高度；对于无路缘石的路段，可在两侧指示桩上用明显标记标出路面结构层边缘的松铺厚度(或松铺挂线)和设计高度；对于用摊铺机摊铺的结构层，其松铺厚度由摊铺机导引绳挂线标示。

采用培路肩施工方法时，路面结构层厚度施工放样的基本步骤如下：

a.根据道路设计高程的纵断面位置和设计高程，以及施工结构层设计的宽度、厚度、横坡度，计算各待放样桩号处施工结构层边缘的设计高程。

b.根据试验确定的结构层松铺系数和设计厚度计算松铺厚度(或松铺层边缘的高程)。

c.将水准仪(精密水准仪)或全站仪架设在路面平顺处调平，以路线附近的水准点高程作为基准。

d.以仪器高和结构层边缘的设计高程(或松铺层边缘的高程)反算测定位置的塔尺读数。

e.将塔尺竖立在路缘石或模板或边缘指示桩的测定位置处，用水准仪(精密水准仪)或全站仪前视塔尺，上下移动塔尺使水准仪的读数与反算的塔尺读数一致，在塔尺的底面位置画标记线，即为结构层边缘的顶面位置(或松铺层边缘的顶面位置)。

f.连续测定全部测点，并与水准点闭合。

采用挖路槽方法施工时，可在结构层两侧的边缘桩或指示桩处挖一个小坑，在小坑中钉桩，使桩顶高程符合路槽底的边缘高程，以指导路槽的开挖工作。

②摊铺机基准面(线)。

a.摊铺机基准面(线)的分类。

使用摊铺机自动找平装置时需要有一个准确的基准面(线)，常用的基准面(线)控制有基准线钢丝法、摊铺基准面(平衡梁法)。下面层和基层(底基层)的摊铺常采用钢丝引导的高程控制方式，即基准线钢丝法，如图3-38所示；上、中面层可采用平衡梁控制厚度，不需要挂钢丝线。平衡梁分接触式和非接触式两种，接触式平衡梁系统和实景分别如图3-39和图3-40所

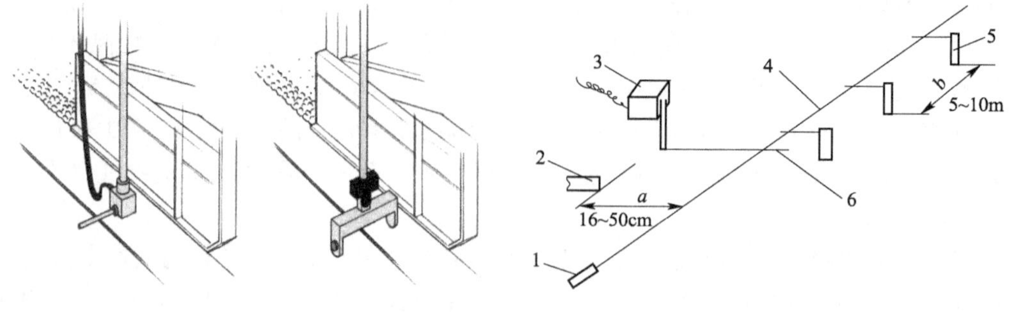

图3-38　基准线钢丝法

1-拉力计；2-熨平板；3-纵向控制器；4-基准线；5-支撑桩；6-传感器；a-熨平板摊铺边线至基准线钢丝的距离；b-基准线钢丝的支撑桩间距

示，非接触式平衡梁实景如图3-41所示。当下面层的平整度较差时，中面层也应采用基准线钢丝法，以保证铺层有较高的平整度。

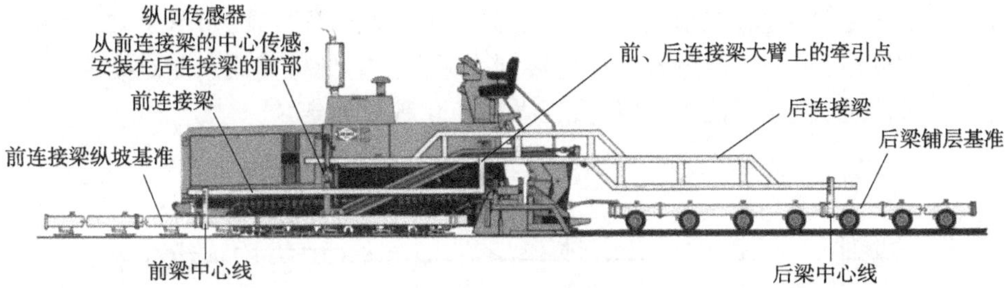

图3-39　接触式平衡梁系统

图3-40　接触式平衡梁实景

图3-41　非接触式平衡梁实景

【知识链接——接触式平衡梁】

接触式平衡梁由前、后纵梁及跨越梁组成，前部由两组较长的纵梁（一般为9m左右）和多个滑靴组成（一般为16个左右），后部由两组较短的纵梁（一般为7m左右）和多个行走轮（一般为32个左右），前后纵梁通过跨越梁与摊铺机的熨平板部分连接在一起。

接触式平衡梁在使用中存在的问题：前部纵梁所带的滑靴底面常与路基下封层洒布的沥青产生黏结物，对找平精度产生一定的影响；后部纵梁所带的多个行走轮在摊铺弯道（甚至非弯道）时受阻力常留下辙痕，影响已铺路面的平整度；与非接触式调平梁相比，安装、使用（尤其是在弯道、掉头或转换场地）极不方便；控制精度没有非接触式调平梁高。鉴于上述原因，接触式平衡梁已逐渐被非接触式平衡所代替。

基准钢丝绳法能在较大范围内准确地控制设计高程、纵横坡度、路面厚度和平整度。采用基准线钢丝法时，放出中桩（有中央分隔带时，也可不放中桩而放出路缘带处的边桩）并进行高程测量，放出边线（引导摊铺机控制行走方向，减少废料），在边线以外设置基准线的支承桩（钢钎），支承桩的间距一般为5～10m（直线段上10m，弯道上5m），在支承桩上设置带挂槽的横梁，按计算好的高度调整横梁，挂上基准线钢丝并拉紧锚固，拉紧力约为1 000N。用两台精密水准仪监测支承桩的高程，每两根支承桩之间钢丝绳的挠度不大于2mm，弯道处应加密。钢钎要高于铺层75～150mm，埋设牢固，距铺层边缘16～50cm。钢丝架设高程应高于虚铺高程50～100mm，用细铁丝绑紧在钢钎支撑架凹槽上。作业期间应有专人看管，严禁碰撞钢丝。

当采用两台摊铺机梯队作业时，第一台（前行）摊铺机的行走线优先按如下方式设置：边缘采用钢丝基准线，中间采用铝合金导梁；第二台（后行）摊铺机的行走路线必须按如下方式设置：边缘采用钢丝绳拉线，中间采用平衡梁。

b. 摊铺机基准线的设置。

摊铺机基准线由细钢丝、支承桩、标桩、拉力计和张紧器等组成，如图3-42所示。铺设基准线时将其一端固定，另一端通过拉力计连接到张紧器上。标桩是用来测定拉线高程的，所以它应设在支承桩附近，以便于检查，其数量视纵坡变化程度而定。

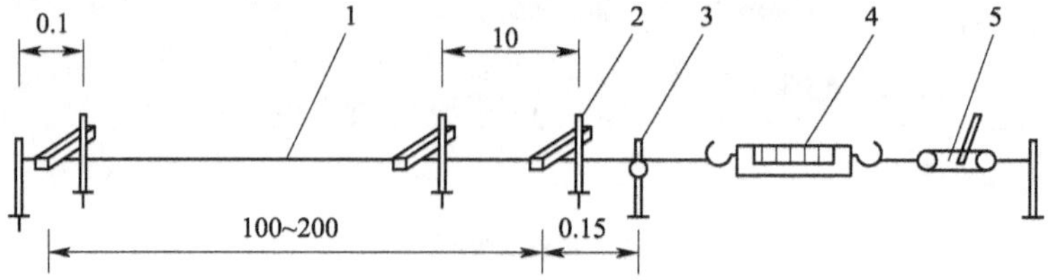

图3-42　摊铺机基准线的组成(尺寸单位：m)

1-细钢丝；2-支承桩；3-标桩；4-拉力计；5-张紧器

为了保证摊铺层的平整度、纵断高程、厚度、横坡，基准线的铺设必须十分精确。细钢丝的长度以100～200m为宜，过长则拉紧度难以保证，每两根支承柱间钢丝绳的挠度不得大于2mm。在两段基准线的衔接处应有1m以上的重合段，待找平传感器滑过重合段后才能拆除旧线。

支承桩可用光圆钢筋加工而成，长度约为600mm，插入端制成尖头(俗称"钢钎")。支承桩的固定位置一般可设在摊铺宽度边线外30～50cm处。在支承桩上设置用螺栓固定的横梁，横梁宜选用长度约为300mm的钢筋制作，横梁上应刻有多个挂槽以便挂钢丝。钢丝基准高程测量点可设置在距离边线以外30cm左右处，以不易被机械、车辆以及施工人员扰动和方便钢丝架设为宜，可根据地形适当调整取定。

基准钢丝线高度的计算公式为：

摊铺机控制线(钢丝)的高程 = 边线处下承层的顶面高程 + 松铺厚度 + 摊铺机常数 ± 控制线离边线距离 L × 横坡 i

首先测量下承层高程，算出平均高程，确定平均摊铺厚度。厚度为关键项目，不合格要返工处理。为保证铺层的厚度，可在纵断高程允许偏差范围内适当调整铺层的压实厚度。其次，计算松铺厚度。松铺厚度 = 压实厚度 × 松铺系数。然后，确定摊铺机常数，即传感线至摊铺层松铺顶面的高差。放完基线后，量取基线至下承层的距离，每个横断面设3～5个点，算出平均值，根据松铺厚度精确计算摊铺传感线至松铺层顶面的距离。最后，摊铺时及时检测厚度，及时调整摊铺机自动找平装置，使摊铺厚度符合要求。

检测摊铺厚度的方法有：基线量取；采用自制钢钎，插厚度方法；水准仪实测法；根据铺料数量和摊铺面积计算摊铺厚度。

3)开工前的试验管理工作

(1)筹建项目部试验室

①驻地选址。

项目部试验室应设置在施工项目部驻地或集中拌和场内，其周边场所、交通通道均应硬化。工地试验室场地的选择应充分考虑安全、环保及施工、质量管理要求等因素。

②人员配备。

工地试验室根据合同的约定合理配备试验检测人员。项目经理与总工程师应首先明确项目试验室主任，便于管理开工前的试验工作。工地试验室主任必须持有试验检测工程师证书，试验检测报告的签发人员必须持有试验检测工程师证书。

③功能室配置。

工地试验室应将工作区和生活区分开设置,工作区总体上可分为为功能室、办公室和资料室。项目部试验室应根据工程内容和规模分设样品间、土工室、集料室、水泥室、水泥混凝土室、力学室、沥青室、沥青混合料室、标准养护室等功能室。

试验室房屋的大小可根据工程量或合同要求确定。

④仪器配置。

仪器配置要满足合同的约定,能够适应工程内容及规模相关要求。使用频率高的设备在数量上应能满足周转需要。设备精度、量程等技术指标应满足现行试验规程相关要求。

项目试验室主任应及早组织人员;清点现有的试验仪器;列出需购置的仪器清单,报总工程师审核、项目经理批准后,立即购置清单上仪器。

及时同当地有关计量部门联系,对计量仪器、试验设备组织检测校验。

⑤临时资质的认定。

承担公路施工现场试验检测工作的单位,在开工前应申请办理工地试验室临时资质,取得工地试验室临时资质后,方可从事该项目试验检测工作。

取得《临时资质证书》的工地试验室,必须严格执行国家和交通运输部颁布的有关公路工程的法规和技术标准、规范、规程,按照核定的业务范围承担试验检测工作。

工地试验室不能开展的试验项目,须委托经交通运输部门或省、自治区交通运输主管部门认证具有《公路水运工程试验检测机构资质等级证书》的,并且经过计量行政部门考核合格的试验检测机构承担。检测机构在同一公路工程项目标段中不得同时接受业主、监理、施工等多方的试验检测委托。

(2)熟悉设计文件和标书

试验人员要认真阅读有关设计文件、图纸和标书,了解本工程的总体概况,便于适时、合理地安排相关试验工作,为工程的全面开工做好准备。

(3)做好开工前的有关试验工作

包括先期材料检验、工程试验及配合比设计等工作。

原材料试验和混合料配合比设计结束后,试验人员应及时向监理工程师提交报告,经监理工程师审核批准后方可采购和使用。

4)试验路段铺筑

通过试验路段的铺筑,能够总结确定适合大面积作业的各项施工工艺参数、技术指标、施工操作规程以及施工管理经验等,以指导全线路面施工。试验段的长度应根据试验目的确定,通常宜为100~200m,宜选在正线上铺筑。

试验段铺筑应由建设单位、施工单位、监理单位、设计单位等有关各方共同参加,及时商定有关事项,明确试验结论。铺筑结束后,施工单位应就各项试验内容提出完整的试验路施工、检测报告,并取得业主或监理的批复。

试验路段如经检验合格可作为永久工程的一部分。对不合格的试验路段应及时清除并重新铺筑试验段。

5)临时设施

按照施工总平面图的布置,搭建项目经理部、生活区、工地试验室等临时用房;修建便道、便桥;修建预制场地、钢筋加工场地、机修场地、仓库等。这些施工现场的临时建筑物是施工单位在施工期间兴建的生活和生产用的临时房舍和设施场所,一旦施工完毕即予以拆除。

(1)驻地建设

驻地建设一般包括建设单位驻地、监理单位驻地、施工单位驻地以及工地试验室的建设。驻地建设应体现以人为本的理念,着力改善项目各参建单位的生产、生活环境。驻地建设应因地制宜,尽量减少对环境的影响。

驻地建设可自建或租用沿线合适的单位或民用房屋,但应坚固、安全、实用、美观,并满足工作、生活需求,自建房还应安装、拆卸方便且满足环保要求。自建房屋最低标准为活动板房,建设宜选用阻燃材料,搭建不宜超过两层。

项目部设置地点以方便工作为原则,应设在建设项目现场。项目部选址要满足安全要求和管理要求。安全要求主要包括:①不受洪水、泥石流、台风威胁,避开坍方、落石、滑坡、危岩等地段;避开取土、弃土场地;避开高压线路及高大树木。②与通信线路保持一定距离;离集中爆破区500m以外;项目办公生活区宜采用封闭式管理,出入口应设置专职保卫人员,制定专门的管理制度。③租赁地方房屋当项目部的,租赁的房屋必须符合安全要求,房屋的面积必须达到办公要求;项目部要做好消防措施,配备必要的消防器材。管理要求主要包括:①靠近现场,管理方便,不受施工干扰;②交通便利,尽量靠近公路,缩短引入线;③通信畅通,邮路便捷,满足办公自动化要求。

项目部如图3-43所示。项目部硬件设施必须满足"三室"(会议室、资料室、试验室)和"五小"(宿舍、食堂、厕所、淋浴室、办公活动室)要求。施工单位办公室人均面积不小于6m^2,通风照明良好,满足办公要求,如图3-44所示。办公区、生活区及车辆、机具停放区等应布局科学合理、分区管理。合理规划人车路线,尽可能减少不同区域间的互相干扰。所有班组(含劳务人员)应纳入施工工区集中居住、统一管理,生活用房建设应体现以人为本的理念,实用、美观、隔热、通风、防潮。

图3-43 项目部布置

图3-44 工地办公室

项目经理部应在门口或其他现场醒目位置公示以下标牌:工程概况牌、安全纪律牌、防火须知牌、安全无重大事故计时牌、安全生产文明施工牌、施工总平面图以及项目经理部组织架构的主要管理人员名单图。

(2)试验室建设

工地试验室是指公路工程建设单位在工程现场为质量控制和检验工作需要而设立的临时试验室。建设应满足《公路水运工程试验检测管理办法》的有关规定,由取得《公路水运工程试验检测机构资质等级证书》(等级证书)的试验检测机构(母体检测机构)授权设立,且授权的试验检测项目和参数不得超出其等级证书核定的业务范围。母体试验检测机构对工地试验室的试验检测行为及结果承担责任。工地试验室应经有关单位组织认定合格，并取得批准后方可正式开展试验检测工作。工地试验室如图 3-45 所示。

a) 远景　　b) 近景

图 3-45　工地试验室

(3)场站建设

场站建设一般包括拌和站、钢筋加工场、预制场、施工材料存放场等建设。公路建设应推行集约化管理、工厂化生产，实现“三集中”，即：混凝土集中拌制，钢筋集中加工，混凝土构件集中预制，充分发挥集约化施工的优势。

场地(含堆料区、加工区)应做硬化处理，主要运输道路应采用不小于 20cm 厚的 C20 混凝土硬化，基础不好的道路应增设碎石掺石屑垫层。

小型构件预制场地实景如图 3-46 所示。

图 3-46　小型构件预制场地实景

(4)临时工程

临时工程主要包括临时用电、施工便道、便桥。临时工程应与现场地形、地物和现有生活、生产设施相协调，尽量减少对现有地形地貌的破坏，充分利用现有生活、生产设施。

施工现场的临时用电必须采用 TN-S 接地、接零保护系统。即具有专用保护零线(PE线)、电源中性点直接接地的 220V/380V 三相五线制系统。施工现场的临时用电必须按照“三级配电二级保护”设置，即在总配电箱下设分配电箱，分配电箱以下设开关箱，开关箱以下设用电设备，形成三级配电。这样配电层次清楚，既便于管理又便于查找故障。同时要求，照明配电与动力配电最好分别设置，自成独立系统，不致因动力停电影响照明；“两级保护”主要指采用漏电保护措施，除在末级开关箱内加装漏电保护器外，还要在上一级分配电箱或总配电箱中再加装一级漏电保护器，总体上形成两级保护。临时用电设备实行“一机一闸一漏一箱”制，即每台用电设备必须有自己专用的开关箱，专用开关箱内必须设置独立的隔离开关和漏电保护器。

施工便道、便桥的建设应满足施工需要，尽量结合地方道路规划进行专项设计，尽可能提前实施，完工后尽量留地方使用。新建便道、便桥应尽量不占用农田、少开挖山体，节约资源，保护环境。施工便道、便桥应充分利用既有道路和桥梁。避免与既有铁路线、公路平面交叉，避免对当地居民生活造成干扰。

根据地形条件，确定便道、便桥平纵线形及横断面宽度要求如下：

①便道路基宽度不小于4.5m,路面宽度不小于3.0m;原则上每100m范围内应设置一个长度不小于20m、路面宽度不小于5.5m的错车道。京石改扩建施工便道如图3-47所示。

②便桥结构按照实际情况单独设计,同时应满足排洪要求,人行便桥宽度不小于2.5m,人车混行便桥宽度不小于4.5m。若便桥长度超过1km,宜适当增加宽度。施工临时钢便桥如图3-48所示。

图3-47 施工便道

图3-48 施工钢便桥

6)下承层检查

铺筑路面结构层之前,必须对下承层进行检查验收,其压实度、弯沉值、高程、平整度等技术指标达到规定的要求后,才可进行路面施工。如发现路基土过干、表层松散,则应适当洒水、碾压;如发现路基土过湿,发生"弹簧"现象,则应采取挖开晾晒、换土、掺石灰或水泥等措施进行处理。

7)施工现场交通管制

为了确保路面施工安全和有序施工,需在开工前及时发布施工信息,同时在施工现场范围内的公路两端、必经的交叉路口和部分设施设备上设置施工标志,警告过往车辆注意施工路段的交通情况,提醒车辆绕道而行,避免车辆拥堵。

能 力 训 练

一、单项选择题(每题的备选项中,只有1个最符合题意)

1. 图纸综合会审工作,一般由(　　)负责组织。

A. 设计单位　　B. 建设单位　　C. 监理单位　　D. 施工单位

2. 工程开工前,在业主主持下,由(　　)向施工单位进行交桩。

A. 业主代表　　B. 监理　　C. 设计单位　　D. 勘察单位

3. 项目经理部的技术交底工作是(　　)。

A. 由项目经理组织,项目总工程师主持实施

B. 由项目总工程师组织,项目经理主持实施

C. 由项目经理组织,技术主管主持实施

D. 由项目总工程师组织,技术主管主持实施

4. 水泥混凝土拌和站基本组成一般不包括(　　)。

A. 物料储存系统　　B. 物料称量系统

C. 烘干加热系统　　D. 搅拌主机和电气控制系统

5. 实际施工经验表明，沥青混合料摊铺机作业速度为(　　)，可使结构层有较好的平整度和较高的作业效率。

A. 2 ~ 5m/min　　B. 4 ~ 8m/min　　C. 5 ~ 10m/min　　D. 8 ~ 12m/min

6. 配电系统应采用的配电方式是(　　)。

A. 配电柜或总配电箱、分配电箱、开关箱三级配电方式

B. 配电柜或总配电箱、分配电箱、开关箱四级配电方式

C. 配电柜或总配电箱、分配电箱、开关箱一级配电方式

D. 配电柜、总配电箱、分配电箱、开关箱二级配电方式

二、多项选择题(每题的备选项中，有两个或两个以上符合题意)

1. 图纸会审的主要内容有(　　)。

A. 施工图是否符合业主要求　　B. 安装工程各分项专业之间有无重大矛盾

C. 现有的技术力量及现场条件有无困难　　D. 能否保证工程质量和安全施工的要求

E. 图纸的份数及说明是否齐全

2. 开工前施工技术准备工作的主要内容包括(　　)。

A. 图纸复核　　B. 划分单位、分部、分项工程

C. 建立控制测量网　　D. 筹集建设资金

E. 技术培训和学习

3. 技术交底的主要内容包括(　　)。

A. 施工技术方案

B. 季节性施工措施

C. 安全、环保方案

D. 分部、分项工程的概算编制

E. 工程合同技术规范、使用的工法或工艺操作规程

4. 根据不同的对象，交底可采取(　　)等形式。

A. 书面　　B. 口头

C. 样板　　D. 现场示范

E. 记录

5. 下列属于沥青面层施工机械的有(　　)。

A. 切缝机　　B. 沥青洒布机

C. 石屑撒布机　　D. 沥青混凝土摊铺机

E. 稳定材料拌和机

6. 施工现场临时用电工程，电源中性点直接接地的 220V/380V 三相四线制低压电力系统，下列各项中符合相关规定的有(　　)。

A. 采用 TN-S 接零保护系统　　B. 采用二级配电系统

C. 采用三级配电系统　　D. 采用二级漏电保护系统

E. 采用三级漏电保护系统

三、简答题

1. 路面施工准备工作包括哪几个方面？请作简要说明。

2. 图纸会审的主要内容有哪些？

3. 简述交桩过程需要注意的事项。

4. 简述拌和站选址的注意事项。

5. 简述工程项目资料交接的注意事项。

四、案例分析题

背景资料：某高速公路项目，路面面层为沥青混凝土，基层为级配碎石，项目经理部决心精心组织、科学施工，搞好现场技术质量管理，做了包括如下环节的工作：

(1)项目经理部由总工程师组织进行了技术交底；

(2)为真正落实公司的现场技术管理制度制定了执行细则，其中，为避免放样偏位，特别强调了落实测量双检测；

(3)沥青混凝土面层施工质量控制关键点落实到位、严格施工；

(4)铺筑了沥青混凝土试验段；

(5)在底面层施工前，进行了测量放样和基层清扫；

(6)加强质量检查控制，如开工前检查、工序检查和工序交接检查等。

问题：

(1)你认为项目经理部的技术交底存在什么问题？如何纠正？应分别在什么层面上进行技术交底？

(2)铺筑沥青混凝土试验段的目的是什么？

(3)底面层施工前，除测量放样和清扫基层外，还要进行哪些重要工序？

模块 4　基层(底基层)施工技术

【学习引导】

知识目标:通过本模块的学习,学生能够明确基层(底基层)在路面各结构层中的位置及作用;能够掌握基层(底基层)不同材料的特点和适用条件。

技能目标:学生能够根据具体条件明确基层(底基层)各层次可采用的结构类型及对材料的要求;能够掌握各种不同基层(底基层)材料的施工工艺、技术要点及注意事项。

主要内容:模块 4 的主要内容结构如图 4-1 所示。

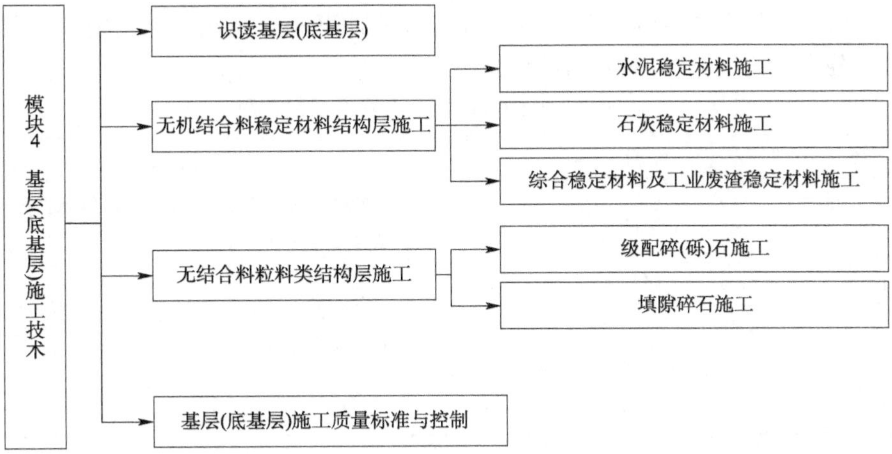

图 4-1　模块 4 的主要内容结构

基层设置在面层之下,主要承受由面层传递来的车辆荷载垂直力,并将其分布到底基层、功能层或土基上。基层和底基层结构应具有足够的水稳性和较好的平整度。

4.1　识读基层(底基层)

在沥青路面结构中,基层是主要承重层,底基层是次要承重层;在水泥混凝土路面结构中,水泥混凝土面层是主要承重层,基层和底基层承受的垂直力作用较小。根据基层的作用及对其特性的要求,基层可使用的材料种类有:沥青稳定类、水泥混凝土类、无机结合料稳定类和无结合料粒料类等。

根据基层材料的力学特性和设计方法不同,基层可分为柔性基层、半刚性基层、刚性基层、复合式基层四类。

1)柔性基层

柔性基层是指采用热拌或冷拌沥青混合料、沥青贯入式碎石,以及不加任何结合料的粒料类等材料铺筑的基层。特性是不易产生温缩和干缩开裂,可以有效抑制和减少沥青路面反射裂缝的产生。

(1)沥青稳定类基层

沥青稳定类基层包括热拌沥青碎石、沥青贯入碎石、乳化沥青碎石混合料等。

沥青稳定类基层的适用范围如下：

①热拌沥青碎石适用于柔性路面上基层及调平层。

②沥青贯入式碎石可设在沥青混凝土与粒料基层之间做上基层，此情况下应不撒封层料，也不做上封层。

③乳化沥青碎石混合料适于各级公路调平层。

沥青稳定类基层的技术要求、施工方法和质量管理应符合《公路沥青路面施工技术规范》(JTG F40—2004)的规定，具体事项参照模块5沥青路面施工技术中要求，在此不再赘述。

(2)粒料类基层(底基层)

碎石、砾石类结构层既可做面层，又可做基层或底基层。碎石、砾石类结构层做面层时，通常称之为砂石类路面。由于碎石、砾石类结构层的平整度较差，晴天易扬尘，雨天易泥泞，因此做面层时，只适用于四级公路的面层。碎石、砾石类结构层做基层(底基层)时称之为粒料类基层(底基层)。粒料类基层(底基层)按强度形成原理可分为级配型和嵌锁型。粒料类基层(底基层)的分类及适用范围如表4-1所示。

粒料类基层(底基层)的分类及适用范围 表4-1

强度形成原理	粒料分类	适用范围
级配型	级配碎石	各级公路的基层和底基层；较薄沥青面层与半刚性基层之间的中间层
	级配砾石	轻交通的二级和二级以下公路的基层以及各级公路的底基层
	级配碎砾石	
	符合级配、塑性指数等技术要求的天然砂砾	
嵌锁型	填隙碎石	各等级公路的底基层和二级以下公路的基层

2)半刚性基层

半刚性基层是指用无机结合料稳定土铺筑的能结成板体并具有一定抗弯强度的基层。特点包括基层整体好、承载力高、刚度大、水稳定性好，可以作为路面的主要承重层，减薄沥青面层厚度，节省工程造价。

按照无机结合料的种类，无机结合料稳定材料可分为水泥稳定土、石灰稳定土和石灰工业废渣稳定土。无机结合料稳定材料基层(底基层)的分类及适用范围如表4-2所示。

无机结合料稳定材料基层(底基层)的分类及适用范围 表4-2

无机结合料分类	粒料分类	适用范围
水泥稳定材料	水泥稳定级配碎石、未筛分碎石、砂砾、碎石土、砂砾土、煤矸石、各种粒状矿渣等	可适用于各级公路的基层和底基层，但水泥稳定细粒土不能用做二级和二级以上公路高级路面的基层
石灰稳定材料	石灰稳定级配碎石、未筛分碎石、砂砾、碎石土、砂砾土、煤矸石、各种粒状矿渣等	适用于各级公路的底基层，以及二级和二级以下公路的基层，但石灰土不得用做二级公路的基层和二级以下公路高级路面的基层

续上表

无机结合料分类	粒料分类	适用范围
石灰工业废渣稳定材料	可分为石灰粉煤灰类与石灰其他废渣类两大类。除粉煤灰外，可利用的工业废渣包括煤渣、高炉矿渣、钢渣（已经过崩解达到稳定）及其他冶金矿渣、煤矸石等	适用于各级公路的基层和底基层，但二灰、二灰土和二灰砂不应做二级和二级以上公路高级路面的基层

3）刚性基层

刚性基层是指采用普通混凝土、碾压式混凝土、贫混凝土等材料铺筑的路面基层。特点包括刚度大、强度高、稳定耐久、板体性好等。

刚性基层的技术要求、施工方法和质量管理应符合《公路水泥混凝土路面施工技术细则》（JTG/T F30—2014）的规定，具体事项参照模块6水泥混凝土路面施工技术中要求，在此不再赘述。

4）复合式基层

复合式基层指的是上部使用柔性材料（沥青稳定碎石、沥青贯入碎石、热拌沥青碎石、乳化沥青碎石、级配碎石、级配砂砾等），下部使用半刚性材料（无机结合料的稳定类）的铺筑的路面基层。其特性是力学性能介于柔性基层与半刚性基层之间，因此该基层不会发生如半刚性路面中由于基层疲劳开裂引起的自下而上的结构性破坏，也可以缓解面层的剪应力水平，使其整体受力状态大为改善；具有抗疲劳性能好、板体性强、分散荷载能力强、减小土基应力等特点。

4.2 无机结合料稳定材料结构层施工

4.2.1 水泥稳定材料施工

以水泥为结合料，通过加水与被稳定材料共同拌和形成的混合料，称为水泥稳定材料，包括水泥稳定级配碎石、水泥稳定级配砾石、水泥稳定石屑、水泥稳定土、水泥稳定砂等。

1）材料技术要求

（1）土和集料

①土。

凡能被粉碎的土都可用水泥稳定。级配碎石、未筛分碎石、砂砾、碎石土、砂砾土、煤矸石和各种粒状矿渣均适宜用水泥稳定。

【知识链接——土】

土可分为细粒土、中粒土和粗粒土。细粒土的颗粒最大粒径小于9.5mm，且其中小于2.36mm的颗粒含量不少于90%，如黏性土、粉性土、砂性土、砂和石屑等。中粒土的颗粒最大粒径小于26.5mm，且其中小于19mm的颗粒含量不少于90%，如砂砾土、碎石土、级配砂砾、级配碎石等。粗粒土的颗粒最大粒径小于37.5mm，且其中小于31.5mm的颗粒含量不少于90%，如砂砾土、碎石土、级配砂砾、级配碎石等。

②粗集料。

a.用作被稳定材料的粗集料宜采用各种硬质岩石或砾石加工成的碎石，也可直接采用天然砾石。粗集料应符合表 4-3 的规定。

用作被稳定材料的粗集料技术要求 表 4-3

指标	层位	高速公路和一级公路		二级及二级以下公路
		极重、特重交通	重、中、轻交通	
压碎值(%)	基层	≤22[1]	≤26	≤35
	底基层	≤30	≤30	≤40
针片状颗粒含量(%)	基层	≤18	≤22	—
	底基层	—	—	—
0.075mm 以下粉尘含量(%)	基层	≤1.2	≤2	—
	底基层	—	—	—
软石含量(%)	基层	≤3	≤5	—
	底基层	—	—	—

注:①对花岗岩石料,压碎值可放宽至 25%。

b. 基层、底基层的粗集料规格要求宜符合表 4-4 的要求。

粗集料规格要求 表 4-4

规格名称	工程粒径(mm)	通过下列筛孔(mm)的质量百分率(%)									公称粒径(mm)
		53	37.5	31.5	26.5	19.0	13.2	9.5	4.75	2.36	
G1	20~40	100	90~100	—	—	0~10	0~5	—	—	—	19~37.5
G2	20~30	—	100	90~100	—	0~10	0~5	—	—	—	19~31.5
G3	20~25	—	—	100	90~100	0~10	0~5	—	—	—	19~26.5
G4	15~25	—	—	100	90~100	—	0~10	0~5	—	—	13.2~26.5
G5	15~20	—	—	—	100	90~100	0~10	0~5	—	—	13.2~19
G6	10~30	—	100	90~100	—	—	—	0~10	0~5	—	9.5~31.5
G7	10~25	—	—	100	90~100	—	—	0~10	0~5	—	9.5~26.5
G8	10~20	—	—	—	100	90~100	—	0~10	0~5	—	9.5~19
G9	10~15	—	—	—	—	100	90~100	0~10	0~5	—	9.5~13.2
G10	5~15	—	—	—	—	100	90~100	40~70	0~10	0~5	4.75~13.2
G11	5~10	—	—	—	—	—	100	90~100	0~10	0~5	4.75~9.5

c. 高速公路和一级公路极重、特重交通荷载等级基层的 4.75mm 以上粗集料应采用单一粒径的规格料。

d. 作为高速公路、一级公路底基层和二级及二级以下公路基层、底基层被稳定材料的天然砾石材料宜满足表 4-3 的要求,并应级配稳定、塑性指数不大于 9。

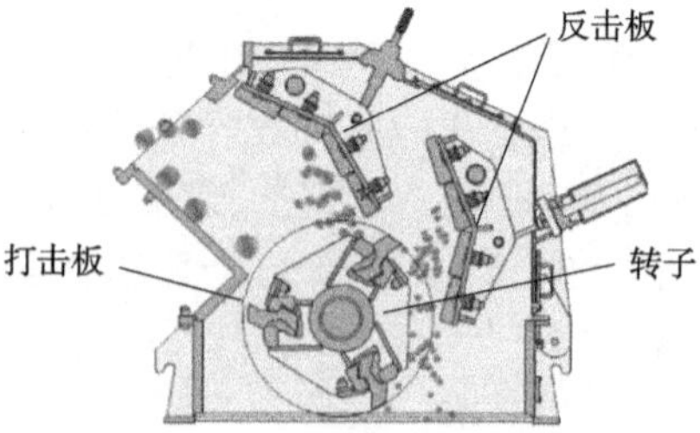

图 4-2 反击式破碎机工作原理示意图

e. 应选择适当的碎石加工工艺,用于破碎的原石粒径应为破碎后碎石公称最大粒径的 3 倍以上。高速公路基层用碎石,应采用反击破碎的加工工艺。反击式破碎机工作原理如图 4-2 所示。

③细集料。

a. 细集料应洁净、干燥、无风化、无杂质,并有适当的颗粒级配。

b. 高速公路和一级公路用细集料技术要求应符合表 4-5 的要求。

细集料技术要求 表 4-5

项　目	水泥稳定①	石灰稳定	石灰粉煤灰综合稳定	水泥粉煤灰综合稳定
颗粒分析	满足级配要求			
塑性指数②	≤17	适宜范围 15～20	适宜范围 12～20	—
有机质含量(%)	<2	≤10	≤10	<2
硫酸盐含量(%)	≤0.25	≤0.8	—	≤0.25

注：①水泥稳定包含水泥石灰综合稳定；

②应测定 0.075mm 以下材料的数学指数。

c. 细集料规格要求应符合表 4-6 的要求。

细集料规格要求 表 4-6

规格名称	工程粒径(mm)	通过下列筛孔(mm)的质量百分率(%)								公称粒径(mm)
		9.5	4.75	2.36	1.18	0.6	0.3	0.15	0.075	
XG1	3～5	100	90～100	0～15	0～5	—	—	—	—	2.36～4.75
XG2	0～3	—	100	90～100	—	—	—	—	0～15	0～2.36
XG3	0～5	100	90～100	—	—	—	—	—	0～20	0～4.75

d. 对 0～3mm 和 0～5mm 的细集料应分别严格控制大于 2.36mm 和 4.75mm 的颗粒含量。对 3～5mm 的细集料应严格控制小于 2.36mm 的颗粒含量。

e. 高速公路和一级公路，细集料中小于 0.075mm 的颗粒含量应不大于 15%；二级及二级以下公路，细集料中小于 0.075mm 的颗粒含量应不大于 20%。

f. 天然砾石或粗砂作为细集料时，其颗粒尺寸应满足工程需要，且级配稳定，超尺寸颗粒含量超过规范规定或实际工程的规定时应筛除。

④材料分档与掺配。

a. 材料分档应符合表 4-7 的规定。

材料分档要求 表 4-7

层　位	高速公路和一级公路		二级及二级以下公路
	极重、特重交通	重、中、轻交通	
基层	≥5	≥4	≥3 或 4①
底基层	≥4	≥3 或 4①	≥3

注：①对一般工程可选择不少于 3 档备料，对极重、特重交通荷载等级且强度要求较高时，为了保证级配的稳定，宜选择不少于 4 档备料。

b. 公称最大粒径为 19mm、26.5mm 和 31.5mm 的无机结合料稳定碎石或砾石的各类规格宜符合表 4-8。

不同粒径混合料的备料规格 表 4-8

公称最大粒径(mm)	类　型	一档	二档	三档	四档	五档	六档
19	三档备料	XG3	G11	G8	—	—	—
	四档备料Ⅰ	XG2	XG1	G11	G8	—	—
	四档备料Ⅱ	XG3	G11	G9	G5	—	—
	四档备料Ⅲ①	XG3(1)	XG3(2)	G11	G8	—	—
	五档备料Ⅰ	XG2	XG1	G11	G9	G5	—
	五档备料Ⅱ①	XG3(1)	XG3(2)	G11	G9	G5	—

续上表

公称最大粒径(mm)	类　型	一档	二档	三档	四档	五档	六档
26.5	四档备料	XG3	G11	G8	G3	—	
	五档备料Ⅰ	XG3	G11	G9	G5	G3	—
	五档备料Ⅱ	XG2	XG1	G11	G8	G3	—
	五档备料Ⅲ①	XG3(1)	XG3(2)	G11	G8	G3	—
	六档备料Ⅰ	XG2	XG1	G11	G9	G5	G3
	六档备料Ⅱ①	XG3(1)	XG3(2)	G11	G9	G5	G3
31.5	四档备料	XG3	G11	G8	G2	—	—
	五档备料Ⅰ	XG3	G11	G9	G5	G2	—
	五档备料Ⅱ	XG3	G11	G9	G4	G2	—
	五档备料Ⅲ①	XG3(1)	XG3(2)	G11	G8	G2	—
	六档备料Ⅰ	XG2	XG1	G11	G9	G5	G2
	六档备料Ⅱ①	XG3(1)	XG3(2)	G11	G9	G5	G2

注:①表中 XG3(1)和 XG3(2)为两种不同级配规律的 0~5mm 的细集料。

c. 用于二级及二级以上公路基层和底基层的级配碎石或砾石,应由不少于 4 种规格的材料掺配而成。

d. 天然材料用于高速公路和一级公路的基层时,应筛分成表 4-4 中规定的规格,并按表 4-8 中的备料规格进行掺配。天然材料的规格不满足设计级配的要求时,可掺配一定比例的碎石或轧碎砾石。

e. 级配碎石或砾石类材料中宜掺加石屑、粗砂等材料。

f. 级配碎石或砾石细集料的塑性指数应不大于 12。不满足要求时,可加石灰、无塑性的砂或石屑掺配处理。

(2)水泥

普通硅酸盐水泥、矿渣硅酸盐水泥和火山灰硅酸盐水泥都可用于稳定土,但应选用初凝时间 3h 以上和终凝时间大于 6h 且小于 10h 的水泥;不应使用快硬水泥、早强水泥以及已受潮变质的水泥,宜采用 32.5 级或 42.5 级的水泥。

(3)水

符合现行《生活饮用水卫生标准》(GB 5749—2006)的饮用水可直接作为基层、底基层或垫层材料拌和与养生用水。拌和使用的非饮用水应进行水质检验,技术要求应符合《公路路面基层施工技术细则》(JTG/T F20—2015)的规定。养生用水可不检验不溶物含量,但其他指标应符合规范规定。

2)混合料组成设计

(1)混合料组成设计流程

无机结合料稳定材料组成设计应包括原材料检验、混合料的目标配合比设计、混合料的生产配合比设计和施工参数确定四个部分。

无机结合料稳定材料组成设计流程见图 4-3 所示。

①原材料检验包括结合料、被稳定材料及其他相关材料的试验。所有检测指标均应满足相关设计标准或技术文件的要求。

②目标配合比设计包括选择级配范围、确定结合料类型及掺配比例、验证混合料相关的设

计及施工技术指标。

③生产配合比设计包括确定料仓供料比例、确定水泥稳定材料的容许延迟时间、确定结合料剂量的标定曲线、确定混合料的最佳含水率和最大干密度。

④施工参数确定包括确定施工中结合料的剂量、确定施工合理含水率及最大干密度、验证混合料强度技术指标。

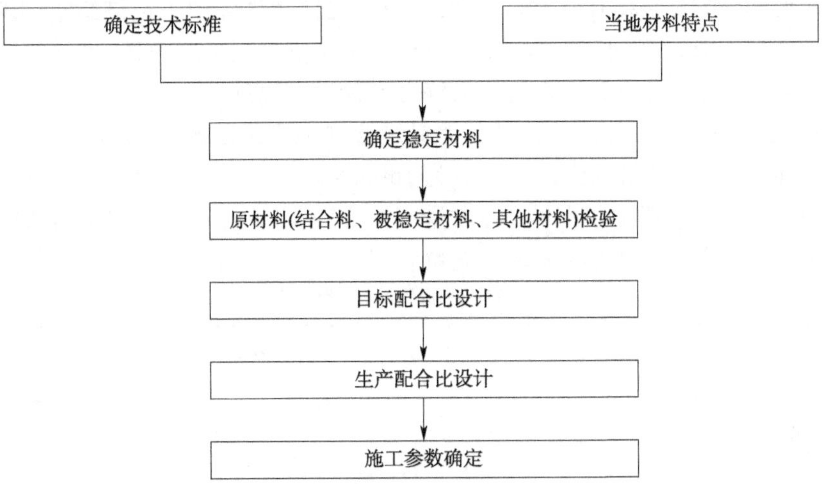

图 4-3　无机结合料稳定材料设计流程

确定无机结合料稳定材料最大干密度指标时，宜采用重型击实方法，也可采用振动压实方法。

强度是无机结合料稳定材料重要的技术指标，但并不意味着强度满足要求就可以用于基层。用于基层的无机结合料稳定材料，强度满足要求时，还需检验其抗冲刷和抗裂性能。无机结合料稳定细粒材料，如水泥稳定土、水泥稳定石屑，强度可以满足技术要求，但是抗冲刷性和抗裂性不足，并不适用于基层。

在施工过程中，材料的品质或规格、结合料品种发生变化时，应重新进行材料组成设计。

(2)强度要求

①采用 7d 龄期无侧限抗压强度作为无机结合料稳定材料施工质量控制的主要指标。

②水泥稳定材料的 7d 龄期无侧限抗压强度标准 R_d 应满足表 4-9 的要求。

水泥稳定材料的 7d 龄期无侧限抗压强度标准 R_d（单位：MPa）　　表 4-9

结构层	公路等级	极重、特重交通	重交通	中、轻交通
基层	高速公路和一级公路	5.0~7.0	4.0~6.0	3.0~5.0
	二级及二级以下公路	4.0~6.0	3.0~5.0	2.0~4.0
底基层	高速公路和一级公路	3.0~5.0	2.5~4.5	2.0~4.0
	二级及二级以下公路	2.5~4.5	2.0~4.0	1.0~3.0

注：1. 公路等级高或交通荷载等级高或结构安全性要求高时，推荐取上限强度标准；

2. 表中强度标准指的是 7d 龄期无侧限抗压强度的代表值，本书以下各表同。

③水泥稳定类材料强度要求较高时，宜采取控制原材料技术指标和优化级配设计等措施，不宜单纯通过增加水泥剂量来提高材料强度。

(3)强度试验及计算

①强度试验时,应按现场压实度标准采用静压法成型试件。材料的压实方法和压实度水平对混合料试验强度的大小有着显著的影响。在压实度、含水率、密度都一样的条件下,采用静压法、振动法或旋转压实法成型的试件体积指标理论上应该是一致的,但是由于成型方法变化导致材料颗粒排列规律差异,材料的强度水平会受到影响。为了保证材料强度水平评价的一致性和连续性,规范规定采用静压法成型,该方法也便于大多数工地试验室的操作。

在强度试验的试件成型时,按现场压实度标准折算混合料的干密度,并计算强度试验的混合料质量,而不是直接采用击实试验确定的混合料最大干密度。

②强度试验试件的径高比应为1∶1。无机结合料稳定细粒材料的试件直径应为100mm,无机结合料稳定中、粗粒材料的试件直径应为150mm。

③强度试验时,平行试验的最少试件数量应符合表4-10的要求。试验结果的变异系数大于表中规定值时,应重做试验或增加试件数量。

平行试验的最少试件数量 表4-10

材料类型	变异系数要求		
	<10%	10%~15%	15%~20%
细粒材料①	6	9	—
中粒材料②	6	9	13
粗粒材料③	—	9	13

注:①公称最大粒径小于16mm的材料。

②公称最大粒径不小于16mm,且小于26.5mm的材料。

③公称最大粒径不小于26.5mm的材料。

④根据试验结果,按式(4-1)计算强度代表值R_d^0。

$$R_d^0 = \overline{R} \cdot (1 - Z_a C_v) \tag{4-1}$$

式中:Z_a——标准正态分布表中随保证率或置信度α而变的系数,高速公路和一级公路应取保证率95%,即$Z_\alpha = 1.645$,二级及二级以下公路应取保证率90%,即$Z_\alpha = 1.282$;

$\overline{R}$——一组试验的强度平均值,MPa;

C_v——一组试验的强度变异系数。

⑤强度数据处理时,宜按3倍标准差的标准剔除异常数值,且同一组试验样本异常值剔除应不多于2个。

⑥强度代表值R_d^0应不小于强度标准值R_d,即$R_d^0 \geqslant R_d$。当$R_d^0 < R_d$时,应重新进行配合比设计。

(4)水泥结合料的计算和比例

水泥稳定材料的水泥剂量应以水泥质量占全部干燥被稳定材料质量的百分率表示。

(5)混合料推荐级配及技术要求

①采用水泥稳定时,被稳定材料的液限应不大于40%,塑性指数应不大于17。塑性指数大于17时,宜采用石灰稳定或用水泥和石灰综合稳定。

②采用水泥稳定,被稳定材料中含有一定量的碎石或砾石,且小于0.6mm的颗粒含量在30%以下时,塑性指数可大于17,且土的均匀系数应大于5。其级配可采用表4-11中推荐的

级配范围,并应符合下列规定:

a. 用于高速公路和一级公路的底基层时,被稳定材料的公称最大粒径应不大于31.5mm,级配宜符合表4-11中的C-A-1或C-A-2的规定,被稳定材料中不宜含有黏性土或粉性土。

b. 用于二级公路的基层时,级配宜符合表4-11中C-A-1的规定,被稳定材料中不宜含有黏性土或粉性土。

c. 用于二级以下公路的基层时,级配宜符合表4-11中C-A-3的规定,被稳定材料的公称最大粒径应不大于37.5mm。

d. 用于二级及二级以下公路的底基层时,级配宜符合表4-11中C-A-4的规定,被稳定材料的公称最大粒径应不大于37.5mm。

水泥稳定材料的推荐级配范围(单位:%)　　表4-11

筛孔尺寸(mm)	高速公路和一级公路的底基层或二级公路的基层	高速公路和一级公路的基层	二级以下公路的基层	二级及二级以下公路的底基层
	C-A-1	C-A-2	C-A-3	C-A-4
53	—	—	100	100
37.5	100	100	90~100	—
31.5	90~100	—	—	—
26.5	—	—	66~100	—
19	67~90	—	54~100	—
9.5	45~68	—	39~100	—
4.75	29~50	50~100	28~84	50~100
2.36	18~38	—	20~70	—
1.18	—	—	14~57	—
0.6	8~22	17~100	8~47	17~100
0.075	0~7	0~30	0~30	0~50

注:表中水泥稳定材料不包括水泥稳定级配碎石或砾石。

③采用水泥稳定且被稳定材料为粒径较均匀的砂时,宜在砂中添加适量塑性指数小于10的黏性土、石灰土或粉煤灰,加入比例应通过击实试验确定。添加粉煤灰的比例宜为20%~40%。

④水泥稳定级配碎石或砾石的级配可采用表4-12中推荐的级配范围,并宜符合下列规定:

a. 用于高速公路和一级公路时,级配宜符合表4-12中C-B-1、C-B-2的规定。混合料密实时也可采用C-B-3级配。C-B-1级配宜用于基层和底基层,C-B-2级配宜用于基层。

b. 用于二级及二级以下公路时,级配宜符合表4-12中C-C-1、C-C-2、C-C-3的规定。C-C-1级配宜用于基层和底基层,C-C-2和C-C-3级配宜用于基层,C-B-3级配宜用于极重、特重交通荷载等级下的基层。

c. 被稳定材料的液限宜不大于28%。

d. 用于高速公路和一级公路时,被稳定材料的塑性指数宜不大于5;用于二级及二级以下公路时,该指数宜不大于7。

水泥稳定级配碎石或砾石的推荐级配范围(单位:%)　　表4-12

筛孔尺寸(mm)	高速公路和一级公路			二级及二级以下公路		
	C-B-1	C-B-2	C-B-3	C-C-1	C-C-2	C-C-3
37.5	—	—	—	100	—	—
31.5	—	—	100	90～100	100	—
26.5	100	—	—	81～94	90～100	100
19	82～86	100	68～86	67～83	73～87	90～100
16	73～79	88～93	—	61～78	65～82	79～92
13.2	65～72	76～86	—	54～73	58～75	67～83
9.5	53～62	59～72	38～58	45～64	47～66	52～71
4.75	35～45	35～45	22～32	30～50	30～50	30～50
2.36	22～31	22～31	16～28	19～36	19～36	19～36
1.18	13～22	13～22	—	12～26	12～26	12～26
0.6	8～15	8～15	8～15	8～19	8～19	8～19
0.3	5～10	5～10	—	5～14	5～14	5～14
0.15	3～7	3～7	—	3～10	3～10	3～10
0.075	2～5	2～5	0～3	2～7	2～7	2～7

(6)无机结合料稳定材料目标配合比设计技术要求

①应根据当地材料的特点,通过原材料性能的试验评定,选择适宜的结合料类型,确定混合料配合比设计的技术标准。

②在目标配合比设计中,应选择不少于5个结合料剂量,分别确定各剂量条件下混合料的最佳含水率和最大干密度。

③应根据试验确定的最佳含水率、最大干密度及压实度要求成型标准试件,验证不同结合料剂量条件下混合料的技术性能,确定满足设计要求的最佳剂量。验证混合料性能主要指90d或180d龄期弯拉强度和抗压回弹模量、7d龄期无侧限抗压强度。

④水泥稳定材料配合比试验推荐水泥试验剂量可采用表4-13中的推荐值。

水泥稳定材料配合比试验推荐水泥试验剂量(单位:%)　　表4-13

被稳定材料	条件		推荐试验剂量
有级配的碎石或砾石	基层	$R_d \geq 5.0$MPa	5、6、7、8、9
		$R_d < 5.0$MPa	3、4、5、6
土、砂、石屑等		塑性指数<12	5、7、9、11、13
		塑性指数≥12	8、10、12、14、16
有级配的碎石或砾石	底基层	—	3、4、5、6、7
土、砂、石屑等		塑性指数<12	4、5、6、7、8
		塑性指数≥12	6、8、10、12、14
碾压贫混凝土	基层	—	7、8.5、10、11.5、13

⑤对水泥稳定材料,水泥的最小剂量应符合表4-14的规定。材料组成设计所得水泥剂量少于表4-14中的最小剂量时,应按表4-14采用最小剂量。

水泥的最小剂量(单位:%)　　表4-14

被稳定材料类型	拌和方法	
	路拌法	集中厂拌法
中、粗粒材料	4	3
细粒材料	5	4

⑥对无机结合料稳定级配碎石或砾石材料,应根据当地材料特点和技术要求,优化设计混合料级配,确定目标级配曲线和合理的变化范围。

在目标级配曲线优化选择的过程中,应选择不少于4条级配曲线,试验级配曲线可按表4-12推荐的级配范围和以往工程经验确定,或按《公路路面基层施工技术细则》(JTG/T F20—2015)附录A的方法构造。

在配合比设计试验中,应将各档石料筛分成单一粒径的规格逐档配料,并按相关的试验规程操作,保证每组试验的样本量。

选定目标级配曲线后,应对各档材料进行筛分,确定其平均筛分曲线及相应的变异系数,并按2倍标准差计算出各档材料筛分级配的波动范围。

⑦按下列步骤合成目标级配曲线并进行性能验证:

a.按确定的目标级配,根据各档材料的平均筛分曲线,确定其使用比例,得到混合料的合成级配。

b.根据合成级配进行混合料重型击实试验和7d龄期无侧限抗压强度试验,验证混合料性能。

⑧根据已确定的各档材料使用比例和各档材料级配的波动范围,计算实际生产中混合料的级配波动范围,并针对这个波动范围的上、下限验证性能。

【知识链接——无机结合料稳定材料级配设计】

参考《公路路面基层施工技术细则》(JTG/T F20—2015)附录A,无机结合料稳定材料级配设计如下:

(1)无机结合料稳定中、粗粒材料,级配碎石或砾石材料的级配宜采用粗集料断级配的方式构成。

(2)粗集料断级配宜以级配的公称最大粒径及其通过率、4.75mm及其通过率和0.075mm及其通过率为3个控制点。

(3)粗集料断级配应由从公称最大粒径到4.75mm的粗集料级配曲线和4.75~0.075mm的细集料级配曲线构成。

(4)宜采用下列数学模型分别构造粗、细集料级配曲线。

幂函数模型为:$y = ax^b$;指数函数模型:$y = ae^{bx}$;对数函数模型:$y = a\ln x + b$。其中,y为通过率(%);x为集料粒径(mm);a、b为回归系数。

(5)按设定的混合料级配的公称最大粒径及其通过率、4.75mm及其通过率,计算粗集料级配曲线的a、b系数,构造粗集料级配曲线。

(6)按设定的混合料级配的4.75mm及其通过率、0.075mm及其通过率,计算细集料级配曲线的a、b系数,构造细集料级配曲线。

(7)按两条级配曲线分别计算各筛孔通过率,完成级配的设计。

(7)无机结合料稳定材料生产配合比设计技术要求

①根据目标配合比确定的各档材料比例,对拌和设备机芯调试和标定,确定合理的生产参数。

②拌和设备的调试和标定应包括料斗称量精度的标定、结合料剂量的标定和拌和设备加水量的控制等内容,并应符合下列规定:

a.绘制不少于5个点的结合料剂量标定曲线。例如:对水泥稳定材料,根据工程使用的级配、水泥品种,按标准水泥剂量以及标准水泥剂量±1%、±2%共5个点绘制EDTA标准曲线。

b.按各档材料的比例关系,设定相应的称量装置,调整拌和设备各个料仓的进料速度。

c.按设定好的施工参数进行第一阶段试生产,验证生产级配。不满足要求时,应进一步调整施工参数。

③对水泥稳定、水泥粉煤灰稳定材料,应分别进行不同成型试件条件下的混合料强度试验,绘制相应的延迟时间曲线,并根据设计要求确定容许延迟时间。

混合料在选定的级配、水泥剂量和最佳含水率的条件下拌和好后,分别按立刻压实、闷料1h再压实、闷料2h再压实、闷料3h再压实等条件,成型标准试件,且每组的样本数量不少于相关规定的要求。经过标准养生后,测量混合料的7d无侧限抗压强度,从而得到不同延迟时间条件下,混合料强度代表值的变化曲线。根据这条曲线,得到混合料满足设计强度要求的容许延迟时间。

④在第一阶段试生产试验的基础上进行第二阶段试验。分别按不同结合料剂量和含水率进行混合料试拌,并取样、试验。

试验应符合下列规定:

a.通过混合料中实际含水率的测定,确定施工过程中水流量计的设定范围。

b.通过混合料中实际结合料剂量的测定,确定施工过程中结合料掺加的相关技术参数。

c.通过击实试验,确定结合料剂量变化、含水率变化对混合料最大干密度的影响。

d.通过抗压强度试验,确定材料的实际强度水平和工艺的变异水平。

(8)混合料生产参数的确定

混合料生产参数的确定应包括结合料剂量、含水率和最大干密度等指标,并应符合下列规定:

①对水泥稳定材料,工地实际采用的水泥剂量宜比室内试验确定的剂量多0.5~1.0个百分点。采用集中厂拌法施工时宜增加0.5个百分点;采用路拌法施工时宜增加1.0个百分点。

②以配合比设计的结果为依据,综合考虑施工过程的气候条件,对水泥稳定材料,含水率可增加0.5~1.5个百分点;对其他稳定材料,可增加1~2个百分点。

③最大干密度应以最终合成级配及时试验的结果为标准。

3)施工技术要点

(1)选择施工方法

无机结合料稳定材料结构层施工方法主要有人工路拌法和集中厂拌法两种。

根据公路等级的不同,宜按表4-15选择基层、底基层材料施工工艺。对于边角部位施工,混合料拌和方式应与主线相同,可采用推土机摊铺、平地机整平的人工方式摊铺,并与主线同步碾压成型。

无机结合料稳定材料结构层施工工艺选择表　　表 4-15

材料类型	公路等级	结构层位置	拌和工艺		摊铺工艺	
			推荐	可选择	推荐	可选择
无机结合料稳定中、粗粒材料	二级及二级以上	基层	集中厂拌	—	摊铺机摊铺	—
无机结合料稳定细粒材料		底基层	集中厂拌	—	摊铺机摊铺	推土机摊铺，平地机整平
水泥稳定材料	二级以下	基层和底基层	集中厂拌	—	摊铺机摊铺	—
其他各种无机结合料稳定材料		基层和底基层	集中厂拌	人工路拌	摊铺机摊铺	推土机摊铺，平地机整平

(2)确定作业段长度

稳定材料层宽 11～12m 时，每一流水作业段长度以 500m 为宜；稳定材料层宽大于 12m 时，作业段宜相应缩短。综合考虑施工机械和运输车辆的生产效率和数量、施工人员数量及操作熟练程度、施工季节和气候条件、水泥的初凝时间和延迟时间、减少施工接缝的数量等因素，合理确定每日施工作业段长度。

(3)施工控制时间

水泥稳定材料或水泥粉煤灰稳定材料，宜在 2h 之内完成碾压成型，应取混合料的初凝时间与容许延迟时间较短的时间作为施工控制时间。

(4)气候环境条件要求

无机结合料稳定材料结构层施工应选择适宜的气候环境，针对当地气候变化制订相应的处置预案，并符合下列规定：

①宜在气温较高的季节组织施工。无机结合料稳定材料施工期的日最低气温应在 5℃以上，在有冰冻的地区应在第一次重冰冻(重冰冻的标准一般指气温达到 -5～-3℃)到来的 15～30d 之前完成施工。

②宜避免在雨季施工，且不应在雨天施工。

(5)压实度评价标准

压实度是路基路面施工质量检测的关键指标之一，表征现场压实后的密度状况，压实度越高，密度越大，材料整体性能越好。对于路基、路面半刚性基层及粒料类柔性基层而言，压实度是指工地现场实际达到的干密度与室内标准击实试验所得最大干密度的比值，以百分率表示；对沥青面层、沥青稳定基层而言，压实度是指现场达到的密度与室内标准密度的比值。

现场干密度的检测方法主要包括挖坑灌砂法、核子密度仪法、环刀法(适用于测定细粒土及无机结合料稳定细粒土)、钻芯法、无核密度仪法。无机结合料稳定材料将室内重型击实试验法确定的干密度作为压实度评价的标准密度。无机结合料稳定材料的基层压实度标准应符合表 4-16 的规定。

基层材料压实标准(单位：%)　　表 4-16

公路等级		水泥稳定材料	石灰粉煤灰稳定材料	水泥粉煤灰稳定材料	石灰稳定材料
高速公路和一级公路		≥98	≥98	≥98	—
二级二级以下公路	稳定中、粗粒材料	≥97	≥97	≥97	≥97
	稳定细粒材料	≥95	≥95	≥95	≥95

无机结合料稳定材料的底基层压实度标准应符合表 4-17 的规定。

底基层材料压实标准(单位:%)　　表 4-17

公路等级		水泥稳定材料	石灰粉煤灰稳定材料	水泥粉煤灰稳定材料	石灰稳定材料
高速公路和一级公路	稳定中、粗粒材料	≥97	≥97	≥97	≥97
	稳定细粒材料	≥95	≥95	≥95	≥95
二级二级以下公路	稳定中、粗粒材料	≥95	≥95	≥95	≥95
	稳定细粒材料	≥93	≥93	≥93	≥93

高速公路和一级公路在极重、特重交通荷载等级下,基层和底基层的压实标准可提高 1% ~2%。

(6)路拌法施工技术要点

水泥稳定材料基层路拌法施工工艺流程如图 4-4 所示。

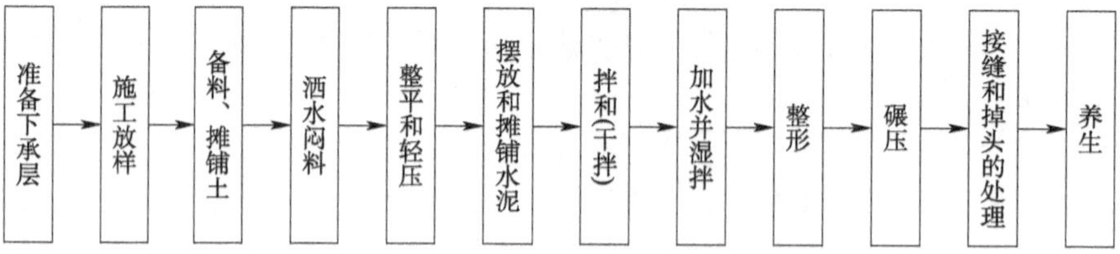

图 4-4　水泥稳定材料基层路拌法施工工艺流程

①准备下承层。

下承层表面应平整、坚实,具有规定的路拱,下承层的压实度、平整度、高程、横坡度、平面尺寸等需符合相关规定。

图 4-5　三钢轮压路机

下承层为路基时,宜用 12 ~15t 三轮压路机(见图 4-5)或等效的碾压机械碾压 3 ~4 遍,并应符合下列规定:

a. 在碾压过程中,发现表层松散时,宜适当洒水。

b. 发现"弹簧"现象时,宜采用挖开晾晒、换土、掺石灰或水泥等措施处理。

下承层为粒料底基层时,应检测弯沉值。不符合设计要求时,应根据具体情况,采取措施,使之达到规定的标准。

下承层为原路面时,应检查其材料是否符合底基层材料的技术要求;不符合要求时,应翻松原路面并采取必要的处理措施。

底基层或原路面上存在低洼和坑洞时,应填补及压实;对搓板和辙槽应刮除;对松散应耙松洒水并重新碾压,达到平整密实。

新完成的底基层或路基,按相关标准的规定验收,验收合格后方可铺筑上层稳定材料层。

在槽式断面的路段,宜在两侧路肩上每隔 5 ~10m 交错开挖泄水沟。

②施工放样。

a. 根据道路设计坐标或道路特征点,采用全站仪、经纬仪在底基层或原路面或路基上恢复道路中线,直线段每 15 ~20m 设一桩,平曲线段每 10 ~15m 设一桩,并在两侧路肩边缘外设置指示桩。

b. 在两侧指示桩上用明显标记标出待施工的无机结合料稳定材料层边缘的设计高程。

c. 路拌法施工应根据施工布料需要在下承层上划分布料网格,如图 4-6 所示。

图 4-6　划分网格

③备料。

a. 使用原路面或路基上部材料备料时，应清除原路面上或路基表面的石块等杂物；每隔 10 ~ 20m 挖一小洞，使洞底高程与预定的无机结合料稳定材料层的底面高程相同，并在洞底做一标记，控制翻松及粉碎的深度；用犁、松土机或装有强固齿的平地机或推土机将原地面或路基的上部翻松到预定的深度，土块应粉碎到符合要求；用犁将土向路中心翻松，使预定处治层的边部呈一个垂直面；用专用机械粉碎黏性土。无专用机械时，也可用旋转耕作机（见图4-7）、圆盘耙（见图 4-8）等设备粉碎塑性指数不大的土。

图 4-7　旋转耕作机

图 4-8　圆盘耙

b. 使用料场的材料备料时，在采集材料前，应将树木、草皮和杂土清除干净。筛除材料中的超尺寸颗粒。在预定深度范围内采集材料，不应分层采集，不应将不合格的材料与合格的材料一起采集。对于塑性指数大于 12 的黏性土，可视土质和机械性能确定是否需要过筛。

c. 水泥选用要求：路拌法宜选用袋装水泥，厂拌法宜选用散装水泥。

d. 计算材料现场拌和时的工程数量。根据各路段无机结合料稳定材料层的宽度、厚度及预定的干密度，计算各路段需要的干燥材料的数量；根据料场材料的含水率和所用运料车辆的吨位，计算每车料的堆放距离；根据无机结合料稳定材料层的厚度和预定的干密度及水泥剂量，计算每平方米无机结合料的用量，并确定无机结合料摆放的纵横间距。

e. 堆料前，应用两轮压路机碾压 1 ~ 2 遍整平表面，并在预定料堆的路段上洒水，使其表面湿润，但不宜过分潮湿。

f. 材料装车时,应控制每车料的质量基本相等。

g. 在同一料场供料的路段内,宜由远到近将料按规定计算距离卸置于下承层表面的中间或两侧,并应严格控制掌握卸料距离。

h. 材料在下承层上的堆置时间不宜过长。材料运送宜比摊铺工序提前 1 ~ 2d。

i. 路肩用料与稳定材料层用料不同时,应先将两侧路肩培好。路肩料层的压实厚度应与稳定材料层的压实厚度相同。在两侧路肩上,宜每隔 5 ~ 10m 交错开挖临时泄水沟。

④摊铺。

a. 混合料松铺系数可采用表 4-18 的推荐值,也可事先通过试验确定。

混合料松铺系数推荐值 表 4-18

混合料类型	材料名称	松铺系数	备　注
水泥稳定材料	中、粗粒材料	1.30 ~ 1.35	—
	细粒材料	1.53 ~ 1.58	现场人工摊铺土和水泥,机械拌和,人工整平
石灰稳定材料	石灰土	1.53 ~ 1.58	现场人工摊铺土和石灰,机械拌和,人工整平
		1.65 ~ 1.70	路外集中拌和,运到现场人工摊铺
	石灰土砾石	1.52 ~ 1.56	路外集中拌和,运到现场人工摊铺
石灰粉煤灰稳定材料	细粒材料	1.50 ~ 1.70	—
	中、粗粒材料	1.30 ~ 1.50	—
	石灰煤渣土	1.60 ~ 1.80	人工铺筑
	石灰煤渣稳定材料	1.30 ~ 1.50	—
		1.20 ~ 1.30	用机械拌和及机械整形

b. 被稳定材料应在摊铺水泥的前一天摊铺。雨季施工期间,预计第二天有雨时,不宜提前摊铺材料。摊铺长度按日进度的需要量控制,满足次日完成掺加水泥、拌和、碾压成型即可。

c. 摊铺材料过程中,应将土块、超尺寸颗粒及其他杂物拣除。如土中有较多土块,应进行粉碎。检验松铺土层的厚度,应符合预定要求。除洒水车外,严禁其他车辆在土层上通行。

⑤洒水闷料。

a. 已整平材料含水率过小时,应在土层上洒水闷料。洒水应均匀,防止出现局部水分过多的现象。

b. 严禁洒水车在洒水段内停留和掉头。

c. 采用高效率的路拌机械时,闷料时宜一次将水洒够。

d. 采用普通路拌机械时,闷料时所洒水量宜较最佳含水率低 2 ~ 3 个百分点。

e. 细粒土应经一夜闷料,中粒土和粗粒土可视其中细粒材料的含量,缩短闷料时间。

f. 对水泥稳定材料,应在摊铺水泥前闷料。

⑥整平和轻压。

对人工摊铺的土层整平后,用 6 ~ 8t 两轮压路机碾压 1 ~ 2 遍,使其表面平整,并有一定的压实度。

⑦摆放和摊铺水泥。

按规范规定计算出每袋水泥摆放的纵横间距,在被稳定材料层上做标记,并将当日施工用水泥卸在做标记的地点,检查有无遗漏和多余。运水泥的车应有防雨设备。用刮板将水泥均匀摊开,并注意使每袋水泥的摊铺面积相等。水泥摊铺完后,表面应没有空白位置,也没有水泥过分集中的区域。

⑧拌和(干拌)。

采用专用稳定材料拌和设备拌和时,设专人随时检查拌和深度,并配合拌和设备操作员调整拌和深度。拌和深度应达稳定层底并宜侵入下承层不小于5~10mm。严禁在拌和层底部留有素土夹层。

二级以下公路在没有专用拌和设备时,可用农用旋转耕作机与多铧犁或平地机相配合拌和,拌和时间不可过长。

⑨加水并湿拌。

a. 在上述拌和过程结束时,应及时检测含水率,含水率宜略大于最佳值。含水率不足时,宜用喷管式洒水车(普通洒水车不适宜用作路面施工)补充洒水。水车起洒处和另一端掉头处都应超出拌和段2m以上。洒水车不应在正进行拌和以及当天计划拌和的路段上掉头和停留,以防局部水量过大。

b. 洒水后,应及时再次进行拌和,使水分在混合料中分布均匀。拌和机械应紧跟在洒水车后面进行拌和,减少水分流失。

c. 洒水及拌和过程中,应及时检查混合料的含水率。含水率宜略大于最佳值。对于稳定粗粒土和中粒土,宜较最佳含水率大0.5%~1.0%;对于稳定细粒土,宜较最佳含水率大1%~2%。

d. 在洒水拌和过程中,应配合人工拣出超尺寸颗粒,消除粗细颗粒"窝"以及局部过分潮湿或过分干燥之处。

e. 混合料拌和均匀后应色泽一致,没有灰条、灰团和花面,以及无明显粗细集料离析现象,且水分合适且均匀。

⑩整形。

混合料拌和均匀后,应立即用平地机初步整形。平地机整形如图4-9所示。在直线段,平地机由两侧向路中心进行刮平;在平曲线段,平地机由内侧向外侧进行刮平。必要时,再返回刮一遍。在初平的路段上,应用拖拉机、平地机或轮胎压路机快速碾压一遍。

图4-9　平地机整形

整形后,需对局部低洼处应用齿耙将其表层50mm以上的材料耙松,并用新拌的混合料找平后再碾压一遍;用平地机再整形一次,将高处料直接刮出路外,严禁形成薄层贴补现象;反复整形,直至满足技术要求,且每次整形都应达到规定的坡度和路拱。

人工整形时,应用锹和耙先将混合料摊平,然后用路拱板整形。用拖拉机初压1~2遍后,应根据实测松铺系数,确定纵横断面高程,并设置标记和挂线。

在整形过程中,严禁任何车辆通行,并应保持无明显的粗细集料离析现象。

⑪碾压。

根据路宽、压路机的轮宽和轮距的不同,制订碾压方案,应使各部分碾压到的次数尽量相同,路面的两侧应多压2~3遍。

整形后,当混合料的含水率为最佳含水率(+1%~+2%)时,应立即对结构层全宽碾压。在直线和不设超高的平曲线段,宜从两侧路肩向路中心碾,且轮迹应重叠1/2轮宽,后轮应超过两段的接缝处，后轮压完路面全宽时即为一遍，一般需碾压6~8遍。压路机的碾压速度，头两遍采用1.5~1.7km/h为宜，以后宜采用2.0~2.5km/h。

采用人工摊铺和整形的稳定材料层，宜先用拖拉机或6~8t两轮压路机或轮胎压路机碾压1~2遍，然后再用重型压路机碾压。严禁压路机在已完成的或正在碾压的路段上掉头或紧急制动，以保证稳定材料层表面不受破坏。碾压过程中，无机结合料稳定材料的表面应始终保持湿润，水分蒸发过快时，宜及时补洒少量的水，严禁大量洒水。

碾压过程中，如有"弹簧"、松散、起皮等现象，应及时翻开重新拌和（加适量的水泥）或用其他方法处理，使其达到质量要求。

在碾压结束之前，用平地机再终平一次，使其纵向顺适，纵坡、路拱和超高符合设计要求。终平时，应将局部高出部分刮除并扫出路外；对于局部低洼之处，不再进行找补，可留待铺筑沥青面层时处理。

经过拌和、整形的水泥稳定材料，宜在水泥初凝前并应在试验确定的容许延迟时间内完成碾压，并达到要求的压实度，同时没有明显的轮迹。

⑫接缝和掉头处的处理。

a.同日施工的两工作段的衔接处，应采用搭接。前一段拌和整形后，留5~8m不进行碾压。后一段施工时，在前一段的未压部分再加部分水泥重新拌和，并与后一段一起碾压。

b.做好每天最后一段的施工缝，并符合下列规定：

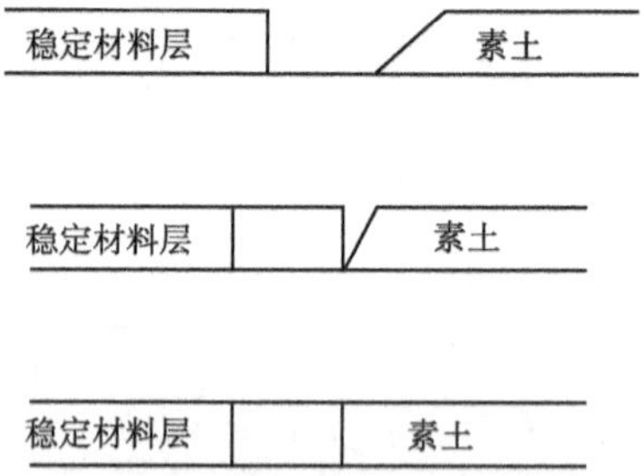

图4-10　横向接缝处理示意图

在已碾压完成的无机结合料稳定材料层末端，沿稳定土材料挖一条横贯铺筑层全宽的宽约30cm的槽，直挖到下承层顶面。此槽应与路的中心线垂直，靠稳定土的一面应切成垂直面，并放两根与压实厚度等厚、长为全宽一半的方木紧贴其垂直面，如图4-10所示，并用原挖出的材料回填槽内其余部分。第二天，邻接作业段拌和后除去方木，用混合料回填。靠近方木未能拌和的一小段，应人工进行补充拌和。整平时，接缝处的无机结合料稳定材料应较已完成断面高出约5cm，以利形成一个平顺的接缝。在新混合料碾压过程中，将接缝修整平顺。

c.施工机械掉头处理方法如下：

拌和机械或其他机械必须到已压成的无机结合料稳定材料层上掉头时，应采取措施保护掉头作业段。一般可在准备用于掉头的约8~10m长的稳定材料层上，覆盖一张厚塑料布或油毡纸，然后再铺上约10cm厚的土、砂或砂砾。整平时，宜用平地机将塑料布或油毡纸上大部分材料除去（注意勿刮破塑料布或油毡纸），然后再人工除去余下的材料，并收起塑料布或油毡纸。

d.水泥稳定材料层的施工应避免纵向接缝。在分两幅施工时，纵缝应垂直相接，不应斜接。

纵缝应按下述方法进行处理：在前一幅施工时，在靠中央一侧应用与稳定材料层的压实厚度相同的方木或钢模板作支撑；混合料拌和结束后，靠近支撑方木（或钢模板）的部分，应人工进行补充拌和，然后进行整形和碾压。在铺筑另一幅之前，拆除支撑；后一幅混合料拌和结束后，靠近前一幅的部分，宜人工进行补充拌和，然后进行整形和碾压。

⑬养生。

无机结合料稳定材料层碾压完成并经压实度检查合格后，应及时养生。灌砂法检测压实度如图4-11所示。

无机结合料稳定材料的养生期宜不少于7d，养生期宜延长至上层结构开始施工的前2d。

养生可采取洒水养生、薄膜覆盖养生、土工布覆盖养生、铺设湿砂养生、草帘覆盖养生、洒铺乳化沥青养生等方式，宜结合工程实际情况选择适宜的养生方式。洒水养生和土工布覆盖养生分别如图4-12和图4-13所示。

图4-11　灌砂法检测压实度

洒水养生宜作为水泥稳定材料的基本养生方式。每天洒水次数应视气候而定。高温期施工，宜上、下午各洒水2次。养生期间，稳定材料层表面应始终保持湿润。

养生期间应封闭交通，除洒水车和小型通勤车辆外严禁其他车辆通行。

图4-12　洒水养生

图4-13　土工布覆盖养生

无机结合料稳定材料层过冬时，为防止被冻坏，应合理安排基层施工时间，对直接暴露过冬的水泥稳定材料，其上需覆盖10～20cm的砂土保护层等。

⑭交通管制。

正式施工前宜建好施工便道。对高速公路和一级公路，无施工便道不应施工。修建施工便道主要是为了在施工期间便于大型施工车辆的通行，避免对强度尚未形成的无机结合料稳定材料结构层的碾压，干扰其养生一级造成早期损伤。

无机结合料稳定材料养生期间，小型车辆和洒水车的行驶速度应小于40km/h。行驶速度过快，容易造成养生路段覆盖材料的损坏。

无机结合料稳定材料养生7d后，施工需要通行重型货车时，应有专人指挥，按规定的车道行驶，且车速应不大于30km/h。

无法安排施工便道而需要车辆通行时，应合理安排施工工序，保障7～15d的养生期；宜在硬路肩或临时停车带的位置划出专门车道，设专人指挥车辆通行；适当提高无机结合料稳定材料的早期强度，同时，限定载重车辆的轴载不大于13t。

⑮无机结合料稳定材料层之间的处理。

在上层结构施工前，应将下层养生用材料彻底清理干净。采用人工、小型清扫车以及洒水冲刷的方式将下层表面的浮浆清理干净。下承层局部存在松散现象时，也应彻底清理干净。下承层清理后应封闭交通。在上层施工前1～2h，宜撒布水泥或洒铺水泥净浆。

⑯基层收缩裂缝的处理。

基层在养生过程中出现裂缝，经过弯沉检测，结构层承载能力满足设计要求时，可继续铺筑上面的沥青面层，也可采取下列措施处理裂缝：在裂缝位置灌缝；在裂缝位置铺设玻璃纤维格栅；洒铺热改性沥青。灌缝时原则上不对裂缝扩缝。铺设玻璃纤维格栅与洒铺热改性沥青综合处治是当前处治裂缝向上反射的最佳措施，适用于基层裂缝比较严重的路段。

(7)集中厂拌法施工技术要点

水泥稳定土基层集中厂拌法施工工艺流程如图4-14所示。

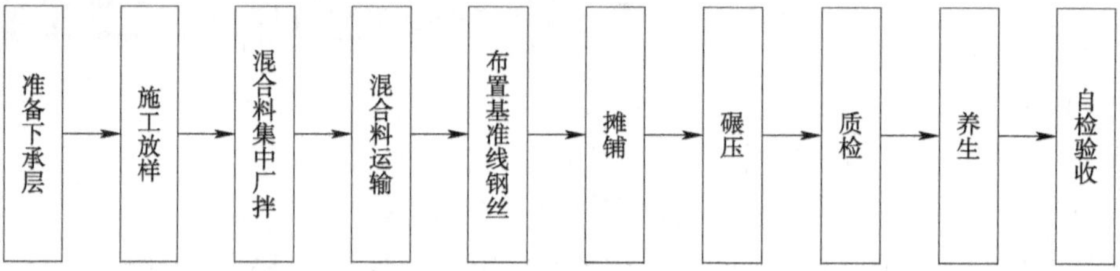

图4-14　集中厂拌法施工工艺流程

①准备下承层。

铺筑前，下承层要加强清扫，达到无松散、无浮土方，并且洒水保持湿润，横向接头必须洒水泥浆。如图4-15所示。

图4-15　准备下承层

②施工放样。

施工放样同路拌法。

③混合料集中厂拌。

a.混合料的拌和能力与混合料摊铺能力应相匹配，从而保证摊铺作业连续，不间断。对高速公路和一级公路，应采用专用稳定材料拌和设备拌制混合料。

b.拌和厂应安置在地势相对较高的位置，并做好排水设施。拌和厂场地应平整并具有足够的承载能力。高速公路和一级公路的拌和厂，场地应采用混凝土硬化，且混凝土强度等级不低于C15、厚度应不小于20cm。

c.工程所需的原材料严禁混杂，应分档隔仓堆放，并用明显的标志标出。细集料、水泥、石灰、粉煤灰等原材料应用材料覆盖，防止雨淋。对高速公路和一级公路，上述材料严禁露天堆放，应放置于专门搭建的防雨棚内或库房内。稳定细粒材料集中拌和时，土块应粉碎，最大尺寸应不大于15mm。装水泥的料仓应密闭、干燥，同时内部应装有破拱装置(别名空气炮，是一种料仓清堵设备)。对高速公路，水泥料仓应配备计重装置，不宜通过电机转速计量水泥的添加量。

d.无机结合料稳定中、粗粒材料的拌和生产设备应满足下列要求：对高速公路和一级公路，混合料拌和设备的产量宜大于500t/h，以保证混合料施工现场摊铺施工的连续；拌和设备的料仓数目与规定的备料档数相匹配，宜较规定的备料档数增加1个；各个料仓之间的挡板高度应不小于1m，以避免料仓在加料时各档料的掺混；高速公路的基层施工时，每个料斗与料仓下面应安装称量精度达到±0.5%的电子秤。

e.气温高于30℃时，水泥进入拌缸温度宜不高于50℃；高于50℃时，应采取降温措施。气温低于15℃时，水泥进入拌缸温度应不低于10℃。

f. 加水量的计量应采用流量计的方式。对高速公路和一级公路，水的流量数值应在中央控制室的控制面板上显示。天气炎热或运距较远时，无机结合料稳定材料拌和时，宜适当增加含水率。对稳定中、粗粒材料，混合料的含水率可高于最佳含水率0.5～1.0个百分点；对稳定细粒材料，含水率可高于最佳含水率1.0～2.0个百分点。对于高速公路和一级公路，应从拌和厂取料，每隔2h测定一次含水率，每隔4h测定一次结合料的剂量，并做好记录。

g. 在正式拌制混合料之前，应先调试所用的设备，使混合料的级配组成和含水率都达到配合比设计的规定要求。原材料的颗粒组成发生变化时，应重新调试设备。

h. 高速公路基层的混合料拌和时，宜采用两次拌和的生产工艺，即将两个拌缸串联起来，达到延长拌和时间的目的，也可采用间歇式拌和生产工艺，拌和时间应不少于15s，从而保证混合料拌和的均匀性。

i. 在拌和过程中，应实时监测各个料仓（包括结合料的料仓和加水仓）的生产计量，对高速公路和一级公路，应每10min打印各档料仓的使用量。某档材料的实际掺加量与设计要求值相差超过10%时，应立即停机检查原因，正常后方可继续生产。

④混合料运输。

a. 应根据工程量的大小和运距的长短，配备足够数量的混合料运输车。通常采用大吨位的自卸汽车运输。

b. 混合料运输车装料前应清理干净，不得存有杂物。

c. 混合料运输车装好料后，应用篷布将厢体覆盖严密，以防止混合料因阳光照射失水或雨淋，降低混合料的质量，直到摊铺机前准备卸料时方可打开。

d. 对高速公路和一级公路，水泥稳定材料从装车到运输至现场，时间宜不超过1h，超过2h时应作为废料处置。

e. 对无机结合料稳定中、粗粒材料，在装料过程中应采取措施减小混合料的离析。料车接料时，应按前、后、中三次移动装料，以减少离析现象。在车厢周边形成离析的一次装料如图4-16所示。减小车厢中离析区域的三次装料如图4-17所示。运料车正确的装料方式如图4-18所示。

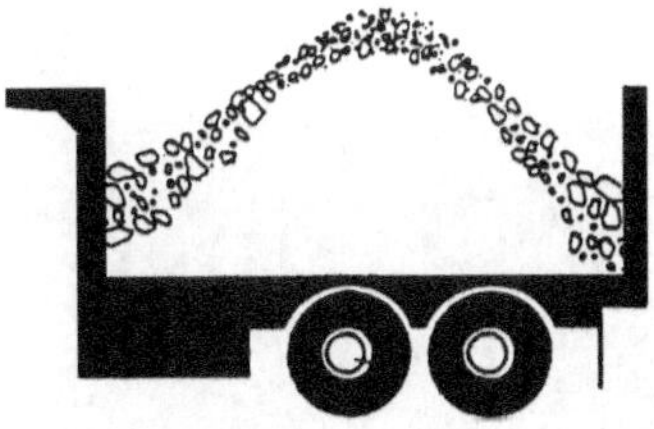

图4-16　一次装料方式

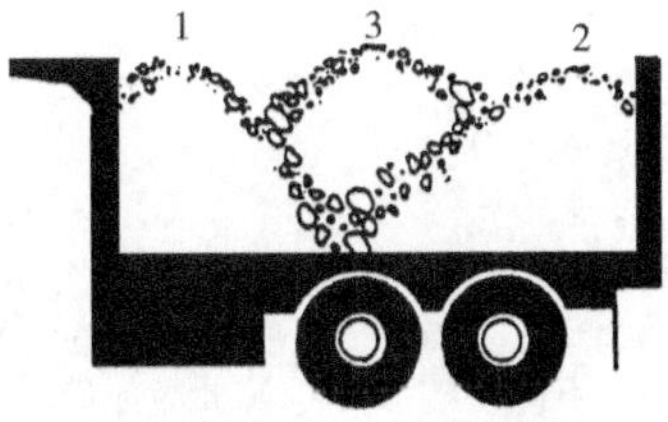

图4-17　三次装料方式

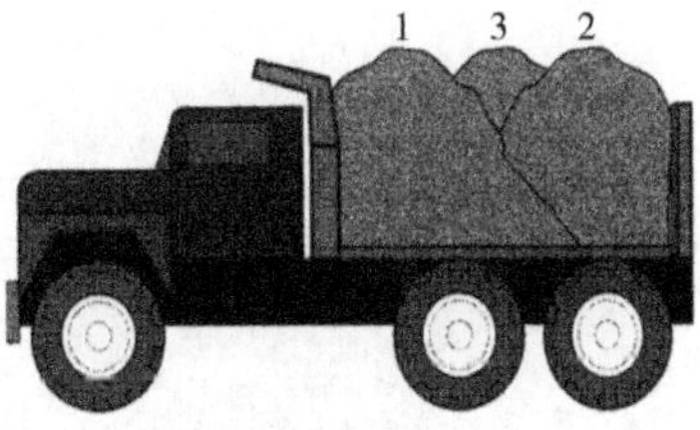

图4-18　运料车正确装料方式

⑤布置基准线钢丝。

选用ϕ2～3mm的钢丝作为基线，且张拉长度100～200m为佳，并须在两端用紧线器同时张紧，避免因钢丝不紧而产生挠度，张拉力为1 000N。钢钎选用具有较大刚度的ϕ16～18mm光圆钢筋进行加工，并配固定架。固定架采用丝扣为好，便于拆卸和调整高程；钢钎间距一般采用5～10m（直线段不长于10m，曲线段不长于5m）。钢钎应打设在离铺设宽外30～40cm处。内外侧均用钢丝控制高程，高程误差控制在－2mm、＋5mm间。钢钎必须埋设牢固，在整个作业期间应有专人看管，严禁触碰钢丝，发现异常时立即恢复。测量人员应紧盯施工现场，经常复核钢丝高程。

⑥混合料摊铺。

a. 混合料摊铺应保证足够的厚度，碾压成型后每层的摊铺厚度宜不小于16cm，最大厚度宜不大于20cm。

b. 具有足够的摊铺能力和压实功率时，可增加碾压厚度，具体的摊铺厚度应根据试验结果确定。摊铺厚度大于20cm时，如碾压厚度为24cm或28cm随碾压厚度的增加，可减少结构层的数量，改善层间结合，提高路面结构的整体性。但是要实现大厚度摊铺碾压，需要具备相应的大功率摊铺设备和足够的碾压设备和碾压功率，同时需要通过灌砂、钻芯等手段加强质量抽检，确保摊铺混合料的压实度、均匀性满足技术要求。

大厚度的摊铺施工时，应增加相应的拌和能力。否则，会出现严重的等料情况，影响混合料摊铺的均匀性，造成过多的施工缝，影响施工质量。

c. 在下承层施工质量检测合格后，开始摊铺上面结构层。采用两层连续摊铺时，下层质量出现问题时，上层应同时处理。上下两层连续摊铺可以有效改善层间结合状态，缩短养生周期及节约成本，缩短施工工期，但是这种施工方法缺乏对下层质量的有效控制，鉴于目前国内的施工现状，两层连续摊铺的施工工艺需慎重使用。

d. 下承层是稳定细粒材料时，宜先将下承层顶面拉毛或采用凸块式压路机碾压，再摊铺上层混合料；下承层是稳定中、粗粒材料时，应先将下承层清理干净，并洒铺水泥净浆，再摊铺上层混合料。

e. 采用摊铺功率不低于120kW的沥青混凝土摊铺机或稳定材料摊铺机摊铺混合料。摊铺过程中要保持摊铺机的速度恒定，应考虑拌和场的生产能力与摊铺速度相匹配，避免中途不必要的停机。在摊铺机后面应设专人消除粗细集料离析现象，及时铲除局部粗集料堆积或离析的部位，并用新拌混合料填补。二级以下公路没有摊铺机时，可采用摊铺箱摊铺混合料。

f. 路幅较宽且一台摊铺机不够宽时，为了避免形成纵缝，可采用两台摊铺机并排摊铺，两台摊铺机的型号及磨损程度宜相同。在施工期间，两台摊铺机一前一后间距宜不大于10m，且两个施工段面纵向应有30～40cm的重叠，同步梯队向前摊铺，并同时碾压。一台摊铺机作业如图4-19所示。两台摊铺机摊铺梯队作业如图4-20所示。

a)现场作业近景

b)现场作业远景

图4-19　一台摊铺机作业

g. 对无法使用机械摊铺的超宽路段，应采用人工同步摊铺、修整，并同时碾压成型。

h. 摊铺机前宜增设橡胶挡板，橡胶挡板底部距下承层距离宜不大于10cm。对高速公路和一级公路，在摊铺过程中宜设立纵向模板。

a)现场作业近景

b)现场作业远景

图 4-20　两台摊铺机摊铺梯队作业

i. 尽量减少摊铺机拢料次数,防止混合料离析。不要把每车卸的料都铺完,粗集料容易落在运料车的两边,卸料时直接滚到摊铺机料斗的两侧。把粗集料留在摊铺机中,与下一车的细料重新拌和,可以减少离析。料斗拢料如图 4-21 所示。收斗时粗集料滚落产生离析如图 4-22 所示。

图 4-21　料斗拢料

图 4-22　收斗时粗集料滚落产生离析

⑦碾压。

a. 水泥稳定材料结构层施工时,应在混合料处于或略大于最佳含水率状态下碾压。气候炎热干燥时,碾压时的含水率可比最佳含水率增加 0.5 ~ 1.5 个百分点。混合料含水率偏大,导致弹簧现象,如图 4-23 所示。

b. 根据施工情况配备足够的碾压设备。双向四车道高速公路或一级公路的半幅摊铺时,应配备不少于 4 台重型压路机;双向六车道的半幅摊铺时,应配备不少于 5 台重型压路机。

c. 应安排专人负责指挥碾压,严禁漏压和产生轮迹。

d. 紧跟摊铺机后及时进行碾压,以防混合料水分挥发,保证结构层在合适的含水率下成型。当采用钢轮压路机初压时,宜采用双钢轮压路机稳压 2 ~ 3 遍,再用激振力大于 35t 的重型振动压路机、18 ~ 21t 三轮压路机或 25t 以上的轮胎压路机继续碾压密实,最后采用双钢轮压路机碾压,消除轮迹。当采用胶轮压路机初压时,应采用 25t 以上的重胶轮压路机稳压 1 ~ 2 遍,错轮不超过 1/3 的轮迹带宽度,再采用重型振动压路机碾压密实,最后采用双钢轮压路机碾压,消除轮迹。对于稳定细粒材料,在采用上述碾压工艺时,最后的碾压收面可采用凸块式压路机碾压。胶轮压路机

图 4-23　弹簧现象

碾压如图 4-24 所示。边缘可采用小型压路机碾压，如图 4-25 所示。

图 4-24 胶轮压路机碾压

图 4-25 边缘小型压路机碾压

e. 在碾压过程中出现软弹现象时，应及时将该路段混合料挖出，重新换填新料碾压。

f. 碾压过程中，压路机严禁随意停放，应停放在已碾压完成的路段。

g. 碾压成型后的表面应平整、无轮迹。

⑧横向接缝处理。

混合料摊铺时，应保持连续。对水泥稳定材料，因故中断时间大于 2h，应设置横向接缝。处理办法如下：

人工将末端含水率合适的混合料弄整齐，紧靠混合料放两根方木，方木的高度应与混合料的压实厚度相同，整平紧靠方木的混合料；方木的另一侧用砂砾或碎石回填约 3m 长，其高度应高出方木 2 ~ 3cm，并将混合料碾压密实；在重新开始摊铺混合料之前，应将砂砾或碎石和方木除去，并将下承层顶面清扫干净；摊铺机返回到已压实层的末端，重新开始摊铺混合料。

图 4-26 施工缝处理

如摊铺中断大于 2h 且未按上述方法处理横向接缝时，则应将摊铺机附近及其下面未经压实的混合料铲除，并将已碾压密实且高程和平整度符合要求的末端挖成与路中心线垂直并垂直向下的断面，然后再摊铺新的混合料，如图 4-26 所示。

⑨纵向接缝处理。

摊铺时宜避免纵向接缝，分两幅摊铺时，纵向接缝处应加强碾压。存在纵向接缝时，纵缝应垂直相接，严禁斜接，并符合下列规定：

a. 在前一幅摊铺时，靠中央的一侧用方木或钢模板做支撑，方木或钢模板的高度应与稳定土层的压实厚度相同。

b. 在摊铺另一幅之前，拆除支撑方木（或钢模板）。

【工程实例——水泥稳定碎石下基层试验段施工总结报告】

1）工程概况

济祁高速砀山段路面工程 02 标，起讫桩号为 K22 +200 ~ K40 +007.84。路面结构层为：20cm 低剂量水泥稳定碎石 +36cm 水泥稳定碎石 +8cm 粗粒式 AC25 沥青混凝土 +6cm 中粒式 AC20 沥青混凝土 +4cm 细粒式 AC13 沥青混凝土。

项目部于2014 年5 月12 日在 K28 +495 ~ K28 +873 段右幅、K28 +495 ~ K28 +680 段左幅进行了水泥稳定碎石下基层的试验段铺筑,试验段路段长度 563m。当日天气晴朗,气温23℃,风力 2 ~3 级,相对最大湿度为 60%。

施工单位:略;监理单位:略;总监办:略;建设单位:略。

2)原材料的选定及检测

(1)集料

萧县杜楼镇薛村王峰石料厂生产的矿料(采取的是:1 号碎石(19 ~31.5mm)、2 号碎石(9.5 ~19mm)、3 号碎石(4.75 ~9.5mm)、4 号碎石(2.36 ~4.75mm)、5 号石屑(0 ~2.36mm)。五档备料)

各种矿料筛分试验结果如表 4-19 所示。矿料混合料级配组成如表 4-20 所示。集料性能检测结果如表 4-21 所示。

各种矿料筛分试验结果 表 4-19

筛孔尺寸(mm)	通过下列筛孔的质量百分率(%)								备注(对应新规范)①
	31.5	26.5	19	9.5	4.75	2.36	0.6	0.075	
19.0 ~31.5	100	58.2	0.8	0.4	0.3	0.3	0.3	0.3	表 4-4:G2
9.5 ~19	100	100	73.3	0.9	0.7	0.6	0.6	0.4	表 4-4:G8
4.75 ~9.5	100	100	100	80.8	2.6	1.2	1.2	0.7	表 4-4:G11
2.36 ~4.75	100	100	100	100	41.4	1.9	1.8	0.8	表 4-6:XG1
0 ~2.36	100	100	100	100	99.4	75.3	38.1	14.7	表 4-6:XG2

注:①新规范为《公路路面基层施工技术细则》(JTG/T F20—2015)。

矿料混合料级配组成 表 4-20

矿料规格(mm)	矿料配合比(%)	通过下列筛孔的质量百分率(%)							
		31.5	26.5	19	9.5	4.75	2.36	0.6	0.075
19.0 ~31.5	16	16.0	9.3	0.1	0.1	0.0	0.0	0.0	0.0
9.5 ~19	35	35.0	35.0	25.7	0.3	0.2	0.2	0.2	0.1
4.75 ~9.5	22	22.0	22.0	22.0	17.8	0.6	0.3	0.3	0.2
2.36 ~4.75	4	4.0	4.0	4.0	4.0	1.7	0.1	0.1	0.0
0 ~2.36	23	23.0	23.0	23.0	23.0	22.9	17.3	8.8	3.4
混合料合成级配		100	93.3	74.8	45.2	25.4	17.9	9.4	3.7
对应新规范表 4-12 中 C-B-3	推荐级配上限	100	—	86	58	32	28	15	3
	推荐级配中值	100	—	77	48	27	22	11.5	1.5
	推荐级配下限	100	—	68	38	22	16	8	0

集料性能试验结果 表 4-21

试验项目	各种矿料试验结果					质量标准(重交通Ⅰ类)
	19.0 ~31.5	9.5 ~19	4.75 ~9.5	2.36 ~4.75	0 ~2.36	
集料压碎值(%)	—	20.6	—	—	—	≤26
针片状含量(%)	7.9	10.3	11.2	—	—	≤22
表观密度(g/cm^3)	2.761	2.751	2.751	2.71	2.75	—
吸水率(%)	0.46	0.59	0.38	0.62	—	—
0.075mm 以下粉尘含量(%)	0.2	0.3	0.4	0.3	—	≤2
砂当量(%)	—	—	—	—	62	≥60
塑性指数	—	—	—	—	3	≤9
试验结果	合格	合格	合格	合格	合格	合格

(2)水泥

采用徐州中联水泥厂生产的P·C32.5缓凝水泥，检测结果如表4-22所示。

进场水泥试验检测结果 表4-22

指标		检测结果	范围要求	备注
细度(%)		2.3	≤10%	合格
标准稠度用水量(%)		30.2	—	—
凝结时间(min)	初凝	292	≥240	合格
	终凝	395	[360,600]	合格
安定性		合格	合格(≤5)	合格
抗折强度3d(MPa)		5.1	≥2.5	合格
抗压强度3d(MPa)		16.9	≥11.0	合格

3)人员组成和机械设备

(1)施工组织结构

投入本次试验段施工的主要管理、施工人员如表4-23所示。

现场施工人员一览表 表4-23

序号	姓名	职务	职责
1	—	项目经理	项目总负责
2	—	项目总工	技术总负责
3	—	生产副经理	生产计划实施及人员协调
4	—	机械主管	设备调度、维护保养
5	—	材料主管	材料供应与保障
6	—	工程部长	负责现场施工技术
7	—	道路工程师	
8	—	道路工程师	负责现场摊铺、碾压施工
9	—	质检部长	平整度、宽度等检测
10	—	工长	车辆管制、卸料
11	—	测量工程师	测量带线、检测松铺系数、高程
12	—		
13	—	试验室主任	前、后场试验检测及控制
14	—	试验工程师	后场水泥剂量、含水率、级配检测
15	—	试验工程师	室内成型
16	—	试验工程师	压实度、厚度检测
17	普通工人	35人	

(2)施工机械设备

投入本次试验段的主要施工机械设备如表4-24所示。

主要施工机械设备一览表 表4-24

机械名称	规格型号	额定功率(kW)或容量(m^3)或吨位(t)或升(L)	数量(台)	用途
稳定土拌和站	MWCB700	150kW、600t/h	1	混合料拌和
稳定土摊铺机	ABG8820	9.5m	2	摊铺
振动压路机	德兰派克	132kW	2	压实

续上表

机械名称	规格型号	额定功率(kW)或容量(m^3)或吨位(t)或升(L)	数量(台)	用途
振动压路机	XS202J	132kW	1	压实
胶轮压路机	XP302	140kW、30t	1	压实
双钢轮压路机	KD135	13t	1	稳压
洒水车	CG144AS	8000L	2	养生、下承层湿润
装载机	ZL50E	135kW	1	上料
装载机	ZL50G-Ⅱ	135kW	1	上料
装载机	LG953	135kW	1	上料
自卸汽车	东风	208kW、20t	15	运输
洒水车	10t	126kW	3	洒水养生
水泥净浆喷洒车	5t	—	1	喷洒水泥净浆

(3)检测仪器

投入本次水泥稳定碎石下基层试验段的质量检测仪器如表4-25所示。

质量检测仪器一览表 表4-25

编号	设备名称	规格型号	数量
1	压力试验机	DYE-2000	1台
2	电液式抗折抗压试验机	DYE-300	1台
3	无侧限试模	150×150	20个
4	碎石压碎值测定仪	—	1套
5	电动脱模器	LQ-T1500	1台
6	水泥胶砂搅拌机(ISO法)	JJ-5	1台
7	水泥胶砂振实台(ISO法)	ZT-96	1台
8	水泥负压筛析仪	FSY-150	1台
9	水泥雷氏夹膨胀量测定仪(含雷氏夹)	LD-50	1台
10	水泥标准稠度、凝结时间测定仪	ISO标准法维卡仪	1台
11	沸煮箱	FZ-31A	1台
12	水泥标准养护箱	SHBY-40B	1台
13	电动抗折试验机	KZJ-5	1台
14	标准集料筛(方孔)	—	3套
15	游标卡尺	0~200mm	2个
16	液塑限联合测定仪	FG-Ⅲ	1台
17	浸水天平	WT50001SF	1台
18	土工电动击实仪	DZY-Ⅱ	1台
19	烘箱	101-4	1台
20	灌砂筒	—	2套
21	滴定管及玻璃器皿	—	2套
22	路面强度测试仪	—	1台

4)水泥稳定碎石下基层试验段的配合比

配合比:混合料级配为(19~31.5mm):(9.5~19mm):(4.75~9.5mm):(2.36~4.75mm):(0~2.36mm)=16%:35%:22%:4%:23%,水泥剂量3.8%、4.0%及4.2%三种,具体参数如表4-26所示。

不同水泥剂量的水泥稳定碎石施工参数　　表4-26

水泥剂量(%)	最大干密度(g/cm^3)		最佳含水率(%)		强度代表值(MPa)	设计强度(MPa)
	重型击实法	振动击实法	重型击实法	振动击实法		
3.8	2.363	2.402	5.1	4.7	3.56	3.5~4.5
4.0	2.367	2.408	5.2	4.8	3.77	
4.2	2.369	2.412	5.2	4.8	3.93	

5)水泥稳定碎石混合料施工方案

(1)混合料拌和

①采用一台MWCB700型稳定粒料拌和设备,在试验段施工中,拌和产量设定为500t/h(考虑试验段主要检测验证拌和设备稳定性能,产量未设定在额定产量)。

②水泥剂量设定分别为3.8%、4.0%及4.2%;施工当天的气温较好,但拌和场地与施工现场较远,拌和时较最佳含水率提高0.5%~1%,以补偿后续工序的水分损失。拌和站输入比例按照试验室提供的生产配合比及原材料含水率进行换算调整后进行拌和,第一车的混合料拌和完毕后,经检测水泥剂量和含水率均符合要求才允许运到施工现场。拌和站水泥直接采用砝码进行计量秤标定,电脑显示数据与砝码质量一致。

③拌和机出料采用配备带活门漏斗的料仓,由漏斗出料直接装车运输。

(2)混合料运输

①项目部投入20辆大吨位自卸汽车运输混合料至施工现场,驾驶员均有多年的驾车经验,经验丰富,能够熟练掌握各项驾车技能。运输车均运转正常,未发生任何机械故障,能够满足施工生产运输需求。

②拌和站出料时,运料车均前后移动,分前、后、中三次装料,同时装载高度均匀一致,尽量避免混合料发生离析现象。

③施工当天气温较好,运输车辆全部采用雨篷布覆盖,规模施工中所有运料车也均用雨篷布加以覆盖,并用绳子扣牢在车厢板上,防止水分蒸发和篷布被掀开。

④运料车至现场时,有专人指挥,并在摊铺机前10~30cm处停车,挂空挡靠摊铺机推行,并不得撞击摊铺机,以免影响下基层平整度。

(3)混合料摊铺

①下承层准备。

a.在已验收的底基层顶进行中线恢复,同时对底基层进行全面清扫,对路面松散的部分均进行铲除处理,并对下承层表面洒水湿润,喷洒水泥净浆,净浆水灰比为2:1。

b.模板的架设:使用的是18cm高模板,立模宽度按下基层顶宽与底宽中值13.30m,每根模板背侧采用3根钢钎固定。

c.高程的控制:路面中间采用铝合金导梁(每5m一个断面放样),两侧走钢丝(每10m一个断面)的方式控制。

②混合料采用两台ABG8820型摊铺机成梯队铺,其中一台摊铺机的拼装宽度为7.0m,

另一台摊铺机的拼装宽度为6.0m,路面摊铺宽度为13.3m。两台摊铺机一前一后相隔约5~10m同步向前摊铺混合料,在接缝处采用纵向滑靴传感找平,找平基准选在已摊铺好的底基层上。根据拌和站生产能力、施工机械运转状况及施工生产要求,确定摊铺速度为1.5m/min。搭接宽度宜为10~30cm,然后跨缝一起进行碾压。

③摊铺机的基本参数:摊铺机起步时的工作仰角为2°,螺旋布料器中轴距地面35cm,刮料板的宽度为50cm并距螺旋布料器中轴40cm,摊铺机熨平板必须拼接紧密,不许存有缝隙,防止卡入粒料将铺面拉出条痕。摊铺过程中两台摊铺机夯锤开度均为4级,确保两幅具有相同的初始压实度,摊铺机应调整到最佳状态,调好螺旋布料器两端的自动料位器,并使料门开度、链板送料器的速度和螺旋布料器的转速相配。螺旋布料器内混合料表面以略高于螺旋布料器2/3为度,使熨平板的挡板前混合料的高度在全宽范围内保持一致,以避免摊铺层出现离析现象。

④调整好传感器臂与导向控制线的关系;严格控制基层摊铺厚度和高程,保证路拱横坡度满足设计要求。

⑤试铺中松铺系数暂定为1.28,摊铺过程中安排现场技术员随时检查宽度、松铺厚度等是否满足要求,并要每隔10m记录检测数据,达不到要求时立刻进行调整。

⑥为防止摊铺机两侧的传感器碰到钢钎,两摊铺机的拼装宽度稍小于路面摊铺宽度(13.64m),碾压时混合料向两侧挤压,同时摊铺机拼装宽度需满足使用要求。

(4)混合料碾压

①试验段施工中,项目部采取了两种碾压方案:

方案一:K28+495~K28+600右幅、K28+680~K28+800右幅、K28+495~K28+600左幅。

初压:摊铺50m左右时,使用一台双钢轮压路机从边至中开始碾压,叠轮1/2静压一遍,在两台摊铺机接缝处要跨缝碾压。碾压速度控制在1.5~1.7km/h。

复压:在初压压路机行驶3个轮宽后,由低向高重叠1/2轮宽,采用一台压路机高频低幅碾压1遍,紧跟第二台压路机高频低幅碾压1遍,碾压速度控制在1.8~2.2km/h,紧跟第三台压路机高频低幅碾压1遍,紧跟第一台压路机低频高幅碾压1遍,紧跟第二台压路机低频高幅碾压1遍,碾压速度控制在1.8~2.2km/h。

终压:压实度合格后,采用胶轮压路机重叠1/2进行碾压1~2遍,直至消除轮迹。碾压速度控制在1.8~2.2km/h。

该方案保证总压实遍数不少于7遍,其中单钢轮大振不少于3遍。碾压方案一如表4-27所示。

碾压方案一 表4-27

项目	初压	复压		终压
机械	双钢轮压路机	单钢轮压路机	单钢轮压路机	轮胎压路机
碾压遍数	1遍(静压)	3遍(高频低幅)	2遍(低频高幅)	1~2遍
碾压速度(km/h)	1.5~1.7	1.8~2.2	1.8~2.2	1.8~2.2

方案二:K28+600~K28+680右幅、K28+800~K28+873右幅、K28+600~K28+680左幅。

初压:摊铺50m左右时,使用一台双钢轮压路机从边至中开始碾压,叠轮1/2去静回振一遍,在两台摊铺机接缝处要跨缝碾压。碾压速度控制在1.5~1.7km/h。

复压:在初压压路机行驶3个轮宽后,由低向高重叠1/2轮宽,采用第一台压路机高频低幅碾压1遍,紧跟第二台压路机高频低幅碾压1遍,碾压速度控制在1.8~2.2km/h,紧跟第三台压路机低频高幅碾压1遍,紧跟第一台压路机低频高幅碾压1遍,紧跟第二台压路机低频高幅碾压1遍,碾压速度控制在1.8~2.2km/h。

终压:压实度合格后,采用胶轮压路机重叠1/2进行搓揉收光1~2遍,直至消除轮迹。碾压速度控制在1.8~2.2km/h。

该方案总碾压遍数不少于7遍,其中初压双钢轮去静回振一遍。碾压方案二如表4-28所示。

碾压方案二 表4-28

项目	初压	复压		终压
机械	双钢轮压路机	单钢轮压路机	单钢轮压路机	轮胎压路机
碾压遍数	1遍(去静回振)	2遍(高频低幅)	3遍(低频高幅)	1~2遍
碾压速度(km/h)	1.5~1.7	1.8~2.2	1.8~2.2	1.8~2.2

②碾压重点:碾压要遵循由轻到重,由低位到高位,由边到中的原则,每道碾压轮迹与上道碾压轮迹相重叠1/2~1/3轮,使每层整个厚度和宽度完全均匀地压实到规范要求的压实度。碾压段末端折返位置要形成锯齿状,在下一个碾压段开始前要先对锯齿状接头斜压1遍(必要时开振动)再正常碾压,斜压前根据混合料的隆起情况确定是否需要人工找平。碾压遵循先静压、后振动、再静压的原则。碾压结束后要求平整、密实、无轮迹。

③压路机严禁在已完成或正在碾压的路段上急刹车或掉头,压路机起步、停止必须缓慢,禁止"刨坑"。碾压边部时不得撞击钢丝线和模板。

④从加水拌和到碾压终了延迟时间不应超过3h。若因机械故障导致停工超过2h,应停止施工,设置横缝。

(5)接缝处理

设置横缝时,人工将末端含水率合适的混合料处理整齐,紧靠混合料放两根方木,方木高度与混合料压实厚度相同,方木另一侧用混合料回填约3m,使其高度略高出方木高度进行稳定,待碾压密实后在下次施工前将方木去除。横缝设置时应将横缝与路面车道中心线垂直设置,在碾压完成后,人工将已碾压密实且高程和平整度符合要求的末端挖成与路中心线垂直的并垂直向下的断面,以便下次连接。

(6)养生

碾压完成检测结束后覆盖土工布养生。土工布要求覆盖到位,有一定的搭接宽度不得漏盖,边部要求盖到位。洒水在碾压完成1~2h后进行,洒水要充分。养生期为7d,养生期间土工布要始终保持湿润状态。养生期间封闭交通,禁止重型车辆通过。土工布覆盖养生结合洒水养生如图4-27所示。

6)试铺段各项技术指标检查结果

2014年5月12日,上午9:50开始拌和水泥稳定碎石混合料,至18:30拌和结束,历时8h40min,共生产混合料3 290t,其中水泥用量为127t,试铺段各项技术指标检查结果如下:

(1)水泥稳定碎石混合料拌和均匀,无粗细颗粒离析现象;碾压后的表面平整密实、边线整齐,无松散,无坑洼、软弹现象。施工接缝平整、稳定、无轮迹。

(2)在摊铺现场,我部测量队定点检测了摊铺前下承层高程、碾压前高程及碾压后高程,每 20m 为一个断面检测 3 点，同时进行松铺系数检测，共检测 15 个断面，其平均松铺系数计算值为 1.30。

a)现场作业近景

b)现场作业远景

图 4-27　土工布覆盖养生结合洒水养生

(3)纵断面高程每 20m 取 1 个断面检测 3 个点，共计检测 15 个断面 45 个测点，其中有 6 个点不合格，合格率为 86.6%。

(4)下基层设计宽度为 13.30m，共检测 18 处，实测值均大于设计值，满足规范规定不小于设计值的要求。合格率为 100%。

(5)横坡度每 20m 检测一个断面，共检测 15 个断面，均符合规范允许差值 ±0.3% 的要求。合格率为 100%。

(6)含水率：采用烘干法，共检测 12 组样本，最大值为 5.4%，最小值为 5.1%，满足施工生产要求。

(7)水泥剂量：共检测 27 个样品，其中 9:50 ~ 12:30 检测 9 个样品，最大值为 4.0%、最小值为 3.6%、平均值为 3.8%；12:30 ~ 15:30 检测 9 个样品，最大值为 4.2%、最小值为 3.7%、平均值为 4.0%；15:30 ~ 18:30 检测 9 个样品，最大值 4.5%、最小值 4.0%、平均值 4.2%。

(8)级配：采用水洗法，共检测 18 组，其中干混合料 3 组、后场湿混合料 6 组、前场湿混合料 9 组。干混合料具体检测结果如表 4-29 ~ 表 4-37 所示，级配曲线图略。

①水泥剂量 3.8%：

干混合料合成级配组成　　表 4-29

水洗混合料筛分		通过下列筛孔(mm)的百分率(%)							
		31.5	26.5	19	9.5	4.75	2.36	0.6	0.075
水泥剂量 3.8%	混合料级配	100	93.5	75.2	43.1	24.8	19.9	12.0	3.5
	设计级配	100	93.3	74.8	45.2	25.4	17.9	9.4	3.7
	规范要求	100	—	68 ~ 86	38 ~ 58	22 ~ 32	16 ~ 28	8 ~ 15	0 ~ 3

后场湿混合料合成级配　　表 4-30

水洗混合料筛分	通过下列筛孔(mm)的百分率(%)							
	31.5	26.5	19	9.5	4.75	2.36	0.6	0.075
9 号车混合料级配	100	93.6	73.8	43.6	26.2	20.2	9.4	3.7
5 号车混合料级配	100	94.0	76.4	45.4	27.1	20.8	9.2	3.8
设计级配	100	93.3	74.8	45.2	25.4	17.9	9.4	3.7
规范要求	100	—	68 ~ 86	38 ~ 58	22 ~ 32	16 ~ 28	8 ~ 15	0 ~ 3

前场湿混合料合成级配(9 号车摊铺时) 表 4-31

水洗混合料筛分	通过下列筛孔(mm)的百分率(%)							
	31.5	26.5	19	9.5	4.75	2.36	0.6	0.075
9 号车摊铺机左 2.5m 混合料级配	100	93.6	73.8	43.6	26.2	20.2	9.4	3.7
9 号车摊铺机中间混合料级配	100	94.9	75.8	45.8	27.9	21.0	10.1	3.8
9 号车摊铺机右 2m 混合料级配	100	93.9	74.4	43.7	25.8	18.9	9.8	3.8
设计级配	100	93.3	74.8	45.2	25.4	17.9	9.4	3.7
规范要求	100	—	68 ~ 86	38 ~ 58	22 ~ 32	16 ~ 28	8 ~ 15	0 ~ 3

②水泥剂量 4.0%：

干混合料合成级配组成 表 4-32

水洗混合料筛分		通过下列筛孔(mm)的百分率(%)							
		31.5	26.5	19	9.5	4.75	2.36	0.6	0.075
水泥剂量 4.0%	混合料级配	100	93.9	73.6	45.4	25.7	19.4	9.6	3.6
	设计级配	100	93.3	74.8	45.2	25.4	17.9	9.4	3.7
	规范要求	100	—	68 ~ 86	38 ~ 58	22 ~ 32	16 ~ 28	8 ~ 15	0 ~ 3

后场湿混合料合成级配 表 4-33

水洗混合料筛分	通过下列筛孔(mm)的百分率(%)							
	31.5	26.5	19	9.5	4.75	2.36	0.6	0.075
8 号车混合料级配	100	93.6	73.8	43.6	26.2	20.2	9.4	3.7
9 号车混合料级配	100	92.9	74.2	43.8	26.2	19.8	9.8	3.6
设计级配	100	93.3	74.8	45.2	25.4	17.9	9.4	3.7
规范要求	100	—	68 ~ 86	38 ~ 58	22 ~ 32	16 ~ 28	8 ~ 15	0 ~ 3

前场湿混合料合成级配(8 号车摊铺时) 表 4-34

水洗混合料筛分	通过下列筛孔(mm)的百分率(%)							
	31.5	26.5	19	9.5	4.75	2.36	0.6	0.075
8 号车摊铺机左 2.5m 混合料级配	100	93.4	73.2	42.9	26.2	18.2	9.2	3.3
8 号车摊铺机中间混合料级配	100	94.2	76.0	45.6	26.8	20.8	10.2	3.8
8 号车摊铺机右 2m 混合料级配	100	92.8	72.8	44.2	26.4	19.5	10.8	3.6
设计级配	100	93.3	74.8	45.2	25.4	17.9	9.4	3.7
规范要求	100	—	68 ~ 86	38 ~ 58	22 ~ 32	16 ~ 28	8 ~ 15	0 ~ 3

③水泥剂量 4.2%：

干混合料合成级配组成 表 4-35

水洗混合料筛分		通过下列筛孔(mm)的百分率(%)							
		31.5	26.5	19	9.5	4.75	2.36	0.6	0.075
水泥剂量 4.2%	混合料级配	100	93.8	74.6	44.8	26.6	19.2	10.2	3.6
	设计级配	100	93.3	74.8	45.2	25.4	17.9	9.4	3.7
	规范要求	100	—	68 ~ 86	38 ~ 58	22 ~ 32	16 ~ 28	8 ~ 15	0 ~ 3

后场湿混合料合成级配　　表 4-36

水洗混合料筛分	通过下列筛孔(mm)的百分率(%)							
	31.5	26.5	19	9.5	4.75	2.36	0.6	0.075
16 号车混合料级配	100	94.9	75.6	45.8	26.9	20.0	10.0	4.0
10 号车混合料级配	100	93.9	75.2	45.5	26.1	18.8	9.6	4.0
设计级配	100	93.3	74.8	45.2	25.4	17.9	9.4	3.7
规范要求	100	—	68 ~ 86	38 ~ 58	22 ~ 32	16 ~ 28	8 ~ 15	0 ~ 3

前场湿混合料合成级配(16 号车摊铺时)　　表 4-37

水洗混合料筛分	通过下列筛孔(mm)的百分率(%)							
	31.5	26.5	19	9.5	4.75	2.36	0.6	0.075
16 号车摊铺机左 2.5m 混合料级配	100	93.4	74.4	44.5	25.2	19.0	9.2	3.4
16 号车摊铺机中间混合料级配	100	93.7	75.8	46.0	28.4	20.4	10.5	4.1
16 号车摊铺机右 2m 混合料级配	100	93.7	73.8	44.7	24.6	19.6	10.2	3.8
设计级配	100	93.3	74.8	45.2	25.4	17.9	9.4	3.7
规范要求	100	—	68 ~ 86	38 ~ 58	22 ~ 32	16 ~ 28	8 ~ 15	0 ~ 3

(9)压实度：K28 + 495 ~ K28 + 680 右幅碾压结束后，采用灌砂法，共检测 7 点，最大值为 99.5%，最小值为 98.8%，合格率为 100%(压实度检测以振动成型法最大干密度 2.402g/cm^3 为控制标准)；K28 + 680 ~ K28 + 873 右幅碾压结束后，采用灌砂法，共检测 7 点，最大值为 99.8%，最小值为 98.4%，合格率为 100%(压实度检测以振动成型法最大干密度 2.408g/cm^3 为控制标准)；K28 + 495 ~ K28 + 680 左幅碾压结束后，采用灌砂法，共检测 7 点，最大值为 99.8%，最小值为 99.1%，合格率为 100%(压实度检测以振动成型法最大干密度 2.412g/cm^3 为控制标准)。

(10)厚度：共检测 21 点，厚度实测最小值与设计厚度之差为 −4mm，厚度实测最大值与设计厚度之差为 6mm，合格率为 100%。

(11)平整度：采用 3m 直尺测定法，共检测 6 处，最大值为 6.0mm，最小值为 5.4mm，合格率 100%。

(12)强度：7d 无侧限抗压强度成型试件 12 组，其中水泥剂量 3.8%、4.0%、4.2% 分别成型无延迟时间、延迟时间 2h、4h、6h 各一组，置于标准养护室中养生，于 2014 年 5 月 19 日到期；现场养生 4d 后，即 2014 年 5 月 16 日进行取芯，芯样均完整、表面局部有空隙。芯样如图 4-28 所示。

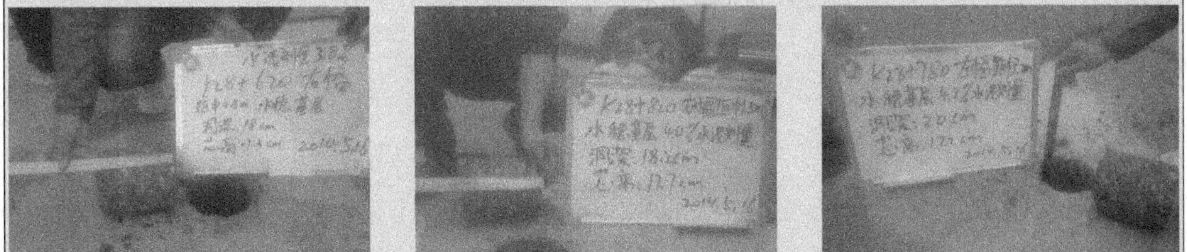

a)水泥剂量3.8%　　b)水泥剂量4.0%　　c)水泥剂量4.2%

图 4-28　水泥稳定碎石基层现场钻芯取样

7)结论意见

(1)级配:本标段试验段中水泥稳定碎石混合料中采用的级配:(19~31.5mm):(9.5~19mm):(4.75~9.5mm):(2.36~4.75mm):(0~2.36mm)=16%:35%:22%:4%:23%,通过混合料筛分结果结果显示级配符合招标文件及设计级配要求;

(2)水泥剂量:结合室内配合比试验数据及现场取芯结果,可得出水泥剂量3.8%、4.0%、4.2%均满足该项目招标文件及规范要求,考虑降低水泥用量可减少水稳裂缝、降低成本,确定水泥剂量为3.8%,宜控制在±0.2%,现场压实度控制标准取振动击实试验方法的最大干密度2.402g/cm^3;

(3)含水率:最佳含水率为4.7%,后场拌和含水率根据施工天气稍做调整,宜控制在最佳含水率+1%;

(4)碾压:采用以下两种碾压方案,分别检测压实度。方案一检测结果如表4-38~表4-40所示。方案二检测结果如表4-41~表4-43所示。

K28+495~K28+600右幅现场压实度检测结果 表4-38

碾压遍数(遍)	3	4	5	6
碾压方式	双钢轮振动压路机静压1遍、单钢轮压路机高频低幅振压3遍、单钢轮压路机低频高幅振压2遍、轮胎压路机静压2遍,共8遍			
取样桩号	K28+550	K28+553	K28+555	K28+560
试样干密度(g/cm^3)	2.294	2.344	2.373	2.380
标准密度(g/cm^3)(振动击实试验)	2.402			
压实度(%)	95.5	97.6	98.8	99.1

K28+680~K28+800右幅现场压实度检测结果 表4-39

碾压遍数(遍)	3	4	5	6
碾压方式	双钢轮振动压路机静压1遍、单钢轮压路机高频低幅振压3遍、单钢轮压路机低频高幅振压2遍、轮胎压路机静压2遍,共8遍			
取样桩号	K28+720	K28+725	K28+727	K28+730
试样干密度(g/cm^3)	2.295	2.344	2.374	2.382
标准密度(g/cm^3)(振动击实试验)	2.408			
压实度(%)	95.3	97.4	98.6	98.9

K28+495~K28+600左幅现场压实度检测结果 表4-40

碾压遍数(遍)	3	4	5	6
碾压方式	双钢轮振动压路机静压1遍、单钢轮压路机高频低幅振压3遍、单钢轮压路机低频高幅振压2遍、轮胎压路机静压2遍,共8遍			
取样桩号	K28+540	K28+5445	K28+547	K28+550
试样干密度(g/cm^3)	2.308	2.354	2.381	2.390
标准密度(g/cm^3)(振动击实试验)	2.412			
压实度(%)	95.7	97.6	98.7	99.1

方案一碾压至第6遍时,水泥剂量3.8%、4.0%、4.2%压实度分别达到为99.1%、98.9%、99.1%,满足招标文件要求,且水稳表面未出现过振及松散现象,终压采用胶轮压路机搓揉

1～2 遍后覆盖养生。

K28+600～K28+680 右幅现场压实度检测结果 表4-41

碾压遍数(遍)	3	4	5	6
碾压方式	双钢轮振动压路机静压 1 遍、单钢轮压路机高频低幅振压 2 遍、单钢轮压路机低频高幅振压 3 遍、轮胎压路机静压 2 遍,共 8 遍			
取样桩号	K28+630	K28+635	K28+640	K28+645
试样干密度(g/cm^3)	2.304	2.344	2.354	2.359
标准密度(g/cm^3)(振动击实试验)	2.402			
压实度(%)	95.9	97.6	98.0	98.2

K28+800～K28+873 右幅现场压实度检测结果 表4-42

碾压遍数(遍)	3	4	5	6
碾压方式	双钢轮振动压路机静压 1 遍、单钢轮压路机高频低幅振压 2 遍、单钢轮压路机低频高幅振压 3 遍、轮胎压路机静压 2 遍,共 8 遍			
取样桩号	K28+830	K28+835	K28+838	K28+840
试样干密度(g/cm^3)	2.314	2.345	2.355	2.365
标准密度(g/cm^3)(振动击实试验)	2.408			
压实度(%)	96.1	97.4	97.8	98.2

K28+600～K28+680 左幅现场压实度检测结果 表4-43

碾压遍数(遍)	3	4	5	6
碾压方式	双钢轮振动压路机静压 1 遍、单钢轮压路机高频低幅振压 3 遍、单钢轮压路机低频高幅振压 3 遍、轮胎压路机静压 2 遍,共 8 遍			
取样桩号	K28+640	K28+642	K28+645	K28+650
试样干密度(g/cm^3)	2.313	2.347	2.359	2.366
标准密度(g/cm^3)(振动击实试验)	2.412			
压实度(%)	95.9	97.3	97.8	98.1

方案二碾压至第 6 遍时,水泥剂量 3.8%、4.0%、4.2%压实度分别达到 98.2%、98.2%、98.1%,基本满足招标文件要求,为防止局部压实度不满足要求,采用单钢轮振动压路机低频高幅补压 1 遍后,局部出现表面过振及松散现象,终压采用胶轮压路机搓揉 2 遍,表面密实覆盖养生。

综合上述两种碾压方案压实度检测结果,项目部认为方案一为最佳碾压方案,在规模施工中选取方案一为最终碾压方案。

(5)试验段施工中,项目部针对该种碾压工艺进行了松铺系数检测,计算松铺系数为 1.30,根据挖坑法厚度检测,厚度均能满足设计厚度要求。

(6)摊铺机的部分参数:摊铺机起步时的工作仰角为 2°,螺旋布料器中轴距地面 35cm,刮料板的宽度为 50cm,距螺旋布料器中轴 40cm,摊铺过程中两台摊铺机夯锤开度均为 4 级,螺旋布料器内混合料表面以略高于螺旋布料器 2/3 为度。

8)下一步施工需要解决的问题

(1)混合料离析控制

①原材料必须满足施工作业指导书的要求,严禁不合格材料进场,控制 1 号料超粒径及 5 号料粉尘含量过高现象,适当调整级配。

②运输车装料时按前、后、中顺序装料，以避免混合料发生离析。

③摊铺前，摊铺机要调整到最佳状态，将螺旋布料器调整到最佳状态，使螺旋布料器中混合料高度将螺旋器直径的2/3埋设，以避免离析现象和大料在底部现象的发生。摊铺中要保证匀速，中途不得变速，对摊铺机两侧边缘局部离析处要用人工及时处理(采用钢丝筛筛除粗集料，人工撒布细集料填补)。人工处理摊铺机两侧边缘局部离析如图4-29所示。

a)两侧局部离析

b)人工处理

图4-29　人工处理摊铺机两侧边缘局部离析

(2)防裂缝、波浪控制

①在强度满足底基层设计强度的前提条件下，本着节约、合理的情况下，尽量减少水泥剂量的用量，同时严格控制后场出场含水率及养生的及时性，以免因为含水率偏大、养生不及时造成干缩裂缝。

②从试验段施工检测方面来看，平整度均能满足设计要求，但是有个别压实相连接部分出现轻微波浪，造成整体平整度没达到预期效果，项目部在试验段施工完毕后做出认真反思，针对试验段出现的纵向波浪，项目部积极组织工程技术人员及水稳施工班组进行认真总结，并研制出一整套的施工方案，具体方案如下：

a. 摊铺方面：为保障整体平整度，在摊铺面成型后即安排现场检测人员跟踪检测平整度。

b. 碾压方面：加强对机械操作手技术交底，禁止不熟练的操作手操作机械，压路机须按既定的压实方案进行碾压，现场不得随意更改压实方案，碾压重点要遵循由轻到重，由低位到高位，由边到中的原则，每道碾压轮迹与上道碾压轮迹相重叠1/2轮，碾压段末端折返位置要形成锯齿状，在下一个碾压段开始前要先对锯齿状接头斜压1遍(必要时开振动)再正常碾压，斜压前人工将混合料的隆起部位进行人工找平。收光时采用轮胎压路机进行收光，局部隆起部位采用钢轮压路机进行高频低幅振动一至两遍，直至消除隆起部位，然后再采用轮胎压路机收光，直至消除轮迹，整个碾压过程严格控制速度，特别是压路机起步一定要平稳。

③碾压终了要及时养生，土工布要求覆盖到位，有一定的搭接宽度，洒水要及时，始终保持土工布处于湿润状态。

9)安全保护措施

为了确保试验段施工安全顺利及过往车辆的行车安全，特制定本方案：

(1)站区便道与省道交叉路段安全措施

交叉口根据《施工区域外各类交叉通道口标志标牌设置办法》在距离水稳站区外100m、

300m、500m 处设置“前方有车辆出入”、“请减速慢行”绿底白字的提醒标志。水稳站区便道与省道相交处,在距离水稳站区外 50m 处设置“内有车辆出入”、“请减速慢行”黄底黑子的警示标志。

(2)在道口安装“安徽路桥集团济祁高速砀山段路面 2 标一号拌和站”的入场提示牌,同时设置“爆闪灯”,方便来往驾驶员观察路口车辆情况。道口提示牌及爆闪灯装置如图 4-30 所示。

图 4-30　道口提示牌及爆闪灯装置

(3)对本次试验段施工范围危险源进行了详细的辨识,并以警示公告的形式,放置在施工现场醒目的位置,使每一名现场施工人员,都能详细了解施工现场的危险因素以及防范措施。对特殊机械设备进场进行了验收,及时上报驻地办报验。对特殊工人进行了分类管理,并单独进行了安全岗位培训,进行了统一考核。对无特殊工种证件的,一律禁止从事特殊工种工作。

(4)施工过程中在每个平交道口、施工前后场均设置专职、协作安全员,对每名施工人员进行三级安全交底。并为每名施工人员配备个人防护措施。

4.2.2　石灰稳定材料施工

以石灰为结合料,通过加水与被稳定材料共同拌和形成的混合料,称为石灰稳定材料,包括石灰碎石土、石灰土。

1)材料技术要求

(1)土和集料

土和集料原材料的技术要求参照水泥稳定材料施工的相关标准。

(2)石灰

石灰技术要求应符合表 4-44 和表 4-45 的规定。对于高速公路和一级公路,所用石灰应不低于Ⅱ级技术要求,二级及二级以下公路用石灰应不低于Ⅲ级技术要求。高速公路和一级公路的基层,宜采用磨细消石灰粉。二级以下公路使用等外石灰时,有效氧化钙含量应在 20% 以上,且混合料强度应满足要求。应尽量缩短石灰的存放时间。石灰在野外堆放时间较长时,应覆盖防潮。

生石灰技术要求(单位:%)　　表 4-44

指　标	钙质生石灰			镁质生石灰		
	Ⅰ	Ⅱ	Ⅲ	Ⅰ	Ⅱ	Ⅲ
有效氧化钙加氧化镁含量	≥85	≥80	≥70	≥80	≥75	≥65
未消化残渣含量	≤7	≤11	≤17	≤10	≤14	≤20
钙镁石灰的分类界限,氧化镁含量	≤5			>5		

消石灰技术要求(单位:%)　　表 4-45

指　标	钙质消石灰			镁质消石灰		
	Ⅰ	Ⅱ	Ⅲ	Ⅰ	Ⅱ	Ⅲ
有效氧化钙加氧化镁含量	≥65	≥60	≥55	≥60	≥55	≥50
含水率	≤4	≤4	≤4	≤4	≤4	≤4

续上表

指标		钙质消石灰			镁质消石灰		
		Ⅰ	Ⅱ	Ⅲ	Ⅰ	Ⅱ	Ⅲ
细度	0.60mm 方孔筛的筛余	0	≤1	≤1	0	≤1	≤1
	0.15mm 方孔筛的筛余	≤13	≤20	—	≤13	≤20	—
钙镁石灰的分类界限,氧化镁含量		≤4			>4		

2)混合料组成设计

石灰稳定材料混合料组成设计过程可参考水泥稳定材料混合料组成设计相关内容,不同之处如下。

(1)强度要求

石灰稳定材料的7d龄期无侧限抗压强度标准 R_d 应符合表4-46的规定。石灰土强度达不到表4-46规定的抗压强度标准时,可添加部分水泥,或改用另一种土。塑性指数过小的土,不宜用石灰稳定,宜改用水泥稳定。

石灰稳定材料的7d龄期无侧限抗压强度标准 R_d(单位:MPa) 表4-46

结构层	高速公路和一级公路	二级二级以下公路
基层	—	≥0.8①
底基层	≥0.8	0.5~0.7②

注:①在低塑性材料(塑性指数小于7)地区,石灰稳定砾石土和碎石土的7d龄期无侧限抗压强度应大于0.5MPa(100g平衡锥测液限)。

②低限用于塑性指数小于7的黏性土,且低限值宜仅用于二级以下公路。高限值用于塑性指数大于7的黏性土。

石灰稳定砾石土或碎石土材料可仅对其中公称最大粒径小于4.75mm的石灰土进行7d龄期无侧限抗压强度验证,且无侧限抗压强度应不小于0.8MPa。

(2)石灰结合料的计算和比例

石灰稳定材料的石灰剂量应以石灰质量占全部干燥被稳定材料质量的百分率表示。

3)施工技术要点

石灰稳定材料施工在选择施工方法、确定作业段长度、气候环境条件要求等方面可参考水泥稳定材料施工相关内容。下面仅列出不同之处。

(1)施工控制时间

石灰稳定材料或石灰粉煤灰稳定材料层宜在当天碾压完成,最长不应超过4d。

(2)路拌法施工技术要点

石灰稳定材料人工路拌法施工工艺流程如图4-31所示。

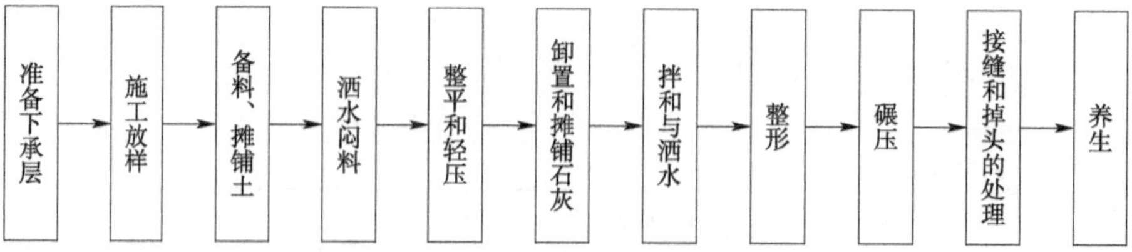

图4-31 石灰稳定材料路拌法施工工艺流程

①准备下承层、施工放样。

同水泥稳定材料施工要求。

②备料。

石灰稳定材料除应符合水泥稳定材料中所提到的要求外，还应符合下列规定：

a. 分层采集材料时，应将不同层位材料混合装车运送到现场。

b. 对塑性指数小于15的黏性土，可视土质和机械性能确定是否需要过筛。

c. 石灰应选择临近水源、地势较高且宽敞的场地集中覆盖封存堆放。

d. 生石灰块应在使用前7~10d充分消解。消解后的石灰应保持一定的湿度，不得产生扬尘，也不可过湿成团。

e. 消石灰宜过9.5mm的筛，并尽快使用。

f. 材料组成设计与现场实施施工的时间间隔长时，应重新做材料组成设计。

③摊铺。

应事先通过试验确定被稳定材料的松铺系数。也可选用表4-16的推荐值。被稳定材料宜先摊平并用两轮压路机碾压1~2遍，再人工摊铺石灰。其他要求同水泥稳定材料。

④洒水闷料、整平和轻压。

参考水泥稳定材料施工要求。

⑤卸置和摊铺石灰。

a. 按计算的每车石灰的纵横间距，在被稳定材料层上做标记，并画出边线。

b. 用刮板将石灰均匀摊开，表面应没有空白位置。

c. 量测石灰的松铺厚度，校核石灰用量。

⑥拌和与洒水。

石灰稳定材料拌和与洒水施工可参考水泥稳定材料施工工艺进行，同时符合下列规定：

a. 对石灰稳定碎石或砾石，先将石灰和需添加的黏性土拌和均匀，然后均匀地摊铺在碎石或砾石层上，再一起拌和。

b. 对石灰稳定塑性指数大的黏土，宜先加70%~100%预定剂量的石灰拌和，闷放1~2d，再补足需用的石灰，进行第二次拌和。

⑦整形和碾压。

石灰稳定材料和石灰粉煤灰稳定材料碾压时，应处于最佳含水率或略大于最佳含水率状态，含水率宜增加1%~2%。其余参考水泥稳定材料施工相关内容。

⑧接缝和掉头处的处理。

参考水泥稳定材料施工相关内容。

⑨养生。

参考水泥稳定材料施工相关内容。洒水养生时，应注意石灰稳定或石灰粉煤灰稳定材料层的表层情况，必要时，可用两轮压路机补充压实。

⑩交通管制。

参考水泥稳定材料施工相关内容。

(3)中心站集中厂拌法施工

中心站集中厂拌法施工同水泥稳定材料施工要求。

4.2.3 综合稳定材料及工业废渣稳定材料施工

以两种或两种以上材料为结合料，通过加水与被稳定材料共同拌和形成的混合料，称为综合稳定材料，包括水泥石灰稳定材料、水泥粉煤灰稳定材料、石灰粉煤灰稳定材料等。

以石灰或水泥为结合料，以煤渣、钢渣、矿渣等工业废渣为主要被稳定材料，通过加水拌和形成的混合料，称为工业废渣稳定材料。

1）材料技术要求

（1）水泥和石灰

水泥和石灰技术要求参考水泥稳定材料施工和石灰稳定材料施工相关内容。

（2）粉煤灰等工业废渣

粉煤灰是火力发电厂燃烧煤产生的粉状灰渣。绝大多数粉煤灰的主要成分是二氧化硅（SiO_{27}）和三氧化二铝（Al_2O_3），其总含量常超过70%，氧化钙（CaO）含量一般在2%～6%，这种粉煤灰可称作硅铝粉煤灰。个别地方的粉煤灰含有10%～40%的氧化钙，这种粉煤灰可称作高钙粉煤灰。

干排或湿排的硅铝粉煤灰和高钙粉煤灰等均可用作基层或底基层的结合料。粉煤灰的技术要求应符合表4-47的规定。

粉煤灰技术要求 表4-47

检测项目	SiO_2、Al_2O_3和Fe_2O_3总含量（%）	烧失量（%）	比表面积（cm^2/g）	0.3mm筛孔通过率（%）	0.075mm筛孔通过率（%）	湿粉煤灰含水率（%）
技术要求	>70	≤20	>2 500	≥90	≥70	≤35

各等级公路的底基层、二级及二级以下公路的基层使用的粉煤灰，通过率指标不满足表4-20的要求时，应进行混合料强度试验，达到相关要求的强度指标时方可使用。

煤矸石、煤渣、高炉矿渣、钢渣及其他冶金矿渣等工业废渣可用于修筑基层或底基层，使用前应崩解稳定，且宜通过不同龄期条件下的强度和模量试验以及温度收缩和干湿收缩试验等评价混合料性能。水泥稳定煤矸石不宜用于高速公路和一级公路。工业废渣类作为集料使用时，公称最大粒径应不大于31.5mm，颗粒组成宜有一定级配，且不宜含杂质。

2）混合料组成设计

综合稳定材料及工业废渣稳定材料混合料组成设计过程可参考水泥稳定材料混合料组成设计相关内容。不同之处如下。

（1）强度要求

石灰粉煤灰稳定材料的7d龄期无侧限抗压强度标准R_d应符合表4-48的规定，其他工业废渣稳定材料宜参照此标准。石灰粉煤灰稳定材料强度达不到表4-48规定的抗压强度标准时，可外加混合料质量1%～2%的水泥。

石灰粉煤灰稳定材料的7d龄期无侧限抗压强度标准R_d（单位：MPa） 表4-48

结构层	公路等级	极重、特重交通	重交通	中、轻交通
基层	高速公路和一级公路	≥1.1	≥1.0	≥0.9
	二级及二级以下公路	≥0.9	≥0.8	≥0.7
底基层	高速公路和一级公路	≥0.8	≥0.7	≥0.6
	二级及二级以下公路	≥0.7	≥0.6	≥0.5

（2）无机结合料的计算和比例

①石灰工业废渣混合料应采用质量配合比计算，以石灰：工业废渣：被稳定材料的质量比表示。

②石灰粉煤灰稳定材料和石灰煤渣稳定材料比例可采用《公路路面基层施工技术细则》（JTG/T F20—2015）的推荐值。

③水泥粉煤灰稳定材料应采用质量配合比计算，以水泥：粉煤灰：被稳定材料的质量比表示。

④水泥粉煤灰稳定材料和水泥煤渣稳定材料比例可采用《公路路面基层施工技术细则》(JTG/T F20—2015)的推荐值。

⑤水泥、石灰综合稳定时，水泥用量占结合料总量不小于30%时，应按水泥稳定材料的技术要求进行组成设计，水泥和石灰的比例宜取60:40、50:50或40:60。水泥用量占结合料总量小于30%时，应按石灰稳定材料设计。

(3)混合料推荐级配及技术要求

石灰粉煤灰稳定材料可采用表4-47中推荐的级配范围，并应符合下列规定：

①用于高速公路和一级公路基层时，石灰粉煤灰总质量宜占15%，应不大于20%，被稳定材料公称最大粒径应不大于26.5mm，级配宜符合表4-47中LF-A-2L和LF-A-2S的规定。

②用于高速公路和一级公路底基层时，各档被稳定材料总质量宜不小于80%，级配宜符合表4-47中LF-A-1L和LF-A-1S的规定。对极重、特重交通荷载等级，级配宜符合表4-47中LF-A-2L和LF-A-2S的规定。

③用于二级及二级以下公路基层时，被稳定材料的公称最大粒径应不大于31.5mm，其总质量宜不小于80%，并符合表4-47中LF-B-2L和LF-B-2S的规定。

④用于二级及二级以下公路底基层时，各档被稳定材料总质量宜不小于70%，级配宜符合表4-47中LF-B-1L和LF-B-1S的规定。对极重、特重交通荷载等级，级配宜符合表4-49中LF-B-2L和LF-B-2S的规定。

石灰粉煤灰稳定级配碎石或砾石的推荐级配范围(单位:%)　　表4-49

筛孔尺寸(mm)	高速公路和一级公路				二级及二级以下公路			
	稳定碎石		稳定砾石		稳定碎石		稳定砾石	
	LF-A-1S	LF-A-2S	LF-A-1L	LF-A-2L	LF-B-1S	LF-B-2S	LF-B-1L	LF-B-2L
37.5	—	—	—	—	100	—	100	—
31.5	100	—	100	—	90~100	100	90~100	100
26.5	91~95	100	93~96	100	81~94	90~100	84~95	90~100
19	76~85	82~89	81~88	86~91	67~83	73~87	72~87	77~91
16	69~80	73~84	75~84	79~87	61~78	65~82	67~83	71~86
13.2	62~75	65~78	69~79	72~82	54~73	58~75	62~79	65~81
9.5	51~65	53~67	60~71	62~73	45~64	47~66	54~72	55~74
4.75	35~45	35~45	45~55	45~55	30~50	30~50	40~60	40~60
2.36	22~31	22~31	27~39	27~39	19~36	19~36	24~44	24~44
1.18	13~22	13~22	16~28	16~28	12~26	12~26	15~33	15~33
0.6	8~15	8~15	10~20	10~20	8~19	8~19	9~25	9~25
0.3	5~10	5~10	6~14	6~14	—	—	—	—
0.15	3~7	3~7	3~10	3~10	—	—	—	—
0.075	2~5	2~5	2~7	2~7	2~7	2~7	2~10	2~10

水泥粉煤灰稳定材料可采用表4-48中推荐的级配范围，并应符合下列规定：

①用于高速公路和一级公路基层时，水泥粉煤灰总质量宜占12%，并不大于18%，各档被

稳定材料总质量宜不小于85%，其公称最大粒径应不大于26.5mm，级配宜符合表4-48中CF-A-2L和CF-A-2S的规定。

②用于高速公路和一级公路底基层时，各档被稳定材料总质量宜不小于80%，级配宜符合表4-48中CF-A-1L和CF-A-1S的规定。对极重、特重交通荷载等级，级配宜符合表4-48中CF-A-2L和CF-A-2S的规定。

③用于二级及二级以下公路基层时，被稳定材料的公称最大粒径应不大于31.5mm，其总质量宜不小于80%，并符合表4-48中CF-B-2L和CF-B-2S的规定。

④用于二级及二级以下公路底基层时，各档被稳定材料总质量宜不小于75%，级配宜符合表4-50中CF-B-1L和CF-B-1S的规定。对极重、特重交通荷载等级，级配宜符合表4-50中CF-B-2L和CF-B-2S的规定。

水泥粉煤灰稳定级配碎石或砾石的推荐级配范围（单位：%） 表4-50

筛孔尺寸（mm）	高速公路和一级公路				二级及二级以下公路			
	稳定碎石		稳定砾石		稳定碎石		稳定砾石	
	CF-A-1S	CF-A-2S	CF-A-1L	CF-A-2L	CF-B-1S	CF-B-2S	CF-B-1L	CF-B-2L
37.5	—	—	—	—	100	—	100	—
31.5	100	—	100	—	90~100	100	90~100	100
26.5	90~95	100	91~95	100	80~93	90~100	81~94	90~100
19	72~84	79~88	76~85	82~89	64~81	70~86	67~83	73~87
16	65~79	70~82	69~80	73~84	57~75	62~79	61~78	65~82
13.2	57~72	61~76	62~75	65~78	50~69	54~72	54~73	58~75
9.5	47~62	49~64	51~65	53~67	40~60	42~62	45~64	47~66
4.75	30~40	30~40	35~45	35~45	25~45	25~45	30~50	30~50
2.36	19~28	19~28	22~33	22~33	16~31	16~31	19~36	19~36
1.18	12~20	12~20	13~24	13~24	11~22	11~22	12~26	12~26
0.6	8~14	8~14	8~18	8~18	7~15	7~15	8~19	8~19
0.3	5~10	5~10	5~13	5~13	—	—	—	—
0.15	3~7	3~7	3~10	3~10	—	—	—	—
0.075	2~5	2~5	2~7	2~7	2~5	2~5	2~10	2~10

3）施工技术要点

综合稳定材料及工业废渣稳定材料施工可采用路拌法和集中厂拌法。

（1）路拌法

石灰工业废渣稳定材料路拌法施工工艺流程如图4-32所示。

①准备下承层、施工放样。

准备下承层、施工放样参考水泥稳定材料和石灰稳定材料施工相关内容。

②备料。

a. 粉煤灰在场地集中堆放时，应覆盖避免雨淋。在堆放过程中，粉煤灰凝结成块时，使用前应打碎。

b. 运到现场的粉煤灰，应含有足够的水分，防止扬尘。在干燥和多风季节，应采取措施使料堆表面保持湿润。

c. 采用石灰粉煤灰时,应先将粉煤灰运到现场。

d. 集料和石灰的备料要求同石灰稳定材料施工。

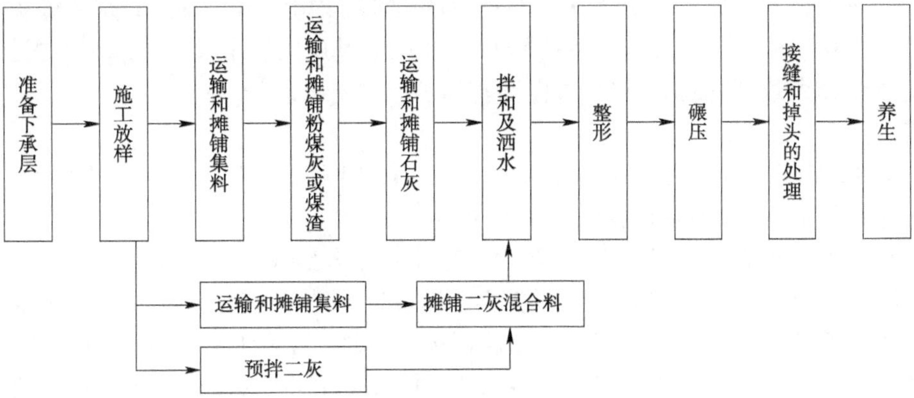

图4-32　路拌法施工石灰工业废渣稳定土的工艺流程图

③运输和摊铺。

每种材料摊铺均匀后,宜先用两轮压路机碾压1～2遍,再运送并摊铺下一种材料。其余施工内容参考水泥稳定材料和石灰稳定材料施工相关内容。

④洒水闷料。

对综合稳定材料,应先将石灰和土拌和后一起闷料。

⑤拌和及洒水。

对石灰粉煤灰稳定中、粗粒材料,应先将石灰和粉煤灰拌和均匀,然后均匀地摊铺在材料层上,再一起拌和。其余施工内容参考水泥稳定材料和石灰稳定材料施工相关内容。

⑥整形、碾压、接缝和掉头处的处理、养生、交通管制。

整形、碾压、接缝和掉头处的处理、养生、交通管制参考水泥稳定材料和石灰稳定材料施工相关内容。

(2)集中厂拌法

集中厂拌法参考水泥稳定材料和石灰稳定材料施工相关内容。

【例4-1】　某施工企业承包了一段36.8km的四车道高速公路(中、轻交通)沥青混凝土路面工程,路面单幅宽11.25m。路面结构型式为:基层为两层18cm的石灰粉煤灰稳定碎石,底基层为一层18cm的石灰粉煤灰稳定碎石;沥青混凝土面层为7cm的下面层,6cm的中面层和5cm的SMA表面层;桥上只铺5cm的SMA表面层,隧道内为水泥混凝土路面。

项目经理部人员进场后,完成了经理部的建设和设备的进场工作。施工平面布置示意图如下图4-33所示。

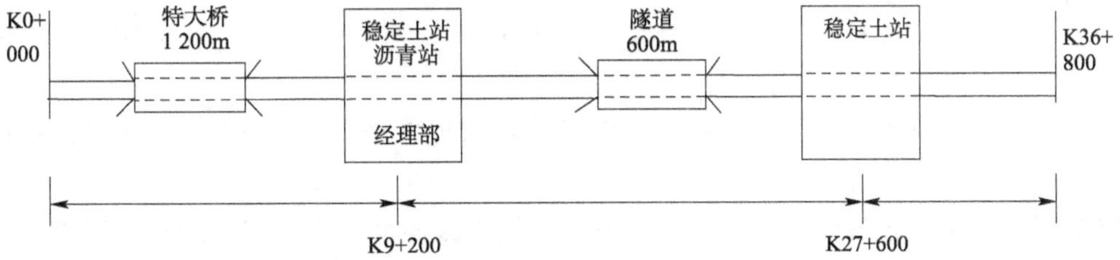

图4-33　场地布置示意图

合同规定沥青材料由业主提供,地方材料由施工单位自采。材料管理人员在查看过料场、进行了价格比选后,就开始进料。

项目经理部按照各项要求,在完成了一系列的准备工作后,开始施工石灰粉煤灰稳定碎石底基层。施工中,施工人员发现其中一段800m长的底基层出现了大量裂缝和破损,经检查是由于路基质量差所致,路面施工单位拟向路基施工单位提出索赔。

问题:

(1)项目部需要采购哪几大类地方材料,项目部材料采购程序存在什么问题?

(2)指出石灰类材料质量检验中的两大主要指标。

(3)上述平面布置方式对稳定料的场内运输费有什么影响?说明理由。

(4)施工中,工地实验室对石灰粉煤灰稳定碎石应检测哪两项指标?并说明其合格值。

(5)由于路基交工推迟,给沥青混凝土路面施工的时间仅有140d。请通过计算(要求列出计算过程),从生产能力为160t/h、240t/h和320t/h的沥青搅拌站中选择出满足工期要求的合理设备。(已知:沥青混凝土的密度取为24t/m^3,搅拌站每天有效工作时间按8h计算。)

(6)路面施工单位的索赔对象是否恰当?说明理由。(超出范围,可酌情处理)

参考答案:

(1)需采购:石灰、粉煤灰、碎石、砂和矿粉五种。材料采购中应取样试验,产品合格后才能采购。

(2)石灰类材料主要需检验:有效钙和氧化镁的含量。

(3)这种平面布置,可以节约场内运输费。从稳定土搅拌站到施工铺筑现场的平均运距为最小。

(4)应检测7d无侧限抗压强度和压实度。强度指标≥0.9MPa,压实度≥98%。

(5)计算沥青混凝土总量:$Q=(35\,000\times0.18+1\,200\times0.05)\times11.25\times2.4=343\,440(t)$;计算选择沥青搅拌站类型:$343\,440/140/8=306(t/h)$。因320t/h>306t/h,所以选择320t/h的沥青混凝土搅拌站。

(6)索赔对象不恰当。路面施工单位不应该向路基施工单位索赔。因为他们之间没有合同关系,路面施工单位应向业主索赔。

4.3 无结合料粒料类结构层施工

4.3.1 级配碎(砾)石施工

级配碎石是指各档粒径的碎石和石屑按一定比例混合,级配满足一定要求且塑性指数和承载比均符合规定要求的混合料。

级配砾石是指各档粒径的砾石和砂按一定比例混合,级配满足一定要求且塑性指数和承载比均符合规定要求的混合料。

未筛分碎石是指粒径大小不一的碎石仅用一个与规定最大工程粒径相符的筛,来筛去超尺寸颗粒后得到的碎石混合料。

级配碎石可用于各级公路的基层和底基层及用作较薄沥青面层与半刚性基层之间的中间层。作中间层或二级以上公路的基层时,应采用集中厂拌法拌制混合料,并用摊铺机摊铺。

1)材料技术要求

(1)粗集料

级配碎石选用粗集料的技术要求可参考水泥稳定材料施工的相关内容,除此还应满足下列要求。

①用作级配碎石的粗集料应符合表 4-51 的规定。

级配碎石所用粗集料技术要求(单位:%) 表 4-51

指　标	层　位	高速公路和一级公路		二级及二级以下公路
		极重、特重交通	重、中、轻交通	
压碎值	基层	≤22	≤26	≤30
	底基层	≤26	≤26	≤35
针片状颗粒含量	基层	≤18	≤18	≤20
	底基层	≤20	≤20	≤20
0.075mm 以下粉尘含量	基层	≤1.2	≤2	—
	底基层	—	—	—
软石含量	基层	≤3	≤5	—
	底基层	—	—	—

②用作级配碎石或砾石的粗集料应采用具有一定级配的硬质石料,且不应含有黏土块、有机物等。

③级配碎石或砾石用作基层时,高速公路和一级公路公称最大粒径应不大于 26.5mm,二级及二级以下公路公称最大粒径应不大于 31.5mm;用作底基层时,公称最大粒径应不大于 37.5mm。

(2)细集料

级配碎石选用细集料的技术要求可参考水泥稳定材料施工的相关内容,除此还应满足下项要求,即级配碎石或砾石中的细集料可使用细筛预料,或专门轧制的细碎石集料。

(3)材料分档与掺配

级配碎石材料分档与掺配相关规定可参考水泥稳定材料施工的相关内容,除此还应满足下列要求。

①用于二级及二级以上公路基层和底基层的级配碎石或砾石,应由不少于 4 种规格的材料掺配而成。

②级配碎石或砾石类材料中宜掺加石屑、粗砂等材料。

③级配碎石或砾石细集料的塑性指数应不大于 12。不满足要求时,可加石灰、无塑性的砂或石屑掺配处理。

2)混合料组成设计

(1)混合料推荐级配及技术要求

①级配碎石或砾石的级配范围宜符合下列规定:

a. 用于高速公路和一级公路基层时,级配宜符合表 4-52 中级配 G-A-4 或 G-A-5 的规定。

b. 用于高速公路和一级公路底基层时,级配宜符合表 4-52 中级配 G-A-3 或 G-A-4 的规定。

c. 用于二级及二级以下公路的基层、底基层时,级配可符合表 4-52 中级配 G-A-1 或 G-A-2

的规定。

级配碎石或砾石的推荐级配范围(单位:%)　　表 4-52

筛孔尺寸(mm)	G-A-1	G-A-2	G-A-3	G-A-4	G-A-5
37.5	100	—	—	—	—
31.5	90~100	100	100	—	—
26.5	80~93	90~100	90~95	100	100
19	64~81	70~86	72~84	79~88	95~100
16	57~75	62~79	65~79	70~82	82~89
13.2	50~69	54~72	57~72	61~76	70~79
9.5	40~60	42~62	47~62	49~64	53~63
4.75	25~45	25~45	30~40	30~40	30~40
2.36	16~31	16~31	19~28	19~28	19~28
1.18	11~22	11~22	12~20	12~20	12~20
0.6	7~15	7~15	8~14	8~14	8~14
0.3	—	—	5~10	5~10	5~10
0.15	—	—	3~7	3~7	3~7
0.075①	2~5	2~5	2~5	2~5	2~5

注:①对无塑性的混合料,小于0.075mm的颗粒含量宜接近高限。

②二级及二级以下公路底基层采用未筛分碎石、砾石时,宜采用表4-53中推荐的级配范围。

未筛分碎石、砾石的推荐级配范围(单位:%)　　表 4-53

筛孔尺寸(mm)	G-B-1	G-B-2	筛孔尺寸(mm)	G-B-1	G-B-2
53	100	—	4.75	10~30	17~45
37.5	85~100	100	2.36	8~25	11~35
31.5	69~88	83~100	0.6	6~18	6~21
19.0	40~65	54~84	0.075	0~10	0~10
9.5	19~43	29~59	—	—	—

③用于底基层的天然砾石、砾石土宜采用表4-54中推荐的级配范围。

天然砾石、砾石土的推荐级配范围　　表 4-54

筛孔尺寸(mm)	53	37.5	9.5	4.75	0.6	0.075
通过质量百分率(%)	100	80~100	40~100	25~85	8~45	0~15

④级配碎石或砾石、未筛分碎石、天然砾石和砾石土等材料应符合下列规定:

a. 液限宜不大于28%。

b. 在潮湿多雨地区,塑性指数宜小于6,其他地区宜小于9。

(2)级配碎石配合比设计技术要求

①用于不同公路等级、交通荷载等级和结构层位的级配碎石,CBR强度标准应满足表4-55的要求。

级配碎石材料的CBR强度标准 表4-55

结构层	公路等级	极重、特重交通	重交通	中、轻交通
基层	高速公路和一级公路	≥200	≥180	≥160
	二级及二级以下公路	≥160	≥140	≥120
底基层	高速公路和一级公路	≥120	≥100	≥80
	二级及二级以下公路	≥100	≥80	≥60

②以实际工程使用的材料为对象,根据推荐的级配范围(见表4-52～表4-54)和以往工程经验或按《公路路面基层施工技术细则》(JTG/T F20—2015)附录A的方法,构造3～4条试验级配曲线,通过配合比试验,优化级配。

③混合料配合比应采用重型击实或振动成型试验方法,确定最佳含水率和最大干密度。

④按试验确定的级配和最佳含水率,以及现场施工的压实标准成型标准试件,进行CBR强度试验和模量试验。

⑤选择CBR强度最高的级配作为工程使用的目标级配,并确定相应的最佳含水率。

⑥选定目标级配曲线后,应针对各档材料进行筛分,确定各档材料的平均筛分曲线,以及相应的变异系数,并按2倍标准差计算各档材料筛分级配的波动范围。

⑦按下列步骤合成目标级配曲线并验证性能:

a.按确定的目标级配,根据各档材料的平均筛分曲线,确定其使用比例,得到混合料的合成级配。

b.根据合成级配进行混合料的CBR或模量试验,验证混合料性能。

⑧根据已确定的各档材料使用比例和各档材料级配的波动范围,计算实际生产中混合料的级配波动范围,并应针对这个波动范围的上下限验证性能。

⑨根据目标配合比确定的各档材料比例,调试和标定拌和设备,确保生产出的混合料满足目标级配的要求。

⑩拌和设备的调试和标定应包括料斗称量精度的标定、设备加水量的控制等内容,并应符合下列规定:

a.按各档材料的比例关系,设定相应的称量装置,调整拌和设备各个料仓的进料速度。

b.按设定好的施工参数进行第一阶段试生产,验证生产级配。不满足要求时,应进一步调整施工参数。

⑪在第一阶段试生产试验的基础上进行第二阶段试验。按不同含水率试拌混合料,并取样、试验。试验应符合下列规定:

a.通过混合料中实际含水率的测定,确定施工过程中水流量计的设定范围。

b.通过击实试验,确定含水率变化对混合料最大干密度的影响。

c.通过CBR试验,确定材料的实际强度水平和拌和工艺的变异水平。

⑫混合料生产含水率应依据配合比设计结果确定,可根据施工因素和气候条件增加0.5%～1.5%。

3)施工技术要点

(1)选择施工方法

级配碎石材料结构层施工方法主要有人工路拌法和集中厂拌法两种。

根据公路等级的不同,宜按表4-56选择基层、底基层材料施工工艺。对于边角部位施工,混合料拌和方式应与主线相同,可采用推土机摊铺、平地机整平的人工方式摊铺,并与主线同步碾压成型。

级配碎石材料结构层施工工艺选择表　　表 4-56

材料类型	公路等级	结构层位	拌和工艺		摊铺工艺	
			推荐	可选择	推荐	可选择
级配碎石	二级及二级以上	基层和底基层	集中厂拌	—	摊铺机摊铺	—
	二级以下	基层和底基层	集中厂拌	人工路拌	摊铺机摊铺	推土机摊铺，平地机整平

(2)压实度评价标准

级配碎石材料，基层压实度应不小于 99%，底基层压实度应不小于 97%。

高速公路和一级公路在极重、特重交通荷载等级下，基层和底基层的压实标准可提高 1% ~2%。

(3)路拌法施工

级配碎石基层路拌法施工工艺流程如图 4-34 所示。

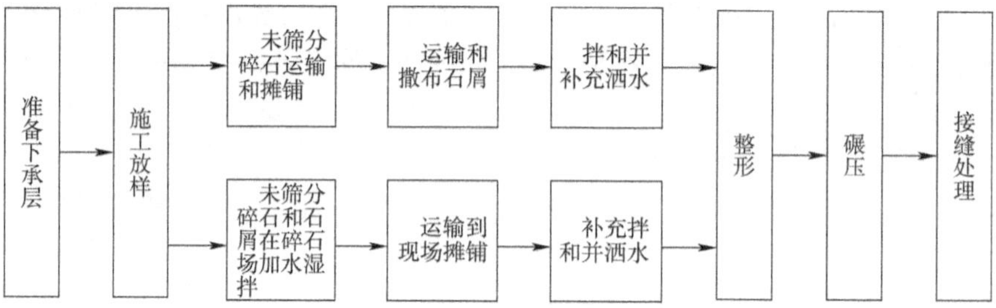

图 4-34　级配碎石路拌法施工工艺流程

①准备下承层。

下承层表面应平整、坚实，具有规定路拱，下承层的平整度和压实度应符合规范规定。下承层不宜做成槽式断面。

②施工放样。

按规范的规定逐个断面检查承层高程。

③备料(计算材料用量)。

根据各路段基层或底基层的宽度、厚度及规定的压实干密度，并按确定的配合比分别计算各段需要的未筛分碎石和石屑的数量或不同粒级碎石和石屑的数量，并计算每车料的堆放距离。未筛分碎石的含水率较最佳含水率宜大 1% 左右。未筛分碎石和石屑可按预定比例在料场混合，同时洒水加湿，使混合料的含水率超过最佳含水率约 1%。

④运输集料。

集料装车时，应控制每车料的数量基本相等。在同一料场供料的路段内，宜由远到近卸置集料。卸料距离应严格掌握，避免料不够或过多。未筛分碎石和石屑分别运送时，应先运送碎石。

料堆每隔一定距离应留一缺口。集料在下承层上的堆置时间不应过长。运送集料较摊铺集料工序宜只提前数天。

⑤摊铺集料。

a. 混合料松铺系数可采用表 4-57 的推荐值，也可事先通过试验确定。

混合料松铺系数推荐值　　表 4-57

混合料类型	松铺系数	备注
级配碎石	1.40 ~ 1.50	人工摊铺混合料
	1.25 ~ 1.35	平地机摊铺混合料

b. 用平地机或其他合适的机具将料均匀地摊铺在预定的宽度上，表面应平整，并具有规定的路拱。同时，摊铺路肩用料。

c. 采用不同粒级的碎石和石屑时，宜将大粒径碎石铺在下层，中粒径碎石铺在中层，小粒径碎石铺在上层，洒水使碎石湿润后，再摊铺石屑。

d. 对未筛分碎石，摊铺平整后，应在其较潮湿的情况下，将石屑卸置其上，用平地机并辅以人工将石屑均匀摊铺在碎石层上。

e. 检查材料层的松铺厚度，必要时，应进行减料或补料工作。

⑥拌和及整形。

a. 对二级及二级以上公路，应采用专用稳定土拌和机拌和。其控制标准可参考水泥稳定材料路拌法拌和相关内容。

b. 对二级以下的公路，在无稳定土拌和机的情况下，可采用平地机或多铧犁与缺口圆盘耙相配合进行拌和，并符合下列规定：用稳定材料拌和设备时，应拌和两遍以上，拌和深度应直到级配碎石层底；用平地机进行拌和，宜翻拌 5 ~ 6 遍，使石屑均匀分布于碎石料中。平地机拌和的作业长度，每段宜为 300 ~ 500m；用缺口圆盘耙与多铧犁相配合拌和级配碎石时，用多铧犁在前面翻拌，圆盘耙紧跟在后面拌和，即采用边翻边耙的方法，共翻耙 4 ~ 6 遍。应随时检查调整翻耙的深度。用多铧犁翻拌时，第一遍由路中心开始，将混合料向中间翻，同时机械应慢速前进。第二遍从两边开始，将混合料向外翻。

拌和结束时，混合料的含水率和均匀性应符合相关要求，即混合料拌和均匀后色泽一致，无明显粗细集料离析现象，并较最佳含水率大 1% 左右。

c. 混合料拌和均匀后，应及时用平地机初步整形。

d. 用拖拉机、平地机或轮胎压路机在已初平的路段上快速碾压一遍，以暴露潜在的不平整。再用平地机进行整平和整形。

e. 用平地机将拌和均匀的混合料按规定的路拱进行整平和整形，在整形过程中，应注意消除粗细集料离析现象。

⑦碾压。

整形后，当混合料的含水率等于或略大于最佳含水率时，立即进行碾压。碾压方案可参考水泥稳定材料施工碾压过程相关内容。

凡含土的级配碎石层，都应进行滚浆碾压，一直压到碎石层中无多余细土泛到表面为止。滚到表面的浆（或事后变干的薄土层）应清除干净。

⑧接缝处理。

a. 横缝的处理：两作业段的衔接处应搭接拌和、整平和碾压。第一段拌和后，留 5 ~ 8m 不进行碾压，第二段施工时，前段留下未压部分与第二段一起拌和整平后进行碾压。

b. 纵缝的处理：宜避免纵向接缝。在分两幅铺筑时，纵缝应搭接拌和、整平和碾压。前一幅全宽碾压密实，在后一幅拌和时，应将相邻的前幅边部宜不小于 30cm 搭接拌和，整平后一起碾压密实。

（4）集中厂拌法施工

级配碎石用做半刚性路面的中间层以及用做二级以上公路的基层时，应采用集中厂拌法拌制混合料，并用摊铺机摊铺混合料。级配碎石集中厂拌法施工可参考水泥稳定材料集中厂拌法施工相关内容，不同之处如下。

级配碎石混合料可以在中心站用多种机械进行集中拌和，如强制式拌和机、卧式双转轴桨叶式拌和机、普通水泥混凝土拌和机等。

使用在料场已拌和均匀的级配碎石混合料时，摊铺后混合料如有粗细颗粒离析现象，应用平地机进行补充拌和。

4.3.2 填隙碎石施工

填隙碎石是用单一尺寸的粗碎石做主骨料，形成嵌锁结构，起承受和传递车轮荷载的作用，用石屑做填隙料，填满碎石间的孔隙，增加密实度和稳定性。填隙碎石可适用于各等级公路的底基层和二级以下公路的基层。

1）材料技术要求

（1）填隙碎石用做基层时，骨料的公称最大粒径应不大于53mm；用做底基层时，应不大于63mm。

（2）用作基层时，骨料的压碎值应不大于26%，用作底基层时，应不大于30%。骨料中针片状颗粒和软弱颗粒的含量应不大于15%。

（3）骨料可用具有一定强度的各种岩石或漂石轧制，宜用石灰岩。采用漂石时，其粒径应大于骨料公称最大粒径的3倍，从而可增加碎石的破裂面，提高内摩擦角。

（4）骨料也可用稳定的矿渣轧制。矿渣的干密度和质量应均匀，且干密度不小于960kg/m^3。

（5）填隙碎石用骨料的颗粒组成应符合表4-58的规定。

填隙碎石用骨料的颗粒组成 表4-58

项次	工程粒径（mm）	通过下列筛孔的质量百分率（%）							
		63	53	37.5	31.5	26.5	19	16	9.5
1	30~60	100	25~60	—	0~15	—	0~5	—	—
2	25~50	—	100	—	25~50	0~15	—	0~5	—
3	20~40	—	—	100	35~70	—	0~15	—	0~5

（6）采用表4-58中的1号骨料时，填隙料的公称最大粒径宜为9.5mm，2、3号骨料的填隙料可采用表4-59中的级配。

填隙料的颗粒组成 表4-59

筛孔尺寸（mm）	9.5	4.75	2.36	0.6	0.075	塑性指数
通过质量百分率（%）	100	85~100	50~70	30~50	0~10	<6

2）施工技术要点

填隙碎石的施工可分为干法和湿法两种。干旱缺水地区宜采用干法施工。其施工工艺流程如图4-35所示。

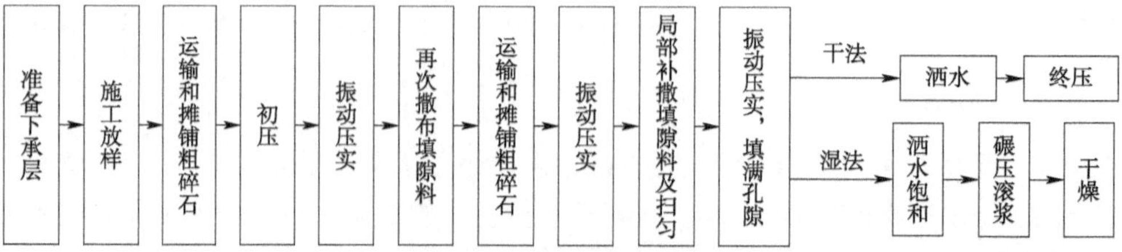

图4-35 填隙碎石施工工艺流程

(1)准备下承层和施工放样：

填隙碎石施工前，应按水泥稳定材料施工中相关内容准备下承层和施工放样。

(2)备料：

①填隙料应干燥。

②根据各路段基层或底基层的宽度、厚度及松铺系数(1.20~1.30)，计算各段需要的骨料数量，并应根据运料车辆的车厢体积，计算每车料的堆放距离。填隙料的用量宜为骨料质量的30%~40%。

③材料装车时，应控制每车料的数量基本相等。

(3)运输与摊铺粗碎石：

①在同一料场的路段内，由远到近将骨料按计算的距离卸置于下承层上。卸料距离应严格控制，避免有的路段料不够或料过多。

②用平地机或其他合适的机具将骨料均匀地摊铺在预定的范围内，表面应平整并有规定的路拱，同时摊铺路肩用料。

③检查松铺材料层的厚度是否符合预计要求。不满足要求时，应进行减料或补料工作。

(4)撒铺填隙料和碾压(分干法施工和湿法施工)：

①干法施工。

a.初压：宜用8t两轮压路机碾压3~4遍，使骨料稳定就位。在直线和不设超高的平曲线段上，碾压从两侧路肩开始，逐渐错轮向路中心进行；在设超高的平曲线段上，碾压从内侧路肩开始，逐渐错轮向外侧路肩进行。错轮时，每次重叠1/3轮宽。在第一遍碾压后，应再次找平。初压结束时，表面应平整，并具有规定的路拱和纵坡。

b.撒铺填隙料：用石屑撒布机或类似的设备将填隙料均匀地撒铺在已压稳的骨料层上，松铺厚度约25~30mm。必要时，用人工或机械扫匀。

c.碾压：用振动压路机慢速碾压，将全部填隙料振入骨料间的孔隙中。如没有振动压路机，可用重型振动板。路面两侧宜多压2~3遍。

d.再次撒布填隙料：用石屑撒布机或类似的设备将干填隙料再次撒铺在骨料层上，松铺厚度约20~25mm，应用人工或机械扫匀。

e.再次振动碾压：同第c.施工过程。局部多余的填隙料应扫除。

f.碾压后，应对局部填隙料不足之处进行人工找补，并用振动压路机继续碾压，直到全部空隙被填满，并将局部多余的填隙料扫除。

g.填隙碎石表面空隙全部填满后，宜再用重型压路机碾压1~2遍。在碾压过程中，不应有任何蠕动现象。在碾压之前，宜在表面先洒少量水，洒水量宜为3kg/m^{2}以上。

h.需分层铺筑时，应将已压成的填隙碎石层表面骨料外露5~10mm(可使上下层良好结合一起，不会产生分层现象，有利于提高整个填隙碎石的力学性能)，然后在其上摊铺第二层骨料及填隙料，施工过程同上。

②湿法施工。

a.开始工序与干法施工相同，如上a.~g.。

b.骨料层表面孔隙全部填满后，宜立即用洒水车洒水，直到饱和，但应注意避免多余水浸泡下承层。

c.宜用重型压路机跟在洒水车后进行碾压。在碾压过程中，将湿填隙料继续扫入所出现的空隙中。需要时，再添加新的填隙料。洒水碾压应一直进行到填隙料和水形成粉砂浆为止。

粉砂浆应填塞全部孔隙,并在压路机轮前形成微波纹状。

d. 干燥:碾压完成的路段应让水分蒸发一段时间,结构层变干后,表面多余的细料以及细料覆盖层都应扫除干净。

e. 当需要分层铺筑时,应待结构层变干后,将已压成的填隙碎石层表面的填隙料扫除一些,使表面骨料外露 5 ~ 10mm,然后在上摊铺第二层骨料。

(5)填隙碎石施工完毕后,填隙料既要填满表面骨料间的空隙又不能覆盖骨料而自成一层,同时表面应看得见骨料。碾压后基层的固体体积率应不小于 85%,底基层的固体体积率应不小于 83%。填隙碎石基层未洒透层沥青或未铺封层时,禁止开放交通。

(6)单层填隙碎石的压实厚度宜为公称最大粒径的 1.5 ~ 2.0 倍。

【例 4-2】 根据背景资料,回答下列题。

某施工单位承接了长 42.5km 的山区二级公路路面施工,路线右侧濒临花溪河,属于沿溪线,河流的常水位深度为 3 ~ 4m。路面结构如下图 4-36 所示。

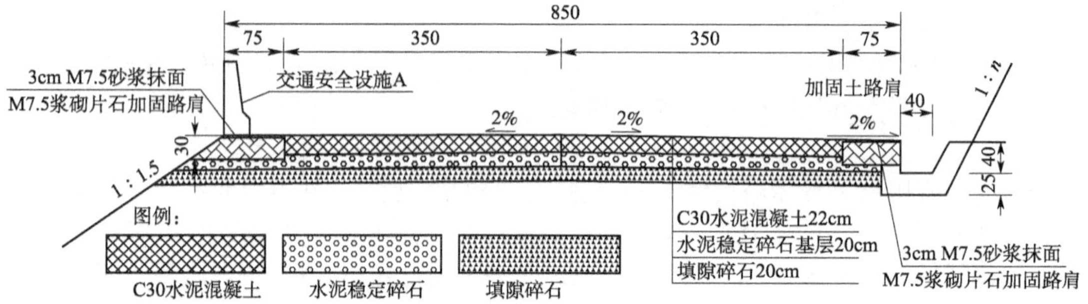

图 4-36 路面结构(尺寸单位:cm)

在填隙碎石的施工过程中,施工单位选择湿法施工。现将施工单位对湿法施工的部分技术要点摘录如下:①在备料时,对集料的颗粒组成不做级配要求,集料最大粒径为铺筑厚度的 0.5 ~ 0.7 倍。②采用单层铺筑,严格按填隙碎石施工工艺流程组织施工。③在"碾压滚浆"工序中,在无超高的平曲线路段与直线路段,碾压从公路中心开始,逐渐错轮向两侧路肩进行。④在设超高的曲线路段,碾压从公路内侧路肩开始,逐渐错轮向公路外侧路肩进行。填隙碎石底基层施工完成后,施工单位根据现行《公路工程质量检验评定标准》,对以下项目进行实测检验:压实度(△)、弯沉值、平整度、厚度(△)。为保障行车安全,公路沿线填方高度超高 6m 的路段以及临河危险路段,在路基边缘设置了交通安全设施 A。

问题:

(1)写出施工单位选择的填隙碎石施工方法的理由。

(2)逐条判断填隙碎石施工技术要点是否正确?并说明理由。

(3)指出图 4-36 中 A 的名称,简述其主要作用。

(4)写出填隙碎石实测检验项目的漏项。

参考答案:

(1)施工单位选择湿法的理由:因为工程濒临河流,用水方便。

(2)①正确。②错误。理由:采用两层铺筑,严格按填隙碎石施工工艺流程组织施工。③错误。理由:在无超高的平曲线路段与直线路段,碾压应该从两侧路肩开始,逐渐错轮向路中心进行。④正确。

(3)钢筋混凝土防撞护栏。护栏的主要作用是防止失控车辆越过中央分隔带或在路侧比较危险的路段冲出路基,不致发生二次事故。同时,还具有吸收能量、减轻事故车辆及人员的损伤程度,以及诱导视线的作用。

(4)填隙碎石实测检验项目的漏项有:纵断高程、路面宽度、路面横坡。

4.4 基层(底基层)施工质量标准与控制

基层、底基层施工质量标准与控制包括原材料检验、施工参数确定、施工过程中的质量检查验收等方面。

4.4.1 原材料检验

按照相关要求备料,严把进料质量关。在施工前以及施工过程中,原材料或混合料发生变化时,应检验拟采用材料。

(1)用作基层和底基层的土,应按表4-60所列试验项目和要求检测评定。

基层和底基层用土试验项目和要求 表4-60

项次	试验项目	目的	频度
1	含水率	确定原始含水率	每天使用前测2个样品
2	液限、塑限	求塑性指数,审定是否符合规定	每种土使用前测2个样品,使用过程中每2 000m^3测2个样品
3	颗粒分析	确定级配是否符合要求,确定材料配合比	
4	有机质和硫酸盐含量	确定土是否适宜于用石灰或水泥稳定	对土有怀疑时做此试验

(2)用作基层和底基层的碎石、砾石等粗集料,应按表4-61所列试验项目和要求检测评定。

基层和底基层用碎石、砾石试验项目和要求 表4-61

项次	试验项目	目的	频度
1	含水率	确定原始含水率	每天使用前测2个样品
2	级配	确定级配是否符合要求,确定材料配合比	每档碎石使用前测2个样品,使用过程中每2 000m^3测2个样品
3	液限、塑限①	求塑性指数,审定是否符合规定	每种材料使用前测2个样品,使用过程中每2 000m^3测2个样品
4	毛体积相对密度、吸水率	评定粒料质量,计算固体体积率	使用前测2个样品,砾石使用过程中每2 000m^3测2个样品,碎石种类变化重做2个样品
5	压碎值	评定石料的抗压碎能力是否符合要求	
6	粉尘含量	评定石料质量	
7	针片状颗粒含量		
8	软石含量		

注:①级配砾石或级配碎石中0.6mm以下的细土进行此项试验。

(3)用作基层和底基层的细集料,应按表4-62所列试验项目和要求检测评定。

基层和底基层用细集料试验项目和要求 表4-62

项次	试验项目	目的	频度
1	含水率	确定原始含水率	每天使用前测2个样品
2	级配	确定级配是否符合要求,确定材料配合比	每档材料使用前测2个样品,使用过程中每2 000m^3测2个样品

续上表

项次	试验项目	目　　的	频　　度
3	液限、塑限	求塑性指数，审定是否符合规定	每种细集料使用前测2个样品，使用过程中每2 000m^3测2个样品
4	毛体积相对密度、吸水率	评定粒料质量，计算固体体积率	使用前测2个样品，使用过程中每2 000m^3测2个样品
5	有机质和硫酸盐含量	确定土是否适宜于用石灰或水泥稳定	对土有怀疑时做此试验

(4)用作基层和底基层的水泥，应按表4-63所列试验项目和要求检测评定。

基层和底基层用水泥试验项目和要求　　表4-63

项次	试验项目	目　　的	频　　度
1	水泥强度等级和初、终凝时间	确定水泥的质量是否适宜应用	做材料组成设计时测1个样品，料源或强度等级变化时重测

(5)用作基层和底基层的粉煤灰，应按表4-64所列试验项目和要求检测评定。

基层和底基层用粉煤灰试验项目和要求　　表4-64

项次	试验项目	目　　的	频　　度
1	含水率	确定原始含水率	每天使用前测2个样品
2	烧失量	确定粉煤灰是否适用	做材料组成设计前测2个样品
3	细度	确定粉煤灰质量	
4	二氧化硅等氧化物含量	确定粉煤灰质量	每天使用前测2个样品

(6)用作基层和底基层的石灰，应按表4-65所列试验项目和要求检测评定。

基层和底基层用石灰试验项目和要求　　表4-65

项次	试验项目	目　　的	频　　度
1	含水率	确定原始含水率	每天使用前测2个样品
2	有效钙、镁含量	确定石灰质量	做材料组成设计和生产使用时分别测2个样品，以后每月测2个样品
3	残渣含量		

(7)高速公路的基层施工时，各档粗集料的超粒径含量应不大于15%，其中主粒径通过率的变异系数应不大于10%。根据至少连续7d在料堆不同位置取料的筛分结果确定其变异系数，样本量宜不少于10个。

所谓超粒径含量不大于15%，以9.5～19mm规格料为例，是指大于19mm和小于9.5mm的料的总含量不大于15%。

主粒径通过率的变异系数不大于10%，以9.5～19mm规格料为例，是指9.5mm、13.2mm、19mm的通过率的变异系数不大于10%。

(8)初步确定使用的基层和底基层混合料，包括非整体性材料，应按表4-66所列试验项目和要求检测评定。

基层和底基层混合料试验项目和要求　　表4-66

项次	试验项目	目　　的	频　　度
1	重型击实试验	最佳含水率和最大干密度	材料发生变化时
2	承载比(CBR)	确定非整体性材料是否适宜做基层或底基层	

续上表

项次	试验项目	目的	频度
3	抗压强度	整体性材料配合比试验及施工期间质量评定	每次配合比试验
4	延迟时间	确定延迟时间对混合料密度和抗压强度的影响,确定施工允许的延迟时间	水泥品质变化时
5	绘制 EDTA 标准曲线	对施工过程中水泥、石灰剂量有效控制	水泥、石灰品种变化时

4.4.2 铺筑试验段

将试验段确定的施工参数作为施工过程中质量控制的标准。基层和底基层正式施工前,均应铺筑试验段。试验段应设置在生产路段上,长度宜为 200 ~ 300m。

(1)试验段开工前准备工作

①提交完整的目标配合比报告和生产配合比报告。

②正常施工时所配备的施工机械完全进场,且调试完毕。

③全部施工人员到位。

(2)试验段施工期间检测内容

①试验段施工期间检测技术项目及样本数见表 4-67 所示。

试验段施工期间检测技术项目及样本数 表 4-67

项目	样本数	项目	样本数
原材料全部技术指标	符合要求	混合料拌和时的结合料剂量	不少于 4 个
混合料拌和时的含水率	不少于 4 个	混合料压实后的含水率	不少于 6 个
混合料拌和时的级配	不少于 4 个	混合料击实试验	不少于 3 个
不同松铺系数条件下的实际压实厚度,宜设定 2 ~ 3 个松铺系数	符合要求	不同碾压工艺下的混合料压实度,宜设定 2 ~ 3 种压实工艺	每种压实工艺的压实度检测样本应不少于 4 个
7d 龄期无侧限抗压强度试件成型	符合要求	—	—

②养生 7d 后,无机结合料稳定材料的试验段检测技术项目包括:

a. 标准养生试件的 7d 无侧限抗压强度。

b. 水泥稳定材料钻芯取样,评价芯样外观,取芯样本量应不少于 9 个。

c. 对完整芯样切割成标准试件,测定强度。

d. 按车道,每 10m 取 1 点测定弯沉指标,并按规定计算回弹弯沉值。

e. 按车道,每 50m 取 1 点测承载比。

③对非整体性材料结构层,试验段铺筑完成后应及时进行承载板试验,按车道每 50m 取 1 点。

④试验段铺筑阶段,应对下列关键工序、工艺进行评价。

a. 拌和设备各档材料的进料比例、速度及精度。

b. 结合料的进料比例和精度。

c. 含水率的控制精度。

d. 松铺系数的合理值。

e. 拌和、运输、摊铺和碾压机械的协调和配合。
f. 压实机械的选择和组合，压实的顺序、速度和遍数。
g. 对人工拌和工艺，应确定合适的拌和设备、方法、深度和遍数。
h. 对人工摊铺碾压工艺，应确定适宜的整平和整形机具和方法。
(3)试验段施工后总结报告
①试验段检测报告。
②试验段总体效果评价。
③施工关键参数的推荐值，包括配合比、含水率、松铺系数、碾压工艺等。
④确定每一作业段的合适长度。
试验段不满足技术要求时，应重新铺设试验段。试验段各项指标合格后，方可正式施工。

4.4.3 施工过程检测

施工过程中的质量控制应包括外形尺寸检查和内在质量检验两部分。
(1)外形尺寸检查
外形尺寸检查项目、频度和质量标准应符合表 4-68 的规定。

外形尺寸检查项目、频度和质量标准 表 4-68

<table>
<tr><th rowspan="2">工程类别</th><th rowspan="2" colspan="2">项 目</th><th rowspan="2">频 度</th><th colspan="2">质 量 标 准</th></tr>
<tr><th>高速公路和一级公路</th><th>二级及二级以下公路</th></tr>
<tr><td rowspan="7">基层</td><td colspan="2">纵断高程(mm)</td><td>二级及二级以下公路每 20m 检查 1 点；高速公路和一级公路每 20m 检查 1 个断面，每个断面检查 3 ~ 5 个点</td><td>-10 ~ +5</td><td>-15 ~ +5</td></tr>
<tr><td rowspan="2">厚度(mm)</td><td>均值</td><td rowspan="2">每 1 500 ~ 2 000m² 检查 6 点</td><td>≥ -8</td><td>≥ -10</td></tr>
<tr><td>单个值</td><td>≥ -10</td><td>≥ -20</td></tr>
<tr><td colspan="2">宽度(mm)</td><td>每 40m 检查 1 处</td><td>>0</td><td>>0</td></tr>
<tr><td colspan="2">横坡度(%)</td><td>每 100m 检查 3 处</td><td>±0.3</td><td>±0.5</td></tr>
<tr><td colspan="2" rowspan="2">平整度(mm)</td><td>每 200m 检查 2 处，每处连续 10 尺(3m 直尺)</td><td>≤8</td><td>≤12</td></tr>
<tr><td>连续式平整度仪的标准差(mm)</td><td>≤3.0</td><td>—</td></tr>
<tr><td rowspan="6">底基层</td><td colspan="2">纵断高程(mm)</td><td>二级及二级以下公路每 20m 检查 1 点；高速公路和一级公路每 20m 检查 1 个断面，每个断面检查 3 ~ 5 个点</td><td>-15 ~ +5</td><td>-20 ~ +5</td></tr>
<tr><td rowspan="2">厚度(mm)</td><td>均值</td><td rowspan="2">每 1 500 ~ 2 000m² 检查 6 点</td><td>≥ -10</td><td>≥ -12</td></tr>
<tr><td>单个值</td><td>≥ -25</td><td>≥ -30</td></tr>
<tr><td colspan="2">宽度(mm)</td><td>每 40m 检查 1 处</td><td>>0</td><td>>0</td></tr>
<tr><td colspan="2">横坡度(%)</td><td>每 100m 检查 3 处</td><td>±0.3</td><td>±0.5</td></tr>
<tr><td colspan="2">平整度(mm)</td><td>每 200m 检查 2 处，每处连续检查 10 尺①</td><td>≤12</td><td>≤15</td></tr>
</table>

注：①1 尺 = 0.33m。

(2)内在质量检验
施工过程中的内在质量控制分为原材料质量控制、拌和质量控制、摊铺及碾压质量控制等四部分。对集中厂拌、摊铺机摊铺的施工工艺，应按后场和前场划分。

施工过程中的混合料质量检测,应在施工现场的摊铺机位置取样,且应分别来自不同的料车。

①后场和前场质量控制。

后场和前场质量控制的项目、内容分别应符合表4-69和表4-70的规定,实际检测频率应不低于表中的要求,检测结果满足规范规定或具体工程的技术要求。

施工过程中后场质量控制的关键内容 表4-69

项次	项目	内容	频度
1	原材料抽检	结合料质量	每批次
		粗、细集料品质	异常时,随时试验
		级配、规格	异常时,随时试验
2	混合料抽检	混合料级配	每2 000m^2检查1次
		结合料剂量	每2 000m^2检查1次
		混合料最大干密度	每个工日
		含水率	每2 000m^2检查1次

施工过程中前场质量控制的关键内容 表4-70

项次	项目	内容	频度
1	摊铺目测	是否离析	随时
		粗估含水率状态	随时
2	碾压目测	压实机械是否满足	随时
		碾压组合、次数是否合理	随时
3	压实度检测	含水率	每一作业段检查6次以上
		压实度	
4	强度检测	在前场取样成型试件	每一作业段不少于9个
5	钻芯检测	—	
6	弯沉检测	—	每一评定段(不超过1km)每车道40~50个测点
7	承载比	—	每2 000m^2检查1次,异常时,随时增加试验

②压实度检测。

在现场碾压结束后及时检测压实度。压实度检测中,测定的含水率与规定的含水率的绝对误差应不大于2%;不满足要求时,应分析原因并采取必要措施。

施工过程的压实度检测,应以每天现场取样的击实结果确定的最大干密度为标准。每天取样的击实试验应符合下列要求:

a.击实试验应不少于3次平行试验,且相互之间的最大干密度差值应不大于0.02g/cm^3;否则,应重新试验,并取平均值作为当天压实度的检测标准。

b.该数值与设计阶段确定的最大干密度差值大于0.02g/cm^3时,应分析原因,及时处理。

压实度检测应采用整层灌砂试验方法,灌砂深度应与现场摊铺厚度一致。

③钻芯取样。

无机结合料稳定材料应钻取芯样检验其整体性和强度。无机结合料稳定材料钻芯取样的龄期要求满足表4-71的规定。

无机结合料稳定材料钻芯取样的龄期要求　表 4-71

项　次	结构层位	材料名称	龄期(d)
1	基层	水泥稳定中、粗粒材料	7
2		水泥粉煤灰稳定中、粗粒材料	10 ~ 14
3		石灰粉煤灰稳定材料	14 ~ 20
4	底基层	水泥稳定材料、水泥粉煤灰稳定材料	10 ~ 14
5		石灰粉煤灰稳定材料	20 ~ 28

验证其整体性时,应符合下列要求:

a. 无机结合料稳定细粒材料的芯样直径宜为 100mm,无机结合料稳定中、粗粒材料的芯样直径应为 150mm。

b. 采取随机取样的方式,不得在现场人为挑选位置,否则评价结果无效。

c. 芯样顶面、四周应均匀、致密。

d. 芯样的高度应不小于实际摊铺厚度的 90%。

e. 取不出完整芯样时,应找出实际路段相应的范围,返工处理。

对于设计强度大于 3MPa 的水泥稳定材料的完整芯样应切割成标准试件,进行强度检测,并符合下列要求:

a. 标准试件的径高比应为 1:1。

b. 记录实际养生龄期。

c. 根据实际施工情况确定试件强度的平均标准。

d. 同一批次强度试验的变异系数应不大于 15%。

e. 样本量宜不少于 9 个。

④弯沉检测。

对高速公路和一级公路的基层、底基层,应在养生 7 ~ 10d 内检测弯沉;不满足要求时,应返工处理。

对高速公路和一级公路,7 ~ 10d 龄期的水泥稳定碎石基层的代表弯沉值宜为:对极重、特重交通荷载等级,应不大于 0.15mm;对重交通荷载等级,应不大于 0.20mm;对中等交通荷载等级,应不大于 0.25mm。

4.4.4　工程完工后的质量检查

工程完工后的质量检查内容包括外形和质量两方面。外形检查的要求应符合表 4-66 的规定。

评定路面结构层质量宜以 1km 长的路段为单位;采用大流水作业法施工时,以每天完成的段落为评定单位。检查施工原始记录,对检查内容初步评定。各项技术指标质量应符合表 4-72 的规定。随机抽样检查,不得带有任何主观性。压实度、厚度、水泥或石灰剂量检测样品和取芯等现场随机取样位置的确定应满足相关要求。

质量合格标准值　表 4-72

工程类别	检查项目	检查数量	标　准　值	极限低值
无结合料底基层	压实度	6 ~ 10 处	96%	92%
	弯沉值	每车道 40 ~ 50 个测点	按附录 A 所得的弯沉标准值	—

续上表

工程类别	检查项目	检查数量	标准值	极限低值
级配碎石(或砾石)	压实度	6~10处	基层98%	94%
			底基层96%	92%
	颗粒组成	2~3	规定级配范围	
	弯沉值	每车道40~50个测点	按附录A所得的弯沉标准值	—
填隙碎石	压实度(固体体积率)	6~10处	基层98%	82%
			底基层96%	80%
	弯沉值	每车道40~50个测点	按附录A所得的弯沉标准值	—
水泥土、石灰土、石灰粉煤灰、石灰粉煤灰土	压实度	6~10处	93%(95%)	89%(91%)
	水泥或石灰剂量(%)	3~6处	设计值	水泥1.0%;石灰2.0%
水泥稳定材料、石灰稳定材料、石灰粉煤灰稳定材料、水泥粉煤灰稳定材料	压实度	6~10处	基层98%(97%)	94%(93%)
			底基层96%(95%)	92%(91%)
	颗粒组成	2~3	规定级配范围	
	水泥或石灰剂量(%)	3~6处	设计值	设计值-1.0%

能力训练

一、单项选择题(每题的备选项中,只有1个最符合题意)

1.下列粒料类基层中,属于嵌锁型的是(　　)。

A.填隙碎石　　B.级配碎石　　C.级配砾石　　D.天然砂砾

2.级配碎石路拌法施工平地机摊铺混合料时,其松铺系数宜为(　　)。

A.1.25~1.35　　B.1.30~1.40　　C.1.40~1.50　　D.1.45~1.55

3.可用于各级公路基层和底基层的粒料材料是(　　)。

A.天然砂砾　　B.级配碎石　　C.泥结碎石　　D.填隙碎石

4.路面基层在整个沥青路面结构中的主要作用是(　　)。

A.隔水　　B.承重　　C.防冻　　D.降噪

5.生石灰块应在使用前(　　)天充分消解。

A.1~3　　B.3~5　　C.5~7　　D.7~10

6.无机结合料稳定材料路拌法施工过程中,当混合料拌和匀称后,应立即用(　　)初步整形。

A.铲土机　　B.推土机　　C.平地机　　D.压路机

7.碾压过程中,前一幅全宽碾压密实后,在后一幅拌和时,应将相邻的前幅边部的(　　)cm搭接拌和,整平后碾压密实。

A.10　　B.20　　C.30　　D.40

8.无机结合料稳定材料基层施工的最低气温应在(　　)℃以上。

A.0　　B.5　　C.10　　D.15

9. 填隙碎石施工工艺流程顺序正确的是(　　)。

A. 初压→撒布填隙料→振动压实→摊铺粗碎石

B. 摊铺粗碎石→振动压实→撒布填隙料→初压

C. 摊铺粗碎石→初压→撒布填隙料→振动压实

D. 摊铺粗碎石→初压→振动压实→撒布填隙料

10. 级配碎石材料用作基层时,其重型击实标准的压实度不应小于(　　)。

A. 93%　　B. 96%　　C. 98%　　D. 99%

11. 无机结合料稳定材料基层路拌法施工中,下列关于接缝处理错误的是(　　)。

A. 同日施工的两工作段衔接处应采用搭接

B. 应该避免纵向接缝

C. 纵缝应垂直相接

D. 纵缝可以垂直相接也可以斜接

12. 采用集中厂拌法施工时,水泥稳定材料中工地实际采用的水泥剂量宜比室内试验确定的剂量(　　)。

A. 减少 0.5%　　B. 增加 0.5%　　C. 减少 1.0%　　D. 增加 1.0%

13. 关于石灰粉煤灰稳定碎石混合料基层施工的说法,错误的是(　　)。

A. 可用薄层贴补的方法进行找平　　B. 采用先轻型、后重型压路机碾压

C. 混合料每层最大压实厚度为 200mm　　D. 混合料可采用洒铺沥青乳液养护

14. 在路拌法水泥稳定土基层施工中,四个工序编号为:①准备下承层;②拌和;③洒水闷料;④整形,正确的工序先后排列是(　　)。

A. ①②③④　　B. ②①③④　　C. ①②④③　　D. ①③②④

15. 关于级配碎石基层施工的说法,正确的是(　　)。

A. 碎石颗粒组成的级配曲线应为直线

B. 级配碎石应在最佳含水率时进行碾压

C. 应采用 12t 以上的三轮压路机碾压,不得采用振动压路机碾压

D. 级配碎石基层碾压完成后即可开放交通

16. 下列选项中,属于基层雨季施工的措施是(　　)。

A. 当天挖完、填完、压实,不留后患

B. 拌多少、铺多少、压多少,完成多少

C. 不允许下层潮湿时施工,及时摊铺、及时完成碾压

D. 在施工现场搭可移动的罩棚,以便下雨时能继续完成

17. 关于石灰粉煤灰稳定碎石混合料基层施工的说法,错误的是(　　)。

A. 可用薄层贴补的方法进行找平

B. 采用先轻型、后重型压路机碾压

C. 混合料每层最大压实厚度为 200mm

D. 混合料可采用沥青乳液进行养护

二、多项选择题(每题的备选项中,有两个或两个以上符合题意)

1. 高级沥青路面的基层不应采用(　　)。

A. 石灰土　　B. 水泥碎石

C. 石灰粉煤灰砂砾　　D. 水泥砂砾

E. 水泥土

2. 关于石灰工业废渣稳定砂砾基层施工技术要求,正确的有(　　)。

A. 施工期间最低气温应在 0℃以上

B. 配合比应准确

C. 含水率宜略大于最佳含水率

D. 必须保湿养护

E. 碾压时应采用先重型后轻型的压路机碾压

3. 下列关于水泥稳定材料施工说法正确的是(　　)。

A. 摊铺好的稳定材料应当天碾压成活

B. 直线和不设超高的平曲线段,应由两侧向中心碾压

C. 横向接缝宜设在路中线处

D. 纵向接缝应尽量减少

E. 稳定土养护期应封闭交通

4. 关于水泥稳定土基层路搅拌法的说法,正确的有(　　)。

A. 摊铺土之前只需通过计算确定土的松铺系数

B. 摊铺土应在摊铺水泥的前一天进行

C. 如已整平的土含水率过小,应在土层上洒水闷料

D. 细粒土应经一夜闷料

E. 对于二级公路,土与水泥的干拌可采用农用旋转耕作机与平地机配合进行

5. 现场干密度的检测方法主要包括(　　)。

A. 挖坑灌砂法　　B. 核子密度仪法

C. 贝克曼梁法　　D. 环刀法

E. 钻芯法

6. 水泥稳定材料施工时,下列说法正确的包括(　　)。

A. 稳定材料层宽 11 ~ 12m 时,每一流水作业段长度以 500m 为宜

B. 水泥稳定材料宜在 2h 之内完成碾压成型

C. 日最低气温应在 5℃以上

D. 被稳定材料应在摊铺水泥的前一天摊铺

E. 拌和深度应达稳定层底但不宜侵入下承层

三、简答题

1. 简述基层的类型以及各自特点。

2. 简述无机结合料稳定材料组成设计流程。

3. 水泥稳定材料碾压过程中,如有弹簧现象,如何处理?

4. 水泥稳定材料基层路拌法和厂拌法施工工艺流程是什么?

5. 水泥稳定基层收缩裂缝如何处理?

6. 填隙碎石施工工艺流程是什么?

四、案例分析题

某一级公路路基为土方路基,路面基层为水泥稳定土无机结合料基层,根据工程实际情况及施工单位人力、设备条件,施工单位采用了中心站集中拌和法施工工艺,其中某一路段具体

施工过程如下：

(1)施工放样,恢复中线。

(2)对水泥稳定土基层施工所需的土料、集料、水泥等按要求进行备料。

(3)混合料的拌和考虑方便在中心站用厂拌设备进行集中拌和,未采用专用稳定土集中拌机械。

(4)混合料的运输采用的是8t的翻斗车,为防阳光照射和雨淋,备有覆盖苫布。

(5)确定松铺系数后,进行混合料的摊铺。

(6)进行碾压,用轻型压路机配合重型振动压路机进行碾压。直线和平曲线段,由两侧路肩向路中心碾压,设超高的平曲线段,由外侧路肩向内侧路肩碾压。

(7)接缝处理。

问题：

(1)无机结合料稳定基层根据使用材料分为哪几类？水泥稳定土无机结合料可用于高速公路的基层吗？

(2)无机结合料稳定基层根据施工方法分为哪几种？

(3)本项目中心站集中拌和法施工准备工作是否完备？为什么？

(4)对水泥稳定土基层施工所需的土料、集料、水泥有何具体要求？

(5)请指出本项目具体施工过程中存在哪些问题,并进行纠正。

模块 5　沥青路面施工技术

【学习引导】

知识目标：通过本模块的学习，学生能够掌握普通热拌沥青混合料、透层、封层、黏层以及沥青玛蹄脂碎石混合料、沥青表面处治、沥青贯入式路面的材料要求、施工工艺及技术要点。

技能目标：学生能够正确合理选择沥青路面原材料，能够编制沥青路面施工方案，具备热拌沥青混合料路面施工质量控制能力和管理能力，能够发现并处理热拌沥青混合料施工过程中的质量问题。

主要内容：模块 5 的主要内容结构如图 5-1 所示。

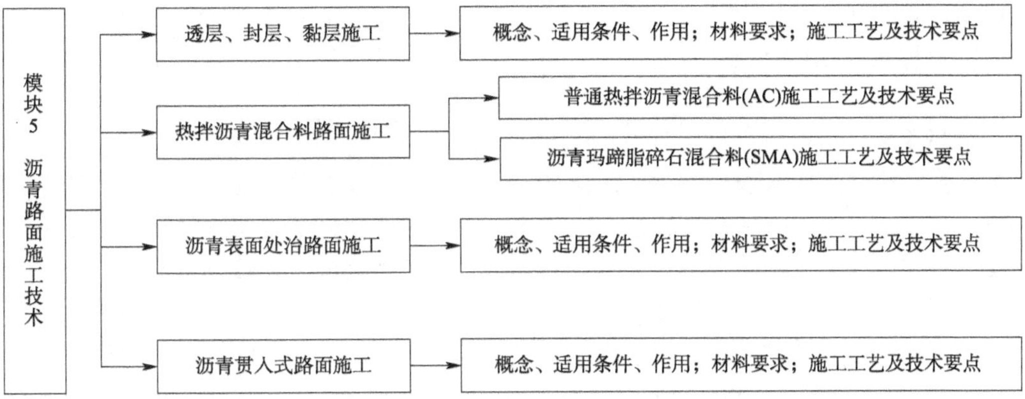

图 5-1　模块 5 的主要内容结构

学前回顾

高速公路典型的沥青路面结构如图 5-2 所示。表面层可选 AC-13 或 SMA-13，中面层可选 AC-20，下面层可选 AC-25 或 ATB-25。基层和底基层通常为水泥稳定碎石。

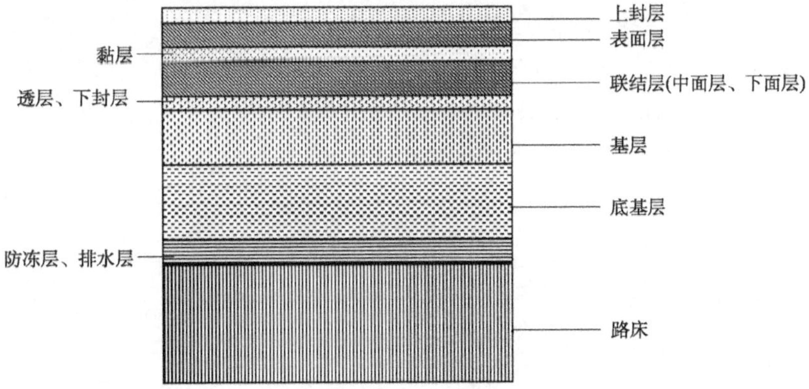

图 5-2　沥青路面结构

5.1 透层、封层、黏层施工

5.1.1 透层施工

1）透层的概念及适用条件

透层是指为使沥青面层与非沥青材料基层结合良好，在基层上喷洒液体沥青、乳化沥青、煤沥青而形成的透入基层表面一定深度的薄层。

符合下列情况之一时，应浇洒透层沥青：①沥青路面的级配砂砾、级配碎石基层；②水泥、石灰、粉煤灰等无机结合料稳定土；③粒料的半刚性基层上必须浇洒透层沥青。

2）透层的作用

透层具有联结、固结、养生、防水作用，能有效增强基础的承载能力、耐久性和抗水害能力，目前在沥青路面结构层设计中已很常见。其主要作用如下：①透入基层表面孔隙，增强基层和面层间的联结；②有助于结合基层表面集料中的细料，对基层表面起到稳定固结作用；③在完成基层的铺装后，适时洒布透层油还可以减少基层的养生费用，提高养生质量；④经过透层油渗透成型以后的基层，表面的开口孔隙被填充，在一定渗透深度范围内形成防水层；⑤由于某种原因推迟铺筑面层的情况下，透层可为基层提供临时性防护措施，防止降雨和临时行车的破坏。

3）材料要求

根据基层类型选择渗透性好的液体沥青、乳化沥青、煤沥青作透层油，喷洒后通过钻孔或挖掘确认透层油渗透入基层的深度宜不小于5mm（无机结合料稳定集料基层）~10mm（无结合料基层），并能与基层联结成为一体。需要注意的是，要经过充分渗透固结后，才能在其上做黏层或封层，否则只会在基层表面形成一层油膜，其一经车辆行驶或搓动，就很容易被车轮粘走、卷皮或磨掉，不仅起不到固结、联结、封闭、防水的作用，还会导致上面沥青混凝土层的推移、脱落等损坏。因此，透层油要渗透入基层，这是透层发挥作用的先决条件。

【知识链接——液体沥青、乳化沥青和煤沥青】

液体沥青是用汽油、煤油、柴油等溶剂将石油沥青稀释而成的沥青产品，也称轻制沥青或稀释沥青。

乳化沥青是沥青和乳化剂在一定工艺作用下，生成水包油或油包水（具体要看乳化剂的种类）的液态沥青。对于酸性、潮湿的石料或低温季节施工时，宜选用阳离子乳化沥青；对于碱性石料或与掺入的水泥、石灰、粉煤灰共同作用时，宜选用阴离子乳化沥青。乳化沥青的表示方法我国根据实际情况按施工方法分类（三部分）：第一部分，P或B，表示喷洒施工或拌和施工；第二部分，C或A，表示阴离子或阳离子乳化剂；第三部分，1~3，表示不同用途。详见表5-1所示。

乳化沥青种类及用途 表5-1

施工方法	种类		用途
贯入洒布	PC-1	PA-1	表面处治及贯入式洒布
	PC-2	PA-2	透层油
	PC-3	PA-3	黏层油

续上表

施工方法	种类		用途
拌和	BC-1	BA-1	拌制粗粒式沥青混合料
	BC-2	BA-2	拌制中粒式及细粒式沥青混合料
	BC-3	BA-3	拌制稳定土及稀浆封层

煤沥青,人造沥青的一种,是由煤干馏得到的煤焦油再经蒸馏去除液体馏分以后的残余物。煤焦油会对环境造成严重污染,故不推荐使用。

透层油的用量通过试洒确定,不宜超出表5-2要求的范围。

沥青路面透层材料的规格和用量表 表5-2

用途	液体沥青		乳化沥青		煤沥青	
	规格	用量(L/m^2)	规格	用量(L/m^2)	规格	用量(L/m^2)
无结合料粒料基层	AL(M)-1、2或3 AL(S)-1、2或3	1.0~2.3	PC-2 PA-2	1.0~2.0	T-1 T-2	1.0~1.5
半刚性基层	AL(M)-1或2 AL(S)-1或2	0.6~1.5	PC-2 PA-2	0.7~1.5	T-1 T-2	0.7~1.0

注:表中用量是指包括稀释剂和水分等在内的液体沥青、乳化沥青的总量。乳化沥青中的残留物含量以50%为基准。

4)透层质量控制要素

(1)掺配比例

透层油一般有稀释沥青和乳化沥青两种,煤油与沥青的掺配比例是透层的一个重要参数。掺配比例是否合适在很大程度上决定了另外两个重要技术指标即黏度和渗透深度是否符合要求。掺入煤油的目的是要降低沥青黏度,以利于透层油渗透。煤油含量过高会造成三个不利影响:一是沥青含量过低,影响透层的黏结作用和防水作用;二是没有挥发的煤油随雨水流散,会污染当地环境;三是煤油价格高,提高了生产成本。煤油含量过低会导致沥青含量过高,透层油黏度大,渗透效果差。煤油掺配比例不是固定不变的,掺配比例与基质沥青标号和基层密实情况相关。要达到相同的渗透深度,沥青标号越高,煤油掺量就越低;基层越密实,煤油掺量就越高。

乳化沥青一般由沥青、水、乳化剂三种主要物质组成,除此之外还掺有稳定剂、特殊助剂、改性剂等添加剂。沥青是最主要组成部分,一般占总质量的50%~65%;乳化剂约占总质量的0.2%~1.8%;添加剂根据类别不同,具体用量需要根据试验确定。

(2)黏度

黏度是透层施工工艺控制的主要指标。规范规定恩格拉黏度在1~6之间,道路标准黏度在8~20之间。拥有良好黏度的透层油其黏结作用、防水作用及渗透深度均较好。黏度过大说明沥青含量偏高,喷洒困难且浪费沥青;黏度过小说明沥青含量偏低,就不能在基层表面形成一个稳定的保护层。因此,掺配好的透层油一定要进行现喷试验确定。

(3)渗透深度

渗透深度是透层施工后的效果指标,能否有效的保证基层与面层联结就看透层的渗透效果。规范规定透层油的渗透深度一般为5~10mm。影响渗透效果的因素有:①黏度,该因素是影响渗透效果的主要因素;②基层表面是否清扫干净,如果基层表面留有泥土、灰尘,将会影响渗透效果;③洒布温度,洒布温度一般应控制在80~90℃,洒布温度过低时,也将影响到透层的渗透效果。

(4)洒布量

洒布量也是透层施工的一个重要指标。对于半刚性基层,规定用量为0.7~1.5L/m^2,施工时,应保证喷洒均匀。当洒布量不足时,会出现花白现象,致使渗透深度不能保证;当洒布量过多时,透层油会产生流淌现象,并在表面形成油膜,会影响黏结效果,甚至造成滑动的区域。

5)透层施工工艺

(1)施工准备

施工准备主要包括下承层检测与表面处理两部分。在透层施工前要进行基层检测,质量要求合格。透层施工前必须对基层表面进行清扫,首先用自行式强力清扫车进行全面清扫,然后由人工采用竹帚进行全面清扫,再用森林灭火器将浮灰吹净,必要时用高压水冲洗,使表层集料大颗粒部分外露。机械吹扫和人工清除如下图5-3所示。高压水冲洗如图5-4所示。

图5-3 机械吹扫和人工清除

图5-4 高压水冲洗

清扫完成后要进行表面裂缝清查,对出现裂缝的,为了防止反射到面层,必须对裂缝进行技术处理。处理措施可以采用沥青灌缝后,喷洒沥青铺贴聚酯玻纤布方法处理,如图5-5所示。

(2)施工测量放样

在保证高程、横坡、平整度的情况下,透层施工放样宽度应在面层宽度上每边加宽15cm。

(3)机械、设备选择

喷洒宜选用智能型沥青洒布车,如图5-6所示,能自动调节洒布温度、洒布量和行驶速度,它克服了旧式设备靠车速控制洒布量,在起步时洒布量过多、行进中花白、结束时洒布量过少的现象,保证了洒布量的衡定和均匀性。同时要求洒布车的喷嘴选用交叉喷洒型,尽量避免使用垂直喷嘴,以免发生单孔堵孔时出现花白带。

图5-5 基层表面裂缝处理

图5-6 智能型沥青洒布车

(4)透层油加工、运输及储存

透层油乳化沥青采用工厂化生产设备生产，由可加热沥青专用槽车运输，同时要求储存罐要具有加热、搅拌设施。

(5)施工喷洒

基层铺装完毕后，及时跟进施工透层油，这样既可以实现透层油的最佳渗透效果又有利于基层养生，且不会对基层强度形成产生影响。喷洒透层油之前在表面清理完成后，洒水润湿，洒水量以使基层表面湿润无积水为宜，待表面水分蒸发后即可开始喷洒透层。

喷洒设备采用智能型沥青专用洒布车，车中的微电脑能够准确地控制洒布量。沥青洒布车以8km/h左右的速度匀速行驶，洒布时以试验确定的洒布量一次均匀喷洒完成。智能型沥青洒布车喷洒透层油如图5-7所示。

图5-7 智能型沥青洒布车喷洒透层油

(6)养生

透层油洒布后的养生时间根据透层油品种和气候条件确定，确保乳化沥青渗透且水分蒸发。养生期间需进行严格的交通管制，严禁车辆通行。

(7)施工注意事项

沥青路面各类基层都必须喷洒透层油，沥青层必须在透层油完全渗透入基层后方可铺筑。基层上设置下封层时，透层油不宜省略。气温低于10℃或大风天气、即将降雨时不得喷洒透层油。

用于半刚性基层的透层油宜紧接在基层碾压成型后表面稍变干燥，但尚未硬化的情况下喷洒。此时喷洒，透层油透入基层深度最深，但随着龄期增长及强度的增长，透层油会越来越难以透入。而且，及时洒透层油对基层的水分有良好的保护作用，基层表面也不容易松散，同时，透层油还起到保护半刚性基层不受太阳暴晒开裂的作用。在半刚性基层施工养生一周后喷洒透层油的做法是不合适的。为了保护透层油不被运输车辆破坏，通常喷洒透层油后(乳化沥青一破乳)应立即撒布一层石屑或粗砂。

在无结合料粒料基层上洒布透层油时，宜在铺筑沥青层前1~2d进行。

透层油宜采用沥青洒布车一次喷洒均匀，使用的喷嘴宜根据透层油的种类和黏度选择并保证均匀喷洒，沥青洒布车喷洒不均匀时宜改用手工沥青洒布机喷洒。沥青洒布车喷洒沥青时应保持稳定速度和喷洒量，并保持整个洒布宽度喷洒均匀。小规模工程可采用机动或手摇的手工沥青洒布机洒布沥青。洒布设备的喷嘴应适用于沥青的稠度，确保能成雾状，与洒油管成15°~25°的夹角，洒油管的高度应使同一地点接受2~3个喷油嘴喷洒的沥青，不得出现花白条。

喷洒透层油前应清扫路面，遮挡防护路缘石及人工构造物避免污染，透层油必须洒布均匀，有花白遗漏应人工补洒，喷洒过量的立即撒布石屑或砂吸油，必要时作适当碾压。透层油洒布后不得在表面形成能被运料车和摊铺机黏起的油皮，透层油达不到渗透深度要求时，应更换透层油稠度或品种。

透层油洒布后的养生时间随透层油的品种和气候条件由试验确定，确保液体沥青中的稀释剂全部挥发、乳化沥青渗透且水分蒸发、然后尽早铺筑沥青面层，防止工程车辆损坏透层。

5.1.2 封层施工

1)封层概念及适用条件

为封闭表面空隙,防止水分侵入而在沥青面层或基层上铺筑的有一定厚度的沥青混合料薄层。铺筑在沥青面层表面的称为上封层;铺筑在沥青面层下面、基层表面的称为下封层。各种封层适用于加铺薄层罩面、磨耗层、水泥混凝土路面上的应力缓冲层、各种防水和密水层、预防性养护罩面层。

符合下列情况之一时,应在沥青面层上铺筑上封层:①沥青面层的空隙较大,透水严重;②有裂缝或已修补的旧沥青路面;③需加铺磨耗层改善抗滑性能的旧沥青路面;④需铺筑磨耗层或保护层的新建沥青路面。

下封层适用条件:空隙率较大、有严重渗水可能,多雨潮湿地区的高速公路、一级公路的沥青面层或不能及时铺筑沥青面层而需要通行车辆时的铺筑基层,此时宜在喷洒透油层后铺筑下封层。

【知识链接——区分下封层与透层油】

必须严格地区分下封层与透层油的区别:下封层的目的在于封闭基层表面,不一定要求透下去;透层油要求渗透到一定深度。同时,其作用和目的也有很大的区别。现在一些工程因为在半刚性基层上喷洒透层油渗透不下去,便在透层油上撒集料和砂作为下封层,这种做法也许能够起到封闭的作用,但不能代替透层油。

2)封层作用

封层的作用主要包括四个方面:一是封闭某一层、起保水防水作用;二是起基层与沥青表面层之间的过渡和有效连接作用;三是路的某一层表面破坏、离析松散处的加固补强;四是防止基层在沥青面层铺筑前临时开放交通时,因天气或车辆作用出现水毁。

3)材料要求

上封层根据情况可选择乳化沥青稀浆封层、微表处、改性沥青集料封层、薄层磨耗层或其他适宜的材料。

上封层的类型根据使用目的、路面的破损程度选用。裂缝较细、较密的可采用涂洒类密封剂、软化再生剂等涂刷罩面;对二级及二级以下公路的旧沥青路面可以采用普通的乳化沥青稀浆封层,也可在喷洒道路石油沥青后撒布石屑(砂)后碾压作封层;对高速公路、一级公路有轻微损坏的宜铺筑微表处;对用于改善抗滑性能的上封层可采用稀浆封层、微表处或改性沥青集料封层。

【知识链接——稀浆封层、微表处】

稀浆封层是指用具有一定级配的石屑或砂、填料(水泥、石灰、粉煤灰、石粉等)与乳化沥青、外掺剂和水,按一定比例拌和成流动状态的沥青混合料,并将其均匀地摊铺在路面上形成的沥青封层。

微表处是指用具有一定级配的石屑或砂、填料(水泥、石灰、粉煤灰、石粉等)与聚合物改性乳化沥青、外掺剂和水,按一定比例拌制成流动型混合料,再均匀洒布于路面上的封层。

稀浆封层和微表处虽然有许多相似之处,但却是两种完全不同的类型,必须严格区别。二者的区别主要在于设计要求与应用情形:

(1)乳化沥青技术要求不同：稀浆封层可采用普通乳化沥青或改性乳化沥青，而微表处必须采用改性乳化沥青。

(2)集料质量要求不同：稀浆封层和微表处均应选择坚硬、粗糙、耐磨、洁净的集料。但微表处通过4.75mm筛的合成矿料的砂当量必须大于65%，而稀浆封层要求不低于50%。微表处对集料的要求更为严格。

(3)稀浆混合料设计指标不同：微表处必须通过黏附砂量指标控制最大沥青用量，以防止泛油的出现，而稀浆封层仅在用于重交通道路时才有这一要求。微表处混合料浸水一小时的湿轮磨耗指高程于稀浆封层，说明微表处混合料的耐磨耗能力优于稀浆封层混合料；微表处混合料还必须满足浸水6d湿轮磨耗指标，而稀浆封层没有该指标要求，这说明微表处混合料比稀浆封层混合料有更好的抵抗水损害的能力；微表处可以用做车辙填充，对微表处混合料有负荷车轮碾压1 000次后试样侧向位移不大于5%的要求，而稀浆封层没有这一指标的要求。

(4)适用范围不同：稀浆封层一般用于二级及二级以下公路的预防性养护，也适用于新建公路的下封层。微表处主要用于高速公路以及公路的预防性养护或填补轻度车辙，也适用于新建公路的抗滑磨耗层。单层微表处适用于旧路面车辙深度不大于15mm的情况，超过15mm的必须分两层铺筑，或先用V字形车辙摊铺箱摊铺，深度大于40mm时不宜微表处处理。

下封层宜采用层铺法表面处治或稀浆封层法施工。稀浆封层可采用乳化沥青或改性乳化沥青作结合料。下封层的厚度不宜小于6mm，且做到完全密水。

4)封层施工工艺

封层按施工类型来分，可采用拌和法或层铺法，也可采用乳化沥青稀浆封层。

(1)采用拌和法施工上、下封层时，应按照热拌沥青混凝土路面的施工工艺进行。当为下封层铺筑时，宜采用AC-5砂粒式沥青混凝土，厚度宜为1cm。

(2)使用层铺法沥青表面处治铺筑上封层时，施工方法按层铺法表面处治工艺施工。其材料用量要求应符合有关规定。沥青用量可采用规定范围的中、低限。

以层铺法沥青表面处治铺筑下封层时，通常采用单层式，施工工艺同上封层。矿料用量应根据矿料尺寸、形状、种类等情况确定，宜为5～8m^3/1 000m^2，沥青用量可采用要求范围的中、高限。

(3)稀浆封层技术。

稀浆封层技术具有广泛的应用范围，在目前主要用于以下几个方面：

(1)旧沥青路面的维修养护。

(2)新铺筑沥青路面的封层。该技术可以增加路面的防水和磨耗性能。

(3)用于高速公路下封层。该技术可以提高路面的防水性能。

(4)砂石路面磨耗层。该技术可以提高砂石路面的抗磨耗性能，防止扬尘、改善行车条件。

(5)水泥混凝土路面和桥面的维修养护。该技术可以起到罩面作用，提高路面平整度，延长水泥混凝土路面的使用寿命。

稀浆封层按照矿料级配的不同可以分为细封层、中封层和粗封层，分别以ES-1、ES-2、ES-3表示。我国常采用的稀浆封层厚度是3～6mm。

①原材料的准备。

a. 沥青。

稀浆封层可采用普通乳化沥青或改性乳化沥青。

b. 矿料。

稀浆封层应选择坚硬、粗糙、耐磨、洁净的集料，其中通过4.75mm筛的合成矿料的砂当量不得低于50%。矿料的级配符合规范要求。细集料宜采用碱性石料生产的机制砂或洁净的石屑。矿料中超规格粒径的矿料颗粒要彻底清除。

c. 水。

水是构成稀浆混合料的重要组成部分,它的用量大小将决定稀浆混合料的稠度和密实度。稀浆混合料的水相是由矿料中的水、乳液中的水和拌和时的外加水构成的。

典型的外加水质量比范围是干矿料质量的6% ~11%。外加水低于6%的稀浆混合料太稠太干,不便于摊铺;而外加水高于11%时,稀浆混合料太稀,容易发生离析、流淌,变得不稳定,而且可能产生集料下沉沥青上浮的现象,成型后表面一层油膜而下面都是花白的松散集料,与原路面黏接不牢,容易成片起皮脱落,因此慎重控制外加水量对于保证稀浆封层质量至关重要。对于机械摊铺,推荐9%的外加水量,施工现场可根据集料与机械的情况作适当的调整。总含水率(包括外加水、乳液中含水和矿料中含水)应控制为矿料质量的12% ~20%。

稀浆封层用水不得含有有害的可溶性盐类、能引起化学反应的物质和其他污染物,一般采用可饮用水。

d. 填料。

稀浆封层矿料中可以掺加矿粉、水泥、消石灰等填料。填料应干燥、疏松,无结团,并应符合《公路沥青路面施工技术规范》(JTG F40—2004)中的相关要求。

矿粉的主要作用是改善矿料级配。水泥、消石灰等具有化学活性的填料的主要作用是调整稀浆混合料的可拌和时间、成浆状态和成型速度等。

e. 添加剂。

添加剂的主要作用是调节稀浆封层混合料可拌和时间、破乳速度、开放交通时间等施工性能,并在一定程度上改变混合料的路用性能。

用单一乳化剂制备的沥青乳液,有时会看到乳液颗粒粗大又不均匀,乳液容易发生絮凝或沉降现象。如果在单一乳化剂中添加无机盐类制备沥青乳液,就能得到颗粒均匀而微细的乳液。所添加的无机盐类能增加颗粒之间的相互排斥力,减缓颗粒之间的合一凝聚速度即破乳速度,提高乳化能力,改善乳液的稳定性,增强与骨料的黏附能力,有利于骨料与乳液的拌和以及稀浆的拌和与摊铺。

常用的添加剂包括无机盐类添加剂、有机类添加剂等。应根据使用要求和成本综合考虑选择合适的添加剂。对于阳离子乳化沥青混合料,无机盐类添加剂一般会延长可拌和时间,延缓成型;有机类添加剂除具有无机盐类添加剂的相关功效外,还可以减小稀浆封层混合料的稠度,改善施工和易性。常用作添加剂的无机盐有:氯化铵、氯化钙、氯化镁、硫酸铝等。

②机械设备。

稀浆封层和微表处必须使用专用的摊铺机进行摊铺。稀浆封层摊铺车如图5-8所示。

图5-8　稀浆封层摊铺车

③气候条件。

稀浆封层施工的气候条件应满足:施工、养生期内的气温应高于10℃;不得在雨天施工。施工中遇雨或者施工后混合料尚未成型就遇雨时,应在雨后将无法正常成型的材料铲除。

④施工工艺。

稀浆封层施工流程如图5-9所示。

图5-9　稀浆封层施工工艺流程

a. 下承层准备。

铺设上封层的下卧层必须彻底清扫干净,对车辙、坑槽、裂缝进行处理或挖补。

原路面宽度大于5mm的裂缝应进行灌缝处理。原路面局部破损(如坑槽、松散等)应彻底挖补。原路面深的车辙(如车辙深超过10mm)应事先进行填补。原路面的拥包等隆起型病害应进行处理。

原路面必须有足够的结构强度。原路面整体结构强度不足的,不应采用稀浆封层罩面;原路面局部结构强度不足的,必须根据具体情况选择合适的方法进行补强。

原路面为沥青路面时,一般不需喷洒黏层油。原路面为非沥青路面,宜预先喷洒黏层油。用于半刚性基层沥青路面的下封层时,应先在半刚性基层上喷洒透层油。

铺筑试验段:稀浆封层正式施工前,应选择合适路段摊铺试验段。试验段长度不小于200m。当工程量较小或工期较短时,可将第一天的施工段作为试验段。通过试验段的摊铺,确定施工工艺。根据试验段的摊铺情况,在设计配合比的基础上做小范围调整,确定施工配合比。

通过试验段得出的施工配合比和确定的施工工艺经监理或业主认可后,作为正式施工依据,并在施工过程中不允许随意更改,必须更改时,应得到监理或业主的认可。

b. 施工放样。

放样画线,根据路幅宽度调整摊铺箱宽度,尽量减少纵向接缝数量,在可能的情况下,宜使纵向接缝位于车道线附近。据此宽度从路缘开始放样,一般均从左边开始画出走向控制线。

c. 备料。

将符合要求的矿料、乳化沥青、填料、水、添加剂等分别装入摊铺机的相应料箱,一般应全部装满,并应保证矿料的湿度均匀一致。

d. 封层机就位。

将装好料的摊铺机开至施工起点,对准走向控制线,并调整摊铺箱厚度与拱度,使摊铺箱周边与原路面贴紧。操作手再次确认各料门的高度或开度。开动发动机,接合拌和缸离合器,使搅拌轴正常运转,并开启摊铺箱螺旋分料器。打开各料门控制开关,使矿料、填料、水几乎同时进入拌和缸,并使预湿的混合料推移至乳液喷出口时,乳液喷出。调节稀浆在分向器上的流向,使稀浆能均匀地流向摊铺箱左右。调节水量,使稀浆稠度适中。

e. 摊铺。

当稀浆混合料均匀分布在摊铺箱的全宽范围内时,操作手就可以通知驾驶员启动底盘,并缓慢前进,一般前进速度为1.5~3.0km/h,但应保持稀浆摊铺量与生产量的基本一致。快开放交通型稀浆封层施工时保持摊铺箱中稀浆混合料的体积为摊铺箱容积的1/2左右,慢开放交通型稀浆封层施工时保持摊铺箱中稀浆混合料的体积为摊铺箱容积的1/2~2/3。稀浆封

图 5-10　稀浆封层摊铺施工

层摊铺施工如图 5-10 所示。

f. 找平。

混合料摊铺后，应立即进行人工找平，找平的重点是：起点，终点，纵向接缝，过厚，过薄或不平处，尤其对超大粒径集料产生的纵向刮痕，应尽快清除并填平。

摊铺机上任何一种材料用完时，应立即关闭所有材料输送的控制开关，让搅拌缸中的混合料搅拌均匀，在送入摊铺箱摊铺完后，摊铺车停止前进，此时提起摊铺槽，将摊铺车移出摊铺点，清洗摊铺槽。施工中不得随意抛掷废弃物。

g. 成型养护。

当黏结力达到 1.2N · m 时，稀浆混合料已初凝，当黏结力达到 2.0N · m 时，稀浆混合料已凝固到可以开放交通的状态，一般为 3 ~ 12h。

稀浆封层一般不需要压路机碾压。在用于硬路肩、停车场等缺少或者没有行车碾压的位置时，或者为了满足某些特殊需要，可使用 6 ~ 10t 轮胎压路机对已破乳并初步成型的稀浆混合料进行碾压。

稀浆封层用于下封层时，宜使用 6 ~ 10t 轮胎压路机对已破乳并初步成型的稀浆混合料进行碾压，使混合料具有更好的封水作用。

稀浆封层能够满足开放交通的要求后应尽快开放交通。

【知识链接——沥青同步碎石封层技术】

沥青同步碎石封层技术是通过沥青与碎石同步铺洒（撒），实现喷洒到路面上的高温沥青在不降温的条件下即时与碎石结合，从而确保石料与原路面牢固黏结，如图 5-11 所示。

图 5-11　沥青同步碎石封层技术

在同步封层施工前，应对路面病害进行详细调查，并先对原路面坑槽、松散等病害进行认真修补，并清扫干净。施工正式开始后，同步封层车喷洒出温度在 160 ~ 180℃ 范围内的沥青膜，同步铺撒 8 ~ 10mm 碎石，压路机紧随其后，在沥青温度降低之前及时完成碾压工序，形成单层沥青碎石磨耗层。沥青路面经过同步碎石封层处理后，能有效治愈路面龟裂、网裂等病害，特别是碎石在路面上，经车辆的碾压后，密实度强，使雨、雪水不能渗入路基，增强了路面防水、抗滑、抗磨能力，大大改善了路面使用性能。同时，同步碎石封层技术施工速度快，作业效率高，碾压完成后即可限速开放交通，对行车影响相对较小。

5.1.3　黏层施工

1）黏层的概念及适用条件

黏层是指为加强路面沥青层与沥青层之间、沥青层与水泥混凝土路面之间的结合而洒布的沥青材料薄层。

符合下列情况之一时，必须喷洒黏层油。

(1)双层式或三层式热拌热铺沥青混合料路面的沥青层之间。

(2)水泥混凝土路面、沥青稳定碎石基层或旧沥青路面层上。

(3)路缘石、雨水口、检查井等构造物与新铺沥青混合料接触的侧面。

2)黏层的作用

黏层的作用是使各面层之间、面层与构造物黏结成一个整体。黏层主要起胶结作用。

3)材料要求

(1)黏层油宜采用快裂或中裂乳化沥青、改性乳化沥青，也可采用快、中凝液体石油沥青，其规格和质量应符合《公路沥青路面施工技术规范》(JTG F40—2004)的要求，所使用的基质沥青标号宜与主层沥青混合料相同。

(2)黏层油品种和用量，应根据下卧层的类型通过试洒确定，并符合表5-3的要求。当黏层油上铺筑薄层大空隙排水路面时，黏层油的用量宜增加到0.6～1.0L/m²。在沥青层之间兼作封层而喷洒的黏层油宜采用改性沥青或改性乳化沥青，其用量宜不少于1.0L/m²。

沥青路面黏层材料的规格和用量 表5-3

下卧层类型	液体沥青		乳化沥青	
	规格	用量(L/m²)	规格	用量(L/m²)
新建沥青层或旧沥青路面	AL(R)-3～AL(R)-6 AL(M)-3～AL(M)-6	0.3～0.5	PC-3 PA-3	0.3～0.6
水泥混凝土	AL(M)-3～AL(M)-6 AL(S)-3～AL(S)-6	0.2～0.4	PC-3 PA-3	0.3～0.5

注：表中用量是指包括稀释剂和水分等在内的液体沥青、乳化沥青的总量。乳化沥青中的残留物含量以50%为基准。

4)黏层施工技术要点

(1)喷洒表面一定清扫干净，并表面干燥。

(2)气温低于10℃时不得喷洒黏层油，寒冷季节施工不得不喷洒时可以分成两次喷洒。路面潮湿时不得喷洒黏层油，用水洗刷后需待表面干燥后喷洒。

(3)黏层油宜采用沥青洒布车喷洒，并选择适宜的喷嘴，洒布速度和喷洒量保持稳定。当采用机动或手摇的手工沥青洒布机喷洒时，必须由熟练的技术工人操作，均匀洒布。

(4)喷洒的黏层油必须成均匀雾状，在路面全宽度内均匀分布成一薄层，不得有洒花漏空或成条状，也不得有堆积。喷洒不足的要补洒，喷洒过量处应予刮除。喷洒黏层油后，严禁运料车外的其他车辆和行人通过。

(5)黏层油宜在当天洒布，待乳化沥青破乳、水分蒸发完成，或稀释沥青中的稀释剂基本挥发完成后，紧跟着铺筑沥青层，确保黏层不受污染。

(6)喷洒黏层油后，严禁运料车外的其他车辆和行人通过。

【工程实例——黏层施工】

1)工程概况

十天高速安康至汉中段路面工程，上面层为SMA-13细粒式改性沥青混凝土，厚度4cm；中面层为AC-20C中粒式改性沥青混凝土，厚度6cm；下面层为ATB-30粗粒式沥青稳定碎石，厚度12cm；基层为水泥稳定级配碎石，厚度36cm；底基层为级配碎石，厚度20cm。下面层施工完毕，进行黏层试验段的施工。

2）试验段的目的

确定达到设计要求的黏层洒布量时洒布车的行车速度、喷洒量大小和黏层洒布的施工工艺。

3）施工前准备工作

（1）试验路段施工主要人员

试验路段施工主要人员见表5-4所示。

试验段施工主要人员　　表5-4

人员姓名	职　务	人　数	备　注
—	项目经理	1	全面负责各部门的协调
—	项目总工	1	施工技术总负责
—	项目副经理	1	施工总负责
—	行政副经理	1	负责与地方政府的协调
—	生产副经理	1	现场施工总负责
—	工长	1	负责机械、人员调度
—	技术	1	现场施工各项工艺
—	技术	1	现场施工各项工艺
—	质量负责人	1	现场施工质量控制
—	质检员	1	质量检测
—	洒布车司机	1	负责驾驶乳化沥青洒布车
—	洒布操作工	1	负责洒布乳化沥青
—	民工	5	对洒布后的黏层进行修补等

建立施工组织机构，成立由项目经理组长，项目总工、生产副经理为副组长的现场领导小组，对沿线施工进行总体安排。具体组织机构见图5-12所示。

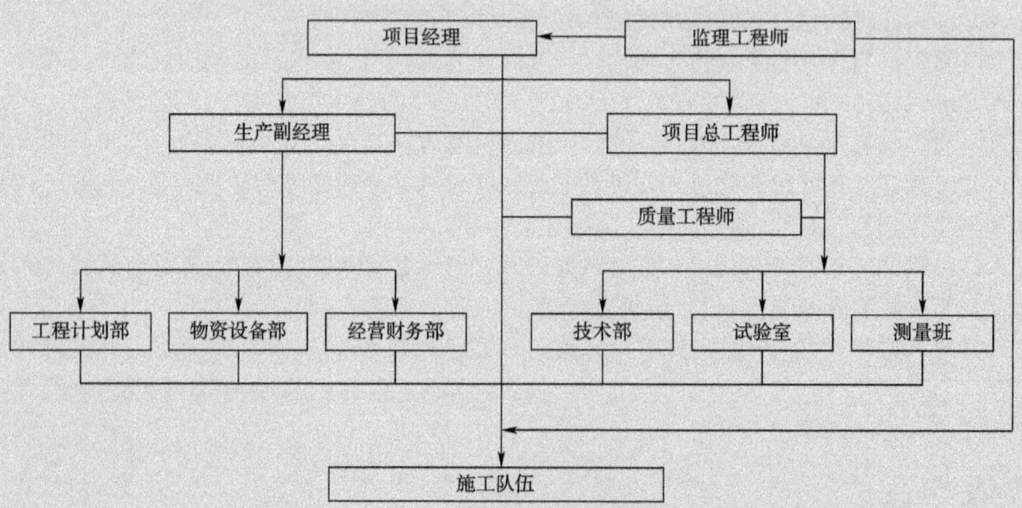

图5-12　黏层施工组织机构

（2）主要材料

黏层采用喷洒型SBR改性乳化沥青。其技术指标满足《公路沥青路面施工技术规范》

(JTG F40—2004)的规定。

(3)主要机械设备

试验段主要机械设备如表5-5所示。

试验段施工机械一览表 表5-5

序号	设备名称	规格型号	数量	备注
1	智能型乳化沥青洒布车	SX5190GIQ	1辆	自动电子计量/用于施工
2	森林灭火器	—	2台	用于施工前清扫
2	渗透仪	—	1台	用于试验检测
3	取芯机	—	1台	

施工前应检查沥青洒布车的油泵系统、输油管缝、油量表、保温设备等,并将一定数量沥青装入油罐,在路上先进行试洒,确定喷油速度及洒油量,每次喷油前保持喷油嘴干净,管道畅通,喷油嘴的角度应一致,并与洒油管成15°~25°的夹角,使同一地点接受两个或三个喷油嘴喷洒沥青,不得出现花白条。当采用曾洒布热沥青的机械洒布乳化沥青时,必须将残留沥青处理干净并用柴油清洗干净。

4)黏层施工方案

(1)施工工艺流程

黏层施工工艺流程如图5-13所示。

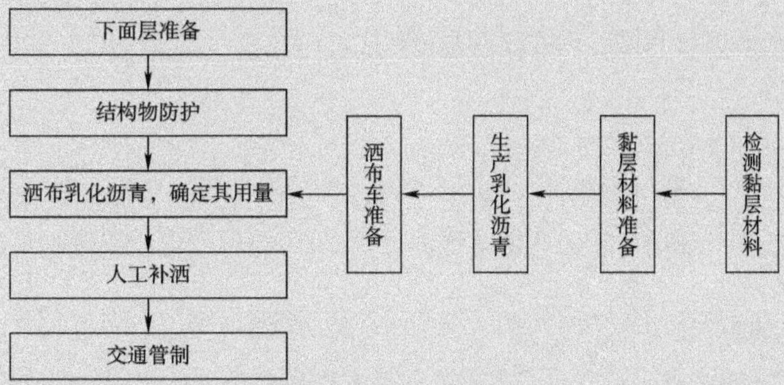

图5-13 黏层施工工艺流程

(2)施工方案

①下承层准备。

在中面层、上面层铺筑的前1d进行黏层油的洒布,洒布前对下承层进行清扫,达到表面无松散杂物及泥土为止。喷洒前下承层表面需完全干燥,且采用彩条布对结构物进行遮盖防护以避免污染。

②喷洒。

洒布型乳化沥青在正常温度下进行洒布,为了保证洒布的均匀性,在洒布前应先预热并疏通油嘴,且采用人工配合一台全智能沥青洒布车进行洒布,选择适宜的喷嘴、洒布速度和喷洒量,且洒布速度和喷洒量保持稳定,不得有洒花漏空或成条状,也不得有堆积。喷洒不足的要补洒,喷洒过量处人工刮除或人工洒布细砂吸除。喷洒的黏层油必须成均匀雾状,在路面全宽度内均匀分布成一薄层。洒布量为0.5L/m^2。刮大风、浓雾或下雨时不得喷洒黏层油。施工温度不得低于10℃。洒布时黏层油温度为40~70℃,纵横向搭接宽度为1~5cm。

洒布车洒布完一个车道停车后，必须用油槽接住排油管滴下的乳化沥青，以防局部乳化沥青过多，若出现此情况时承包人应予以清除。

③检测。

黏层施工检测的项目、控制标准及检测方法和频率如表5-6所示。

黏层施工实测项目　　表5-6

实测项目	质量和允许偏差	检测方法及频率
洒布量(L/m^2)	$0.5L/m^2$；±10%	每工作日每层洒布查1次
洒布均匀性	均匀一致	目测；随时
破乳时间(h)	≤4	记录自洒布到破乳的时间；1次/d

④养生及交通管制。

黏层洒布完后，设置标志和障碍物并派专人封闭交通。在上层结构层未施工之前禁止除运料车以外的车辆通行。

乳化沥青完全破乳后方可进行下一工序的施工。养生时间不得小于24h。

5.2 热拌沥青混合料路面施工

5.2.1 普通热拌沥青混合料路面施工

1)材料要求

(1)原材料的技术要求

沥青混合料的原材料包括沥青、粗集料、细集料、填料等。沥青路面使用的各种材料运至现场后必须取样进行质量检验，经评定合格方可使用，不得以供应商提供的检测报告或商检报告代替现场检测。

①道路石油沥青。

道路石油沥青的质量应符合表5-7规定的技术要求。各个沥青等级的适用范围应符合表5-8的规定。经建设单位同意，沥青的PI值、60℃动力黏度，10℃延度可作为选择性指标。

a.沥青路面采用的沥青标号，宜按照公路等级、气候条件、交通条件、路面类型及在结构层中的层位及受力特点、施工方法等，结合当地的使用经验，经技术论证后确定。

b.对高速公路、一级公路，夏季温度高、高温持续时间长、重载交通、山区及丘陵区上坡路段、服务区、停车场等行车速度慢的路段，尤其是汽车荷载剪应力大的层次，宜采用稠度大、60℃黏度大的沥青，也可提高高温气候分区的温度水平选用沥青等级；对冬季寒冷的地区或交通量小的公路、旅游公路宜选用稠度小、低温延度大的沥青；对温度日温差、年温差大的地区宜注意选用针入度指数大的沥青。当高温要求与低温要求发生矛盾时应优先考虑满足高温性能的要求。

c.当缺乏所需标号的沥青时，可采用不同标号掺配的调和沥青，其掺配比例由试验决定。掺配后的沥青质量应符合表5-7的要求。

d.沥青必须按品种、标号分开存放。除长期不使用的沥青可放在自然温度下存储外，沥青在储罐中的储存温度不宜低于130℃，并不得高于170℃。桶装沥青应直立堆放，加盖苫布。

e.道路石油沥青在储运，使用及存放过程中应有良好的防水措施，避免雨水或加热管道蒸

道路石油沥青技术要求

表 5-7

指标		单位	等级	沥青标号																	试验方法①
				160号④	130号④	110号			90号					70号③					50号	30号④	
针入度(25℃,5s,100g)		dmm	—	140~200	120~140	100~120			80~100					60~80					40~60	20~40	T 0604
适用的气候分区⑥		—	—	注④	注④	2-1	2-2	3-2	1-1	1-2	1-3	2-2	2-3	1-3	1-4	2-2	2-3	2-4	1-4	注④	附录A⑤
针入度指数PI②		—	A	-1.5~+1.0																	T 0604
			B	-1.8~+1.0																	
软化点(R&B)	≥	℃	A	38	40	43			45			44		46		45			49	55	T 0606
			B	36	39	42			43			42		44		43			46	53	
			C	35	37	41			42					43					45	50	
60℃动力黏度②	≥	Pa·s	A	—	60	120			160			140		180		160			200	260	T 0620
10℃延度②	≥	cm	A	50	50	40			45	30	20	30	20	20	15	25	20	15	15	10	T 0605
			B	30	30	30			30	20	15	20	15	15	10	20	15	10	10	8	
15℃延度	≥	cm	A、B	100															80	50	
			C	80	80	60			50					40					30	20	
蜡含量(蒸馏法)	≤	%	A	2.2																	T 0615
			B	3.0																	
			C	4.5																	
闪点	≥	℃	—	230					245					260							T 0611
溶解度	≥	%	—	99.5																	T 0607
密度(15℃)		g/cm³	—	实测记录																	T 0603
TFOT(或RTFOT)后⑤																					T 0610或T 0609
质量变化	≤	%	—	±0.8																	
残留针入度比	≥	%	A	48	54	55			57					61					63	65	T 0604
			B	45	50	52			54					58					60	62	
			C	40	45	48			50					54					58	60	
残留延度(10℃)	≥	cm	A	12	12	10			8					6					4	—	T 0605
			B	10	10	8			6					4					2	—	
残留延度(15℃)	≥	cm	C	40	35	30			20					15					10	—	T 0605

注:①试验方法按照现行《公路工程沥青及沥青混合料试验规程》(JTG E20—2011)规定的方法执行。用于仲裁试验求取PI时的5个温度的针入度关系的相关系数不得小于0.997。

②经建设单位同意,表中PI值、60℃动力黏度、10℃延度可作为选择性指标,也可不作为施工质量检验指标。

③70号沥青可根据需要要求供应商提供针入度范围为60~70或70~80的沥青,50号沥青可要求提供针入度范围为40~50或50~60的沥青。

④30号沥青仅适用于沥青稳定基层。130号和160号沥青除寒冷地区可直接在中低级公路上直接应用外,通常用作乳化沥青、稀释沥青、改性沥青的基质沥青。

⑤老化试验以TFOT为准,也可以RTFOT代替。

⑥气候分区见《公路沥青路面施工技术规范》(JTG F40—2004)附录A。

汽进入沥青中。

道路石油沥青的适用范围　　表 5-8

沥青等级	适用范围
A 级沥青	各个等级的公路,适用于任何场合和层次
B 级沥青	①高速公路、一级公路沥青下面层及以下的层次,二级及二级以下公路的各个层次; ②用作改性沥青、乳化沥青、改性乳化沥青、稀释沥青的基质沥青
C 级沥青	三级及三级以下公路的各个层次

②乳化沥青。

a. 乳化沥青适用于沥青表面处治路面、沥青贯入式路面、冷拌沥青混合料路面,修补裂缝,喷洒透层、黏层与封层等。乳化沥青的品种和适用范围宜符合表 5-9 的规定。

乳化沥青品种及适用范围　　表 5-9

分类	品种及代号	适用范围
阳离子乳化沥青	PC-1	表处、贯入式路面及下封层用
	PC-2	透层油及基层养生用
	PC-3	黏层油用
	BC-1	稀浆封层或冷拌沥青混合料用
阴离子乳化沥青	PA-1	表处、贯入式路面及下封层用
	PA-2	透层油及基层养生用
	PA-3	黏层油用
	BA-1	稀浆封层或冷拌沥青混合料用
非离子乳化沥青	PN-2	透层油用
	BN-1	与水泥稳定集料同时使用(基层路拌或再生)

注:P 为喷洒型,B 为拌和型,C、A、N 分别表示阳离子、阴离子、非离子乳化沥青。

b. 乳化沥青的质量应符合《公路沥青路面施工技术规范》(JTG F40—2004)的规定。在高温条件下宜采用黏度较大的乳化沥青,寒冷条件下宜使用黏度较小的乳化沥青。

c. 乳化沥青类型根据集料品种及使用条件选择。阳离子乳化沥青可适用于各种集料品种,阴离子乳化沥青适用于碱性石料。乳化沥青的破乳速度、黏度宜根据用途与施工方法选择。

d. 制备乳化沥青用的基质沥青,对高速公路和一级公路,宜符合表 5-8 道路石油沥青 A、B 级沥青的要求,其他情况可采用 C 级沥青。

e. 乳化沥青宜存放在立式罐中,并保持适当搅拌。储存期以不离析、不冻结、不破乳为度。

③改性沥青。

a. 改性沥青可单独或复合采用高分子聚合物、天然沥青及其他改性材料制作。

b. 各类聚合物改性沥青的质量应符合表 5-10 的技术要求,其中 PI 值可作为选择性指标。当使用表列以外的聚合物及复合改性沥青时,可通过试验研究制订相应的技术要求。

c. 制造改性沥青的基质沥青应与改性剂有良好的配伍性,其质量宜符合表 5-8 中 A 级或 B 级道路石油沥青的技术要求。供应商在提供改性沥青的质量报告时应提供基质沥青的质量检验报告或沥青样品。

d. 天然沥青可以单独与石油沥青混合使用或与其他改性沥青混融后使用。天然沥青的质量要求宜根据其品种参照相关标准和成功的经验执行。

e. 用作改性剂的 SBR 胶乳中的固体物含量不宜少于 45%，使用中严禁长时间曝晒或遭冰冻。

f. 改性沥青的剂量以改性剂占改性沥青总量的百分数计算，胶乳改性沥青的剂量应以扣除水以后的固体物含量计算。

g. 改性沥青宜在固定式工厂或在现场设厂集中制作，也可在拌和厂现场边制造边使用，改性沥青的加工温度不宜超过 180℃。胶乳类改性剂和制成颗粒的改性剂可直接投入拌和缸中生产改性沥青混合料。

h. 用溶剂法生产改性沥青母体时，挥发性溶剂回收后的残留量不得超过 5%。

i. 现场制造的改性沥青宜随配随用，需作短时间保存，或运送到附近的工地时，使用前必须搅拌均匀，在不发生离析的状态下使用。改性沥青制作设备必须设有随机采集样品的取样口，采集的试样宜立即在现场灌模。

j. 工厂制作的成品改性沥青到达施工现场后存储在改性沥青罐中，改性沥青罐中必须加设搅拌设备并进行搅拌，使用前改性沥青必须搅拌均匀。在施工过程中应定期取样检验产品质量，发现离析等质量不符要求的改性沥青不得使用。

聚合物改性沥青技术要求 表 5-10

指标[①]		单位	SBS 类（I 类）				SBR 类（II 类）			EVA、PE 类（III 类）			
			I-A	I-B	I-C	I-D	II-A	II-B	II-C	III-A	III-B	III-C	III-D
针入度 25℃，100g，5s		dmm	>100	80~100	60~80	30~60	>100	80~100	60~80	>80	60~80	40~60	30~40
针入度指数 PI	≥	—	-1.2	-0.8	-0.4	0	-1.0	-0.8	-0.6	-1.0	-0.8	-0.6	-0.4
延度 5℃，5cm/min	≥	cm	50	40	30	20	60	50	40	—			
软化点 $T_{R\&B}$	≥	℃	45	50	55	60	45	48	50	48	52	56	60
运动黏度[②]135℃	≤	Pa·s	3										
闪点	≥	℃	230				230			230			
溶解度	≥	%	99				99			—			
弹性恢复 25℃	≥	%	55	60	65	75	—			—			
黏韧性	≥	N·m	—				5			—			
韧性	≥	N·m	—				2.5			—			
离析 48h 软化点差	≤	℃	2.5				—			无改性剂明显析出、凝聚			
质量变化	≤	%	1.0										
针入度比 25℃	≥	%	50	55	60	65	50	55	60	50	55	58	60
延度 5℃	≥	cm	30	25	20	15	30	20	10				

注：①储存稳定性指标适用于工厂生产的成品改性沥青。现场制作的改性沥青对储存稳定性指标可不作要求，但必须在制作后，保持不间断的搅拌或泵送循环，保证使用前没有明显的离析。

②表中 135℃运动黏度可采用《公路工程沥青及沥青混合料试验规程》（JTG E20—2011）中的"沥青布氏旋转黏度试验方法（布洛克菲尔德黏度计法）"进行测定。若在不改变改性沥青物理力学性质并符合安全条件的温度下易于泵送和拌和，或经证明适当提高泵送和拌和温度时能保证改性沥青的质量，容易施工，可不要求测定。

④粗集料。

a. 沥青层用粗集料包括碎石、破碎砾石、筛选砾石、钢渣、矿渣等，但高速公路和一级公路不得使用筛选砾石和矿渣。粗集料必须由具有生产许可证的采石场生产或施工单位自行加工。

b. 沥青路面集料的选择必须经过认真的料源调查,确定料源应尽可能就地取材。质量符合使用要求,石料开采必须注意环境保护,防止破坏生态平衡。

c. 集料粒径规格以方孔筛为准。不同料源、品种、规格的集料不得混杂堆放。粗集料应该洁净、干燥、表面粗糙,质量应符合表5-11 的规定。当单一规格集料的质量指标达不到表中要求,而按照集料配比计算的质量指标符合要求时,可以在工程上允许使用。对受热易变质的集料,宜采用经拌和机烘干后的集料进行检验。

沥青混合料用粗集料质量技术要求 表5-11

指标		单位	高速公路及一级公路		其他等级公路
			表面层	其他层次	
石料压碎值	≤	%	26	28	30
洛杉矶磨耗损失	≤	%	28	30	35
表观相对密度	≥	t/m^3	2.60	2.50	2.45
吸水率	≤	%	2.0	3.0	3.0
坚固性	≤	%	12	12	—
针片状颗粒含量(混合料)	≤	%	15	18	20
其中粒径大于9.5mm	≤	%	12	15	—
其中粒径小于9.5mm	≤	%	18	20	—
水洗法 <0.075mm 颗粒含量	≤	%	1	1	1
软石含量	≤	%	3	5	5

注:1. 坚固性试验可根据需要进行。

2. 用于高速公路、一级公路时,多孔玄武岩的视密度可放宽至 $2.45t/m^3$,吸水率可放宽至3%,但必须得到建设单位的批准,且不得用于 SMA 路面。

3. 对 S14 即3~5 规格的粗集料,针片状颗粒含量可不予要求,<0.075mm 含量可放宽到3%。

d. 粗集料的粒径规格应按《公路沥青路面施工技术规范》(JTG F40—2004)的规定生产和使用。

e. 采石场在生产过程中必须彻底清除覆盖层及泥土夹层。生产碎石用的原石不得含有土块、杂物,集料成品不得堆放在泥土地上。

f. 高速公路、一级公路沥青路面的表面层(或磨耗层)的粗集料的磨光值应符合表5-12 的要求。除 SMA、OGFC 路面外,允许在硬质粗集料中掺加部分较小粒径的磨光值达不到要求的粗集料,其最大掺加比例由磨光值试验确定。

粗集料与沥青的黏附性、磨光值的技术要求 表5-12

雨量气候区		1(潮湿区)	2(湿润区)	3(半干区)	4(干旱区)
年降雨量(mm)		>1 000	1 000~500	500~250	<250
高速公路、一级公路表面层	粗集料的磨光值 PSV ≥	42	40	38	36
高速公路、一级公路表面层	粗集料与沥青的黏附性 ≥	5	4	4	3
高速公路、一级公路的其他层次及其他等级公路的各个层次	粗集料与沥青的黏附性 ≥	4	4	3	3

g. 粗集料与沥青的黏附性应符合表 5-13 的要求，当使用不符要求的粗集料时，宜掺加消石灰、水泥或用饱和石灰水处理后使用，必要时可同时在沥青中掺加耐热、耐水、长期性能好的抗剥落剂，也可采用改性沥青的措施，使沥青混合料的水稳定性检验达到要求。掺加外加剂的剂量由沥青混合料的水稳定性检验确定。

h. 破碎砾石应采用粒径大于 50mm、含泥量不大于 1% 的砾石轧制，破碎砾石的破碎面应符合表 5-13 的要求。

粗集料对破碎面的要求 表 5-13

路面部位或混合料类型		具有一定数量破碎面颗粒的含量(%)	
		1 个破碎面	2 个或 2 个以上破碎面
沥青路面表面层	高速公路、一级公路	100	90
	其他等级公路	80	60
沥青路面中下面层、基层	高速公路、一级公路	90	80
	其他等级公路	70	50
SMA 混合料		100	90
贯入式路面		80	60

i. 筛选砾石仅适用于三级及三级以下公路的沥青表面处治路面。

j. 经过破碎且存放期超过 6 个月以上的钢渣可作为粗集料使用。除吸水率允许适当放宽外，各项质量指标应符合表 5-13 的要求。钢渣在使用前应进行活性检验，要求钢渣中的游离氧化钙含量不大于 3%，浸水膨胀率不大于 2%。

⑤细集料。

a. 沥青路面的细集料包括天然砂、机制砂、石屑。细集料必须由具有生产许可证的采石场、采砂场生产。

b. 细集料应洁净、干燥、无风化、无杂质，并有适当的颗粒级配，其质量应符合表 5-14 的规定。细集料的洁净程度，天然砂以小于 0.075mm 含量的百分数表示，石屑和机制砂以砂当量(适用于 0～4.75mm)或亚甲蓝值(适用于 0～2.36mm 或 0～0.15mm)表示。

沥青混合料用细集料质量要求 表 5-14

项　目		单位	高速公路、一级公路	其他等级公路
表观相对密度	≥	t/m^3	2.50	2.45
坚固性①(>0.3mm 部分)	≥	%	12	—
含泥量(小于 0.075mm 的含量)	≤	%	3	5
砂当量	≥	%	60	50
亚甲蓝值	≤	g/kg	25	—
棱角性(流动时间)	≥	s	30	—

注：①坚固性试验可根据需要进行。

c. 天然砂可采用河砂或海砂，通常宜采用粗、中砂，其规格应符合表 5-15 的规定，砂的含泥量超过规定时应水洗后使用，海砂中的贝壳类材料必须筛除。开采天然砂必须取得当地政府主管部门的许可，并符合水利及环境保护的要求。热拌密级配沥青混合料中天然砂的用量通常不宜超过集料总量的 20%，SMA 和 OGFC 混合料不宜使用天然砂。

沥青混合料用天然砂规格 表 5-15

筛孔尺寸(mm)	通过各孔筛的质量百分率(%)		
	粗砂	中砂	细砂
9.5	100	100	100
4.75	90 ~ 100	90 ~ 100	90 ~ 100
2.36	65 ~ 95	75 ~ 90	85 ~ 100
1.18	35 ~ 65	50 ~ 90	75 ~ 100
0.6	15 ~ 30	30 ~ 60	60 ~ 84
0.3	5 ~ 20	8 ~ 30	15 ~ 45
0.15	0 ~ 10	0 ~ 10	0 ~ 10
0.075	0 ~ 5	0 ~ 5	0 ~ 5

d. 石屑是采石场破碎石料时通过 4.75mm 或 2.36mm 的筛下部分，其规格应符合表 5-16 的要求。采石场在生产石屑的过程中应具备抽吸设备，高速公路和一级公路的沥青混合料宜将 S14 与 S16 组合使用，S15 可在沥青稳定碎石基层或其他等级公路中使用。

沥青混合料用机制砂或石屑规格 表 5-16

规格	公称粒径(mm)	水洗法通过各筛孔的质量百分率(%)							
		9.5	4.75	2.36	1.18	0.6	0.3	0.15	0.075
S15	0 ~ 5	100	90 ~ 100	60 ~ 90	40 ~ 75	20 ~ 55	7 ~ 40	2 ~ 20	0 ~ 10
S16	0 ~ 3	—	100	80 ~ 100	50 ~ 80	25 ~ 60	8 ~ 45	0 ~ 25	0 ~ 15

注：当生产石屑采用喷水抑制扬尘工艺时，应特别注意含粉量不得超过表中要求。

e. 机制砂宜采用专用的制砂机制造，并选用优质石料生产，其级配应符合 S16 的要求。

⑥填料。

a. 沥青混合料的矿粉必须采用石灰岩或岩浆岩中的强基性岩石等憎水性石料经磨细得到的矿粉，原石料中的泥土杂质应除净。矿粉应干燥、洁净，能自由地从矿粉仓流出，其质量应符合表 5-17 的技术要求。

沥青混合料用矿粉质量要求 表 5-17

项目		单位	高速公路、一级公路	其他等级公路
表观相对密度	≥	t/m^3	2.50	2.45
含水率	≤	%	1	1
粒度范围	<0.6mm	%	100	100
	<0.15mm		90 ~ 100	90 ~ 100
	<0.075mm		75 ~ 100	70 ~ 100
外观		—	无团粒结块	
亲水系数		—	<1	
塑性指数		%	<4	
加热安定性		—	实测记录	

b. 拌和机的粉尘可作为矿粉的一部分回收使用。但每盘用量不得超过填料总量的 25%，掺有粉尘填料的塑性指数不得大于 4%。

c. 粉煤灰作为填料使用时，用量不得超过填料总量的 50%，粉煤灰的烧失量应小于 12%，与矿粉混合后的塑性指数应小于4%，其余质量要求与矿粉相同。高速公路、一级公路的沥青面层不宜采用粉煤灰作填料。

⑦纤维稳定剂。

a. 在沥青混合料中掺加的纤维稳定剂宜选用木质素纤维、矿物纤维等，木质素纤维的质量应符合表5-18的技术要求。

木质素纤维质量技术要求 表5-18

项目		单位	指标	试验方法
纤维长度	≤	mm	6	水溶液用显微镜观测
灰分含量		%	18±5	高温590℃~600℃燃烧后测定残留物
pH值		—	7.5±1.0	水溶液用pH试纸或pH计测定
吸油率	≥	—	纤维质量的5倍	用煤油浸泡后放在筛上经振敲后称量
含水率(以质量计)	≤	%	5	105℃烘箱烘2h后冷却称量

b. 纤维应在250℃的干拌温度下不变质、不发脆，同时使用纤维必须符合环保要求，不危害身体健康。纤维必须在混合料拌和过程中能充分分散均匀。

c. 矿物纤维宜采用玄武岩等矿石制造，易影响环境及造成人体伤害的石棉纤维不宜直接使用。

d. 纤维应存放在室内或有棚盖的地方，松散纤维在运输及使用过程中应避免受潮，不结团。

e. 纤维稳定剂的掺加比例以沥青混合料总量的质量百分率计算，通常情况下用于SMA路面的木质素纤维不宜低于0.3%，矿物纤维不宜低于0.4%，必要时可适当增加纤维用量。纤维掺加量的允许误差宜不超过±5%。

(2)热拌沥青混合料的技术要求

①各层沥青混合料应满足所在层位的功能性要求，便于施工，不容易离析。各层应连续施工并联结成为一个整体。当发现混合料结构组合及级配类型的设计不合理时应进行修改、调整，以确保沥青路面的使用性能。

②沥青面层集料的最大粒径宜从上至下逐渐增大，并应与压实层厚度相匹配。对热拌热铺密级配沥青混合料，沥青层一层的压实厚度不宜小于集料公称最大粒径的2.5~3倍，对SMA和OGFC等嵌挤型混合料不宜小于公称最大粒径的2~2.5倍，以减少离析，便于压实。

2)混合料配合比设计

沥青混合料必须在对同类公路配合比设计和使用情况调查研究的基础上，充分借鉴成功的经验，选用符合要求的材料，进行配合比设计。

高速公路、一级公路沥青混合料的配合比设计应在调查以往同类材料的配合比设计经验和使用效果的基础上，按以下步骤进行。

(1)目标配合比设计阶段。用工程实际使用的材料按规范规定的方法，优选矿料级配、确定最佳沥青用量，使其符合配合比设计技术标准和配合比设计检验要求，以此作为目标配合比，供拌和机确定各冷料仓的供料比例、进料速度及试拌使用。

(2)生产配合比设计阶段。对间歇式拌和机，应按规定方法取样测试各热料仓的材料级配，确定各热料仓的配合比，供拌和机控制室使用；同时选择适宜的筛孔尺寸和安装角度，尽量使各热料仓的供料大体平衡；并取目标配合比设计的最佳沥青用量OAC、OAC±0.3%等3个沥青用量进行马歇尔试验和试拌，通过室内试验及从拌和机取样试验综合确定生产配合比的最佳沥青用量，由此确定的最佳沥青用量与目标配合比设计的结果的差值不宜超出 ±0.2%；对连续式拌和机可省略生产配合比设计步骤。

(3)生产配合比验证阶段。拌和机按生产配合比结果进行试拌、铺筑试验段，并取样进行马歇尔试验，同时从路上钻取芯样观察空隙率的大小，由此确定生产用的标准配合比。标准配合比的矿料合成级配中，至少应包括 0.075mm、2.36mm、4.75mm 及公称最大粒径筛孔的通过率接近优选的工程设计级配范围的中值，并避免在 0.3 ~0.6mm 处出现"驼峰"。对确定的标准配合比，宜再次进行车辙试验和水稳定性检验。

(4)确定施工级配允许波动范围。根据标准配合比及质量管理要求中各筛孔的允许波动范围，制订施工用的级配控制范围，用以检查沥青混合料的生产质量。

(5)经设计确定的标准配合比在施工过程中不得随意变更。但生产过程中应加强跟踪检测，严格控制进场材料的质量，如遇材料发生变化并经检测沥青混合料的矿料级配、马歇尔技术指标不符要求时，应及时调整配合比，使沥青混合料的质量符合要求并保持相对稳定，必要时重新进行配合比设计。

(6)二级及二级以下其他等级公路热拌沥青混合料的配合比设计可按上述步骤进行。当材料与同类道路完全相同时，也可直接引用成功的经验。

①确定工程设计级配。

沥青混合料的矿料级配应符合工程规定的设计级配范围。密级配沥青混合料宜根据公路等级、气候及交通条件按表 5-19 选择采用粗型(C 型)或细型(F 型)混合料，并在表 5-20 范围内确定工程设计级配范围，通常情况下工程设计级配范围不宜超出表 5-20 的要求。其他类型混合料的工程设计级配范围参考《公路沥青路面施工技术规范》(JTG F40—2004)相关规定。

粗型和细型密级配沥青混凝土的关键性筛孔通过率 表 5-19

混合料类型	公称最大粒径(mm)	用以分类的关键性筛孔(mm)	粗型密级配		细型密级配	
			名称	关键性筛孔通过率(%)	名称	关键性筛孔通过率(%)
AC-25	26.5	4.75	AC-25C	<40	AC-25F	>40
AC-20	19	4.75	AC-20C	<45	AC-20F	>45
AC-16	16	2.36	AC-16C	<38	AC-16F	>38
AC-13	13.2	2.36	AC-13C	<40	AC-13F	>40
AC-10	9.5	2.36	AC-10C	<45	AC-10F	>45

密级配沥青混凝土混合料矿料级配范围 表 5-20

级配类型		通过下列筛孔(mm)的质量百分率(%)												
		31.5	26.5	19	16	13.2	9.5	4.75	2.36	1.18	0.6	0.3	0.15	0.075
粗粒式	AC-25	100	90 ~ 100	75 ~ 90	65 ~ 83	57 ~ 76	45 ~ 65	24 ~ 52	16 ~ 42	12 ~ 33	8 ~ 24	5 ~ 17	4 ~ 13	3 ~ 7
中粒式	AC-20	—	100	90 ~ 100	78 ~ 92	62 ~ 80	50 ~ 72	26 ~ 56	16 ~ 44	12 ~ 33	8 ~ 24	5 ~ 17	4 ~ 13	3 ~ 7
	AC-16	—	—	100	90 ~ 100	76 ~ 92	60 ~ 80	34 ~ 62	20 ~ 48	13 ~ 36	9 ~ 26	7 ~ 18	5 ~ 14	4 ~ 8
细粒式	AC-13	—	—	—	100	90 ~ 100	68 ~ 85	38 ~ 68	24 ~ 50	15 ~ 38	10 ~ 28	7 ~ 20	5 ~ 15	4 ~ 8
	AC-10	—	—	—	—	100	90 ~ 100	45 ~ 75	30 ~ 58	20 ~ 44	13 ~ 32	9 ~ 23	6 ~ 16	4 ~ 8
砂粒式	AC-5	—	—	—	—	—	100	90 ~ 100	55 ~ 75	35 ~ 55	20 ~ 40	12 ~ 28	7 ~ 18	5 ~ 10

②马歇尔试验配合比设计方法。

沥青混合料配合比设计采用马歇尔试验配合比设计方法。公称最大粒径≤26.5mm 密级配沥青混凝土混合料技术要求应符合表 5-21 的规定(其他类型的沥青混合料参考《公路沥青路面施工技术规范》(JTG F40—2004)相关规定),并有良好的施工性能。当采用其他方法设计沥青混合料时,应按规范规定进行马歇尔试验及各项配合比设计检验,并报告不同设计方法各自的试验结果。二级公路宜参照一级公路的技术标准执行。表中气候分区按规范规定执行。长大坡度的路段按重载交通路段考虑。

密级配沥青混凝土混合料马歇尔试验技术标准 表 5-21

试验指标		单位	高速公路、一级公路				其他等级公路	行人道路
			夏炎热区(1-1、1-2、1-3、1-4 区)		夏热区及夏凉区(2-1、2-2、2-3、2-4、3-2 区)			
			中轻交通	重载交通	中轻交通	重载交通		
击实次数(双面)		次	75				50	50
试件尺寸		mm	ϕ101.6mm×63.5mm					
空隙率① VV	深约 90mm 以内	%	3~5	4~6①	2~4	3~5	3~6	2~4
	深约 90mm 以下	%	3~6		2~4	3~6	3~6	—
稳定度 MS ≥		kN	8				5	3
流值 FL		mm	2~4	1.5~4	2~4.5	2~4	2~4.5	2~5
矿料间隙率 VMA(%) 不小于	设计空隙率②(%)	相应于以下公称最大粒径(mm)的最小 VMA 及 VFA 技术要求(%)						
		26.5		19	16	13.2	9.5	4.75
	2	10		11	11.5	12	13	15
	3	11		12	12.5	13	14	16
	4	12		13	13.5	14	15	17
	5	13		14	14.5	15	16	18
	6	14		15	15.5	16	17	19
沥青饱和度 VFA(%)③		55~70		65~75			70~85	

注:①对空隙率大于 5% 的夏炎热区重载交通路段,施工时应至少提高压实度 1%。

②当设计的空隙率不是整数时,由内插确定要求的 VMA 最小值。

③对改性沥青混合料,马歇尔试验的流值可适当放宽。

③混合料使用性能检验。

对用于高速公路和一级公路的公称最大粒径等于或小于 19mm 的密级配沥青混合料(AC)及 SMA、OGFC 混合料需在配合比设计的基础上按下列步骤进行各种使用性能检验,不符要求的沥青混合料,必须更换材料或重新进行配合比设计。二级公路参照此要求执行。

a. 车辙试验。

必须在规定的试验条件下进行车辙试验,并符合表 5-22 的要求。

b. 浸水马歇尔试验和冻融劈裂试验。

配合比设计必须在规定的试验条件下进行浸水马歇尔试验和冻融劈裂试验检验沥青混合料的水稳定性,并同时符合表 5-23 中的两个要求。达不到要求时必须按要求采取抗剥落措施,调整最佳沥青用量后再次试验。

沥青混合料车辙试验动稳定度技术要求 表 5-22

<table>
<tr><td colspan="3">气候条件与技术指标</td><td colspan="9">相应于下列气候分区所要求的动稳定度(次/mm)</td></tr>
<tr><td colspan="3" rowspan="3">七月平均最高气温(℃)及气候分区</td><td colspan="4">>30</td><td colspan="4">20～30</td><td><20</td></tr>
<tr><td colspan="4">1. 夏炎热区</td><td colspan="4">2. 夏热区</td><td>3. 夏凉区</td></tr>
<tr><td>1-1</td><td>1-2</td><td>1-3</td><td>1-4</td><td>2-1</td><td>2-2</td><td>2-3</td><td>2-4</td><td>3-2</td></tr>
<tr><td colspan="2">普通沥青混合料</td><td>≥</td><td colspan="2">800</td><td colspan="2">1 000</td><td>600</td><td colspan="3">800</td><td>600</td></tr>
<tr><td colspan="2">改性沥青混合料</td><td>≥</td><td colspan="2">2 400</td><td colspan="2">2 800</td><td>2 000</td><td colspan="3">2 400</td><td>1 800</td></tr>
<tr><td rowspan="2">SMA 混合料</td><td>非改性</td><td>≥</td><td colspan="9">1 500</td></tr>
<tr><td>改性</td><td>≥</td><td colspan="9">3 000</td></tr>
<tr><td colspan="3">OGFC 混合料</td><td colspan="9">1 500(一般交通路段)、3 000(重交通量路段)</td></tr>
</table>

注:1. 如果其他月份的平均最高气温高于七月时,可使用该月平均最高气温。

2. 在特殊情况下,如钢桥面铺装、重载车特别多或纵坡较大的长距离上坡路段、厂矿专用道路,可酌情提高动稳定度的要求。

3. 对因气候寒冷确需使用针入度很大的沥青(如大于100),动稳定度难以达到要求,或因采用石灰岩等不很坚硬的石料,改性沥青混合料的动稳定度难以达到要求等特殊情况,可酌情降低要求。

4. 为满足炎热地区及重载车要求,在配合比设计时采取减少最佳沥青用量的技术措施时,可适当提高试验温度或增加试验荷载进行试验,同时增加试件的碾压成型密度和施工压实度要求。

5. 车辙试验不得采用二次加热的混合料,试验必须检验其密度是否符合试验规程的要求。

6. 如需要对公称最大粒径等于和大于26.5mm的混合料进行车辙试验,可适当增加试件的厚度,但不宜作为评定合格与否的依据。

沥青混合料水稳定性检验技术要求 表 5-23

<table>
<tr><td colspan="2">气候条件与技术指标</td><td colspan="4">相应于下列气候分区的技术要求(%)</td></tr>
<tr><td colspan="2" rowspan="2">年降雨量(mm)及气候分区</td><td>>1 000</td><td>500～1 000</td><td>250～500</td><td><250</td></tr>
<tr><td>1. 潮湿区</td><td>2. 湿润区</td><td>3. 半干区</td><td>4. 干旱区</td></tr>
<tr><td colspan="6">浸水马歇尔试验残留稳定度(%)不小于</td></tr>
<tr><td colspan="2">普通沥青混合料</td><td colspan="2">80</td><td colspan="2">75</td></tr>
<tr><td colspan="2">改性沥青混合料</td><td colspan="2">85</td><td colspan="2">80</td></tr>
<tr><td rowspan="2">SMA 混合料</td><td>普通沥青</td><td colspan="4">75</td></tr>
<tr><td>改性沥青</td><td colspan="4">80</td></tr>
<tr><td colspan="6">冻融劈裂试验的残留强度比(%)不小于</td></tr>
<tr><td colspan="2">普通沥青混合料</td><td colspan="2">75</td><td colspan="2">70</td></tr>
<tr><td colspan="2">改性沥青混合料</td><td colspan="2">80</td><td colspan="2">75</td></tr>
<tr><td rowspan="2">SMA 混合料</td><td>普通沥青</td><td colspan="4">75</td></tr>
<tr><td>改性沥青</td><td colspan="4">80</td></tr>
</table>

c. 低温弯曲试验。

配合比设计宜对密级配沥青混合料在温度 -10℃、加载速率 50mm/min 的条件下进行弯曲试验,测定破坏强度、破坏应变、破坏劲度模量,并根据应力应变曲线的形状,综合评价沥青混合料的低温抗裂性能。其中沥青混合料的破坏应变宜不小于表 5-24 的要求。

沥青混合料低温弯曲试验破坏应变技术要求　　表 5-24

气候条件与技术指标	相应于下列气候分区所要求的破坏应变(με)								
年极端最低气温(℃)及气候分区	< -37.0		-21.5 ~ -37.0			-9.0 ~ -21.5		> -9.0	
	1. 冬严寒区		2. 冬寒区			3. 冬冷区		4. 冬温区	
	1-1	2-1	1-2	2-2	3-2	1-3	2-3	1-4	2-4
普通沥青混合料　≥	2 600		2 300			2 000			
改性沥青混合料　≥	3 000		2 800			2 500			

d. 渗水试验。

宜利用轮碾机成型的车辙试验试件,脱模架起进行渗水试验,并符合密级配沥青混凝土试件渗水系数不大于 120mL/min 的要求。

3)沥青混凝土路面施工技术要点

沥青混凝土路面施工工艺流程如图 5-14 所示。

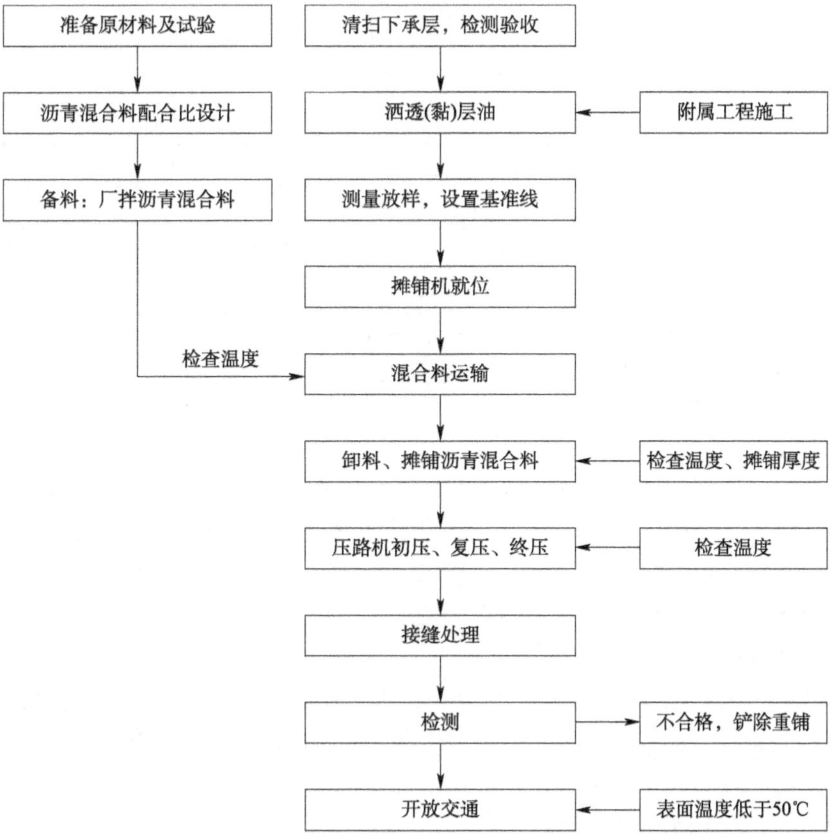

图 5-14　沥青混凝土路面施工工艺流程

(1)施工准备

①准备下承层。

铺筑沥青层前,应检查基层或下卧沥青层的质量,不符要求的不得铺筑沥青面层。旧沥青路面或下卧层已被污染时,必须清洗或经铣刨处理后方可铺筑沥青混合料。

②施工温度。

石油沥青加工及沥青混合料施工温度应根据沥青标号及黏度、气候条件、铺装层的厚度确定。普通沥青结合料的施工温度可参考表5-25确定。当表中温度不符实际情况时,容许作适当调整。

热拌沥青混合料的施工温度(单位:℃)　　表5-25

施工工序		石油沥青的标号			
		50号	70号	90号	110号
沥青加热温度		160~170	155~165	150~160	145~155
矿料加热温度	间隙式拌和机	集料加热温度比沥青温度高10~30			
	连续式拌和机	矿料加热温度比沥青温度高5~10			
沥青混合料出料温度		150~170	145~165	140~160	135~155
混合料储料仓储存温度		储料过程中温度降低不超过10			
混合料废弃温度	>	200	195	190	185
运输到现场温度	≥	150	145	140	135
混合料摊铺温度 ≥	正常施工	140	135	130	125
	低温施工	160	150	140	135
开始碾压的混合料内部温度 ≥	正常施工	135	130	125	120
	低温施工	150	145	135	130
碾压终了的表面温度 ≥	钢轮压路机	80	70	65	60
	轮胎压路机	85	80	75	70
	振动压路机	75	70	60	55
开放交通的路表温度	≤	50	50	50	45

注:1. 沥青混合料的施工温度采用具有金属探测针的插入式数显温度计测量。表面温度可采用表面接触式温度计测定。当采用红外线温度计测量表面温度时,应进行标定。

2. 表中未列入的130号、160号及30号沥青的施工温度由试验确定。

③附属工程施工。

合理安排施工进度计划,避免路面与附属工程交叉施工造成污染。边坡防护、绿化、排水沟修复应在路面开工前施工完毕;下面层铺筑前,应完成中央分隔带施工,在中央分隔带完成回填土后,对基层进行冲洗;路面铺筑前,应安装路缘石,路缘石及路肩结构物侧面应人工涂刷乳化沥青以加强黏结。护栏侧面涂刷沥青如图5-15所示。

a. 中央分隔带施工。

中央分隔带的施工包括中央分隔带的开挖、防水层的施工、纵向碎石盲沟的铺设、埋设横向塑料排水管、路缘石的安装。

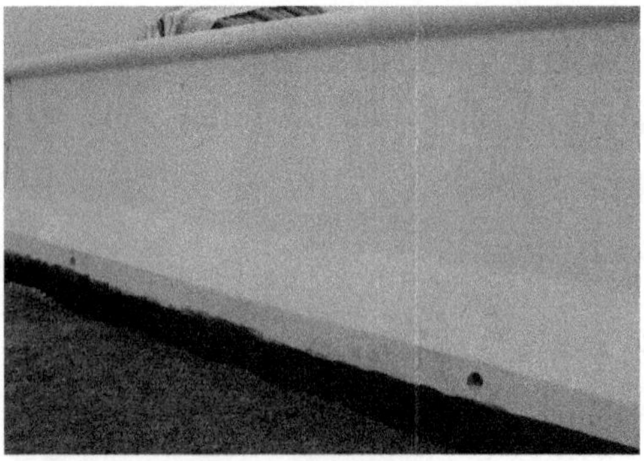

图5-15　护栏侧面涂刷沥青

ⓐ中央分隔带的开挖。

当路面基层施工完毕后,即可进行中央分隔带的开挖,先挖集水槽后挖纵向盲沟,一般采用人工开挖的方式。开挖的土料不得堆置在已铺好的基层上,以防止污染并应及时运走。沟槽的断面尺寸及结构层端部边坡应符合设计要求,沟底纵坡应符合设计要求,沟底须平整、密实。沟底不得有杂物。

ⓑ中央分隔带防水层施工。

沟槽开挖完毕并经验收符合设计要求后，即进行防水层施工，可喷涂双层防渗沥青。防渗层沥青要求涂布均匀，厚薄一致，无漏涂现象，涂布范围应是中央分隔带范围内的路基及路面结构层。防水层也可铺设 PVC 防水板等，PVC 防水板铺设时两端应拉紧，不应有褶皱，PVC 板材纵横向应搭接，铺完后用铁钉固定。

ⓒ纵向碎石盲沟的铺设。

碎石盲沟应做到填筑充实、表面平整。反滤层可用筛选过的中砂、粗砂、砾石等渗水性材料分层填筑，目前高等级公路多采用土工布作为反滤层。碎石盲沟上铺设土工布，使与回填土隔离，较之砂石料作反滤层，施工方便，有利于排水并可保持盲沟长期利用。施工时应注意：必须平滑无拉伸地铺在碎石盲沟的面层上，不得出现扭曲、折皱、重叠，避免过量拉伸超过其强度和变形的极限而发生破坏和撕裂；现场施工若发现土工布有破损时，必须立即修补好，并能恢复到原性能时才能使用；土工布的接长和拼幅需采用平搭接的连接方式，搭接长度不得小于 30cm。

ⓓ埋设横向塑料排水管。

路基施工完毕后，即可进行埋设横向塑料排水管的施工。

基槽开挖。根据设计要求，按图纸所示桩号，定出埋设位置。采用人工开挖或用开沟机挖槽，沟槽应保持直线并垂直于路中心线。沟槽开挖深度及宽度应符合设计要求。沟底坡度应和路面横坡一致。

铺设垫层。垫层采用粒径小的石料，如石屑、瓜子片等，铺设厚度应保持均匀一致，保证垫层顶面具有规定的横坡。

埋设塑料排水管。埋设要求：一端应插入中央分隔带范围内的纵向排水盲沟位置，另一端应伸出路基边坡外。横向塑料排水管的进口须用土工布包裹，防止碎石堵塞。接头处理：当塑料管不足一次埋设的长度时，需套接。套接时，管口要对齐，并靠紧，接头处用一短套管套紧相邻两根塑料排水管，套管两端需用不透水材料扎紧。

沟槽回填。横向排水管埋设完毕并经验收合格后，方可进行沟槽回填。

ⓔ中央分隔带缘石安装。

路缘石是公路两侧路面与路肩之间的条形构造物，俗称路牙子。一般高出路面 10cm。路缘石设置在中间分隔带、两侧分隔带及路侧带两侧，缘石可以分为立缘石和平缘石。路缘石安装及路缘石实景如图 5-16 和图 5-17 所示。

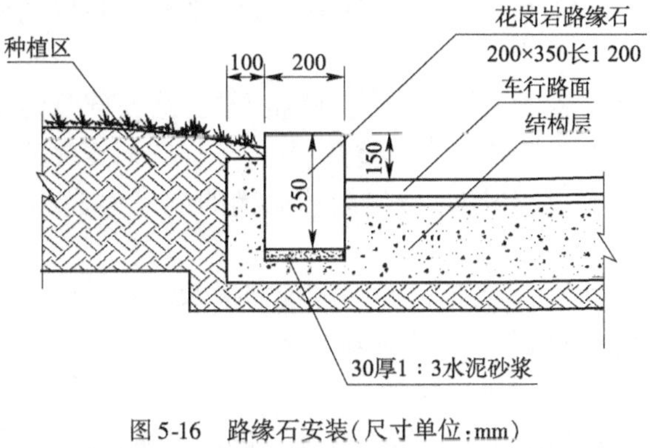

图 5-16　路缘石安装（尺寸单位：mm）

图 5-17　路缘石实景图

路缘石的预制安装或现场浇筑应符合图纸所示的线型和坡度。路缘石应在路面铺设之前完成。预制缘石应铺设在厚度不小于 2cm 的砂垫层上，砌筑砂浆的水泥与砂的体积比应为

1∶2。

路缘石应有足够的强度和耐久性，质量应符合规定要求；表面平整，与路线线形一致；缝宽均匀，勾缝密实，线条直顺，曲线圆滑美观；槽底基础和后背填料必须夯打密实。

行车道与中央分隔带之间设置埋置式路缘石时，应防止中央分隔带的雨水进入路面结构层。埋置式路缘石宜在沥青层施工全部结束后安装，严禁在两层沥青层施工间隙中因开挖、埋设路缘石导致沥青层污染。

b. 土路肩施工。

对填方路段来说，采用培土路肩的方法施工既经济又简便。土路肩通常随着路面结构层的铺筑，相应地分层培筑，可以先培也可以后培，各有利弊。先培路肩的优点是，已培好的路肩在结构层碾压时起支撑作用，可以减轻或避免结构层侧移影响边缘的厚度和平整度，先培路肩的缺点是，横断面上易形成一个三角区。

培土路肩施工方案：

ⓐ施工流程：准备下承层⟶备料⟶推平⟶平整⟶静压⟶切边⟶平整⟶碾压。

ⓑ施工方法：

准备下承层：即准备具有经检验合格的底基层面，该表面应平整、坚实，具有符合规定的宽度、纵坡、路拱、平整度和压实度，其高程应满足规范要求，且没有任何松散的材料和软弱反弹的地点。

备料：选择可以用作底基层的取土场，挖掘机挖装合格的底基层料，自卸运输并卸至路肩区域；堆卸时按自卸汽车的装容量、路肩的松铺方量确定堆卸距离。

推平：推土机（或平地机）沿路肩区域根据松铺厚度均匀推平料堆，使材料摊铺在路肩区域。

平整：平地机按需要的宽度、高度进行平整、翻刮，使材料基本平顺。

静压：压路机沿路肩区域往返静压。

切边：技术人员根据路基中心确定路肩内边缘，人工沿内边缘拉线并洒白灰，平地机根据白灰线切除并翻材料至路肩上。

平整：用平地机按设计横坡、宽度、高程、平整度进行精确平整，使路肩材料达到设计的松铺要求。

碾压：按最佳含水率的要求，用洒水车进行洒水，待可以碾压时用18t压路机沿路肩区域进行初压、复压、终压使压实度达到规定要求。

路堑段的路肩是开挖出来的，当开挖到设计高程时，路肩部分宜停止开挖，路面部分继续开挖直至路床顶面。开挖路床时，路床两侧与路肩连接处应开挖整齐，既要保证路面宽度又不要多挖，否则超挖部分摊铺的路面得不到计量与支付；开挖时应尽量使路槽的侧壁为垂直面，以减少麻烦或造成浪费。

土路肩填筑的压实度不小于设计值（重型击实），应按照要求进行重型击实试验。填筑好的土路肩表面应平整密实，不积水，肩线直顺，曲线圆滑，无其他堆积物。

c. 硬路肩施工。

硬路肩的设计高程常见的有两种情况：一种是硬路肩与车行道连接处高程一致、横坡与沥青混合料的种类也相同时，可将硬路肩视为行车道的展宽，摊铺混合料时可与行车道一起铺筑，硬路肩的质量要求与路面结构相同。另一种是硬路肩的顶面高程低于相连的行车道，这种情况应先摊铺硬路肩部分，宽度应比要求的宽5cm左右，保证与行车道路面有一定的搭接，以免搭不上需人工找补。摊铺行车道表面层时，摊铺机靠硬路肩一侧的端部应使用45°的斜挡板，以减少碾压时边缘坍塌或发生较大的侧移，并尽量使边缘顺直、平齐。

④无机结合料稳定材料基层与沥青面层之间的处理。

a. 在沥青面层施工前1～2d，应清理基层顶面，彻底清除基层顶面养生期间的覆盖物。

b. 采用人工清扫、小型清扫车、空压机以及洒水冲刷等方式将基层表面的浮浆清理干净，并应符合下列规定：

ⓐ基层表面达到无浮尘、无松动状态。

ⓑ清理出小坑槽时，不得用原有基层材料找补。

ⓒ清理出较大范围松散时，应重新评定基层质量，必要时宜返工处理。

c. 在基层表面干燥的状态下，可洒铺透层油。透层油宜采用稀释沥青、煤沥青或乳化沥青，沥青洒铺量宜为0.3～0.6kg/m^2。透层油施工后严禁一切车辆通行，直至上层施工。

d. 下封层或黏层应在透层油挥发、破乳完成后施工，并封闭交通。

e. 对极重、特重交通荷载等级或较薄的沥青面层，基层顶面应采用热洒沥青的方式加强层间结合。

⑤测量放样。

下面层施工通常采用路面内外两侧架基准钢丝（走钢丝法），中间设置导梁的方式控制纵横坡，确保平整度。在验收合格的基层上恢复中线，并加密为10m一个中桩；复核水准点，每200～300m增设一个临时水准点；根据中桩及摊铺宽度定出边线，用石灰撒出控制宽度的标线，在边线外侧0.3～0.5m处每隔5～10m钉边桩进行水平测量；测出高程，再根据边桩的实测高程、设计高程、松铺系数等推算出该点钢丝的架设高度。然后安排工人把控制钢丝的钢钎打在边桩以外，并按照测量人员提高的高度架设调平钢丝。钢丝纵向必须顺畅、圆滑，如有异常点，复核后应重新调整基准钢丝的高度。施工中如有钢丝被扰动或撞断都需要重新设置。基准钢丝架设要牢固，不能任意碰撞，并要有专人巡回检查，发现异常立即恢复。同时，安排专人拉线以及架设、移动中间的导梁。

⑥铺筑试验段。

高速公路和一级公路的沥青路面在施工前应铺筑试验段。其他等级公路在缺乏施工经验或初次使用重大设备时，也应铺筑试验段。当同一施工单位在材料、机械设备及施工方法与其他工程完全相同时，也可利用其他工程的结果，不再铺筑新的试验路段。

试验段开工前28d安装好试验仪器和设备，配备好的试验人员报请监理工程师审核。各层开工前14d在监理工程师批准的现场备齐全部机械设备进行试验段铺筑，以确定松铺系数、施工工艺、机械配备、人员组织、压实遍数，并检查压实度、沥青含量、矿料级配、沥青混合料马歇尔各项技术指标等。

试验段的长度应根据试验目的确定，通常宜为100～200m，宜选在正线上铺筑。

热拌热铺沥青混合料路面试验段铺筑分试拌及试铺两个阶段，应包括下列试验内容：

a. 检验各种施工机械的类型、数量及组合方式是否匹配。

b. 通过试拌确定拌和机的操作工艺，考察计算机打印装置的可信度。

c. 通过试铺确定透层油的喷洒方式和效果、摊铺、压实工艺，确定松铺系数等。

d. 验证沥青混合料生产配合比设计，提出生产用的标准配合比和最佳沥青用量。

e. 建立用钻孔法（图5-18）与核子密度仪（图5-19）无破损检测路面密度的对比关系。确定压实度的标准检测方法。核子仪等无破损检测在碾压成型后热态测定,取 13 个测点的平均值为 1 组数据,一个试验段的数据不得少于 3 组。钻孔法在第 2d 或第 3d 以后测定,钻孔数不少于 12 个。

图 5-18　沥青路面钻芯取样

图 5-19　核子密度仪检测路面密度

图 5-20　沥青路面渗水试验

f. 检测试验段的渗水系数和路面平整度。沥青路面渗水试验如图 5-20 所示。连续式平整度仪测定沥青路面平整度如图 5-21 所示。

试验段铺筑应由有关各方共同参加,及时商定有关事项,明确试验结论。铺筑结束后,施工单位应就各项试验内容提出完整的试验路施工、检测报告,并取得业主或监理的批复。

(2)混合料的拌制

沥青混合料必须在沥青拌和厂(场、站)采用拌和机械拌制。

a)现场作业远景　　b)现场作业近景

图 5-21　连续式平整度仪测定沥青路面平整度

①拌和厂(场、站)的选址。

拌和厂示意图如图 5-22 所示。

拌和厂的设置必须符合国家有关环境保护、消防、安全等规定。

拌和厂与工地现场距离应充分考虑交通堵塞的可能,确保混合料的温度下降不超过要求,且不致因颠簸造成混合料离析。

拌和厂应具有完备的排水设施。各种集料必须分隔储存,细集料应设防雨顶棚,料场及场内道路应作硬化处理,严禁泥土污染集料。

图 5-22　沥青混合料拌和站示意图

②拌和机的选择。

沥青混合料可采用间歇式拌和机或连续式拌和机拌制。高速公路和一级公路宜采用间歇式拌和机拌和。连续式拌和机使用的集料必须稳定不变,一个工程从多处进料、料源或质量不稳定时,不得采用连续式拌和机。

沥青混合料拌和设备的各种传感器必须定期检定,生产率不低于每年一次。冷料供料装置需经标定得出集料供料曲线。

间歇式拌和机应符合下列要求:总拌和能力满足施工进度要求;拌和机除尘设备完好,能达到环保要求;冷料仓的数量满足配合比需要,通常不宜少于 5 ~ 6 个;具有添加纤维、消石灰等外掺剂的设备。

高速公路和一级公路施工用的间歇式拌和机必须配备计算机设备,拌和过程中逐盘采集并打印各个传感器测定的材料用量和沥青混合料拌和量、拌和温度等各种参数;每个台班结束时打印出一个台班的统计量,按《公路沥青路面施工技术规范》(JTG F40—2004)附录 G 的方法,进行沥青混合料生产质量及铺筑厚度的总量检验;总量检验的数据有异常波动时,应立即停止生产,分析原因。

③开盘前的准备。

a. 操作人员应检查油路管线是否畅通,仪表显示是否清晰、准确、无故障;

b. 试验室应在开盘前,向拌和组提供由负责人签认的配合比通知单,内容包括:混合料配合比、各种集料含水率。拌和组按通知单进行换算,调整生产使用配合比。

c. 沥青应采用导热油加热,并脱水加温至规定温度备用,如表 5-26 所示。

d. 严格控制拌和温度。对沥青加热温度、粗细集料的加热温度、混合料的出厂温度、混合料的储存温度进行严格控制。温度检测的部位分别是沥青加热罐、热料提升斗、运料车和成品料仓(储存罐)。

e. 烘干集料的残余含水率不得大于 1% 。每天开始几盘集料应提高加热温度,并干拌几锅集料废弃,再正式加沥青拌和混合料。

④混合料拌和。

a. 操作要求。

ⓐ操作手持证上岗,明确岗位责任,严格操作规程;

ⓑ拌和过程要求混合料均匀,颜色一致,无花白料现象,沥青均匀地包裹在矿料粒料表面,表面黑色略带棕色光泽,装车时堆不塌,不离析。

ⓒ拌和过程应使用自动操作装置,不随意改为手动操作,严防施工配合比变化。

b. 冷料仓装料要点。

加强原材料料堆卸料和装料的管理。集料进场宜在料堆顶部平台卸料，经推土机推平后，铲运机从底部按顺序竖直装料，以减小集料离析。粗集料如果在料堆底部发生离析，则应用装载机将原材料重新拌和后再上料。

装载机上料时应注意不应上得太满，以免发生窜料现象，否则冷料仓的料斗间宜用隔板分离，如图 5-23 所示。

图 5-23　冷料仓料斗隔板分离

c. 拌和时间。

沥青混合料拌和时间根据具体情况经试拌确定，以沥青均匀裹覆集料为度。间歇式拌和机每盘的生产周期不宜少于 45s（其中干拌时间不少于 5～10s）。改性沥青和 SMA 混合料的拌和时间应适当延长。

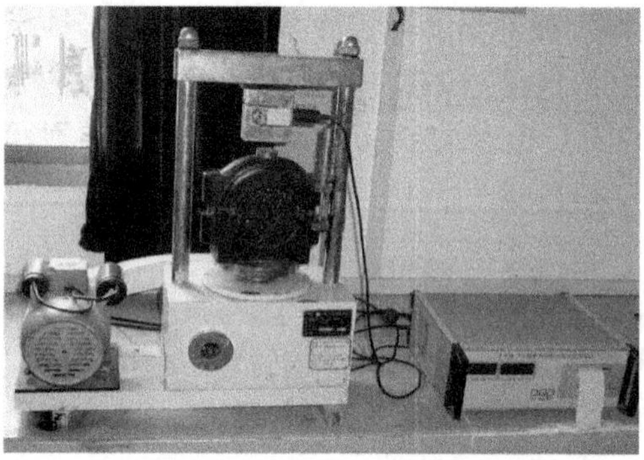

图 5-24　马歇尔稳定度试验

d. 混合料的质量检查。

ⓐ目测检查混合料的均匀性，及时分析异常现象（如混合料有无花白、冒青烟和离析、结块成团等现象），如确认是质量问题，应作废料处理并及时予以纠正。

ⓑ每半小时检查一次加热情况和出仓混合料温度，随车填好出厂单。

ⓒ每台拌和机每工作日上午、下午各取一组混合料试样做马歇尔稳定度试验（图 5-24）和抽提（或燃烧法测沥青含量，见图 5-25）筛分试验，检验油石比、矿料级配和沥青混凝土的物理力学性质，并做最大理论密度试验（图 5-26）。

ⓓ混合料在储料仓中要有一车半以上的储料，方可卸入运输车，同时分堆卸入车箱内。

ⓔ拌和机停机前应用不含矿粉、沥青的热料进行洗仓。

ⓕ对仪表控制盘显示的沥青用量和材料用量，作数理统计分析，得出相关系数，指导生产。

ⓖ沥青混合料出厂时逐车检测沥青混合料的重量和温度，记录出厂时间签发运料单，并覆盖好篷布，以保温、防雨、防污染。宜采用数字显示插入式温度计检测沥青混合料的出厂温度和运到现场温度。在运料车的侧面中部设温度专用检测孔，孔口距车厢底部约 30cm，插入深度要大于 15cm。运料车尾部宜加设挡板，以车辆顶升后不接触摊铺机底板并能有效防止混合料外漏为度。运料车覆盖篷布如图 5-27 所示。出场或到场温度检测如图 5-28 所示。

e. 沥青混合料拌和的异常现象及处理。

ⓐ每天拌和的第一盘沥青混合料易出现废料。其主要原因是拌和设备刚开始启动,集料和沥青预加热没有达到规定的温度。解决的措施是适当减少进入干燥滚筒的材料数量和提高开始时的火焰温度,保证在开机时粗、细集料和沥青的加热温度略高于规定值。

a)称量

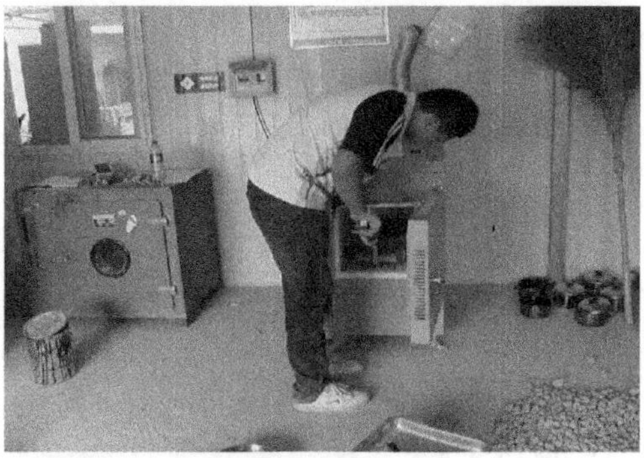

b)放入燃烧炉

c)燃烧后

图 5-25　燃烧法测沥青含量

图 5-26　沥青混合料理论最大相对密度试验(真空法)

图 5-27　运料车覆盖苫布

ⓑ热料仓中出现超尺寸颗粒。其主要原因可能是最大筛孔的振动筛破损或振动筛上超尺寸颗粒从边框空隙中落到下层筛网。解决措施是检查振动筛,调整冷料仓的上料速度。

ⓒ沥青混合料出现冒黄烟,表明温度过高;沥青混合料在料车中塌平,不宜堆积,则是沥青用量过大;沥青混合料在料车中堆积成尖状,则沥青混合料温度过低或沥青含量少;沥青混合料出现花白料,则是拌和时间短,吸尘不理想造成填料偏多。解决措施是升高集料的加热温度、增加拌和时间、减少矿粉用量。

ⓓ沥青混合料出现干涩枯料,则为加热温度过高,沥青老化。其原因可能是原材料中细集

料的含水率偏大，造成在干燥筒中细集料加热温度达到规定值，而粗集料的温度大大超过了规定值。解决措施是避免料场中细集料受雨淋，对细集料进行覆盖或设雨棚，不允许使用含水率大于7%的细集料。

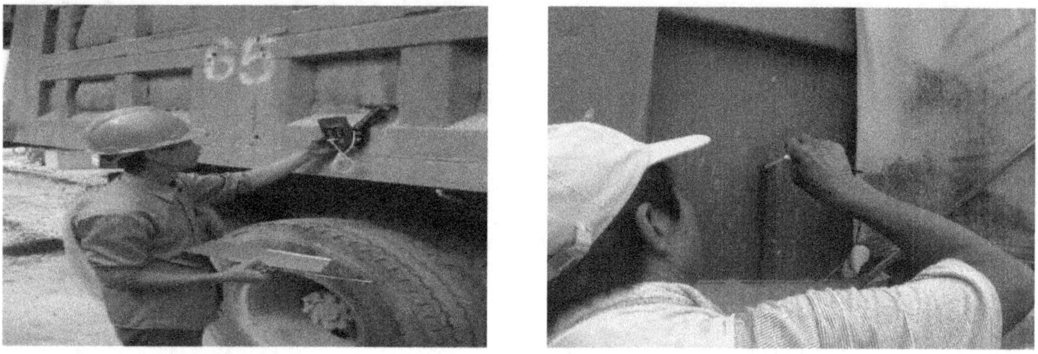

a)现场作业远景　　b)现场作业近景

图5-28　出场或到场温度检测

ⓔ没有色泽。其主要原因是沥青加热温度过高，当沥青温度超过180℃时极易老化。解决措施是控制沥青的加热温度在施工规定的温度界限内。

ⓕ矿料颗粒组成明显变化。其引起的原因可能是冷料颗粒组成发生了较大变化或振动筛网上热料过多，来不及正常筛分就进入热料仓，最终导致热料仓中集料颗粒组成发生了较大的变化。解决措施是检查冷料的颗粒组成、振动筛上筛余热料并采取相应措施，或重新确定混合料配合比。

(3)混合料的运输

①运输车辆的要求。

热拌沥青混合料宜采用较大吨位的运料车运输，但不得超载运输，或急刹车、急弯掉头使透层、封层造成损伤。

沥青混合料运输应考虑拌和能力、运输距离、道路状况、车辆吨位，合理确定车辆数量。

运料车的运力应稍有富余，施工过程中摊铺机前方应有运料车等候。对高速公路、一级公路，宜待等候的运料车多于5辆后开始摊铺。运料车等候卸料如图5-29所示。

图5-29　运料车等候卸料

运料车每次使用前后必须清扫干净，在车厢板上涂一薄层防止沥青黏结的隔离剂或防黏剂，但不得有余液积聚在车厢底部。

②装料过程。

装料时，应尽量缩短出料口至车厢的距离，并且自卸车不应停在一个位置上受料，每向车厢内装一斗料，车就移动一次位置。为使装料均匀，应分多次装满一车料。第一次装料位置应在运料车的头部并将大部分车厢底装满，第二个装料点在车尾，最后将中间装满。因此，运料车应来回挪动汽车位置，分前、后、中三次平衡装料，以减少混合料离析。3 次挪车装料如图 5-30 所示。仅 1 次中间装料是错误的装料方式，容易造成混合料离析。

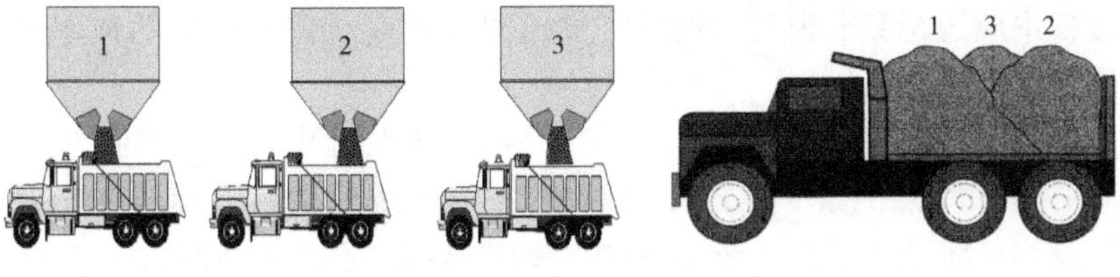

图 5-30　3 次挪车装料示意图

③运输过程。

运料车运输混合料宜用苫布覆盖保温、防雨、防污染。运输混合料的车辆，通过路口、交叉道口或视线不通的地方，应指派专人指挥交通或设置明显的行车标志。

④卸料过程。

运料车进入摊铺现场时，轮胎上不得沾有泥土等可能污染路面的脏物，否则宜设水池洗净轮胎后进入工程现场，如图 5-31 所示。沥青混合料在摊铺地点凭运料单接收，若混合料不符合施工温度要求，或已经结成团块、已遭雨淋的不得铺筑。

图 5-31　清除轮胎泥土

摊铺过程中运料车应在摊铺机前 10 ~ 30cm 处停住，空挡等候，由摊铺机推动前进开始缓缓卸料，避免撞击摊铺机。在有条件时，运料车可将混合料卸入转运车经二次拌和后向摊铺机连续均匀的供料。运料车每次卸料必须倒净，尤其是对改性沥青或 SMA 混合料，如有剩余，应及时清除，防止硬结。

SMA 及 OGFC 混合料在运输、等候过程中，如发现有沥青结合料沿车厢板滴漏时，应采取措施易于避免。

(4)混合料的摊铺

热拌沥青混合料应采用沥青摊铺机摊铺，在喷洒有黏层油的路面上铺筑改性沥青混合料或 SMA 时，宜使用履带式摊铺机。沥青混合料摊铺与碾压操作示意图如图 5-32 所示。

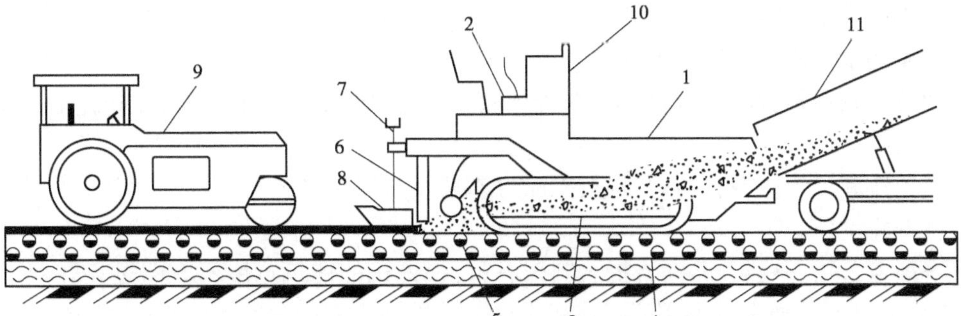

图 5-32　沥青混合料摊铺与碾压操作示意图

1-料斗；2-驾驶台；3-送料器；4-履带；5-螺旋摊铺器；6-振捣器；7-厚度调节螺杆；8-摊平板；9-压路机；10-摊铺机；11-自动倾卸汽车

①摊铺机施工前的准备工作。

a. 摊铺机的受料斗应涂刷薄层隔离剂或防黏结剂，以防止沥青混合料黏结。

b. 每次摊铺前，均应检测并调整熨平板，确保平直。摊铺机开工前应提前0.5～1h预热，熨平板不低于100℃，以免出现黏料现象。摊铺前检查调整熨平板如图5-33所示。

c. 铺筑过程中应选择熨平板的振捣或夯锤压实装置具有适宜的振动频率和振幅，以提高路面的初始压实度。

d. 摊铺机应采用自动找平方式。下面层宜采用钢丝绳引导的高程控制方式，按每10m测1个断面、每个断面3个点测量下承层顶面高程，根据中线和高程测量结果挂导线，弯道处应适当加密。钢丝绳的张拉力不应小于1 000N。钢钎挂线如图5-34所示。

图5-33 摊铺前检查调整熨平板

图5-34 钢钎挂线

上面层宜采用平衡梁或雪橇式摊铺厚度控制方式，中面层根据情况选用找平方式。直接接触式平衡梁的轮子不得黏附沥青。铺筑改性沥青或SMA路面时宜采用非接触式平衡梁。

匝道等小半径弯道采用滑靴自动找平方式。在形状不规则地区及次要地区，自控系统不能正常工作时，允许采用人工手控。

施工小桥中面层时采用钢丝绳导线找平系统，两端延伸到路基各100m。施工大桥、特大桥中面层时，只在搭板、埋板处前后100m采用钢丝绳导线找平系统，其他段采用平衡梁或非接触式找平系统。

②摊铺过程技术要点。

a. 天气要求。

沥青混合料不得在气温低于10℃（高速公路和一级公路）或5℃（其他等级公路），以及雨天、路面潮湿的情况下施工。在雨季铺筑沥青路面时，应加强气象联系，已摊铺的沥青层因遇雨未行压实的应予铲除。

沥青路面雨季施工应符合下列要求：

ⓐ注意气象预报，加强工地现场、沥青拌和厂及气象台站之间的联系，控制施工长度，各项工序紧密衔接。

ⓑ运料车和工地应备有防雨设施，并做好基层及路肩排水。

b. 摊铺宽度。

铺筑高速公路、一级公路沥青混合料时，一台摊铺机的铺筑宽度不宜超过6m（双车道）～7.5m（3车道以上），通常宜采用两台或更多台数的摊铺机前后错开10～20m成梯队方式同步摊铺，两幅之间应有30～60mm宽度范围内的搭接，并躲开车道轮迹带，上下层的搭接位置宜错开200mm以上。半幅全宽摊铺如图5-35所示。梯队方式同步摊铺如图5-36所示。

a)现场作业远景

b)现场作业近景

图 5-35　半幅全宽摊铺

熨平板加宽连接应仔细调节至摊铺的混合料没有明显的离析痕迹。

c. 摊铺速度。

连续稳定地摊铺,是提高路面平整度最主要的措施。摊铺机必须缓慢、均匀、连续不间断地摊铺,不得随意变换速度或中途停顿,以提高平整度,减少混合料的离析。摊铺速度宜控制在 2 ~ 6m/min 的范围内。对改性沥青混合料及 SMA 混合料宜放慢至1 ~ 3m/min。当发现混合料出现明显的离析、波浪、裂缝、拖痕时,应分析原因,予以消除。

图 5-36　梯队方式同步摊铺

摊铺机均匀行驶,行走速度和拌和站产量相匹配,以确保所摊铺路面的均匀不间断摊铺。在摊铺过程中不准随意变换速度,尽量避免中途停顿。午饭应分批轮换交替进行,切忌停铺用餐,争取做到每天收工停机一次。

d. 摊铺温度。

寒冷季节遇大风降温,不能保证迅速压实时不得铺筑沥青混合料。热拌沥青混合料的最低摊铺温度根据铺筑层厚度、气温、风速及下卧层表面温度确定,且不得低于表 5-26 的要求。每天施工开始阶段宜采用较高温度的混合料。温度测试仪器可选用手持式红外测温仪或数字插入式测温仪分别如图 5-37 和图 5-38 所示。

图 5-37　手持式红外测温仪测摊铺温度

图 5-38　数字插入式测温仪测摊铺温度

e. 摊铺厚度。

摊铺厚度是一项必须严格控制的指标，其对工程质量和经济效益影响极大。摊铺工作开始前，应事先准备好2～3块坚固的长方形垫木。垫木宽5～10cm，长与熨平板纵向尺寸相同或稍长，厚度为计算的松铺厚度。

摊铺厚度的确定方法如图5-39所示。将摊铺机停置于摊铺起点的平整处，抬起熨平板，把垫木分别置于熨平板的下面，如果熨平板加宽，垫木则放在加宽部分的近侧边处。垫木放好后，启动后液压缸，放下熨平板，让提升油缸处于浮动状态。然后转动左右两支厚度调节螺杆，使它们处于微量间隙的中立位置，此时，熨平板以其自身重量落在垫木上。上述由垫木所确定的厚度，还要通过熨平板工作仰角的调整和自动找平装置的运用来进行修正。

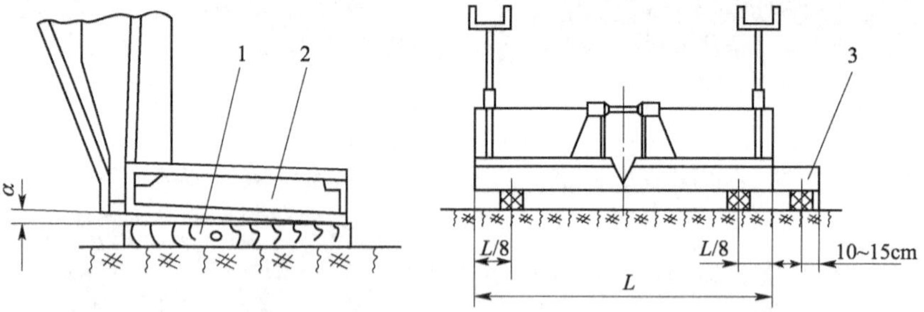

a)确定方法纵断面示意图　b)确定方法横断面示意图

图5-39　摊铺厚度的确定方法

1-垫木；2-熨平板；3-熨平板加宽节段；α-熨平板标准仰角；L-熨平板标准宽度

摊铺过程中，应在摊铺机后设专人随时用插尺或其他工具插入摊铺层测量松铺厚度，并按《公路沥青路面施工技术规范》(JTG F40—2004)附录G的方法由使用的混合料总量与面积校验平均厚度。压实完毕后，用高程法检测压实厚度，计算松铺系数。采用插尺检查摊铺层厚度如图5-40所示。

f. 摊铺过程中其他注意事项。

ⓐ沥青混合料摊铺作业时，摊铺机驾驶台及作业现场要视野开阔、清除障碍物，作业时无关人员不得在驾驶台上停留，驾驶员不得擅离岗位。运料车向摊铺机卸料时，应同步进行，动作协调，防止互相碰撞，驾驶摊铺机应平稳，弯道作业时，熨平装置的端头与路缘石的间距不得小于10cm，以免发生碰撞。

ⓑ摊铺机的螺旋布料器应结合摊铺速度进行速度调整，并保持一个稳定的速度均衡地转动，两侧应保持有不少于送料器2/3高度的混合料，以减少在摊铺过程中混合料的离析。摊铺机螺旋布料器如图5-41所示。

图5-40　采用插尺检查摊铺层厚度

图5-41　摊铺机螺旋布料器

ⓒ用机械摊铺的混合料，不宜用人工反复修整。当不得不由人工作局部找补或更换混合

料时,需仔细进行,特别严重的缺陷应整层铲除。

ⓓ在路面狭窄部分、平曲线半径过小的匝道或加宽部分,以及小规模工程不能采用摊铺机铺筑时可用人工摊铺混合料。人工摊铺沥青混合料应符合下列要求:半幅施工时,路中一侧宜事先设置挡板;沥青混合料宜卸在铁板上,摊铺时应扣锹布料,不得扬锹远甩。铁锹等工具宜沾防黏结剂或加热使用;边摊铺边用刮板整平,刮平时应轻重一致,控制次数,严防集料离析;摊铺不得中途停顿,并加快碾压。如因故不能及时碾压时,应立即停止摊铺,并对已卸下的沥青混合料覆盖苫布保温;低温施工时,每次卸下的混合料应覆盖苫布保温。

ⓔ积极采取相应措施,尽量做到摊铺机第一时刻收斗,不得频繁拢料。注意摊铺机接斗的操作程序,以减少粗集料离析。摊铺机集料斗应在刮板尚未露出,尚有约10cm厚的热料时拢料,这是在运料车刚退出时进行,而且应该做到料斗两翼刚恢复原位时,下一辆运料车即可开始卸料,做到连续供料,并避免粗集料集中。摊铺机接料头拢料如图5-42所示。

图5-42 摊铺机接料斗拢料

ⓕ当采用3层沥青结构时,摊铺下层时应采用挂线法施工,中、上层宜采用非接触平衡梁或浮动基准梁装置施工,但在桥头过渡段中层仍采用挂线施工。

ⓖ摊铺遇雨时,立即停止施工,并清除未压成型的混合料。遭受雨淋的混合料应废弃,不得卸入摊铺机摊铺。摊铺过程中由于种种原因停机超过1h,必须做施工缝处理。遇到机器故障、下雨等原因不能连续摊铺时,及时将情况通知拌和站并报告技术负责人。

ⓗ施工现场备有涂抹乳化沥青的毛刷和散装的乳化沥青,以便对黏层受到破坏的地方进行涂刷找补。

ⓘ施工人员不得随意在铺筑层内走动,防止将泥土、杂物带入已铺筑的沥青路面上,减少对铺筑路面的污染。

【工程实例——沥青路面施工温度控制记录表格】

京新高速公路韩家营(晋蒙界)至集宁段公路位于内蒙古乌兰察布市境内,是北京至新疆高速公路的一部分,该高速公路是继京藏高速公路后又一条内蒙古自治区进京通道,主线全长70.6km。该项目采用新建双向六车道高速公路建设标准,设计速度100km/h。本项目路面结构为:4cmAC-16C改性沥青混凝土+6cmAC-20C改性沥青混凝土+7cmAC-12沥青混凝土+8cm(重载方向12cm)ATB-25密级配沥青碎石+20cm水泥稳定级配碎石+32cm水泥稳定级配碎石+20cm未筛分碎石。

下面列举一下沥青路面施工温度控制的记录表格,如表5-26~表5-30所示,仅作参考使用。

热拌沥青混合料出厂温度检测(施工)　　表 5-26

工程名称:京新高速公路韩集段　　合同号:HJTJ-01 合同　　编号:

施工单位	中交第二公路工程局有限公司	检测依据	JTG F40—2004
样品名称	上基层(ATB-25 沥青混合料)	仪器设备	水银玻璃摄氏温度计
检测地点	运料载货汽车	温度要求	140～160℃
室外温度	最低:　最高:　平均:	检测日期	

车次	温度(℃)	车号	车牌号	运输车驾驶员	出场时间	净重 T	是/否覆盖

检测方式方法:测试位置:运料车侧面中部专用温度测试检测孔(距底板高约 300mm),采用插入式温度计直接插入测试孔测试;测试深度:插入深度不小于 150mm;测试读数:温度不再上升变化,读数。

检测人:　　拌和楼负责人:　　质检工程师:

热拌沥青混合料到现场温度检测(施工)　　表 5-27

工程名称:京新高速公路韩集段　　合同号:HJTJ-01 合同　　编号:

施工单位	中交第二公路工程局有限公司	检测依据	JTG F40—2004
样品名称	上基层(ATB-25 沥青混合料)	仪器设备	水银玻璃摄氏温度计
检测地点	运料载货汽车	温度要求	不低于 140℃
室外温度	最低:　最高:　平均:	检测日期	

车次	温度℃	车号	车牌号	运输车驾驶员	到场时间	覆盖情况	备注

检测方式方法:测试位置:运料车侧面中部专用温度测试检测孔(距底板高约 300mm),采用插入式温度计直接插入测试孔测试;测试深度:插入深度不小于 150mm;测试读数:温度不再上升变化,读数。

检测人:　　现场技术员:　　质检工程师:

热拌沥青混合料摊铺温度检测(施工)　　表 5-28

工程名称:京新高速公路韩集段　　合同号:HJTJ-01 合同　　编号:

施工单位	中交第二公路工程局有限公司	检测依据	JTG F40—2004
样品名称	上基层(ATB-25 沥青混合料)	仪器设备	水银玻璃摄氏温度计
检测地点	摊铺机布料器(绞龙)	温度要求	不低于 130～140℃
室外温度	最低:　最高:　平均:	检测日期	

车次	温度℃	车号	车牌号	运输车驾驶员	摊铺时间	摊铺桩号	摊铺机驾驶员

检测方式方法:测试位置:在摊铺机一侧拨料器前方的混合料堆上测试;测试深度:插入混合料堆 150mm 以上;测试读数:温度不再上升变化,读数。

检测人:　　现场技术员:　　质检工程师:

热拌沥青混合料开始碾压温度检测(施工)　　表5-29

工程名称:京新高速公路韩集段　　合同号:HJTJ-01合同　　编号:

施工单位	中交第二公路工程局有限公司			检测依据	JTG F40—2004		
样品名称	上基层(ATB-25沥青混合料)			仪器设备	水银玻璃摄氏温度计		
检测地点				温度要求	不低于125~135℃		
室外温度	最低:	最高:	平均:	检测日期			
测定桩号	测定阶段	温度℃	平均温度℃	测定时间	压路机驾驶员	压路机型号	备注
检测方式方法:测定阶段包括:初压开始、复压、终压成型;测定深度:温度计插入压实层一半深度;测试读数:第一次插入温度停止上升,立即拔出温度计,再插入旁边,温度不再上升变化,读数。							

检测人:　　现场技术员:　　质检工程师:

热拌沥青混合料碾压终了的表面温度检测(施工)　　表5-30

工程名称:京新高速公路韩集段　　合同号:HJTJ-01合同　　编号:

施工单位	中交第二公路工程局有限公司			检测依据	JTG F40—2004		
样品名称	上基层(ATB-25沥青混合料)			仪器设备	红外线测温仪		
检测地点				温度要求	不低于60~75℃		
室外温度	最低:	最高:	平均:	检测日期			
桩号	温度℃	桩号	温度℃	桩号	温度℃	桩号	温度℃
结论: 表面是否平顺(　);表面是否有明显离析(　);表面是否有轮迹(　);边缘是否碾压到位(　)。							

检测人:　　现场技术员:　　质检工程师:

(5)混合料的压实及成型

沥青路面的压实度采取重点对碾压工艺进行过程控制,适度钻孔抽检压实度的方法。碾压工艺的控制包括压路机的配置(台数、吨位及机型)、排列和碾压方式、压路机与摊铺机的距离、碾压温度、碾压速度、压路机洒水(雾化)情况、碾压段长度、掉头方式等。

①碾压满足要求。

压实成型的沥青路面应符合压实度及平整度的要求。

②碾压最大厚度。

沥青混凝土的压实层最大厚度不宜大于100mm,沥青稳定碎石混合料的压实层厚度不宜大于120mm,但当采用大功率压路机且经试验证明能达到压实度时允许增大到150mm。

③碾压原则。

沥青路面碾压原则是压路机紧跟摊铺机且转向折返阶梯状,慢速、高频率、低振幅、先轻后重、轮迹重叠无漏压。

④碾压设备配置。

沥青路面施工应配备足够数量的压路机,选择合理的压路机组合方式。高速公路铺筑双车道沥青路面的压路机数量不宜少于5台。施工气温低、风大、碾压层薄时,压路机数量应适当增加。碾压前对碾压轮进行清洗,以免污染沥青混合料,如图5-43所示。

⑤碾压工序。

沥青混合料的压实应按初压、复压、终压(包括成型)三个阶段进行,以达到最佳碾压效果。压路机应以慢而均匀的速度碾压。初压的作用是整平和稳定沥青混合料，使其表面尽快压实，减少热量散失，为复压创造有利条件。复压的作用是使沥青混合料密实、稳定、成型，混合料的密实程度取决于复压工序。终压的作用是消除轮迹，提高平整度。

a. 初压。

ⓐ初压应紧跟摊铺机后碾压，并保持较短的初压区长度，以尽快使表面压实，减少热量散失。初压如图 5-44 所示。对摊铺后初始压实度较大、经实践证明采用振动压路机或轮胎压路机直接碾压无严重推移而有良好效果时，可免去初压直接进入复压工序。

图 5-43　清洗碾压轮

图 5-44　钢轮压路机初压

ⓑ通常宜采用 6～15t 双钢轮压路机（振动压路机关闭振动）静压 1～2 遍。碾压时应将压路机的驱动轮面向摊铺机，以减少推移和裂缝，如图 5-45 所示。

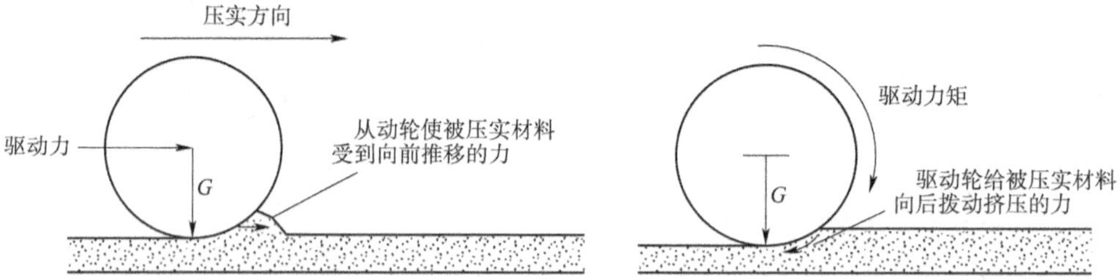

a)错误做法(从动轮面向摊铺机)　　b)正确做法(驱动轮面向摊铺机)

图 5-45　压路机碾压方向

ⓒ压路机碾压时，需从外侧向中心碾压，在超高路段则由低向高碾压，在坡道上应将驱动轮从低处向高处碾压。相邻碾压带应重叠 1/3～1/2 轮宽，最后碾压路中心部分，压完全幅为一遍。初压折返路线宜采用曲线方式，且减速缓行。

当边缘有挡板、路缘石、路肩等支挡时，应紧靠支挡碾压。边缘无支挡时，可用耙子将边缘的混合料稍稍耙高，然后将压路机的外侧轮伸出边缘 10cm 以上碾压。也可在边缘先空出 30～40cm，待压完第一遍后，将压路机大部分重量位于已压实过的混合料面上再压边缘，以减少向外推移，如图 5-46 所示。

ⓓ初压后应检查平整度、路拱，有严重缺陷时进行修整乃至返工。

b. 复压。

ⓐ复压应紧跟在初压后开始，且不得随意停顿。压路机碾压段的总长度应尽量缩短，通常不超过 60～80m。采用不同型号的压路机组合碾压时宜安排每一台压路机作全幅碾压。防止不同部位的压实度不均匀。

ⓑ密级配沥青混凝土的复压宜优先采用重型的轮胎压路机进行搓揉碾压，以增加密水性，其总质量不宜小于 25t，吨位不足时宜附加重物，使每一个轮胎的压力不小于 15kN，冷态时的轮胎

充气压力不小于 0.55MPa,轮胎发热后不小于 0.6MPa,且各个轮胎的气压大体相同,相邻碾压带应重叠 1/3～1/2 的碾压轮宽度,碾压至要求的压实度为止。轮胎压路机复压如图 5-47 所示。

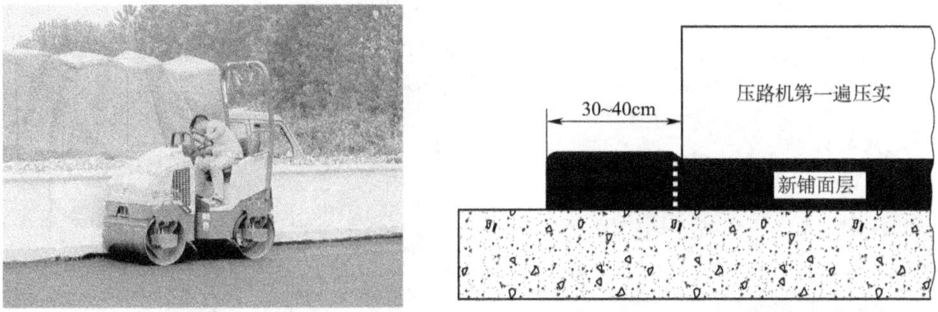

a)小型振动压路机碾压(边缘有支档)　　b)第一遍空出部分不压(边缘无支档)

图 5-46　边缘碾压方法

图 5-47　轮胎压路机复压

ⓒ对粗集料为主的较大粒径的混合料,尤其是大粒径沥青稳定碎石基层,宜优先采用振动压路机复压。厚度小于 30mm 的薄沥青层不宜采用振动压路机碾压。振动压路机的振动频率宜为 35～50Hz,振幅宜为 0.3～0.8mm。层厚较大时选用高频率大振幅,以产生较大的激振力,厚度较薄时采用高频率低振幅,以防止集料破碎。相邻碾压带重叠宽度为 100～200mm。振动压路机折返时应先停止振动。

ⓓ当采用三轮钢筒式压路机时,总质量不宜小于 12t,相邻碾压带宜重叠后轮的 1/2 宽度,并不应少于 200mm。

ⓔ对路面边缘、加宽及港湾式停车带等大型压路机难于碾压的部位,宜采用小型振动压路机或振动夯板作补充碾压。

c. 终压。

终压应紧接在复压后进行,如经复压后已无明显轮迹时可免去终压。终压可选用双轮钢筒式压路机或关闭振动的振动压路机碾压不少于 2 遍,至无明显轮迹为止。

碾压过程中的注意事项:

ⓐ碾压轮在碾压过程中应保持清洁,有混合料沾轮应立即清除。对钢轮可涂刷隔离剂或防黏结剂,但严禁刷柴油。当采用向碾压轮喷水(可添加少量表面活性剂)的方式时,必须严格控制喷水量且成雾状,不得漫流,以防混合料降温过快,如图 5-48 所示。轮胎压路机开始碾压阶段,可适当烘烤、涂刷少量隔离剂或防黏结剂,也可少量喷水,并先到高温区碾压使轮胎尽快升温,之后停止洒水。轮胎压路机专人涂刷如图 5-49 所示。为防止散热,轮胎压路机的轮

胎外围宜加设围裙保温，如图 5-50 所示。

ⓑ压路机不得在未碾压成型路段上转向、掉头、加水或停留。在当天成型的路面上，不得停放各种机械设备或车辆，不得散落矿料、油料等杂物。

图 5-48　钢轮压路机碾压轮喷水

图 5-49　轮胎压路机专人涂刷

⑥碾压速度。

路面的压实效果，一方面取决于压实设备的重量，另一方面取决于压实力的作用时间；当压实设备确定后，作用时间就成为影响压实效果的关键因素。如果在碾压过程中碾压速度不均匀，或在某一断面停留时间过长，则会造成压实度不均匀，影响平整度。因此，应保持碾压速度恒定，不能忽快忽慢，若碾压速度过慢，会导致压实效率过低；碾压速度过快，会严重影响压实表面的平整度，如图 5-51a）所示。适当的碾压速度，对减少碾压时间，提高作业效率具有十分重要的意义，如图 5-51b）所示。

图 5-50　压路机上增设围裙

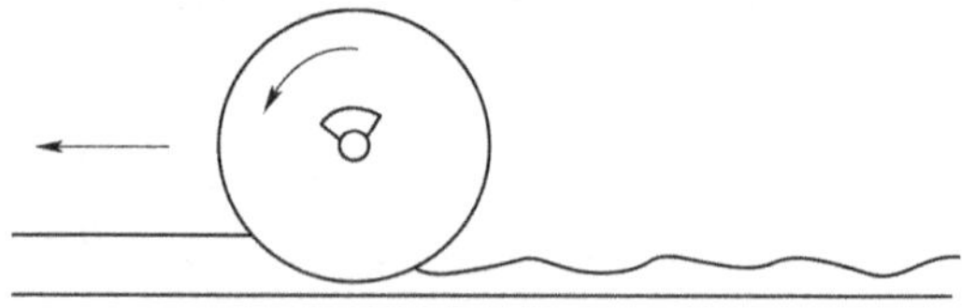

a)碾压速度过快

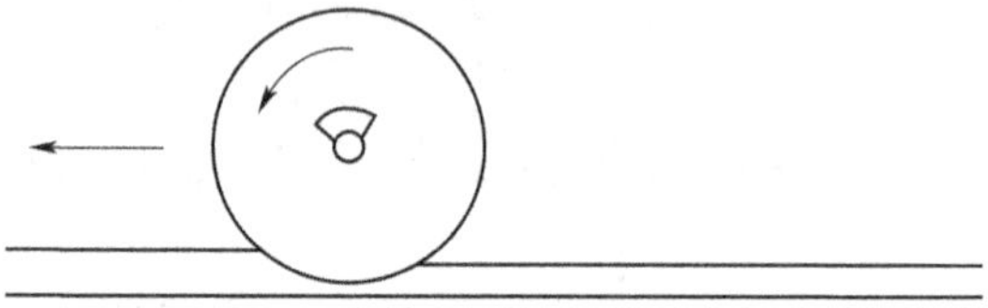

b)碾压速度合适

图 5-51　碾压速度的快慢影响平整度

压路机应以慢而均匀的速度碾压，压路机的碾压速度应符合表 5-31 的规定。

压路机碾压速度（单位：km/h）　　表 5-31

压路机类型	初压		复压		终压	
	适宜	最大	适宜	最大	适宜	最大
钢筒式压路机	2～3	4	3～5	6	3～6	6
轮胎压路机	2～3	4	3～5	6	4～6	8
振动压路机	2～3（静压或振动）	3（静压或振动）	3～4.5（振动）	5（振动）	3～6（静压）	6（静压）

⑦碾压温度。

压实温度的控制要求见表5-26，由专人负责测量碾压温度，并做好记录。在不产生严重推移和裂缝的情况下，初压、复压、终压都应在尽可能高的温度下进行，同时不得在低温状况下反复碾压，使石料棱角磨损、压碎，破坏集料嵌挤。数字插入式测温仪测碾压温度如图5-52所示。

图5-52　数字插入式测温仪测碾压温度

若沥青混合料的摊铺温度过高，导致沥青的黏性太低，则需等温度稍降后再碾压，否则沥青混合料会产生推移，出现沿滚筒边缘膨胀产生横向裂纹的现象，如图5-53a）所示。若温度下降太低，则沥青混合料易产生丝状裂缝（即"发裂"），这样即使压实度达到了要求，但集料有可能被严重压碎，混合料的质量也将严重下降。压实度温度应根据沥青稠度、压路机类型、铺筑层厚度、混合料类型的试铺试压结果确定，如图5-53b），并符合表5-26的规定。

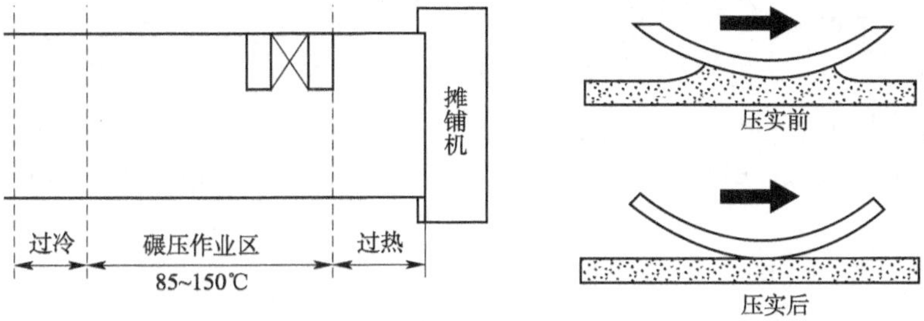

a)温度过高　　b)温度最佳

图5-53　初压温度控制

（6）接缝处理

沥青路面的施工必须接缝紧密、连接平顺，不得产生明显的接缝离析。上下层的纵缝应错开15cm（热接缝）或30～40cm（冷接缝）以上。相邻两幅及上下层的横向接缝均应错位1m以上。接缝施工应用3m直尺检查，确保平整度符合要求。

①纵缝处理。

纵向接缝部位的施工应符合下列要求：

a. 纵向热接缝。

纵向热接缝是指用两台以上摊铺机并列错位摊铺，压实时两摊铺带上的沥青混合料都处于热态。搭接宽度约为5cm。纵向热接缝施工实景和示意图分别如图5-54和图5-55所示。

采用梯队作业摊铺的纵缝应采用热接缝，将已铺部分留下10～20cm宽暂不碾压，作为后续部分的基准面，然后进行跨缝碾压以消除缝迹。

b. 纵向冷接缝。

纵向冷接缝是指新铺层与经过压实后的已铺层的纵向搭接。

当半幅施工或因特殊原因而产生纵向冷接缝时，宜加设挡板或加设切刀切齐，也可在混合料尚未完全冷却前用镐刨除边缘留下毛茬的方式，但不宜在冷却后采用切割机作纵向切缝。加铺另半幅前应涂洒少量沥青，重叠在已铺层上5～10cm，再铲走铺在前半幅上面的混合料，碾压时由边向中碾压留下10～15cm，再跨缝挤紧压实。或者先在已压实路面上行走碾压新铺层15cm左右，然后压实新铺部分。纵向冷接缝示意图如图5-56所示。纵向冷接缝碾压示意

a)现场作业远景　　b)现场作业近景

图 5-54　纵向热接缝施工实景图

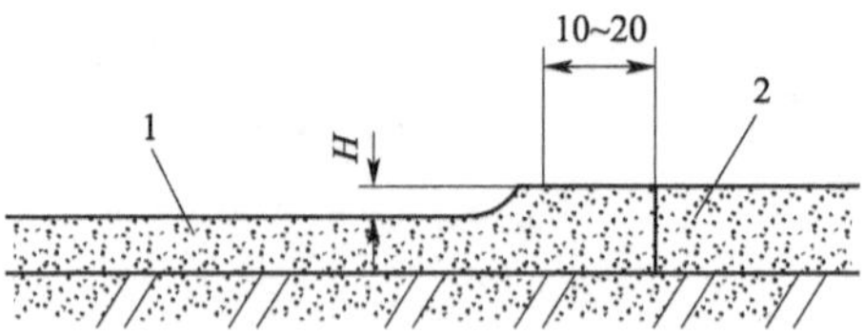

图 5-55　纵向热接缝示意图(尺寸单位:cm)
1-第一条摊铺带;2-第二条摊铺带;H-压实量

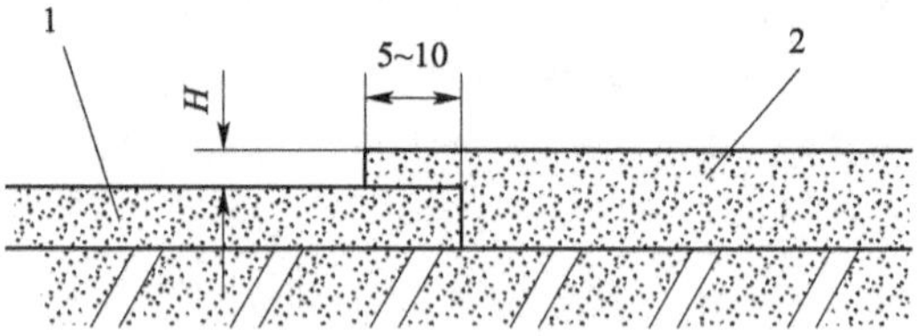

图 5-56　纵向冷接缝示意图(尺寸:cm)
1-第一条摊铺带;2-第二条摊铺带;H-压实量

图如图 5-57 所示。

②横缝处理。

高速公路和一级公路的表面层横向接缝应采用垂直的平接缝,以下各层可采用自然碾压的斜接缝,沥青层较厚时也可作阶梯形接缝,如图 5-58 所示。其他等级公路的各层均可采用斜接缝。

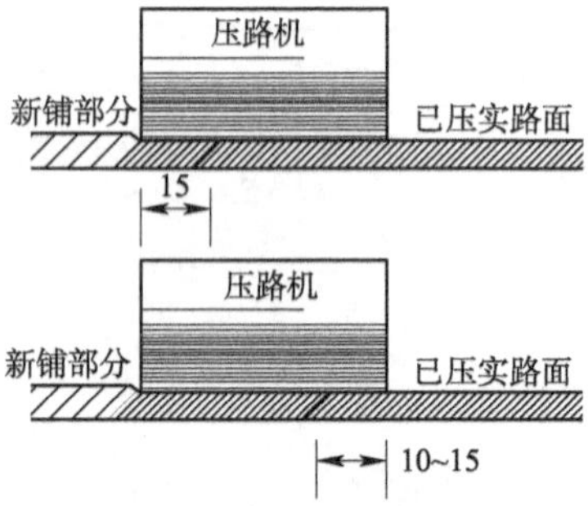

图 5-57　纵向冷接缝碾压示意图(尺寸单位:cm)

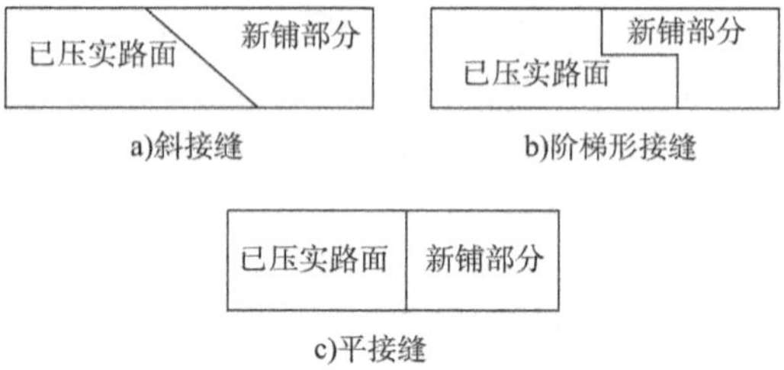

图 5-58　横向接缝的几种形式

斜接缝的搭接长度与层厚有关,宜为 0.4 ~ 0.8m。搭接处应洒少量沥青,混合料中的粗集料颗粒应予剔除,并补上细料,搭接平整,充分压实。阶梯形接缝的台阶经铣刨而成,并洒黏层沥青,搭接长度不宜小于 3m。

平接缝宜趁尚未冷透时用凿岩机或人工垂直刨除端部层厚不足的部分,使工作缝成直角连接。当采用切割机制作平接缝时,宜在铺设当天混合料冷却但尚未结硬时进行。刨除或切割不得损伤下层路面。切割时留下的泥水必须冲洗干净,待干燥后涂刷黏层油。铺筑新混合料接头应使接茬软化,压路机先进行横向碾压,再纵向碾压成为一体,充分压实,连接平顺。

横向接缝碾压时,碾压带的外侧应放置供压路机行驶的垫木,碾压时压路机应位于已压实的混合料层上,伸入新铺层的宽度为 15cm。然后每压一遍向新铺混合料移动 15 ~ 20cm,直至全部在新铺层上为止，再改为纵向碾压，如图5-59所示。

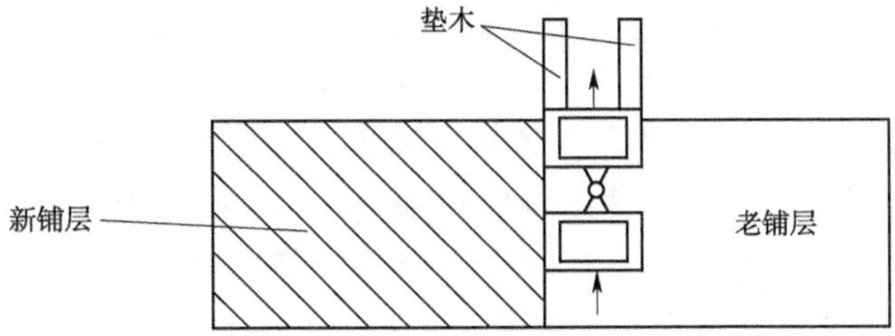

图5-59　横向接缝碾压

(7)开放交通

热拌沥青混合料路面应待摊铺层完全自然冷却、混合料表面温度低于50℃后，方可开放交通。需要提早开放交通时，可洒水冷却降低混合料温度。

铺筑好的沥青层应严格控制交通，做好保护，保持整洁，不得造成污染，严禁在沥青层上堆放施工产生的土或杂物，严禁在已铺沥青层上制作水泥砂浆。

【知识链接——沥青路面施工质量管理与检查验收】

沥青路面施工应根据全面质量管理的要求，建立健全有效的质量保证体系，对施工各工序的质量进行检查评定，达到规定的质量标准，确保施工质量的稳定性。高速公路、一级公路沥青路面应加强施工过程质量控制，实行动态质量管理。所有与工程建设有关的原始记录、试验检测及计算数据、汇总表格，必须如实记录和保存。对已经采取措施进行返工和补救的项目，可在原记录和数据上注明，但不得销毁。

1)施工前的材料与设备检查

(1)施工前必须检查各种材料的来源和质量。所有材料都应按规定取样检测，经质量认可后方可订货。

(2)各种材料都必须在施工前以"批"为单位进行检查，不符合规范技术要求的材料不得进场。对各种矿料是以同一料源、同一次购入并运至生产现场的相同规格材料为一"批"；对沥青是指从同一来源、同一次购入且储入同一沥青罐的同一规格的沥青为一"批"。材料试样的取样数量与频度按现行试验规程的规定进行。

(3)工程开始前，必须对材料的存放场地、防雨和排水措施进行确认，不符合《公路沥青路面施工技术规范》(JTG F40—2004)要求的材料不得进场。进场的各种材料的来源、品种、质量应与招标及提供的样品一致，不符要求的材料严禁使用。

(4)使用成品改性沥青的工程，应要求供应商提供所使用的改性剂型号、基质沥青的质量检测报告。使用现场改性沥青的工程，应对试生产的改性沥青进行检测。质量不合格的不可使用。

(5)施工前应对沥青拌和楼、摊铺机、压路机等各种施工机械和设备进行调试，对机械设备的配套情况、技术性能、传感器计量精度等进行认真检查、标定，并得到监理的认可。

(6)正式开工前，各种原材料的试验结果，及据此进行的目标配合比设计和生产配合比设计结果，应在规定的期限内向业主及监理提出正式报告，待取得正式认可后，方可使用。

2)铺筑试验路段

(1)高速公路和一级公路的沥青路面在施工前应铺筑试验段。其他等级公路在缺乏施工经验或初次使用重大设备时，也应铺筑试验段。当同一施工单位在材料、机械设备及施工方法方面与其他工程完全相同时，也可利用其他工程的试验结果，不再铺筑新的试验路段。

(2)试验段的长度应根据试验目的确定,通常宜为100~200m,宜选在正线上铺筑。

(3)热拌热铺沥青混合料路面试验段铺筑分试拌及试铺两个阶段,应包括下列试验内容:

①检验各种施工机械的类型、数量及组合方式是否匹配。

②通过试拌确定拌和机的操作工艺,考察计算机打印装置的可信度。

③通过试铺确定透层油的喷洒方式和效果、摊铺、压实工艺,确定松铺系数等。

④验证沥青混合料生产配合比设计,提出生产用的标准配合比和最佳沥青用量。

⑤建立用钻孔法与核子密度仪无破损检测路面密度的对比关系。确定压实度的标准检测方法。核子仪等无破损检测在碾压成型后热态测定,取13个测点的平均值为1组数据,一个试验段的数据不得少于3组。钻孔法在第2d或第3d以后测定,钻孔数不少于12个。

⑥检测试验段的渗水系数。

(4)试验段铺筑应由有关各方共同参加,及时商定有关事项,明确试验结论。铺筑结束后,施工单位应就各项试验内容提出完整的试验路施工、检测报告,取得业主或监理的批复。

3)施工过程中的质量管理与检查

(1)沥青面层施工必须在得到开工令后方可开工。

(2)施工单位在施工过程中应随时对施工质量进行自检。监理应按规定要求自主地进行试验,并对承包商的试验结果进行认定,如实评定质量,计算合格率。当发现有质量低劣等异常情况时,应立即追加检查。施工过程中无论是否已经返工补救,所有数据均必须如实记录,不得丢弃。

(3)沥青混合料生产过程中,必须按表5-32规定的检查项目与频度,对各种原材料进行抽样试验,其质量应符合《公路沥青路面施工技术规范》(JTG F40—2004)规定的技术要求。每个检查项目的平行试验次数或一次试验的试样数必须按相关试验规程的规定执行,并以平均值评价是否合格。未列入表中的材料的检查项目和频度按材料质量要求确定。

施工过程中材料质量检查的项目与频度 表5-32

材料	检查项目	检查频度		试验规程规定的平行试验次数或一次试验的试样数
		高速公路、一级公路	其他等级公路	
粗集料	外观(石料品种、含泥量等)	随时	随时	—
	针片状颗粒含量	随时	随时	2~3
	颗粒组成(筛分)	随时	必要时	2
	压碎值	必要时	必要时	2
	磨光值	必要时	必要时	4
	洛杉矶磨耗值	必要时	必要时	2
	含水率	必要时	必要时	2
细集料	颗粒组成(筛分)	随时	必要时	2
	砂当量	必要时	必要时	2
	含水率	必要时	必要时	2
	松方单位重	必要时	必要时	2

续上表

材料	检查项目	检查频度		试验规程规定的平行试验次数或一次试验的试样数
		高速公路、一级公路	其他等级公路	
矿粉	外观 <0.075mm含量 含水率	随时 必要时 必要时	随时 必要时 必要时	— 2 2
石油沥青	针入度 软化点 延度 含蜡量	每2~3d1次 每2~3d1次 每2~3d1次 必要时	每周1次 每周1次 每周1次 必要时	3 2 3 2~3
改性沥青	针入度 软化点 离析试验(对成品改性沥青) 低温延度 弹性恢复 显微镜观察(对现场改性沥青)	每天1次 每天1次 每周1次 必要时 必要时 随时	每天1次 每天1次 每周1次 必要时 必要时 随时	3 2 2 3 3 —
乳化沥青	蒸发残留物含量 蒸发残留物针入度	每2~3d1次 每2~3d1次	每周1次 每周1次	2 2
改性乳化沥青	蒸发残留物含量 蒸发残留物针入度 蒸发残留物软化点 蒸发残留物的延度	每2~3d1次 每2~3d1次 每2~3d1次 必要时	每周1次 每周1次 每周1次 必要时	2 3 2 3

注:1. 表列内容是在材料进场时已按“批”进行了全面检查的基础上,日常施工过程中质量检查的项目与要求。

2.“随时”是指需要经常检查的项目,其检查频度可根据材料来源及质量波动情况由业主及监理确定;“必要时”是指施工各方任何一个部门对其质量发生怀疑并提出需要检查,或是根据需要商定的检查频度。

(4)沥青拌和厂必须按下列步骤对沥青混合料生产过程进行质量控制,并按表5-33规定的项目和频度检查沥青混合料产品的质量,如实计算产品的合格率。单点检验评价方法应符合相关试验规程的试样平行试验的要求。

①从料堆和皮带运输机随时目测各种材料的质量和均匀性,检查泥块及超粒径碎石,检查冷料仓有无窜仓。目测混合料拌和是否均匀,有无花白料,油石比是否合理,检查集料和混合料的离析情况。

②检查控制室拌和机各项参数的设定值、控制屏的显示值,核对计算机采集和打印记录的数据与显示值是否一致。

③检测沥青混合料的材料加热温度、混合料出厂温度,取样抽提、筛分检测混合料的矿料级配、油石比。抽提筛分应至少检查0.075mm、2.36mm、4.75mm、公称最大粒径及中间粒径等5个筛孔的通过率。

④取样成型试件进行马歇尔试验,测定空隙率、稳定度、流值,计算合格率。对VMA、VFA指标可只作记录。同时按规范规定的方法确定压实度的标准密度。❶

注:❶沥青混合料的存放时间对体积指标有一定影响,施工质量检验的马歇尔试验以拌和厂取样后立即成型的试件为准,但成型温度和试件高度必须符合试验要求。

热拌沥青混合料的频度和质量要求 表 5-33

项目		检查频度及单点检验评价方法	质量要求或允许偏差		试验方法
			高速公路、一级公路	其他等级公路	
混合料外观		随时	观察集料粗细、均匀性、离析、油石比、色泽、冒烟、有无花白料、油团等各种现象		目测
拌和温度	沥青、集料的加热温度	逐盘检测评定	符合本规范规定		传感器自动检测、显示并打印
	混合料出厂温度	逐车检测评定	符合本规范规定		传感器自动检测、显示并打印，出厂时逐车按 T 0981 人工检测
		逐盘测量记录，每天取平均值评定	符合本规范规定		传感器自动检测、显示并打印
矿料级配（筛孔）	0.075mm	逐盘在线检测	±2%（2%）	—	计算机采集数据计算
	≤2.36mm		±5%（4%）	—	
	≥4.75mm		±6%（5%）		
	0.075mm	逐盘检查，每天汇总1次取平均值评定	±1%	—	附录 G 总量检验
	≤2.36mm		±2%	—	
	≥4.75mm		±2%	—	
	0.075mm	每台拌和机每天1~2次，以2个试样的平均值评定	±2%（2%）	±2%	T 0725 抽提筛分与标准级配比较的差
	≤2.36mm		±5%（3%）	±6%	
	≥4.75mm		±6%（4%）	±7%	
沥青用量（油石比）		逐盘在线监测	±0.3%	—	计算机采集数据计算
		逐盘检查，每天汇总1次取平均值评定	±0.1%	—	附录 F 总量检验
		每台拌和机每天1~2次，以2个试样的平均值评定	±0.3%	±0.4%	抽提 T 0722、T 0721
马歇尔试验：空隙率、稳定度、流值		每台拌和机每天1~2次，以4~6个试件的平均值评定	符合规范规定		T 0702、T 0709、规范附录 B、附录 C
浸水马歇尔试验		必要时（试件数同马歇尔试验）	符合规范规定		T 0702、T 0709
车辙试验		必要时（以3个试件的平均值评定）	符合规范规定		T 0719

注：1. 单点检验是指试验结果以一组试验结果的报告值为一个测点的评价依据；一组试验（如马歇尔试验、车辙试验）有多个试样时，报告值的取用按《公路工程沥青及沥青混合料试验规程（JTG E20—2011）》的规定执行。

2. 对高速公路和一级公路，矿料级配和油石比必须进行总量检验和抽提筛分的双重检验控制，并进行互相校核，表 5-34 中括号内的数字是对 SMA 的要求。油石比抽提试验应事先进行空白试验标定，以提高测试数据的准确度。

3. 表中规范指《公路沥青路面施工技术规范》（JTG F40—2004）。

（5）沥青路面铺筑过程中必须随时对铺筑质量进行评定，质量检查的内容、频度、允许差应符合表 5-34 的规定。

公路热拌沥青混合料路面施工过程中工程质量的控制标准 表 5-34

项目		检查频度及单点检验评价方法	质量要求或允许偏差		试验方法
			高速公路、一级公路	其他等级公路	
外观		随时	表面平整密实,不得有明显轮迹、裂缝、推挤、油包等缺陷,且无明显离析		目测
接缝		随时	紧密平整、顺直、无跳车,		目测
		逐条缝检测评定	3mm	5mm	T 0931
施工温度	摊铺温度	逐车检测评定	符合规范规定		T 0981
	碾压温度	随时	符合规范规定		插入式温度计实测
厚度①	每一层次	随时,厚度 50mm 以下 厚度 50mm 以上	设计值的 5% 设计值的 8%	设计值的 8% 设计值的 10%	施工时插入法量测松铺厚度及压实厚度
	每一层次	1 个台班区段的平均值 厚度 50mm 以下 厚度 50mm 以上	-3mm -5mm	—	规范⑤附录 G 总量检验
	总厚度	每 2 000m^2 取 1 点进行单点评定	设计值的 -5%	设计值的 -8%	T 0912
	上面层	每 2 000m^2 取 1 点进行单点评定	设计值的 -10%	设计值的 -10%	
压实度②		每 2 000m^2 检查 1 组,逐个试件评定并计算平均值	实验室标准密度的 97%(98%) 最大理论密度的 93%(94%) 试验段密度的 99%(99%)		T 0924、T 0922 规范⑤附录 E
平整度(最大间隙)④	上面层	随时,接缝处单杆评定	3mm	5mm	T 0931
	中下面层	随时,接缝处单杆评定	5mm	7mm	T 0931
平整度(标准差)	上面层	连续测定	1.2mm	2.5mm	T 0932
	中面层	连续测定	1.5mm	2.8mm	
	下面层	连续测定	1.8mm	3.0mm	
	基层	连续测定	2.4mm	3.5mm	
宽度	有侧石	检测每个断面	±20mm	±20mm	T 0911
	无侧石	检测每个断面	不小于设计宽度	不小于设计宽度	
纵断面高程		检测每个断面	±10mm	±15mm	T 0911
横坡度		检测每个断面	±0.3%	±0.5%	T 0911
沥青层层面上的渗水系数③		每 1km 不少于 5 点,每点 3 处取平均值	300mL/min (普通密级配沥青混合料) 200mL/min(SMA 混合料)		T 0971

注:①表中厚度检测频度指高速公路和一级公路的钻坑频度,其他等级公路可酌情减少状况,且通常采用压实度钻孔试件测定。上面层的允许误差不适用于磨耗层。

②压实度检测按规范附录 E 的规定执行,钻孔试件的数量按规定执行。括号中的数值是对 SMA 路面的要求,对马歇尔成型试件采用 50 次或者 35 次击实的混合料,压实度应适当提高要求。进行核子仪等无破损检测时,每 13 个测点的平均数作为一个测点进行评定是否符合要求。实验室密度是指与配合比设计相同方法成型的试件密度。以最大理论密度作标准密度时,对普通沥青混合料通过真空法实测确定,对改性沥青和 SMA 混合料,由每天的矿料级配和油石比计算得到。

③渗水系数适用于公称最大粒径等于或小于 19mm 的沥青混合料,应在铺筑成型后未遭行车污染的情况下测定,且仅适用于要求密水的密级配沥青混合料、SMA 混合料。不适用于 OGFC 混合料,表中渗水系数以平均值评定,计算的合格率不得小于 90%。

④3m 直尺主要用于接缝检测,对正常生产路段,采用连续式平整度仪测定。

⑤表中规范指《公路沥青路面施工技术规范》(JTG F40—2004)。

(6)施工厚度的检测按以下方法执行,并相互校核,当差值较大时通常以总量检验为准。

①利用摊铺过程在线控制,即不断地用插尺或其他工具插入摊铺层测量松铺厚度。

②利用拌和厂沥青混合料总生产量与实际铺筑的面积计算平均厚度进行总量检验。

③当具有地质雷达等无破损检验设备时,可利用其连续检测路面厚度,但其测试精度需经标定认可。

④待路面完全冷却后,在钻孔检测压实度的同时测量沥青层的厚度。

(7)沥青路面的压实度采取重点对碾压工艺进行过程控制、适度钻孔抽检压实度的方法。

①碾压工艺的控制包括压路机的配置(台数、吨位及机型)、排列和碾压方式、压路机与摊铺机的距离、碾压温度、碾压速度、压路机洒水(雾化)情况、碾压段长度、掉头方式等。

②碾压过程中宜采用核子密度仪等无破损检测设备进行压实密度过程控制,测点随机选择,一组不少于13点,取平均值,与标定值或试验段测定值比较评定。测定温度应与试验段测定时一致,检测精度通过试验路与钻孔试件标定。

③在路面完全冷却后,随机选点钻孔取样,如一次钻孔同时有多层沥青层时需用切割机切割,待试件充分干燥后(在第2d之后),分别测定密度。压实度计算及标准密度的确定方法应遵照《公路沥青路面施工技术规范》(JTG F40—2004)附录E的规定,选用其中的1个或2个标准评定,并以合格率低的作为评定结果,但不得以配合比设计时的标准密度作为整个施工及验收过程中的标准密度使用。钻孔后应及时将孔中灰浆淘净,吸净余水,待干燥后以相同的沥青混合料分层填充夯实。为减少钻孔数量,有关施工、监理、监督各方宜合作进行钻孔检测,以避免重复钻孔。

④测试压实度的一组数据最少为3个钻孔试件,当一组检测的合格率小于60%,或平均值 $\bar{x}_3$ 小于要求的压实度时,可增加一倍检测点数。如6个测点的合格率小于60%,或平均值 $\bar{x}_6$ 仍然达不到压实度要求时,允许再增加一倍检测点数,要求其合格率大于60%,且 $\bar{x}_{12}$ 达到规定的压实度要求(注意所有记录数据不得遗弃)。如仍然不能满足要求的应核查标准密度的准确性,应确定是否需要返工以及返工的范围。当所有钻孔试件检测的压实度持续稳定并符合要求时,钻孔频度可减少至每公里不少于一个孔。施工过程中钻孔的试件宜编号贴上标签予以保存,以备工程交工验收时使用。

⑤压实层厚度等于或小于3cm的超薄表面层或磨耗层、厚度小于4cm的SMA表面层、易发生温缩裂缝的严寒地区的表面层、桥面铺装沥青层,以及使用改性沥青后,钻孔试样表面形状改变,难以准确测定密度时,可免于钻孔取样,严格控制碾压。

(8)压实成型的路面应按《公路路基路面现场测试规程》(JTG E60—2008)规定的方法随机选点检测渗水情况,渗水系数的平均值宜符合表5-34的要求。对排水式沥青混合料,应要求水能够迅速排走。如需要测定构造深度时,宜在测定渗水的同时在附近选点测定,记录实测结果。

(9)施工过程中应随时对路面进行外观(色泽、油膜厚度、表面空隙)评定,尤其特别注意防止粗细集料的离析和混合料温度不均,造成路面局部渗水严重或压实不足,酿成隐患。如果确实该路段严重离析、渗水,且经2次补充钻孔仍不能达到压实度要求,确属施工质量差的,应予铣刨或局部挖补,返工重铺。

(10)施工过程中必须随时用3m直尺检测接缝及与构造物的连接处平整度的检测,正常路段的平整度采用连续式平整度仪或颠簸累积仪测定。

(11)公路施工的关键工序或重要部位宜拍摄照片或进行录像,作为实态记录及保存资料的一部分。

4)交工验收阶段的工程质量检查与验收

(1)工程完工后,施工单位应将全线以 1 ~ 3km 作为一个评定路段,每一侧行车道按表 5-35 的规定频度,随机选取测点,对沥青面层进行全线自检,将单个测定值与表中的质量要求或允许偏差进行比较,计算合格率,然后计算一个评定路段的平均值、极差、标准差及变异系数。施工单位应在规定时间内提交全线检测结果及施工总结报告,申请交工验收。

公路热拌沥青混合料路面交工检查与验收质量标准 表 5-35

检查项目		检查频度(每一侧行车道)	质量要求或允许偏差	
			高速公路、一级公路	其他等级公路
外观		随时	表面平整密实,不得有明显轮迹、裂缝、推挤、油盯、油包等缺陷,且无明显离析	
面层总厚度①	代表值	每 1km 5 点	设计值的 -5%	设计值的 -8%
	极值	每 1km 5 点	设计值 -10%	设计值的 -15%
上面层厚度①	代表值	每 1km 5 点	设计值的 -10%	—
	极值	每 1km 5 点	设计值 -20%	—
压实度②	代表值	每 1km 5 点	实验室标准密度的 96%(98%);最大理论密度的 92%(94%);试验段密度的 98%(99%)	
	极值(最小值)	每 1km 5 点	比代表值放宽 1%(每 km)或 2%(全部)	
路表平整度	标准差 σ	全线连续	1.2mm	2.5mm
	IRI	全线连续	2.0m/km	4.2m/km
	最大间隙	每 1km 10 处,各连续 10 杆	—	5mm
路表渗水系数 ≤		每 1km 不少于 5 点,每点 3 处取平均值评定	300mL/min(普通沥青路面) 200mL/min(SMA 路面)	—
宽度	有侧石	每 1km 20 个断面	±20mm	±30mm
	无侧石	每 1km 20 个断面	不小于设计宽度	不小于设计宽度
纵断面高程		每 1km 20 个断面	±15mm	±20mm
中线偏位		每 1km 20 个断面	±20mm	±30mm
横坡度		每 1km 20 个断面	±0.3%	±0.5%
弯沉	回弹弯沉	全线每 20m 1 点	符合设计对交工验收的要求	符合设计对交工验收的要求
	总弯沉	全线每 5m 1 点	符合设计对交工验收的要求	—
构造深度		每 1km 5 点	符合设计对交工验收的要求	—
摩擦系数摆值		每 1km 5 点	符合设计对交工验收的要求	—
横向力系数		全线连续	符合设计对交工验收的要求	—

注:①高速公路、一级公路面层除验收总厚度外,尚须验收上面层厚度,代表值的计算方法按《公路沥青路面施工技术规范》(JTG F40—2004)附录 E 进行。

②同表 5-35 注②。

(2)沥青路面交工时应检查验收沥青面层的各项质量指标,包括路面的厚度、压实度、平整度、渗水系数、构造深度、摩擦系数。

①需要作破损路面进行检测的指标，如厚度、压实度宜利用施工过程中的钻孔数据，检查每一个测点与极值相比的合格率，同时按附录E的方法计算代表值。厚度也可利用路面雷达连续测定路面剖面进行评定。压实度验收可选用其中的1个或2个标准，并以合格率低的作为评定结果。

②路表平整度可采用连续式平整度仪和颠簸累积仪进行测定，按每100m计算一个测值来计算合格率。

③路表渗水系数与构造深度宜在施工过程中在路面成型后立即测定，按每点3处取平均值计算合格率。

④交工验收时可采用连续式摩擦系数测定车在行车道实测路表横向摩擦系数，并如实记录测点数据。

⑤交工验收时可选择贝克曼梁或连续式弯沉仪实测路面的回弹弯沉或总弯沉，如实记录测点数据(含测定时的气候条件、测定车数据等)，测定时间宜在公路的最不利使用条件下(指春融期或雨季)进行。

(3)工程交工时应对全线宽度、纵断面高程、横坡度、中线偏位等进行实测，以每个桩号的测定结果评定合格率，最后提出实际的竣工图。

5)工程施工总结及质量保证期管理

(1)工程结束后，施工企业应根据国家竣工文件编制的规定，提出施工总结报告及若干个专项报告，连同竣工图表，形成完整的施工资料档案。

(2)施工总结报告应包括工程概况(包括设计及变更情况)、工程基础资料、材料、施工组织、机械及人员配备、施工方法、施工进度、试验研究、工程质量评价、工程决算、工程使用服务计划等。

(3)施工管理与质量检查报告应包括施工管理体制、质量保证体系、施工质量目标、试验段铺筑报告、施工前及施工中材料质量检查结果(测试报告)、施工过程中工程质量检查结果(测试报告)、工程交工验收质量自检结果(测试报告)、工程质量评价以及原始记录、相册、录像等各种附件。

(4)施工企业在质保期内，应进行路面使用情况观测、局部损坏的原因分析和维修保养等。质量保证的期限根据国家规定或招标文件等要求确定。

【工程实例——济祁高速砀山段沥青混凝土下面层试验段施工总结报告】

1)工程概况

本标段为济祁高速(北起山东省济南市，南至安徽省祁门县)砀山段路面第二合同段，里程桩号为K22+200~K40+007.84，路线全长17.808km，含互通立交1处、收费站1处。路面宽度23.5m，路面结构层为：20cm低剂量水泥稳定碎石+36cm水泥稳定碎石+8cm粗粒式AC25沥青混凝土+6cm中粒式AC20沥青混凝土+4cm细粒式AC13沥青混凝土。总造价约为20 435.47万元。合同工期12个月。

(1)施工日期：2014年7月6日，上午9:26。

(2)试验段桩号：K29+511~K30+000(左幅)，长度489m，结构层厚8cm。

(3)施工单位：(略)。

(4)监理单位：(略)。

(5)施工天气情况:晴,具备施工条件。

2)现场组织机构、施工人员及队伍划分、主要施工机械

(1)现场组织机构、施工人员及队伍划分如表5-36所示。

现场施工人员一览表 表5-36

现场职务	人数	姓名	负责内容
总指挥	1	—	施工的组织实施
技术负责	1	—	技术工作
总调度	1	—	对工程技术人员组织与协调
前场负责	1	—	负责方案实施、摊铺、压实、工作面清理
前场检测	2	—	沥青混合料到场温度检测及摊铺、碾压温度检测
前场测量	2	—	带线、松铺系数测定、高程测量
前场摊铺	1	—	摊铺机调度、摊铺工艺控制、松铺厚度检测
前场碾压	1	—	压路机调度、碾压工艺控制
后场负责	1	—	后场车队、临时工调度、后场机械设备调度
后场温度检测	1	—	后场混合料出场温度检测
拌和站	1	—	拌和站运行
试验室负责	1	—	沥青混合料试验、检测和前场摊铺成型检测
室内成型试验	1	—	负责马氏及车辙试验检测
抽提筛分检测	1	—	负责沥青混合料抽提及筛分试验检测
材料主管	1	—	保证各种材料的充足储备
安全管理	1	—	前后场的安全检查、保障
后勤保障	1	—	充足、及时的后勤保障
后场劳务工	12	—	配合拌和站生产、维护
前场劳务工	20	—	配合机械摊铺、局部整补、边角处理
机械操作手	20	—	拌和站、装载机、摊铺机、压路机等

(2)主要施工机械如表5-37所示。

沥青混凝土下面层主要机械设备表 表5-37

机械名称	规格型号	额定功率(kW)或容量(m^2)或吨位(t)	厂牌及出厂时间	数量(台)
沥青混凝土拌和站	DG4000	860kW-320T/H	2006年	1
沥青摊铺机	沃尔沃8820	182kW	2011年	1
重型轮胎压路机	XP-301、302	30t	2010年	4
双钢轮振动压路机	戴纳派克622	90kW	2010年	1
双钢轮振动压路机	戴纳派克622	125kW	2010年	1
双钢轮振动压路机	戴纳派克622	129kW	2011年	1
洒水车	CG144AS	8 000L	2012年	2
自动收集清扫车	凯斯	—	进口	1
自卸汽车	东风	20t	2012年	10

3)施工准备

(1)施工材料

①沥青。

本工程沥青下面层采用安徽环宇公路建设开发有限公司优质道路石油A级70号沥青,各项技术指标均符合作业指导书的要求。具体见后附件。

②粗集料。

材料产地为萧县龙城镇人民村谢长治石料场，石质为石灰岩。粗集料采用石质坚硬、清洁、干燥，不含风化颗粒、近立方体颗粒的碎石，表面粗糙，粒径大于2.36mm。

③细集料。

细集料采用的石质坚硬、清洁、干燥，无风化、无杂质并有适当级配的自加工机制砂，采用石质为石灰岩，其规格、技术指标均满足作业指导书要求。

④填料。

填料产地为淮北市宏景公路工程有限公司，采用石灰岩碱性石料经磨细得到的矿粉，经试验室检测技术指标均满足作业指导书的要求。

(2)技术准备

施工前，组织技术人员和操作手对设计图纸、招标文件、技术规范和施工方案、操作规程等进行学习、交底，使参施人员对标准、程序、职责做到心中有数、目标明确，确保试验段一次成功。

(3)小型机具

为保证施工工程顺利，提前准备各种小型必备工具，如：平锹、搂耙、竹扫帚、墩布、喷雾器、尖镐、铁夯、手提式森林灭火器等。

(4)机械设备准备

施工前对摊铺机、压路机、装载机、水车等机械设备进行彻底检查保养，确保状态良好，并加足油料，尤其是摊铺机，对其各工作装置及调节机构进行检查，确保灵敏可靠，将熨平板宽度、拱度等调整准确。作业前，用喷雾器向料斗、推辊、输料器、分料器等位置喷洒薄层柴油；检查轮胎压路机每个轮胎充气压力是否均衡，应不小于0.55MPa，轮胎发热后应不小于0.6MPa，各个轮胎的气压应大致相等；检查双钢轮压路机自动喷水系统是否正常雾状喷水等。

(5)试验检测仪器

为保证施工质量，提高检测精度，配备试验检测仪器如表5-38所示。

主要试验检测仪器一览表 表5-38

序号	仪器名称	规格型号	数量	序号	仪器名称	规格型号	数量
1	软化点仪	SLR-C	1台	16	自动沥青低温延度仪	LYY-7A	1台
2	马歇尔电动击实仪	MDJ-11A	1台	17	沥青标准黏度计	SYD-0621	1台
3	标准沥青混合料试模	101.6mm×63.5mm	18个	18	沥青混合料搅拌机	LD-168	2台
4	低温环境箱	THD-0506	1台	19	马歇尔稳定度试验仪	DF-3	1台
5	细集料流动时间测定仪	LDSJ-2	1台	20	燃烧法沥青含量分析仪	DF-3	1台
6	烘箱	101-2	1台	21	沥青混合料理论最大密度仪	SMXM-21	1台
7	烘箱	101-3	1台	22	路面渗水仪	无锡华南	1套
8	干燥箱	101-4	1台	23	路面回弹弯沉测定仪(5.4m)	—	1台
9	沥青旋转薄膜烘箱	82型	1台	24	路面连续式平整度仪	长沙亚星LXBP-6	1套
10	集料方孔筛	0.075~75mm	2套	25	路面取芯机	HZ-20	1套
11	压碎值仪	—	1套	26	插入式热电偶温度计	—	3个
12	电动脱模器	DT-15B	1台	27	路面切割机	—	1台
13	电动砂当量仪	SD-Z	1台	28	自动车辙试验仪	LDCZ-5	1套
14	数显电热恒温水浴	LD191	2台	29	电子温度计	—	5个
15	自动沥青针入度仪	SZR-3	1台	30	地表温度计	—	2个

(6)工作面准备

①工作面 K29 +511 ~ K30 +231 左幅汇水槽、新泽西护栏施工完成。

②中桩、边桩按每 10m 取 1 个断面控制钢丝绳牵引。

③工作面清扫采用强力式清扫机进行清扫,对部分机械清扫不到的死角进行人工清扫,最后用森林灭火器进行吹扫。

④检查基层表面裂缝情况,对基层裂缝应进行如下处理:

a. 缝宽超过 5mm 的裂缝,应先用空压机吹净裂缝中的浮灰,再用改性乳化沥青进行灌注,最后粘贴聚酯玻纤布。

b. 缝宽小于 5mm 的裂缝可直接粘贴聚酯玻纤布。

⑤汇水槽侧面、结构物头侧面刷乳化沥青。

⑥透封层洒布完成。

(7)原材料

①粗集料。

产地为萧县龙城镇人民村谢长治石料场,各项指标如表 5-39 所示,数据均满足要求。

粗集料技术指标 表 5-39

规格(mm)	压碎值(%)	针片状颗粒含量(%)	表观相对密度	吸水率(%)	0.075mm 含量(%)	黏附性
19 ~ 31.5	—	8.6	2.716	0.16	0.3	—
9.5 ~ 19	18.8	11.6	2.701	0.21	0.5	5 级
4.75 ~ 9.5	—	11.4	2.705	0.31	0.2	—
2.36 ~ 4.75	—	—	2.689	0.28	0.2	—
设计要求	≤24	≤13	≥2.6	≤2	≤1	≥4 级

②细集料。

采用粗集料自加工,使用具有良好颗粒形状及级配的机制砂,各项指标如表 5-40 所示,数据均满足要求。

细集料技术指标 表 5-40

规格(mm)	砂当量(%)	表观相对密度
0 ~ 2.36	76	2.699
设计要求	≥60	≥2.5

细集料筛分结果如表 5-41 所示。

细集料筛分结果 表 5-41

筛孔尺寸(mm)	通过率(%)						
	4.75	2.36	1.18	0.6	0.3	0.15	0.075
实测值(%)	100	90.2	65.8	39.4	23.5	13.8	9.2
设计要求(%)	100	80 ~ 100	50 ~ 80	25 ~ 60	8 ~ 45	0 ~ 25	0 ~ 12.5

③矿粉。

产地为淮北市宏景公路工程有限公司,各项指标如表 5-42 所示,数据均满足要求。

矿粉技术指标 表5-42

指标		实测结果	设计要求
表观相对密度		2.664	≥2.5
含水率(%)		0.4	≤1
粒度范围(%)	<0.6mm	100	100
	<0.15mm	97.6	90~100
	<0.075mm	90.6	75~100
外观		无团粒结块	无团粒结块
亲水系数		0.70	<1
塑性指数		3	<4

④沥青。

产地为安徽环宇公路建设开发有限公司，型号为A级70号道路石油沥青，各项指标如表5-43所示，数据均满足要求。

沥青技术指标 表5-43

技术指标	实测值	设计指标
针入度(25℃,100g,5s)(0.1mm)	68.5	60~75
软化点(℃)	48.5	≥46
延度15℃,5cm/min (cm)	135	≥120

⑤目标配合比。

委托咨询单位即：江苏东南交通工程试验检测有限公司，配合比比例为1号:2号:3号:4号:5号:矿粉=18%:24%:17%:8%:31%:2%，油石比为4.0%。

4）生产配合比

（1）热料仓筛分及混合料合成结果如表5-44所示。

热料仓筛分及混合料合成结果 表5-44

热料仓	比例(%)	通过率(%)												
		31.5	26.5	19	16	13.2	9.5	4.75	2.36	1.18	0.6	0.3	0.15	0.075
1号	16	100	77.4	1.3	0.1	0.1	0.1	0.1	0.1	0.1	0.1	0.1	0.1	0.1
2号	28	100	100	73.1	50.2	25.4	0.6	0.6	0.6	0.6	0.6	0.6	0.6	0.6
3号	21	100	100	100	100	100	88.3	0.2	0.2	0.2	0.2	0.2	0.2	0.2
4号	7	100	100	100	100	100	100	86.0	3.2	0.7	0.7	0.7	0.7	0.7
5号	25	100	100	100	100	100	100	100	87.6	65.8	42.7	25.1	13.5	6.4
矿粉	3	100	100	100	100	100	100	100	100	100	100	100	100	98.6
合成级配		100.0	96.4	76.7	70.1	63.1	53.7	34.2	25.3	19.7	13.9	9.5	6.6	4.8
设计要求	上限	100	100	90	83	76	65	40	42	33	24	17	13	7
	中值	100	95	80	71.5	63.5	52.5	32	28	21.5	15.5	11	8.5	5.0
	下限	100	90	70	60	51	40	24	14	10	7	5	4	3

（2）根据以上合成级配进行马歇尔试验，得出结果如表5-45所示。

生产配合比马歇尔试验结果　　表 5-45

油石比（%）	毛体积相对密度	理论最大相对密度	空隙率（%）	稳定度（kN）	流值（0.1mm）	沥青饱和度（%）	矿料间隙率(%) 设计空隙率			粉胶比	沥青膜厚度
							3%	4%	5%	—	μm
3.7	2.443	2.562	4.6	10.07	22.5	62.4	12.3			1.5	5.3
3.9	2.449	2.555	4.2	10.41	24.9	66.1	12.3			1.4	5.6
4.0	2.449	2.551	4.0	10.78	28.3	67.7	12.3			1.4	5.9
4.3	2.452	2.545	3.7	10.39	33.1	70.8	12.5			1.3	6.2
设计要求	—	—	3～5	≥8	15～40	55～70	≥11	≥12	≥13	0.6～1.6	

5）生产配合比验证（试拌）

（1）马歇尔试验指标如表 5-46 所示。

试拌沥青混合料马歇尔试验结果　　表 5-46

油石比（%）	毛体积相对密度	理论最大相对密度	空隙率（%）	稳定度（kN）	流值（0.1mm）	沥青饱和度（%）	矿料间隙率(%) 设计空隙率		
							3%	4%	5%
4.0	2.456	2.556	3.9	10.57	28.2	67.5	12.1		
设计要求	—	—	3～5	≥8	15～40	55～70	≥11	≥12	≥13

（2）燃烧法沥青含量试验结果如表 5-47 所示。

燃烧法沥青含量试验结果　　表 5-47

油石比（%）	设定值	4.0												
	实测值	3.97												
通过率（%）	筛孔尺寸（mm）	31.5	26.5	19	16	13.2	9.5	4.75	2.36	1.18	0.6	0.3	0.15	0.075
	实测值	100.0	97.2	77.5	68.5	62.2	52.6	34.8	26.5	17.9	12.4	8.5	6.9	4.5
	设计值	100	96.4	76.7	70.1	63.1	53.7	34.2	25.3	19.7	13.9	9.5	6.6	4.8

（3）热料仓筛分及混合料合成结果如表 5-48 所示。

试拌沥青混合料热料仓筛分及混合料合成结果　　表 5-48

热料仓	比例（%）	通过率（%）												
		31.5	26.5	19	16	13.2	9.5	4.75	2.36	1.18	0.6	0.3	0.15	0.075
1 号	16	100	79.4	2.1	0.3	0.3	0.3	0.3	0.3	0.3	0.3	0.3	0.3	0.3
2 号	28	100	100	76.5	53.6	29.1	0.4	0.4	0.4	0.4	0.4	0.4	0.4	0.4
3 号	21	100	100	100	100	100	91.2	0.3	0.3	0.3	0.3	0.3	0.3	0.3
4 号	7	100	100	100	100	100	100	82.6	2.5	0.8	0.8	0.8	0.8	0.8
5 号	25	100	100	100	100	100	100	100	84.5	62.9	39.6	22.9	11.6	5.5
矿粉	3	100	100	100	100	100	100	100	100	100	100	100	100	98.6
合成级配		100.0	96.7	77.7	71.0	64.1	54.3	34.0	24.5	19.0	13.2	9.0	6.2	4.7
生产配合比		100.0	96.4	76.7	70.1	63.1	53.7	34.2	25.3	19.7	13.9	9.5	6.6	4.8
设计要求	上限	100	100	90	83	76	65	40	42	33	24	17	13	7
	中值	100	95	80	71.5	63.5	52.5	32	28	21.5	15.5	11	8.5	5.0
	下限	100	90	70	60	51	40	24	14	10	7	5	4	3

6)混合料拌和

第一锅料拌制一锅白混合料,经检测温度正常。然后开始正式拌和,拌和时沥青用导热油间接加热至160~165℃,矿料加热到比沥青加热温度高15~20℃,控制在175~185℃,沥青混合料出厂正常温度控制在165~175℃,如混合料温度低于140℃或高于180℃应予废弃。

为保证试验段混合料拌和充分,拌和站设定干拌时间为5s,湿拌时间为35s,总拌和时间不少于45s。根据目测结果混合料均匀一致,未出现花白料、结团成块或严重的粗细料分离现象。

沥青混合料的生产,由质量检验员检验合格并填写出厂合格单后方可出厂,检验内容包括混合料温度、外观情况,并填写混合料重量。每锅及当天的生产情况由控制室电子计算机逐盘打印并存档备查。

7)混合料运输

沥青混合料的运输根据运距及时间计算,由于施工段落离拌和站较近,采用载重30t以上的自卸车10辆。施工前保证车厢内彻底清理干净,为防止沥青与车厢板黏连,车厢底板和侧板均匀喷涂一层隔离剂(植物油),但不得有余液积聚在车厢底部。下面层试验段铺筑长度为489m,生产混合料为1 252t,运输时间均为10min左右,根据后场拌和产量和运输时间,项目部确定规模生产时匹配施工车辆为10~15辆,具体数量根据运距进行调整。

为保温、防雨、防尘污染,在运料车上覆盖采用两层帆布或棉被,车厢侧面采用铁皮夹心泡沫或棉被,以防表面温度散失过快,帆布的大小能确保覆盖整车混合料,并设专人进行覆盖。

为减少粗细集料离析现象,拌和机向运料车放料时,自卸车应前、后、中移动,分几堆装料。

8)混合料摊铺

试验段施工采用1台沃尔沃8820型摊铺机,摊铺机拼装宽度为11.5m。夯锤设定为行驶速度在1.5m/min时为60%,此时能使初始压实度达到90%,并且不易将混合料振碎,同时调整摊铺机的各项参数设定使保持一致。

下面层摊铺控制方式:K29+511~K29+900段采用平衡梁控制方式,K29+900~K30+100段采用钢丝引线的高程控制方式。

将摊铺机在监理验收批准后的工作面就位,安装好传感器,松铺系数暂按1.22控制,松铺厚度为9.76cm,将熨平板用垫板垫好,调整好设计高度及横坡。摊铺前30min开始进行熨平板加热,加热到100℃,采用燃烧加热的方式进行,连续正常摊铺后停止加热。在熨平板下拉线测校,以保证熨平板的平整度。为保证摊铺连续,摊铺机前方保证有5辆运料车时再开始摊铺,卸料时由专人指挥,运料车缓慢倒车靠近摊铺机,距摊铺机10~30cm处停住,不得撞击摊铺机。卸料过程中运料车挂空挡,靠摊铺机推动前进,起斗时踩住刹车,防止溜车,行走中刹车放松。摊铺机刮料板和输料器应均匀地持续运转,并尽量采用自动方式。当搅笼里的混合料达到螺旋送料器叶片高度2/3以上时,摊铺机按照1.5m/min的速度进行摊铺;当摊铺5~10m后,立即用细线横向检查松铺厚度,横坡调整无误后继续摊铺。

摊铺过程中的控制措施:在摊铺过程中保证摊铺机连续均匀行走,中间不能出现停机待料现象,操作手随时注意仰角位置,发现异常及时调整。料斗两侧派专人及时清除履带前洒落的混合料。料斗内任何时候都要保持1/3~1/2以上的混合料,运料车离开摊铺机时料斗内混合料数量应尽量保持一致,不得将料斗侧板翻起将剩余料刮走,要等到与下一车料卸下混合后才能输料,以减少摊铺面的离析现象。摊铺机后设专人处理明显的离析、不平整、拖痕等缺陷部位。当摊铺30m左右时,由质检员检测铺料的温度后开始进行碾压。

现场设有专人对摊铺温度、松铺厚度进行检测,并做好详细记录。

9)混合料碾压

碾压段落长度根据天气温度、风力大小现场确定。一般尽量避免碾压段落过短,并将碾压段落控制在30~50m。压路机碾压路线和碾压方向不能突然改变,特别是折返位置。当遇到前边和后边压路机发生冲突时,以后边压路机让前边压路机为原则。碾压位置必须随摊铺机前进而前进,碾压位置不能在同一个碾压段落分为两幅,摊铺机后跟两台钢轮和两台胶轮,最后一台收光。所有压路机均对同一段落碾压2遍。

本次试验段采用了两种碾压方案:

第一方案:K29+511~K29+900段初压采用双钢轮压路机各自由低向高去静回振压一遍,相邻碾压带重叠1/3轮宽,外侧边缘空出30cm暂不碾压,压完一遍后再单独进行边部碾压,以减少向外推移。复压采用两台XP302轮胎压路机紧跟碾压各2遍;碾压速度为3.5~4.5km/h;另两台XP301在碾压段落紧跟XP302碾压各2遍。压路机之间叠轮1/3,碾压速度为4~5km/h。终压是待复压结束后,用双钢轮压路机静压1遍消除轮迹。压路机碾压时均由低向高进行。

第二种方案:K29+900~K30+100段

当摊铺达到30m左右时,初压采用两台XP302轮胎压路机由低向高碾压两遍,相邻碾压带重叠1/3轮宽,外侧边缘空出30cm暂不碾压,压完后再单独进行边部碾压,以减少向外推移。复压采用双钢轮压路机同时振压2遍,每台钢轮跟一台XP301轮胎压路机紧跟碾压各2遍;碾压速度为3.5~4.5km/h;压路机之间叠轮1/3,碾压速度为4~5km/h。终压是待复压结束后,用1台双钢轮压路机静压1遍消除轮迹。

注:靠近中分带护栏边侧,采用一台双钢轮紧跟一台胶轮并专人指挥进行碾压,最后采用小吨位双钢轮压路机进行边侧碾压。

碾压要点:压路机进行碾压时,先从较低处开始进行碾压,将驱动轮面向摊铺机,碾压路线及碾压方向不应突然改变而导致混合料推移。因为是半幅一台摊铺机摊铺,所以压路机碾压时采取"紧跟慢压"。变更压道时,要在碾压区较冷的一端,并在关闭振动的情况下进行。折返过程中压路机必须缓慢自行停车,严禁刹车急停,折返时振动压路机要提前关闭振动,并在向另一方向运动2m左右后再开振动。压路机在碾压过程中不得随意停留,因加水等原因需停留时,必须后退到已成型并较冷的段落,靠边部停留。

钢轮压路机为防止黏轮,应使喷水管均匀向钢轮喷雾状水,水量不可过大。轮胎压路机为防止黏轮,在开始碾压时用菜籽油加水配合擦拭轮胎,碾压时轮胎温度逐渐升高后黏轮现象即可减少,可因此减少擦拭轮胎。

当日施工结束后,压路机停在待铺的路段上。当天碾压结束的路段上不得停放任何机械,不得有矿料等杂物留在路面上。

10)接缝处理

用5m铝合金梁沿纵向位置,在摊铺段端部呈悬臂状,使用电镐破除后人工清除;继续摊铺时,在接缝处涂上少量黏层沥青,摊铺机熨平板从接缝后起步摊铺。摊铺时掌握好松铺厚度和横坡度,以适应已铺路面高程和横坡。

11)交通管制

混合料表面温度低于50℃后,方可开放交通,并注意做好养护工作,不得污染路面,同时限制重车行驶以免破坏路面,派专人负责维护。管制期间应封闭交通,并设置明显的标志牌。

12)试验段各项技术指标检查结果

(1)混合料理论用量1 115t,拌和站实际生产混合料1 252.196t,计算厚度为89mm,各热料仓比例与生产配合比基本一致,计量系统准确,满足施工要求,各消耗量及比例如下表5-49所示。

热料仓消耗量及比例　　表5-49

热料仓	1号	2号	3号	4号	5号	矿粉	沥青
消耗量(t)	190.861	336.882	253.367	85.3	301.35	36.1624	48.274
比例(%)	15.85	27.98	21.05	7.09	25.03	3.00	4.01

(2)燃烧法油石比与级配检测:共检测6组,其中后场2组,分别为3号车、11号车;前场4组(对应11号车摊铺机距中桩2.5m、5.0m、7.5m、10m处),油石比最大值为4.10%,最小值为3.96%,平均值为4.05%,满足作业指导书"+2%、-1%"的要求,检测数据如表5-50～表5-56所示。由检测结果可知,现场摊铺过程中摊铺机中间位置较均匀,两侧级配相对偏粗,有局部离析现象。

燃烧法油石比与级配检测后场3号车　　表5-50

油石比(%)	设定值	4.0												
	实测值	3.98												
通过率(%)	筛孔尺寸(mm)	31.5	26.5	19	16	13.2	9.5	4.75	2.36	1.18	0.6	0.3	0.15	0.075
	实测值	100.0	97.0	84.9	76.2	65.0	54.0	35.6	24.8	18.0	12.8	8.7	6.8	4.7

燃烧法油石比与级配检测后场11号车　　表5-51

油石比(%)	设定值	4.0												
	实测值	4.09												
通过率(%)	筛孔尺寸(mm)	31.5	26.5	19	16	13.2	9.5	4.75	2.36	1.18	0.6	0.3	0.15	0.075
	实测值	100.0	97.0	83.8	75.2	67.2	54.2	36.8	26.6	17.8	13.0	9.1	6.8	5.0

燃烧法油石比与级配检测前场11号车摊铺机距中桩2.5m　　表5-52

油石比(%)	设定值	4.0												
	实测值	3.96												
通过率(%)	筛孔尺寸(mm)	31.5	26.5	19	16	13.2	9.5	4.75	2.36	1.18	0.6	0.3	0.15	0.075
	实测值	100.0	94.8	81.6	73.4	64.9	54.0	35.0	23.5	16.9	12.1	8.9	7.1	4.4

燃烧法油石比与级配检测前场11号车摊铺机距中桩5.0m　　表5-53

油石比(%)	设定值	4.0												
	实测值	4.08												
通过率(%)	筛孔尺寸(mm)	31.5	26.5	19	16	13.2	9.5	4.75	2.36	1.18	0.6	0.3	0.15	0.075
	实测值	100.0	95.8	83.6	74.9	64.8	55.0	35.9	24.4	18.8	12.0	9.0	7.2	4.8

燃烧法油石比与级配检测前场11号车摊铺机距中桩7.5m　　表5-54

油石比(%)	设定值	4.0												
	实测值	4.10												
通过率(%)	筛孔尺寸(mm)	31.5	26.5	19	16	13.2	9.5	4.75	2.36	1.18	0.6	0.3	0.15	0.075
	实测值	100.0	94.9	83.9	75.6	65.4	55.4	36.3	25.0	17.8	12.6	8.6	7.4	5.1

燃烧法油石比与级配检测前场11号车摊铺机距中桩10.0m 表5-55

油石比(%)	设定值	4.0												
	实测值	4.08												
通过率(%)	筛孔尺寸(mm)	31.5	26.5	19	16	13.2	9.5	4.75	2.36	1.18	0.6	0.3	0.15	0.075
	实测值	100.0	95.2	84.0	75.8	65.8	55.6	35.8	24.1	17.4	12.4	8.9	7.0	4.6

燃烧法油石比与级配检测11号车混合料级配对应表 表5-56

取样位置	通过率(%)												
	31.5	26.5	19	16	13.2	9.5	4.75	2.36	1.18	0.6	0.3	0.15	0.075
后场	100	97	83.8	75.2	67.2	54.2	36.8	26.6	17.8	13	9.1	6.8	5
摊铺机左2.5m	100	94.8	81.6	73.4	64.9	54	35	23.5	16.9	12.1	8.9	7.1	4.4
摊铺机左5.0m	100	95.8	83.6	74.9	64.8	55	35.9	24.4	18.8	12	9	7.2	4.8
摊铺机左7.5m	100	94.9	83.9	75.6	65.4	55.4	36.3	25	17.8	12.6	8.6	7.4	5.1
摊铺机左10.0m	100	95.2	84	75.8	65.8	55.6	35.8	24.1	17.4	12.4	8.9	7	4.6
平均值	100.0	95.5	83.4	75.0	65.6	54.8	36.0	24.7	17.7	12.4	8.9	7.1	4.8
生产配合比	100.0	96.4	76.7	70.1	63.1	53.7	34.2	25.3	19.7	13.9	9.5	6.6	4.8

(3)热料仓筛分及合成级配,见表5-57所示。

热料仓筛分及合成级配 表5-57

热料仓	比例(%)	通过率(%)												
		31.5	26.5	19	16	13.2	9.5	4.75	2.36	1.18	0.6	0.3	0.15	0.075
1号	16	100.0	67.7	0.5	0.5	0.5	0.5	0.5	0.5	0.5	0.5	0.5	0.5	0.5
2号	28	100.0	100.0	86.3	67.4	46.2	3.0	0.4	0.4	0.4	0.4	0.4	0.4	0.4
3号	21	100.0	100.0	100.0	100.0	100.0	93.8	1.9	0.7	0.7	0.7	0.7	0.7	0.7
4号	7	100.0	100.0	100.0	100.0	100.0	100.0	65.3	4.1	0.8	0.8	0.8	0.8	0.8
5号	25	100.0	100.0	100.0	100.0	100.0	100.0	100.0	84.6	62.5	39.7	23.1	14.3	7.1
矿粉	3	100.0	100.0	100.0	100.0	100.0	100.0	100.0	100.0	100.0	100.0	100.0	100.0	98.6
合成级配		100.0	94.8	80.3	75.0	69.0	55.6	33.2	24.8	19.0	13.3	9.2	7.0	5.2
生产配合比		100.0	96.4	76.7	70.1	63.1	53.7	34.2	25.3	19.7	13.9	9.5	6.6	4.8
设计要求	上限	100	100	90	83	76	65	40	42	33	24	17	13	7
	中值	100	95	80	71.5	63.5	52.5	32	28	21.5	15.5	11	8.5	5.0
	下限	100	90	70	60	51	40	24	14	10	7	5	4	3

(4)马歇尔试验:检测2组,各项指标满足作业指导书要求,具体如表5-58所示。

马歇尔试验指标 表5-58

相关指标	毛体积相对密度	理论最大相对密度	空隙率(%)	稳定度(kN)	流值(0.1mm)	沥青饱和度(%)	矿料间隙率(%)		
							设计空隙率		
							3%	4%	5%
实测值	2.440	2.550	4.3	13.27	28.7	65.8	12.7		
	2.436	2.545	4.3	13.04	30.9	66.6	12.8		
设计要求	—	—	3-5	≥8	15~40	55~70	≥11	≥12	≥13
结论	—	—	合格	合格	合格	合格	合格		

(5)残留稳定度、冻融劈裂抗拉强度比、动稳定度试验:各检测1组,数据均满足作业指导书要求,如表5-59所示。

残留稳定度、冻融劈裂抗拉强度比及动稳定度 表5-59

相关指标	残留稳定度(%)	冻融劈裂抗拉强度比(%)	动稳定度(次/mm)
实测值	93.5	85.2	2 390
设计值	≥85	≥80	≥1 000
结论	合格	合格	合格

(6)压实度:检测6处,每处3个点,共18个点;其中马歇尔标准密度压实度最大值为102.3%,最小值为97.6%(K29+900距中桩0.5m处),平均值为99.9%,最大理论密度压实度最大值为97.8%,最小值为93.4%(K29+900距其中桩0.5m处),平均值为95.6%。K29+618及K29+900左0.5m(护栏边缘)两处压实度不符合作业指导书要求,具体指标如表5-60所示。

压实度、厚度检测 表5-60

桩号	横距(m)	厚度(mm)	芯样密度(g/cm^3)	毛体积密度(g/cm^3)	理论最大相对密度(g/cm^3)	标准压实度(%)	理论压实度(%)	空隙率(%)
K29+545	3.5	79	2.422	2.438	2.548	99.3	95.1	4.9
K29+545	6.0	94	2.421			99.3	95.0	5.0
K29+545	10.0	86	2.466			101.1	96.8	3.2
K29+618	0.5	113	2.392			98.1	93.9	6.1
K29+618	3.0	112	2.412			98.9	94.7	5.3
K29+618	6.0	106	2.416			99.1	94.8	5.2
K29+730	2.5	84	2.425			99.5	95.2	4.8
K29+730	6.5	89	2.461			100.9	96.6	3.4
K29+730	9.5	81	2.440			100.1	95.8	4.2
K29+800	3.5	88	2.485			101.9	97.5	2.5
K29+800	6.0	90	2.450			100.5	96.2	3.8
K29+800	10.0	86	2.455			100.7	96.4	3.6
K29+900	0.5	93	2.380			97.6	93.4	6.6
K29+900	5.0	83	2.408			98.8	94.5	5.5
K29+900	7.5	83	2.442			100.2	95.8	4.2
K29+980	2.5	78	2.493			102.3	97.8	2.2
K29+980	4.5	79	2.402			98.5	94.3	5.7
K29+980	7.5	82	2.458			100.8	96.5	3.5

(7)厚度:检测6处,每处3个点,共18个点。其中最大值为113mm、最小值为78mm、平均值为89mm,均满足作业指导书厚度不小于设计厚度80mm-4mm=76mm的要求。

(8)渗水系数:检测6处,每处5个点,共30个点,其中最大值为51mL/min,最小值为9mL/min,平均值为26mL/min,满足作业指导书不大于70mL/min的要求,具体结果如表5-61所示。

渗水系数检测 表5-61

桩　号	横距(m)	实测值(mL/min)	平均值(mL/min)	桩　号	横距(m)	实测值(mL/min)	平均值(mL/min)
K29+580	2	15	15	K29+770	2	23	15
	4	13			4	9	
	6	13			6	10	
	8	20			8	20	
	10	13			10	13	
K29+620	2	29	24	K29+860	2	47	32
	4	14			4	33	
	6	17			6	20	
	8	27			8	20	
	10	31			10	41	
K29+730	2	41	41	K29+950	2	40	32
	4	51			4	32	
	6	37			6	27	
	8	37			8	25	
	10	40			10	29	

(9)构造深度:共检测6处,每处3个点,共18个点,其中最大值为1.10mm,最小值为0.76mm,平均值为0.94mm,最大值与平均值的比值=1.10/0.94=1.17,满足作业指导书两者比值不大于1.5的要求。

(10)平整度:共检测10段,行车道5段,超车道5段,其中最大值为0.968mm,最小值为0.723mm,平均值为0.841mm,合格率100%,满足作业指导书不大于1.2mm的要求。

(11)松铺系数:如表5-62所示;高程控制:如表5-63所示。

13)试验段参数总结

(1)从试验段施工情况来看,沥青混合料拌和均匀,无粗细颗粒离析现象;碾压后的表面平整密实、边线整齐,无松散,无坑洼、软弹现象。根据目标配比确定施工配合比:(19~26.5mm):(9.5~19mm):(4.75~9.5mm):(2.36~4.75mm):(0.75~2.36mm):矿粉=16:28:21:7:25:3;油石比设定为4.0%。施工情况能够满足施工要求。

(2)确定拌和时沥青用导热油间接加热至160~165℃,矿料加热到比沥青加热温度高15~20℃,控制在175~185℃,沥青混合料出厂正常温度控制在165~175℃,如混合料温度低于140℃或高于180℃应予废弃。

(3)摊铺机螺旋布料器距地面高度不大于40cm;摊铺机夯锤初始设定为60%;根据后场产量与现场摊铺协调一致得出规模施工中摊铺机摊铺速度1.5m/min。

(4)采用两种平整度控制方式的试验结果均符合平整度、横坡及高程要求,由于在摊铺过程中,摊铺机离护栏边侧很近,对边侧钢筋桩和钢丝线破坏程度很大,不易控制。因此确定摊铺机走平衡梁,桥头走高程牵引钢丝绳控制方式。

(5)确定沥青拌和站干拌时间为5s,湿拌时间为35s,总拌和时间不少于45s。

(6)根据现场检测,两种碾压方案均满足作业指导书要求,其中方案二在双钢轮复压收面

表 5-62

K29 +511 ~ K30 +000 段沥青混合料下面层松铺系数表

序号	桩号	测点	摊铺前高程(m)	摊铺后高程(m)	松铺厚度(m)	振压2遍		搓揉3遍			
						高程(m)	沉降差(m)	高程(m)	沉降差(mm)	压实厚度(m)	松铺系数
1	k29 +520	左1m	1.75	1.655	0.095	1.664	0.009	1.667	3	0.083	1.19
		左3m	1.32	1.225	0.095	1.235	0.01	1.238	2	0.082	1.19
2	k29 +530	左1m	1.72	1.623	0.097	1.632	0.009	1.635	4	0.085	1.21
		左3m	1.34	1.243	0.097	1.254	0.011	1.257	2	0.083	1.21
3	k29 +540	左1m	1.78	1.681	0.099	1.694	0.013	1.697	2	0.083	1.24
		左3m	1.39	1.294	0.096	1.306	0.012	1.309	1	0.081	1.20
4	k29 +550	左1m	1.76	1.663	0.097	1.674	0.011	1.677	2	0.083	1.21
		左3m	1.36	1.261	0.099	1.272	0.011	1.275	3	0.085	1.23
5	k29 +560	左1m	1.72	1.623	0.097	1.636	0.013	1.639	0	0.081	1.21
		左3m	1.29	1.191	0.099	1.202	0.011	1.205	3	0.085	1.24
6	k29 +570	左1m	1.78	1.685	0.095	1.693	0.008	1.696	4	0.084	1.19
		左3m	1.33	1.232	0.098	1.245	0.013	1.248	1	0.082	1.23
7	k29 +580	左1m	1.75	1.655	0.095	1.667	0.012	1.670	0	0.080	1.18
		左3m	1.36	1.262	0.098	1.274	0.012	1.277	2	0.083	1.23
8	k29 +590	左1m	1.71	1.616	0.094	1.623	0.007	1.626	4	0.084	1.17
		左3m	1.34	1.241	0.099	1.254	0.013	1.257	2	0.083	1.24
9	k29 +600	左1m	1.77	1.672	0.098	1.684	0.012	1.687	2	0.083	1.23
		左3m	1.38	1.285	0.095	1.296	0.011	1.299	1	0.081	1.19
10	k29 +610	左1m	1.72	1.623	0.097	1.633	0.01	1.636	3	0.084	1.21
		左3m	1.36	1.261	0.099	1.273	0.012	1.276	3	0.084	1.24
11	k29 +620	左1m	1.76	1.662	0.098	1.674	0.012	1.677	2	0.083	1.23
		左3m	1.32	1.223	0.097	1.234	0.011	1.237	2	0.083	1.21
12	k29 +630	左1m	1.71	1.615	0.095	1.625	0.01	1.628	2	0.082	1.19
		左3m	1.28	1.183	0.097	1.196	0.013	1.199	0	0.081	1.21
13	k29 +640	左1m	1.73	1.632	0.098	1.644	0.012	1.647	2	0.083	1.23
		左3m	1.36	1.262	0.098	1.273	0.011	1.276	3	0.084	1.23
14	k29 +650	左1m	1.75	1.652	0.098	1.665	0.013	1.668	1	0.082	1.23
		左3m	1.33	1.232	0.098	1.244	0.012	1.247	2	0.083	1.23
平均			—	—	0.097	—	0.01	—	2.07	0.083	1.21

K29 +940 ~ k30 +180 段沥青混合料下面层高程表

表 5-63

测量点或桩号	水准尺读数					仪器高	测量高程			设计高程			高差			横坡	
	前视	中视			后视												
		左 1m	左 7m	左 12m			左 1m	左 7m	左 12m	左 1m	左 7m	左 12m	左 1m	左 7m	左 12m	1 ~ 7m	7 ~ 12m
m17					3 921	44.954				41.033						(%)	(%)
zd	1 703				1 346	44.597											
k29 +540		1 525	1 657	1 756			43.072	42.94	42.841	43.079	42.959	42.859	-0.007	-0.019	-0.018	2.20	1.98
k29 +580		1 517	1 637	1 731			43.08	42.96	42.866	43.079	42.959	42.859	0.001	0.001	0.007	2.00	1.88
k29 +620		1 534	1 643	1 744			43.063	42.954	42.853	43.079	42.959	42.859	-0.016	-0.005	-0.006	1.82	2.02
k29 +660		1 528	1 635	1 726			43.069	42.962	42.871	43.079	42.959	42.859	-0.01	0.003	0.012	1.78	1.82
k29 +700		1 525	1 637	1 724			43.072	42.96	42.873	43.079	42.959	42.859	-0.007	0.001	0.014	1.87	1.74
k29 +740		1 475	1 600	1 701			43.122	42.997	42.896	43.102	42.982	42.882	0.02	0.015	0.014	2.08	2.02
k29 +780		1 362	1 475	1 572			43.235	43.122	43.025	43.228	43.108	43.008	0.007	0.014	0.017	1.88	1.94
k29 +820		1 155	1 261	1 351			43.442	43.336	43.246	43.464	43.344	43.244	-0.022	-0.008	0.002	1.77	1.80
k29 +860		799	919	1 010			43.798	43.678	43.587	43.81	43.69	43.59	-0.012	-0.012	-0.003	2.00	1.82
k29 +900		325	456	550			44.272	44.141	44.047	44.266	44.146	44.046	0.006	-0.005	0.001	2.18	1.88
zd	550				2 743	46.79											
k29 +940		1 962	2 084	2 173			44.828	44.706	44.617	44.832	44.712	44.612	-0.004	-0.006	0.005	2.03	1.78
k29 +980		1 305	1 416	1 512			45.485	45.374	45.278	45.495	45.375	45.275	-0.01	-0.001	0.003	1.85	1.92

过程中造成沥青表面油膜脱落露白，因此，确定方案一为最终碾压方案。

(7)根据现场测量得出松铺系数为1.21。

14)施工中出现的问题及解决措施

(1)局部离析

根据现场目测，摊铺机靠中央分隔带位置离析较大。

解决措施：①调整摊铺机螺旋布料器至合适高度，减少摊铺机刮板对沥青混凝土离析情况产生影响。根据拼板长度调整螺旋布料器的长度，缩短螺旋布料器与挡板的间距，减少离析程度；②减少摊铺机收料斗的次数，不送料，同时加强对车辆卸料的指挥管理，使摊铺机行走速度与车辆卸料速度相匹配。

(2)工作面的保护

由于目前施工过程中存在交叉工序施工较多，因此必须保证在下面层摊铺前完成其他各项可能造成污染的施工工序，做到工作面清洁、无污染。

15)安全措施

(1)高温施工：早晚施工，中午休息，防止工人中暑，配发人丹及风油精，适时供应绿豆汤等防暑降温饮料。

(2)夜间施工：严格执行夜间施工安全专项方案，建立夜间值班制度，配备足够的照明，设置反光标示牌。

(3)交通管制及巡查：已安排专人、专车进行不定时巡查，禁止社会车辆及行人在施工区域穿行；交叉路口设置协作安全员指挥运输料车通行。

(4)降尘环保：对施工便道及料车行驶路线采取洒水降尘工作。

16)质保体系

(1)加强职工质量意识教育，做好质量管理的基础工作；

(2)制定施工图纸管理制度、技术交底制度、技术复核制度等技术管理制度来把技术工作科学地组织起来，以保证技术管理任务的完成。

17)安全保证措施及安全保证体系

(1)组织机构：成立以项目经理为组长、有关人员参加的领导小组，建立、健全岗位责任制，从组织上、制度上、防范措施上保证安全目标的实现。

组织机构与人员配置：组长：(略)(项目经理)；副组长：(略)；组员：各部门负责人。安全保证体系框图如图5-60所示。

(2)安全保证措施

①严格执行国家及交通部颁布的有关施工技术安全规划、规范。

②建立严格的安全教育制度，坚持入场教育，坚持每周安排施工队召开安全教育会，培养施工安全意识，使安全工作落实到广大职工上。

③强化安全法制观念，严格执行安全工作法律意识，签订安全协议，坚持特殊工种持安全操作证上岗制度。

④加强施工管理人员安全考核制度，增强安全意识、避免违章指挥。

⑤建立定期检查、突击检查和特殊检查相结合的安全检查形式，查思想、查管理、查制度、查现场查隐患、查事故处理，发现问题立即整改，对于危急情况立即停工，及时采取措施排除险情。

⑥分析安全难点、重点，确定专项安全管理方案。

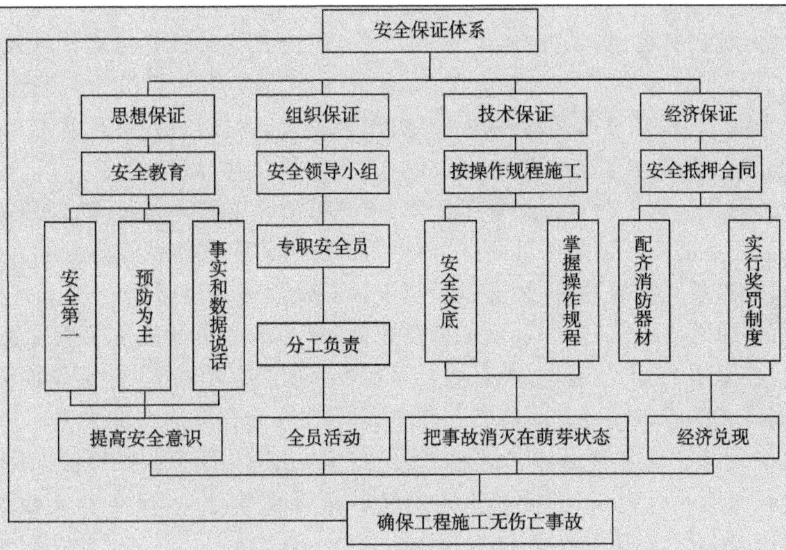

图 5-60　安全保证体系框图

18)文明施工和环境保护措施

(1)文明施工措施

①临时工程牢固整齐,在经理部设立施工标志,标明工程名称、建筑单位、施工单位、工地负责人、竣工日期及施工平面布置图、安全生产管理制度板、消防保卫管理制度板、场容卫生管理制度板。

②现场运输道路平整畅通,施工现场内有排水措施。

③料具及构件码放整齐,各种料具要按施工现场平面图指定位置存放。

④施工现场不许随地大小便。现场内的土方、零散碎料和垃圾要及时清理、码放,以免影响施工。

⑤施工现场的机械、消防、安全、环保等都要指派专人负责,并定期检查做好记录。

⑥施工现场按监理人要求的格式设立各种标志标牌及各种标语牌,字迹书写规范工整,并经常保持清洁。

⑦施工区域和生活区域要有明确划分,并要划分责任区,设标志牌。

(2)环境保护措施

①成立环境保护小组,指派专人负责施工期内的环保工作。

②严格执行当地现行的环保条例和排污管理办法的有关规定。

③防止水土流失和水污染。做好施工期防水、排水工作,施工废水、生活污水将集中设置沉淀池或净水器、过滤器等进行处理,不得排入河道、农田、耕地、饮用水源和灌溉渠道;施工区域、砂石料场,在施工期间和完工之后,需妥善处理以减少对河道、溪流的侵蚀,防止沉碴进入河道、溪流及池塘;确保施工活动远离生活用水水源,以免生活水源被污染;燃油、油、颜料等化工材料应保存在安全容器中,指定放置地点,以免外泄;防止工地死水聚积,污染环境;在施工期间保持土壤的良好排水状态,修建有足够泄水断面的临时排水道,并与永久排水设施相连接,且不得引起淤积和冲刷。

④保护周边生态环境。不得随意乱占空地、草场林地,保护现场自然资源。

⑤废土废料处理。根据施工现场,拟在各驻地专辟废料场临时堆放施工中产生的大量废

料(如塑料薄膜、钢筋废料、水泥袋等)和生活垃圾,或按设计图纸或选定的地点集中堆放,同时与当地环保部门联系清运车并及时处理,运至业主和地方环保部门都同意的地点弃置;当废料无法及时运走时,应采用掩盖等临时措施,防止扩散,造成污染;有毒废料,应报请业主和当地环保部门批准,弃置于永久性废物堆放地点,并加以密封,以策安全。

⑥防止空气污染。选择扬尘低的施工方案,减少粉尘对环境的污染;施工作业产生的灰尘,在场的作业人员配备必要专用劳保用品;对所使用的道路经常进行洒水以使灰尘公害减少至最低程度;储存松散和易飞扬的材料,放置在村庄下风处。水泥等易于引起粉尘的细料或散料应予以遮盖,材料运输时用帆布、盖套及类似物品遮盖,减少扬尘。加强施工便道维修,施工便道保持畅通整洁,经常洒水,保持湿润,减少扬尘。对利用原道路的地段,实施定期养护,对破坏严重的地段,采取提高路面等级的方法给予无偿修筑,保证当地群众的交通方便。

⑦防止噪声污染。尽可能改善工艺措施,选择优良设备,尽量减少噪声,加强对施工噪声的控制。在夜间及居民休息时间、学校上课时间尽量避免作业,对噪声较大的施工机械采取安装消声器的方法降低其噪声污染。

⑧禁止在工地燃烧有毒的物品,以免影响周围环境;另外,对施工中因不可避免而造成的植被破坏,水源破坏等,在报请业主和当地环保部门后,应及时进行恢复补救措施。

⑨按照设计要求认真做好环保绿化工作。恢复永久用地范围内裸露地表用植被覆盖。临时用地使用完后,要恢复原场地,便于群众复垦。对群众修筑有困难的灌溉、便道等工程可安排我部相应的机械设备加班无偿援助。

⑩工程施工期间,不得猎杀野生动物、滥采野生植物;不得砍伐当地植被。

⑪在本工程完工后,对破坏的环境要及时整治,防止水土流失,接受各级环保部门对本工程环境保护工作的日常监督管理。

5.2.2 沥青玛蹄脂碎石混合料路面施工

沥青玛蹄脂碎石混合料,是一种新型的沥青混合料结构,起源于20世纪60年代的德国。20世纪90年代初引入美国,被称为Stone Mastic Asphalt,缩写为SMA。1993年,SMA在我国首都机场高速公路首次应用。

SMA是一种由沥青、纤维稳定剂、矿粉和少量的细集料组成的沥青玛蹄脂填充间断级配的粗集料骨架间隙而组成的沥青混合料,具有抗高温、低温稳定性,良好的水稳定性,良好的耐久性和表面功能(抗滑、车辙小、平整度高、噪声小、能见度好)。SMA路面耐久性好,故养护工作少,使用寿命长,综合经济效益和环境效益好。

SMA属于骨架密实结构的沥青混合料,其组成特点:三多一少,即粗集料用量多:70% ~ 80%;沥青用量多:6%左右,矿粉用量多:10%左右;细集料用量少:15% ~ 20%。普通密级配沥青混凝土结构与SMA结构分别如图5-61和图5-62所示。

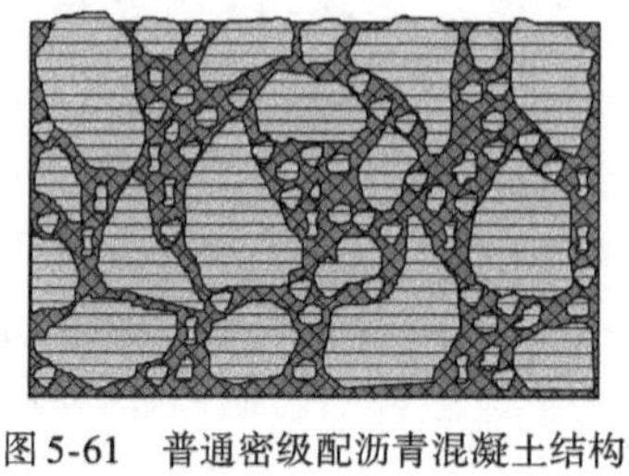

图5-61 普通密级配沥青混凝土结构

图5-62 SMA结构

1)材料要求

由于SMA混合料的骨架结构特性以及较高的路用性能要求,其组成材料的质量除了应满足普通热拌沥青混合料组成材料的基本要求外,还应满足一些特殊要求。

(1)沥青

在SMA混合料中,要求沥青具有较高的黏度,与集料有良好的黏附性。对于高速公路、承受繁重交通的重大工程道路、夏季特别炎热或冬季特别寒冷地区的道路,最好采用改性沥青。以提高沥青混合料的抗车辙能力作为主要目的时,宜要求改性沥青的软化点温度高于年最高路面温度。

(2)粗集料

采用反击式破碎机轧制的碎石,质地坚硬、清洁、不含风化颗粒、形状接近立方体,富有棱角,纹理粗糙,针片状颗粒含量控制严格,进场后按标化工地的要求分档堆放。一般不使用石灰岩,通常使用玄武岩等,也可使用酸性岩石,但应检验与沥青的黏附性。沥青与石料的黏附性和沥青混合料的水稳定性不符合要求时,应采用改性沥青、掺加适量消石灰粉或水泥等措施。如使用抗剥落剂时,必须确认抗剥落剂具有长期的抗水损害效果。用于SMA的粗集料在细破作业时不得采用颚式破碎机加工。

与普通热拌沥青混合料不同的是,对于高速公路、一级公路沥青路面的表面层(或磨耗层)的粗集料的磨光值,SMA不允许在硬质粗集料中掺加部分较小粒径的磨光值达不到要求的粗集料。同时,破碎砾石的破碎面,SMA混合料要求1个破碎面的颗粒含量达到100%,2个或2个以上破碎面的颗粒含量达到90%。

(3)细集料

细集料最好使用坚硬的机制砂,也可以采用优质石屑部分替代机制砂使用,且应选择石灰岩石屑,严格控制石屑中土的含量。SMA混合料不宜使用天然砂。

(4)填料

填料必须采用由石灰石等碱性岩石磨细的矿粉。矿粉必须保持干燥,能从石粉仓自由流出,其质量应符合规范的技术要求。为改善沥青结合料与集料的黏附性,使用消石灰粉和水泥时,其用量不宜超过矿料总质量的2%。粉煤灰不得作为SMA的填料使用。

(5)纤维稳定剂

纤维稳定剂具有加筋作用、分散作用、吸附及吸收沥青作用、稳定作用、增黏作用,可以提高黏结力。

用于SMA的纤维稳定剂包括木质素纤维、矿物纤维、聚合物化学纤维等,以改善沥青混合料性能,吸附沥青,减少析漏。木质素纤维的质量应满足规范的要求。

2)SMA施工技术要点

(1)对SMA和OGFC等嵌挤型混合料,其一层压实厚度不宜小于公称最大粒径的2~2.5倍,以减少离析,便于压实。

(2)SMA混合料的施工温度应视纤维品种和数量、矿粉用量的不同,在改性沥青混合料的基础上作适当提高。

(3)沥青玛蹄脂碎石混合料矿料级配类型分为中粒式(SMA-20、SMA-16)和细粒式(SMA-13、SMA-10),级配范围要求见《公路沥青路面施工技术规范》(JTG F40—2004)。

(4)SMA沥青混合料车辙试验动稳定度技术要求如表5-22所示。

(5)SMA沥青混合料水稳定性检验技术要求如表5-23所示。

(6)SMA 沥青混合料渗水系数不大于 80ml/min。

(7)沥青混合料拌和时间根据具体情况经试拌确定,以沥青均匀裹覆集料为度。间歇式拌和机每盘的生产周期不宜少于 45s(其中干拌时间不少于 5 ~ 10s)。改性沥青和 SMA 混合料的拌和时间应适当延长。

(8)SMA 混合料只限当天使用,OGFC 混合料宜随拌随用。

(9)对改性沥青混合料及 SMA 混合料宜放慢至 1 ~ 3m/min。

(10)铺筑改性沥青或 SMA 路面时宜采用非接触式平衡梁。

(11)SMA 沥青混合料满足规范规定的最低摊铺温度施工要求。

(12)SMA 路面的压实应符合以下要求:除沥青用量较低、经试验证明采用轮胎压路机碾压有良好效果外,不宜采用轮胎压路机碾压,以防将沥青结合料搓揉挤压上浮;SMA 路面宜采用振动压路机或钢筒式压路机碾压。振动压路机应遵循“紧跟、慢压、高频、低幅”的原则,即紧跟在摊铺机后面,采取高频率、低振幅的方式慢速碾压。如发现 SMA 混合料高温碾压有推拥现象,应复查其级配是否合适。

【例 5-1】 背景资料:某施工单位承接了某一级公路水泥混凝土路面“白改黑”工程施工,该工程路基宽 2 × 12m,路面宽度 2 × 10m,长 45.5km,工期 4 个月。施工内容包括:旧路面病害的治理、玻纤格栅铺设、6cm 厚 AC-20 下面层摊铺、5cm 厚 AC-16 中面层摊铺、4cm 厚 SBS 改性沥青 SMA 上面层摊铺。设计中规定上面层 SMA 混合料必须采用耐磨值高的玄武岩碎石。

施工单位采用厂拌法施工。为保证工期,施工单位配置了 2 台 3000 型间歇式沥青混凝土拌和站(假设 SMA 沥青混合料的压实密度为 2.36t/m^2,每台 3000 型拌和站每拌制一满盘料的重量为 3 000kg),4 台 10m 可变宽摊铺机,8 台双钢轮压路机及 4 台胶轮压路机。

玻纤格栅采用人工铺设:先洒一层热沥青作黏层油(0.4 ~ 0.6kg/m^2),然后用固定器将一端固定好,用人工将玻纤格栅拉平、拉紧后,用固定器固定另一端。

施工单位采用马歇尔试验配合比设计法通过三阶段确定了混合料的材料品种、配合比、矿料级配及最佳沥青用量,用以指导施工。

问题:

(1)该工程中,铺设玻纤格栅的主要作用是什么?

(2)指出并改正玻纤格栅施工的错误之处。

(3)配合比设计包含了哪三个阶段?

(4)该工程 SMA 沥青混合料最少需要拌制多少盘?(列式计算)

参考答案:

(1)主要作用是防止反射裂缝。(防止水泥面板的接缝反射到新铺的沥青路面上)。

(2)施工顺序错误,应改为先铺设玻纤格栅,再洒热沥青作黏层油。

(3)目标配合比设计阶段、生产配合比设计阶段、生产配合比验证阶段。

(4)SMA 混合料重量:T = 0.04 × 20 × 45 500 × 2.36 = 85 904(t)。至少要拌制的盘数:85 904/3 = 28 635(盘)。

5.3 沥青表面处治路面施工

1)概念

沥青表面处治指用沥青和集料按层铺法或拌和法铺筑而成的厚度不超过 3cm 的沥青面层。

2）作用

由于处治层很薄，一般不起强度作用，其主要作用是抵抗行车的磨耗，增强防水性，提高平整度，改善路面的行车条件。

3）适用范围

沥青表面处治适用于三级及三级以下公路的沥青面层。

（1）用作碎石路面或基层的磨耗层或面层，以改善行车条件并提高路面等级。

（2）改善或恢复原有面层的使用品质。

（3）用作封层，即作为空隙较多的沥青面层的防水层。

4）材料要求

沥青表面处治可采用道路石油沥青、乳化沥青、煤沥青铺筑，沥青标号应按《公路沥青路面施工技术规范》（JTG F40—2004）相关规定选用。沥青表面处治的集料最大粒径应与处治层的厚度相等，其规格和用量宜按表 5-64 选用；沥青表面处治施工后，应在路侧另备 S12（5 ~ 10mm）碎石或 S14（3 ~ 5mm）石屑、粗砂或小砾石 2 ~ 3m^3/1 000m^2 作为初期养护用料。

沥青表面处治材料规格和用量 表 5-64

沥青种类	类型	厚度（mm）	集料（m^3/1 000m^2）						沥青或乳液用量（kg/m^2）			
			第一层		第二层		第三层		第一次	第二次	第三次	合计用量
			规格	用量	规格	用量	规格	用量				
石油沥青	单层	1.0 1.5	S12 S10	7 ~ 9 12 ~ 14	—	—	—	—	1.0 ~ 1.2 1.4 ~ 1.6	—	—	1.0 ~ 1.2 1.4 ~ 1.6
	双层	1.5 2.0 2.5	S10 S9 S8	12 ~ 14 16 ~ 18 18 ~ 20	S12 S12 S12	7 ~ 8 7 ~ 8 7 ~ 8	—	—	1.4 ~ 1.6 1.6 ~ 1.8 1.8 ~ 2.0	1.0 ~ 1.2 1.0 ~ 1.2 1.0 ~ 1.2	—	2.4 ~ 2.8 2.6 ~ 3.0 2.8 ~ 3.2
	三层	2.5 3.0	S8 S6	18 ~ 20 20 ~ 22	S12 S12	12 ~ 14 12 ~ 14	S12 S12	7 ~ 8 7 ~ 8	1.6 ~ 1.8 1.8 ~ 2.0	1.2 ~ 1.4 1.2 ~ 1.4	1.0 ~ 1.2 1.0 ~ 1.2	3.8 ~ 4.4 4.0 ~ 4.6
乳化沥青	单层	0.5	S1	47 ~ 9	—	—	—	—	0.9 ~ 1.0	—	—	0.9 ~ 1.0
	双层	1.0	S12	9 ~ 11	S14	4 ~ 6	—	—	1.8 ~ 2.0	1.0 ~ 1.2	—	2.8 ~ 3.2
	三层	3.0	S6	20 ~ 22	S10	9 ~ 11	S12 S14	4 ~ 6 3.5 ~ 4.5	2.0 ~ 22	1.8 ~ 2.0	1.0 ~ 1.2	4.8 ~ 5.4

注：1. 煤沥青表面处治的沥青用量可比石油沥青用量增加 15% ~ 20%。

2. 表中的乳液用量按乳化沥青的蒸发残留物含量 60% 计算，如沥青含量不同应予折算。

3. 在高寒地区及干旱风沙大的地区，可超出高限 5% ~ 10%。

5）天气要求

沥青表面处治与封层宜选择在干燥和较热的季节施工，并在最高温度低于 15℃ 到来以前半个月及雨季前结束。

6）层铺法沥青表面处治施工

层铺法沥青表面处治路面宜采用沥青洒布车及集料撒布机联合作业。

三层法施工工序：施工准备⟶洒透层油⟶洒布第一层沥青⟶撒布第一层集料⟶碾压⟶洒第二层沥青⟶撒布第二层集料⟶碾压⟶洒第三层沥青⟶撒布第三层集料⟶碾压⟶初期养护成型。

沥青表面处治施工应确保各工序紧密衔接，每个作业段长度应根据施工能力确定，并在当天完成。人工撒布集料时应等距离划分段落备料。

三层式沥青表面处治的施工工艺应按下列步骤进行：

(1)施工准备

基层验收符合设计规定，否则处理至达到要求为止。

在表面处治施工前，应将路面基层清扫干净，使基层的矿料大部分外露，并保持干燥；若基层整体强度不足时，则应先予以补强。

沥青表面处治喷洒沥青材料时应对道路人工构造物、路缘石等外露部分作防污染遮盖。

(2)洒透层油

在清扫干净的碎(砾)石路面上铺筑沥青表面处治时，应喷洒透层油。在旧沥青路面、水泥混凝土路面、块石路面上铺筑沥青表面处治路面时，可在第一层沥青用量中增加10%～20%，不再另洒透层油或黏层油。

洒透层油前，应检查洒油车油泵、输油管道和保温系统运转是否正常有效，并进行试洒，确定喷洒速度及喷洒量。

沥青洒布车喷洒沥青时应保持稳定速度和喷洒量，并保持整个洒布宽度喷洒均匀。小规模工程可采用机动或手摇的手工沥青洒布机洒布沥青。洒布设备的喷嘴应适用于沥青的稠度，确保能成雾状，与洒油管成15°～25°的夹角，洒油管的高度应使同一地点接受2～3个喷油嘴喷洒的沥青，不得出现花白条。

(3)洒布第一层沥青

沥青的洒布温度根据气温及沥青标号选择，石油沥青宜为130～170℃，煤沥青宜为80～120℃，乳化沥青在常温下洒布，加温洒布的乳液温度不得超过60℃。前后两车喷洒的接茬处用铁板或建筑纸铺1～1.5m，使搭接良好。分几幅浇洒时，纵向搭接宽度宜为100～150mm。洒布第二、三层沥青的搭接缝应错开。

第一层沥青要洒布均匀，当发现洒布沥青后有空白、缺边时，应立即用人工补洒，有积聚时应立即刮除。施工时应采用沥青洒布车喷洒沥青，其洒布长度应与矿料撒布能力相协调。沥青洒布车洒布沥青如图5-63所示。

图5-63　沥青洒布车洒布沥青

(4)撒布第一层集料

碎石撒布机是沥青路面层铺法表面处治施工的关键配套设备之一。它可以按照施工要求将一定规格的集料连续、定量和均匀地撒布在已喷洒沥青的路面基层或面层上。

撒布主层沥青后应立即用集料撒布机或人工撒布第一层主集料。撒布集料后应及时扫匀，达到全面覆盖、厚度一致、集料不重叠、也不露出沥青的要求。局部有缺料时适当找补，积料过多的将多余集料扫出。两幅搭接处，第一幅洒布沥青应暂留100～150mm宽度不撒布石料，待第二幅一起撒布。车载式碎石撒布机施工和自行式碎石撒布机施工分别如图 5-64、图 5-65 所示。

图 5-64　车载式碎石撒布机施工

图 5-65　自行式碎石撒布机施工

(5)碾压

撒布主集料后，不必等全段撒布完，立即用 6～8t 钢筒双轮压路机从路边向路中心碾压 3～4 遍，每次轮迹重叠约 300mm。碾压速度开始不宜超过 2km/h，以后可适当增加。碾压施工如图 5-66 所示。

图 5-66　碾压施工

(6)第二、三层的施工方法和要求应与第一层相同，但可以采用 8t 以上的压路机碾压。

(7)初期养护成型

沥青表面处治应注意初期养护。当发现有泛油时，应在泛油处补撒与最后一层石料规格相同的嵌缝料并扫匀，过多的浮料应扫出路外。

7)沥青表面处治路面施工其他注意事项

(1)双层式或单层式沥青表面处治浇洒沥青及撒布集料的次数相应减少，其施工程序和要求参照三层式施工进行。

(2)除乳化沥青表面处治应待破乳、水分蒸发并基本成型后方可通车外，沥青表面处治在碾压结束后即可开放交通，并通过开放交通补充压实，成型稳定。在通车初期应设专人指挥交通或设置障碍物控制行车，限制行车速度不超过 20km/h，严禁畜力车及铁轮车行驶，使路面全部宽度均匀压实。

5.4　沥青贯入式路面施工

1)概念

沥青贯入式路面是指用沥青贯入碎(砾)石作面层的路面，即把沥青浇洒在铺好的主层集料上，再分层撒布嵌缝石屑和浇洒沥青，分层压实，形成一个较致密的沥青结构层。

2)适用范围

沥青贯入式路面适用于三级及三级以下公路，也可作为沥青路面的联结层或基层。

沥青贯入式路面的厚度宜为 4～8cm，但乳化沥青贯入式路面的厚度不宜超过 5cm。当贯入层上部加铺拌和的沥青混合料面层成为上拌下贯式路面时，拌和层的厚度宜不小于 1.5cm。

3)材料要求

(1)沥青贯入式路面的集料应选择有棱角、嵌挤性好的坚硬石料,其规格和用量宜根据贯入层厚度按表5-65或表5-66选用。当使用破碎砾石时,其破碎面应符合表5-4的要求。沥青贯入层主层集料中大于粒径范围中值的数量不宜少于50%。表面不加铺拌和层的贯入式路面在施工结束后,每1 000m^2宜另备2~3m^3与最后一层嵌缝料规格相同的细集料等供初期养护使用。

(2)沥青贯入层的主层集料最大粒径宜与贯入层厚度相当。当采用乳化沥青时,主层集料最大粒径可采用厚度的0.8~0.85倍,数量宜按压实系数1.25~1.30计算。

(3)沥青贯入式路面的结合料可采用道路石油沥青、煤沥青或乳化沥青,用量应按表5-65或表5-66选用,沥青标号按规范规定选用。

沥青贯入式路面材料规格和用量

(用量单位:集料:m^3/1 000m^2,沥青及沥青乳液:kg/m^2) 表5-65

沥青品种	石油沥青					
厚度(cm)	4		5		6	
规格和用量	规格	用量	规格	用量	规格	用量
封层料	S14	3~5	S14	3~5	S13(S14)	4~6
第三遍沥青	—	1.0~1.2	—	1.0~1.2	—	1.0~1.2
第二遍嵌缝料	S12	6~7	S11(S10)	10~12	S11(S10)	10~12
第二遍沥青	—	1.6~1.8	—	1.8~2.0	—	2.0~2.2
第一遍嵌缝料	S10(S9)	12~14	S8	12~14	S8(S6)	16~18
第一遍沥青	—	1.8~2.1	—	1.6~1.8	—	2.8~3.0
主层石料	S5	45~50	S4	55~60	S3(S4)	66~76
沥青总用量	4.4~5.1		5.2~5.8		5.8~6.4	

沥青品种	石油沥青				乳化沥青			
厚度(cm)	7		8		4		5	
规格和用量	规格	用量	规格	用量	规格	用量	规格	用量
封层料	S13(S14)	4~6	S13(S14)	4~6	S13(S14)	4~6	S14	4~6
第五遍沥青	—	—	—	—	—	—	—	0.8~1.0
第四遍嵌缝料	—	—	—	—	—	—	S14	5~6
第四遍沥青	—	—	—	—	—	0.8~1.0	—	1.2~1.4
第三遍嵌缝料	—	—	—	—	S14	5~6	S12	7~9
第三遍沥青	—	1.0~1.2	—	1.0~1.2	—	1.4~1.6	—	1.5~1.7
第二遍嵌缝料	S10(S11)	11~13	S10(S11)	11~13	S12	7~8	S10	9~11
第二遍沥青	—	2.4~2.6	—	2.6~2.8	—	1.6~1.8	—	1.6~1.8
第一遍嵌缝料	S6(S8)	18~20	S6(S8)	20~22	S9	12~14	S8	10~12
第一遍沥青	—	3.3~3.5	—	4.4~4.2	—	2.2~2.4	—	2.6~2.8
主层石料	S2	80~90	S1(S2)	95~100	S5	40~45	S4	50~55
沥青总用量	6.7~7.3		7.6~8.2		6.0~6.8		7.4~8.5	

注:1.煤沥青贯入式的沥青用量可较石油沥青用量增加15%~20%。

2.表中乳化沥青是指乳液的用量,并适用于乳液浓度约为60%的情况,如果浓度不同,用量应予换算。

3.在高寒地区及干旱风砂大的地区,可超出高限,再增加5%~10%。

(4)贯入式路面各层分次沥青用量应根据施工气温及沥青标号等在规定范围内选用,在寒冷地带或当施工季节气温较低、沥青针入度较小时,沥青用量宜用高限。在低温潮湿气候下用乳化沥青贯入时，应按乳液总用量不变的原则进行调整，上层较正常情况适当增加，下层较正常情况适当减少。

上拌下贯式路面的材料规格和用量

（单位：集料：$m^3/1\ 000m^2$；沥青及沥青乳液：kg/m^2） 表5-66

沥青品种	石油沥青					
厚度(cm)	4		5		6	
规格和用量	规格	用量	规格	用量	规格	用量
第二遍嵌缝料	S12	5~6	S12(S11)	7~9	S12(S11)	7~9
第二遍沥青	—	1.4~1.6	—	1.6~1.8	—	1.6~1.8
第一遍嵌缝料	S10(S9)	12~14	S8	16~18	S8(S7)	16~18
第一遍沥青	—	2.0~2.3	—	2.6~2.8	—	3.2~3.4
主层石料	S5	45~50	S4	55~60	S3(S2)	66~76
沥青总用量	3.4~3.9		4.2~4.6		4.8~5.2	
沥青品种	石油沥青		乳化沥青			
厚度(cm)	7		5		6	
规格和用量	规格	用量	规格	用量	规格	用量
第四遍嵌缝料	—	—	—	—	S14	4~6
第四遍沥青	—	—	—	—	—	1.3~1.5
第三遍嵌缝料	—	—	S14	4~6	S12	8~10
第三遍沥青	—	—	—	1.4~1.6	—	1.4~1.6
第二遍嵌缝料	S10(S11)	8~10	S12	9~10	S9	8~12
第二遍沥青	—	1.7~1.9	—	1.8~2.0	—	1.5~1.7
第一遍嵌缝料	S6(S8)	18~20	S8	15~17	S6	24~26
第一遍沥青	—	4.0~4.2	—	2.5~2.7	—	2.4~2.6
主层石料	S2(S3)	80~90	S4	50~55	S3	50~55
沥青总用量	5.7~6.1		5.9~6.2		6.7~7.2	

注：1. 煤沥青贯入式的沥青用量可较石油沥青用量增加15%~20%。

2. 表中乳化沥青是指乳液的用量，并适用于乳液浓度约为60%的情况。

3. 在高寒地区及干旱风砂严重的地区，可超出高限，再增加5%~10%。

4. 表面加铺拌和层部分的材料规格及沥青（或乳化沥青）用量按热拌沥青混合料（或乳化沥青碎石混合料路面）的有关规定执行。

4）施工技术要点

（1）施工工艺流程

沥青贯入式路面施工工艺流程如图5-67所示。

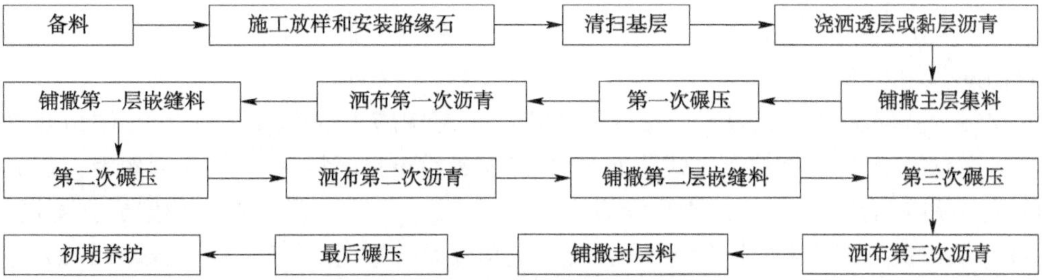

图5-67 沥青贯入式路面施工工艺流程

(2)施工技术要点

①施工前期准备。

a. 编制施工方案、提交开工报告,报监理审批。

b. 熟悉施工图纸,对施工班组组织技术交底。

②下承层准备。

a. 沥青路面的基层要保证表面应平整、坚实、具有规定的路拱,没有任何松散的材料和软弱地点,施工面应洒水彻底清扫干净。

b. 测量放样。当需要安装路缘石时,应在路缘石安装完成后再进行沥青贯入式路面的施工。路缘石应予遮盖。

③浇洒透层或黏层沥青。

乳化沥青贯入式路面必须浇洒透层或黏层沥青。沥青贯入式路面厚度小于或等于 5cm 时,也应浇洒透层或黏层沥青。

④撒铺主层集料。

采用碎石摊铺机、平地机或人工摊铺主层集料。铺筑后严禁车辆通行。

⑤第一次碾压(碾压主层集料)。

撒布后应采用 6 ~ 8t 的轻型钢筒式压路机自路两侧向路中心碾压,碾压速度宜为 2km/h,每次轮迹重叠约 30cm,碾压一遍后检验路拱和纵向坡度,当不符合要求时,应调整找平后再压。然后用重型的钢轮压路机碾压,每次轮迹重叠 1/2 左右,宜碾压 4 ~ 6 遍,直至主层集料嵌挤稳定,无显著轮迹为止。

⑥浇洒第一层沥青。

浇洒方法与沥青表面处治相同。采用乳化沥青贯入时,为防止乳液下漏过多,可在主层集料碾压稳定后,先撒布一部分上一层嵌缝料,再浇洒主层沥青。

⑦铺撒第一层嵌缝料。

采用集料撒布机或人工撒布第一层嵌缝料。撒布后尽量扫匀,不足处应找补。当使用乳化沥青时,石料撒布必须在乳液破乳前完成。

⑧第二次碾压。

铺撒第一层嵌缝料后,立即用 8 ~ 12t 钢筒式压路机碾压嵌缝料,轮迹重叠轮宽的 1/2 左右,宜碾压 4 ~ 6 遍,直至稳定为止。碾压时随压随扫,使嵌缝料均匀嵌入。因气温较高使碾压过程中发生较大推移现象时,应立即停止碾压,待气温稍低时再继续碾压。

⑨按上述方法浇洒第二层沥青、撒布第二层嵌缝料,然后碾压,再浇洒第三层沥青。

⑩铺撒封层料。

按撒布嵌缝料方法撒布封层料。

⑪最后碾压。

采用 6 ~ 8t 压路机作最后碾压,宜碾压 2 ~ 4 遍,然后开放交通。

⑫初期养护。

沥青贯入式路面开放交通后应按沥青表面处治路面施工的要求控制交通,作初期养护。

需要注意的是,铺筑上拌下贯式路面时,贯入层不撒布封层料,拌和层应紧跟贯入层施工,使上下成为一整体。贯入部分采用乳化沥青时应待其破乳、水分蒸发且成型稳定后方可铺筑拌和层,当拌和层与贯入部分不能连续施工,且要在短期内通行施工车辆时贯入层部分的第二遍嵌缝料应每 1 000m^2增加用量 2 ~ 3m^3,在摊铺拌和层沥青混合料前,应作补充碾压,并浇洒黏层沥青。

能 力 训 练

一、单项选择题(每题的备选项中,只有 1 个最符合题意)

1. 在沥青路面材料中,适用于各类沥青面层的材料是(　　)。

A. 乳化沥青　　B. 煤沥青　　C. 液体石油沥青　　D. 道路石油沥青

2. 下列沥青混合料中,属于间断级配的是(　　)。

A. SMA　　B. OGFC　　C. AM　　D. AC

3. 某一级公路,面层为沥青混凝土 AC-16,基层为二灰碎石土,在面层与基层间应铺设(　　)。

A. 黏层　　B. 透层　　C. 反滤层　　D. 垫层

4. 为封闭表面空隙、防止水分浸入面层或基层而铺筑的沥青混合料薄层称为(　　)。

A. 透层　　B. 黏层　　C. 封层　　D. 结合层

5. 沥青贯入式路面的施工工序代码如下:①撒布主层集料;②浇洒第一层沥青;③采用 6 ~ 8t 钢轮压路机碾压;④撒布第一层嵌缝料;⑤采用 8 ~ 12t 钢轮压路机碾压。上述 5 工序正确的施工顺序是(　　)。

A. ②→①→④→③→⑤　　B. ②→①→③→④→⑤

C. ①→③→②→④→⑤　　D. ①→⑤→②→④→③

6. 关于热拌沥青混凝土混合料压实的说法,错误的是(　　)。

A. 碾压分为初压、复压和终压

B. 为保证沥青混合料碾压过程中不黏轮,可以采用雾状喷水法喷水碾压

C. 边角部分压路机碾压不到的位置,采用人工静压

D. 碾压进行中,压路机不得中途停留、转向

7. 为保证碎石沥青混凝土的运输质量、防止离析现象发生,在装车时应(　　)。

A. 从车头到车尾顺序装料　　B. 从车尾到车头顺序装料

C. 先车头后车尾然后中间顺序装料　　D. 只在车的中部装料,让料自流到两端

8. 在施工过程中的某一天,4 辆运输车在运输沥青混合料的途中,遭遇堵车,沥青混合料运至施工现场的温度为 106℃,那么对运到施工现场的沥青混合料,正确的处理方式是(　　)。

A. 废弃　　B. 重新加热再摊铺

C. 按正常的混合料摊铺　　D. 与较高温度的沥青混合料混合后再摊铺

9. 普通热拌沥青混凝土路面表面层混合料的摊铺方法通常采用(　　)施工。

A. 平衡梁法　　B. 人工摊铺法　　C. 走线法　　D. 滑模法

10. 沥青加热温度的控制范围是(　　)。

A. 120 ~ 150℃　　B. 140 ~ 165℃　　C. 150 ~ 170℃　　D. 160 ~ 180℃

11. 沥青玛蹄脂碎石混合料属于(　　)结构。

A. 密实-悬浮　　B. 密实-骨架　　C. 骨架-空隙　　D. 骨架-悬浮

12. 关于沥青混合料摊铺的说法错误的是(　　)。

A. 开铺前将摊铺机的熨平板进行加热至不低于 65℃

B. 沥青混凝土的摊铺温度一般不低于 110 ~ 165℃

C. 下、中面层采用走线法施工,上面层采用平衡梁法施工

D. 摊铺过程可以根据供料情况变换速度或者中途停顿施工

13. 下列情况中应在沥青面层下铺筑封层的是(　　)。

A. 沥青路面的级配砂砾、级配碎石基层

B. 旧沥青路面层上加铺沥青层

C. 需加铺磨耗层改善抗滑性能的旧沥青路面

D. 位于多雨地区且沥青面层空隙较大

14. 上封层根据情况可选择的材料不包括(　　)。

A. 微表处　　B. 改性沥青集料封层

C. 沥青贯入式　　D. 薄层磨耗层

15. 关于沥青混合料压实的说法错误的是(　　)。

A. 碾压顺纵向由低边向高边、按规定要求的碾压速度均匀进行

B. 相邻碾压重叠宽度大于 30cm

C. 压路机不准停留在温度尚未冷却至自然气温以下的已完成的路面上

D. 碾压进行中压路机可以中途停留、转向或制动

16. 关于沥青混合料压实的说法错误的是(　　)。

A. 沥青混合料压实一般要经过初压、复压和终压三步

B. 初压采用双轮双振压路机静压 1 ~2 遍

C. 复压采用胶轮压路机和双轮双振压路机振压等综合碾压 4 ~6 遍

D. 终压采用双轮双振压路机振压 1 ~2 遍

17. 沥青混合料在摊铺过程中,当出现离析、边角缺料等现象时应及时采取措施有(　　)。

A. 碾压　　B. 整平　　C. 补洒料　　D. 晒水

18. 热拌沥青混凝土路面,其混合料运至施工现场的温度控制在不低于(　　)。

A. 120 ~150℃　　B. 140 ~165℃　　C. 150 ~170℃　　D. 160 ~180℃

19. 下列情况应洒布黏层的是(　　)。

A. 沥青混凝土面层的下面层和二灰稳定碎石基层之间

B. 沥青混凝土面层与检查井侧面之间

C. 半刚性基层上铺筑沥青层

D. 多雨地区空隙较大的沥青面层下部

20. 属于半开级配沥青混合料的是(　　)。

A. 沥青玛蹄脂碎石　　B. 改性沥青稳定碎石

C. 沥青混凝土　　D. 排水式沥青磨耗层混合料

二、多项选择题(每题的备选项中,有两个或两个以上符合题意)

1. 当采用沥青混凝土面层时,在下列情况中,应浇洒透层沥青的是(　　)。

A. 多层沥青混合料的上层铺筑前,下层沥青层被污染

B. 与新铺筑沥青混合料接触的路缘石、检查井侧面

C. 旧沥青面层加铺沥青层

D. 级配砂砾、级配碎石基层

E. 水泥等无机结合料稳定基层

2. 可以作为沥青混合料填料的有(　　)。

A. 矿粉　　B. 石屑　　C. 粉煤灰　　D. 石灰　　E. 水泥

3. 沥青面层的细集料可采用(　　)。

A. 河砂　　B. 机制砂　　C. 海砂　　D. 粉煤灰　　E. 石屑

4. SMA 路面施工各环节中需控制(　　)。

A. 沥青加热　　B. 矿粉加热　　C. 集料加热　　D. 开放交通　　E. 混合料摊铺

5. 关于沥青混凝土路面施工时选用沥青的说法,正确的有(　　)。

A. 在夏季温度高且持续时间长的地区修建高速公路,应采用稠度大、黏度大的沥青

B. 对日温差、年温差大的地区,宜选用针入度指数小的沥青

C. 当高温要求与低温要求发生矛盾时,应优先考虑满足低温性能的要求

D. 汽车荷载剪应力大的路面结构层,宜选用稠度大、黏度大的沥青

E. 当缺乏所需标号的沥青时,可采用不同标号掺配的调和沥青

6. 关于沥青混凝土搅拌设备和工艺的说法,错误的有(　　)。

A. 根据工作量和工期来选择搅拌设备的生产能力和移动方式

B. 矿粉加热温度应略高于沥青加热温度

C. 高等级公路一般选用生产量高的强制间歇式搅拌设备

D. 沥青混合料应严格按施工图设计用量进行拌和

E. 沥青混合料用自卸汽车运至工地时,车厢底板及周壁应涂一薄层油水混合液

7. 沥青混凝土面层试验路段的试验内容有(　　)。

A. 施工机械选型、数量及组合方式是否匹配

B. 考察沥青混凝土拌和机的计算机控制及打印装置的可信度

C. 确定松铺系数

D. 验证沥青混合料生产配合比设计

E. 确定施工成本

8. 下列有关粗集料的说法正确的是(　　)。

A. 粗集料应具有良好的颗粒形状,因此用于道路沥青面层的碎石不宜采用颚式破碎机加工

B. 三级及三级以下公路可采用钢渣作为粗集料

C. 筛选砾石仅适用于三级及三级以下公路的沥青表面处治或拌和法施工的沥青表面层的下面层,不得用于贯入式路面及拌和法施工的沥青面层的中、上面层

D. 用于高速公路、一级公路沥青路面表面层及各类公路抗滑表层的粗集料不允许掺加普通集料

E. 经检验属于酸性岩石的石料,用于高速公路、一级公路时,宜使用针入度较小的沥青

9. 沥青路面的施工中,沥青混凝土半幅施工不能采用热接缝时,应当采用措施有(　　)。

A. 假缝　　B. 胀缝

C. 人工顺直刨缝　　D. 切缝

E. 拉缝

10. 沥青混合料在运输过程中出现(　　)时应予以废弃。

A. 已离析的混合料　　B. 硬化在运输车箱内的混合料

C. 在夏季中午高温时运输的混合料　　D. 低于规定铺筑温度的混合料

E. 被雨淋的混合料

11. 热拌沥青混凝土路面施工前的准备工作包括(　　)。

A. 备料　　B. 恢复中线

C. 洒布封层　　D. 铺筑试验段

E. 原材料符合性检验

三、案例分析题

背景资料：

某高速公路设计车速 120km/h，路面面层为三层式沥青混凝土结构。施工企业为公路交通大型企业专业施工队伍，设施精良。为保证工程施工质量，防治沥青路面施工中沥青混合料摊铺时发生离析、沥青混凝土路面压实度不够、平整度及接缝明显，施工单位在施工准备、沥青混合料的拌和、沥青混合料的运输、沥青混合料的摊铺、沥青混合料的压实、接缝的处理等方面做了如下工作：

(1)选用经试验合格的石料进行备料，严格对下承层进行清扫，并在开工前进行试验段铺筑；

(2)沥青混合料的拌和站设置试验层，对沥青混合料及原材料及时进行检验，拌和中严格控制集料加热温度和混合料的出厂温度；

(3)根据拌和站的产量和运距，合理安排运输车辆，确保运输过程中混合料的质量；

(4)设置两台具有自动调节摊铺厚度及找平装置的高精度沥青混凝土摊铺机梯进式施工，严格控制相邻两机的间距，以保证接缝的相关要求；

(5)压路机采用 2 台双轮双振压路机及 2 台 16t 胶轮压路机组成，严格控制碾压温度及碾压重叠宽度；

(6)纵缝采用热接缝，进行梯进式摊铺，后摊铺部分完成时，立即骑缝碾压，以除缝迹，并对接缝做了严格控制。

问题：

(1)施工准备中，控制石料除了规格和试验外，堆放应注意哪几点？

(2)沥青混合料铺筑试验段的主要目的是什么？

(3)若出厂的混合料出现花白料，请问在混合料拌和中可能存在什么问题？

(4)混合料的运输中应注意的主要问题是什么？

(5)沥青混合料摊铺过程中，为什么应对摊铺温度随时检查并做好记录？

(6)沥青混凝土路面的碾压过程中，除了应严格控制碾压温度和碾压重叠宽度外，还应注意哪些问题？

(7)简述横接缝的处理方法。

模块 6　水泥混凝土路面施工技术

【学习引导】

知识目标：通过本模块的学习，学生能够了解水泥混凝土路面原材料以及混合料的技术要求，熟知水泥混凝土路面常用的施工办法，重点掌握水泥混凝土路面小型机具施工、三辊轴机组施工、滑模摊铺机施工的施工工艺及技术要点。了解碾压混凝土路面施工方法。

技能目标：学生能够正确合理选择水泥混凝土路面原材料，能够编制水泥混凝土路面施工方案，具备水泥混凝土路面施工质量控制能力和管理能力，能够发现并处理水泥混凝土路面施工过程中的质量问题。

主要内容：模块 6 的主要内容结构如图 6-1 所示。

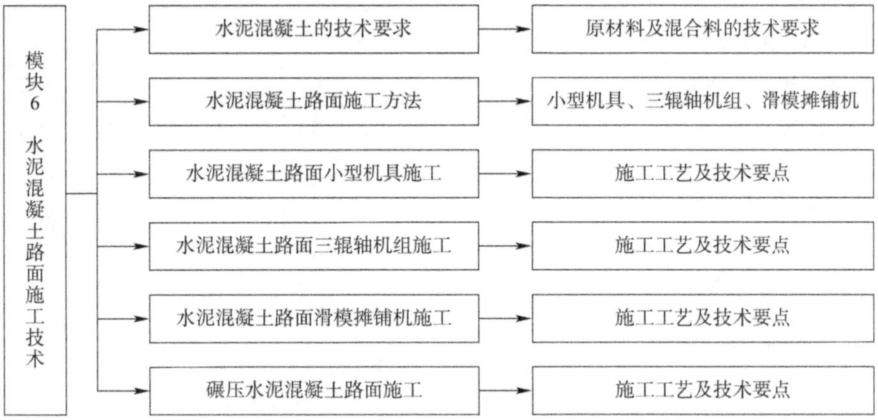

图 6-1　模块 6 的主要内容结构

6.1　水泥混凝土的技术要求

6.1.1　原材料的技术要求

水泥混凝土路面原材料主要包括水泥、掺合料、粗集料与再生粗集料、细集料、水、外加剂、钢筋、接缝材料和养生材料八种。开工前，工地试验室应合理选择原材料，并用合格的原材料进行水泥混凝土配合比设计，提交监理工程师进行水泥混凝土配合比验证。

根据路面施工进度安排，及时供给原材料，分批量检验和储存，不合格原材料不得进场。

1）水泥

水泥品种及强度等级的选择与交通荷载等级密切相关。

（1）水泥品种的选择。极重、特重、重交通荷载等级公路面层水泥混凝土宜采用旋窑道路硅酸盐水泥，也可采用旋窑硅酸盐水泥或普通硅酸盐水泥；中、轻交通的路面可采用矿渣硅酸盐水泥;低温天气施工或有快通要求的路段可采用早期型(R 型)水泥,高温期施工时宜采用普通型水泥。

(2)水泥的强度等级。以实测的水泥抗折强度来选择和使用水泥;各交通等级路面水泥抗折强度、抗压强度应符合表 6-1 的规定。

面层水泥混凝土用水泥各龄期的实测强度值 表 6-1

混凝土设计弯拉强度标准值(MPa)	5.5①		5.0		4.5		4.0	
龄期(d)	3	28	3	28	3	28	3	28
水泥实测抗折强度(MPa) ≥	5.0	8.0	4.5	7.5	4.0	7.0	3.0	6.5
水泥实测抗压强度(MPa) ≥	23.0	52.5	17.0	42.5	17.0	42.5	10.0	32.5

注:①本栏也适用于设计弯拉强度为 6.0MPa 的纤维混凝土。

(3)水泥的化学成分。各交通荷载等级公路面层水泥混凝土用水泥的成分要求应符合表 6-2 的有关规定。

各交通荷载等级公路面层水泥混凝土用水泥的成分要求 表 6-2

项次	水 泥 成 分		极重、特重、重交通荷载等级	中、轻交通荷载等级
1	熟料游离氧化钙含量(%)	≤	1.0	1.8
2	氧化镁含量(%)	≤	5.0	6.0
3	铁铝酸四钙含量(%)		15.0 ~ 20.0	12.0 ~ 20.0
4	铝酸三钙含量(%)	≤	7.0	9.0
5	三氧化硫含量①(%)	≤	3.5	4.0
6	碱含量 $Na_2O + 0.658K_2O$(%)	≤	0.6	怀疑集料有减活性时,0.6;无减活性集料时,1.0
7	氯离子含量②(%)	≤	0.06	0.06
8	混合材料种类		不得掺窑灰、煤矸石、火山灰、烧黏土、煤渣、有抗盐冻要求时不得掺石灰岩粉	

注:①三氧化硫含量在硫酸盐腐蚀场合为必测项目,无腐蚀场合为选测项目。

②氯离子含量在配筋混凝土与钢纤维混凝土面层中为必测项目,水泥混凝土面层为选测项目。

(4)水泥的物理指标。各交通荷载等级公路面层水泥混凝土用水泥的物理指标应符合表 6-3 的有关规定。

各交通荷载等级公路面层水泥混凝土用水泥的物理指标要求 表 6-3

项次	水泥物理性能			极重、特重、重交通荷载等级	中、轻交通荷载等级
1	出磨时安定性			雷氏夹和蒸煮法检验均必须合格	蒸煮法检验必须合格
2	凝结时间(h)	初凝时间	≥	1.5	0.75
		终凝时间	≤	10	10
3	标准稠度需水量(%)		≤	28.0	30.0
4	比表面积(m^2/kg)			300 ~ 450	300 ~ 450
5	细度(80μm 筛余)(%)		≤	10.0	10.0
6	28d 干缩率(%)		≤	0.09	0.10
7	耐磨性(kg/m^2)			2.5	3.0

(5)面层水泥混凝土选用水泥时,除满足上述要求外,还应对拟采用厂家水泥进行混凝土配合比试验,根据所配制的混凝土弯拉强度、耐久性和工作性,选择适宜的水泥品种和强度等级。

(6)采用滑膜摊铺机铺筑时,宜选用散装水泥。高温期施工时,散装水泥的入罐最高温度不宜高于60℃;低温期施工时,水泥进入搅拌缸前的温度不宜低于10℃。

2)掺合料

使用道路硅酸盐水泥或普通硅酸盐水泥时,可在混凝土中掺入适量粉煤灰;使用其他水泥时,不应掺入粉煤灰。

(1)面层混凝土可单独或复配掺用符合规定的粉状低钙粉煤灰、矿渣粉或硅灰等掺合料,不得掺用结块或潮湿的粉煤灰,矿渣粉和硅灰。粉煤灰质量不应低于表6-4中的Ⅱ级粉煤灰的要求。不得掺用高钙粉煤灰或Ⅲ级及Ⅲ级以下低钙粉煤灰。粉煤灰进货应有等级检验报告。

低钙粉煤灰分级和质量标准 表6-4

粉煤灰等级	细度(45μm气流筛,筛余量)(%)	烧失量(%)	需水量(%)	含水率(%)	游离氧化钙含量(%)	SO_3(%)	混合砂浆强度活性指数	
							7d	28d
Ⅰ	≤12.0	≤5.0	≤95.0	≤1.0	<1.0	≤3.0	≥75	≥85(75)
Ⅱ	≤25.0	≤8.0	≤105.0	≤1.0	<1.0	≤3.0	≥70	≥80(62)
Ⅲ	≤45.0	≤15.0	≤115.0	≤1.0	<1.0	≤3.0	—	—

(2)掺加于面层水泥混凝土中的矿渣粉、硅灰,其质量应符合表6-5的规定。使用矿渣硅酸盐水泥时不得再掺加矿渣粉。高温期施工时,不宜掺用硅灰。

矿渣粉、硅灰的质量标准 表6-5

质量标准		比表面积(m^2/kg)	密度(g/cm^3)	烧失量(%)	流动度比(%)≥	含水率(%)	氯离子含量(%)	玻璃体含量(%)≥	游离氧化钙含量(%)	SO_3(%)	混合砂浆强度活性指数	
种类	等级										7d	28d
磨细矿渣粉	S105 S95	≥500 ≥400	≥2.80	≤3.0	≥95.0	≤1.0	<0.06	≥85.0	<1.0	≤4.0	≥95 ≥75	≥105 ≥95
硅灰		≥15 000	≥2010	≤6.0	—	≤3.0	<0.06	≥90.0	<1.0	—	≥105	

(3)各种掺合料在使用前,应进行混凝土配合比试配检验与掺量优化试验,确认面层水泥混凝土弯拉强度、工作性、抗磨性、抗冰冻性、抗盐冻性等指标满足设计要求。

3)粗集料与再生粗集料

(1)粗集料应使用质地坚硬、耐久、洁净的碎石、破碎卵石和卵石。极重、特重、重交通荷载等级公路面层混凝土用粗集料质量不应低于表6-6中Ⅱ级的要求;中、轻交通荷载等级公路面层混凝土可使用Ⅲ级粗集料。中、轻交通荷载等级公路面层水泥混凝土可使用再生粗集料,再生粗集料可单独或掺配新集料后使用,但应通过配合比试验验证,确定混凝土性能满足设计要求,并符合相关规定。

碎石、破碎卵石和卵石质量标准 表6-6

技术指标		技术要求		
		Ⅰ级	Ⅱ级	Ⅲ级
碎石压碎值(%)	≤	18.0	25.0	30.0
卵石压碎值(%)	≤	21.0	23.0	26.0
坚固性(按质量损失计)(%)	≤	5.0	8.0	12.0
针片状颗粒含量(按质量计)(%)	≤	8.0	15.0	20.0
含泥量(按质量计)(%)	≤	0.5	1.0	2.0
泥块含量(按质量计)(%)	≤	0.2	0.5	0.7
吸水率①(按质量计)(%)	≤	1.0	2.0	3.0
有机物含量(比色法)		合格	合格	合格
硫化物及硫酸盐含量②(按 SO_3 质量计)(%)	<	0.5	1.0	1.0
洛杉矶磨耗损失③(%)	≤	28.0	32.0	35.0
岩石抗压强度		岩浆岩≥100MPa,变质岩≥80MPa,沉积岩≥60MPa		
表观密度(kg/m^3)	≥	2 500		
松散堆积密度(kg/m^3)	≥	1 350		
空隙率(%)	≤	47		
磨光值(%)	≥	35.0		
碱集料反应		不得有减活性反应或疑似减活性反应		

注:①有抗冰冻、抗盐冻要求时,应检验粗集料吸水率。

②硫化物及硫酸盐含量、减活性反应、岩石抗压强度在粗集料使用前应至少检验一次。

③洛杉矶磨耗损失、磨光值仅在要求制作露石水泥混凝土面层时检测。

(2)粗集料与再生粗集料根据混凝土配合比的公称最大粒径分为2~4个单粒级的集料,并掺配使用。其合成级配及单粒级级配范围应符合表6-7的规定,不得使用不分级的统料。

粗集料与再生粗集料的级配范围 表6-7

方孔筛尺寸(mm)		2.36	4.75	9.5	16	19	26.5	31.5	37.5
级配类型		累计筛余百分率(%)							
合成级配	4.75~16	95~100	85~100	40~60	0~10	—	—	—	—
	4.75~19	95~100	85~95	60~75	30~45	0~5	0	—	—
	4.75~26.5	95~100	90~100	70~90	50~70	25~40	0~5	0	—
	4.75~31.5	95~100	90~100	75~90	60~75	40~60	20~35	0~5	—
单粒级级配	4.75~9.5	95~100	80~100	0~15	0	—	—	—	—
	9.5~16	—	95~100	80~100	0~15	0	—	—	—
	9.5~19	—	95~100	85~100	40~60	0~15	0	—	—
	16~26.5	—	—	95~100	55~70	25~40	0~10	0	—
	16~31.5	—	—	95~100	85~100	55~70	25~40	0~10	0

(3)各种面层水泥混凝土配合比的不同种类粗集料与再生粗集料公称最大粒径应符合表6-8的规定。

粗集料与再生粗集料的公称最大粒径 表6-8

交通荷载等级		极重、特重、重		中、轻	
面层类型		水泥混凝土	纤维混凝土 配筋混凝土	水泥混凝土	碾压混凝土 砌块混凝土
最大公称粒径	碎石	26.5	16	31.5	19
	破碎卵石	19	16	26.5	19
	卵石	16	9.5	19	16
	再生粗集料	—	—	26.5	19

4)细集料

细集料须采用质地坚硬、耐久、洁净的天然砂、机制砂或混合砂,不得使用再生细集料。

(1)天然砂技术指标

极重、特重、重交通荷载等级公路面层水泥混凝土用天然砂的质量标准不应低于表6-9中规定的Ⅱ级,中、轻交通荷载等级公路面层水泥混凝土可使用Ⅲ级天然砂。

天然砂的质量标准 表6-9

项目		技术要求		
		Ⅰ级	Ⅱ级	Ⅲ级
坚固性(按质量损失计)(%)	≤	6.0	8.0	10.0
含泥量(按质量计)(%)	≤	1.0	2.0	3.0
泥块含量(按质量计)(%)	≤	0	0.5	1.0
氯离子含量(按质量计)(%)	≤	0.02	0.03	0.06
云母含量(按质量计)(%)	≤	1.0	1.0	2.0
硫化物及硫酸盐含量(按 SO_3 质量计)(%)	<	0.5	0.5	0.5
海沙中的贝壳类物质含量(按质量计)(%)	≤	3.0	5.0	8.0
轻物质含量(按质量计)(%)	≤	1.0		
吸水率(%)	≤	2.0		
表观密度(kg/m^3)	≥	2500		
松散堆积密度(kg/m^3)	≥	1400		
空隙率(%)	≤	45		
有机物含量(比色法)		合格		
碱活性反应①		不得有碱活性反应或疑似碱活性反应		
结晶态二氧化硅含量(%)	≥	25		

注:①碱活性反应、氯离子含量、硫化物及硫酸盐含量在天然砂使用前应至少检查一次。

(2)天然砂的级配范围与细度模数

天然砂的级配应符合表6-10的规定。面层水泥混凝土使用的天然砂细度模数在2.0~3.7之间。

天然砂的推荐级配范围 表 6-10

砂分级	细度模数	方孔筛尺寸(mm)							
		9.5	4.75	2.36	1.18	0.6	0.3	0.15	0.075
		通过率/%							
粗砂	3.1~3.7	100	90~100	65~95	35~65	15~30	5~20	0~10	0~5
中砂	2.3~3.0	100	90~100	75~100	50~90	30~60	8~30	0~10	0~5
细砂	1.6~2.2	100	90~100	85~100	75~100	60~84	15~45	0~10	0~5

(3)机制砂的质量标准

机制砂宜采用碎石作为原料,并用专用设备生产。极重、特重、重交通荷载等级公路面层水泥混凝土用机制砂的质量标准应不低于表 6-11 中规定的Ⅱ级,中、轻交通荷载等级公路面层水泥混凝土可使用Ⅲ级机制砂。

机制砂的质量标准 表 6-11

项目			技术要求		
			Ⅰ级	Ⅱ级	Ⅲ级
机制砂母岩的抗压强度(MPa)		≥	80.0	60.0	30.0
机制砂母岩的磨光值		≥	38.0	35.0	30.0
机制砂单粒级最大压碎指标(%)		≤	20.0	25.0	30.0
坚固性(按质量损失计)(%)		≤	6.0	8.0	10.0
氯离子含量(按质量计)(%)		≤	0.01	0.02	0.06
云母含量(按质量计)(%)		≤	1.0	2.0	2.0
硫化物及硫酸盐含量(按 SO_3 质量计)(%)		<	0.5	0.5	0.5
泥块含量(按质量计)(%)		≤	0	0.5	1.0
石粉含量(%)<	MB 值<1.40 或合格		3.0	5.0	7.0
	MB 值≥1.40 或不合格		1.0	3.0	5.0
轻物质含量(按质量计)(%)		≤	1.0		
吸水率(按质量计)(%)		≤	2.0		
表观密度(kg/m^3)		≥	2500		
松散堆积密度(kg/m^3)		≥	1400		
空隙率(%)		≤	45.0		
有机物含量(比色法)			合格		
碱集料反应			不得有减活性反应或疑似减活性反应		

注:碱活性反应、氯离子含量、硫化物及硫酸盐含量在机制砂使用前应至少检查一次。

(4)机制砂的级配范围

机制砂的级配应符合表 6-12 的规定。面层水泥混凝土使用的机制砂细度模数在 2.3~3.1之间。

机制砂的推荐级配范围 表 6-12

机制砂分级	细度模数	方孔筛尺寸(mm)						
		9.5	4.75	2.36	1.18	0.6	0.3	0.15
		通过率(%)						
Ⅰ级砂	2.3~3.1	100	90~100	80~95	50~85	30~60	10~20	0~10
Ⅱ、Ⅲ级砂	2.8~3.9	100	90~100	50~95	30~65	15~29	5~20	0~10

(5)细集料在使用过程中还应注意:

①配筋混凝土路面及钢纤维混凝土路面中不得使用海砂。

②细度模数差值超过0.3的砂应分别堆放,分别进行配合比设计。

③采用机制砂时,外加剂宜采用引气高效减水剂或聚羧酸高性能减水剂。

5)水

饮用水可直接作为混凝土搅拌、养护用水。非饮用水应进行水质检验,并符合表6-13的规定,还应与蒸馏水进行水泥凝结时间和水泥胶砂强度的对比试验,对比试验中非饮用水与蒸馏水的水泥初凝时间差和终凝时间差均不应大于30min,非饮用水的水泥胶砂3d和28d强度不应低于蒸馏水的水泥胶砂3d和28d强度的90%。

养生用水可不检验不溶物含量和其他杂质,其他指标应符合表6-13的规定。

非应用水质量标准 表6-13

项目		钢筋混凝土及钢纤维混凝土	素混凝土
pH值	≥	5.0	4.5
Cl^-含量(mg/L)	≤	1 000	3 500
SO_4^{2-}含量(mg/L)	≤	2 000	2 700
碱含量(mg/L)	≤	1 500	1 500
可溶物含量(mg/L)	≤	5 000	10 000
不溶物含量(mg/L)	≤	2 000	5 000
其他杂质		不应有漂浮的油脂和泡沫,不应有明显的颜色和异味	

6)外加剂

面层水泥混凝土外加剂质量应符合国家和行业的相关标准。

(1)外加剂产品出厂报告应标明其主要化学成分和使用注意事项。面层水泥混凝土的各种外加剂应经有相应资质的检测机构检验合格,并提供检验报告后方可使用。

(2)外加剂产品应使用工程实际采用的水泥、集料和拌和用水进行试配,检验其性能,确定合理掺量。

(3)外加剂复配使用时,不得有絮凝现象,应使用工程实际采用的水泥、集料和拌和用水进行试配,确定其性能满足要求后方可使用。

(4)各种可溶外加剂均应充分溶解为均匀水溶液,按配合比计算的剂量加入。

(5)采用非水溶性的粉状外加剂时,应保证其分散均匀,搅拌充分,不得结块。

(6)滑模摊铺施工的水泥混凝土面层宜采用引气高效减水剂,高温施工混凝十拌和物的初凝时间短于3h时,宜采用缓凝引气高效减水剂,低温施工混凝土拌和物终凝时间长于10h时,宜采用早强引气高效减水剂。

(7)有抗冰(盐)冻要求地区:各级公路水泥混凝土面层及暴露结构物混凝土应掺入引气剂;无抗冻要求地区的二级及二级以上公路路面混凝土中宜掺入引气剂。

(8)处在海水、海风、氯离子环境的或冬季洒除冰盐的路面或桥面钢筋混凝土、钢纤维混凝土中可掺用或复配阻锈剂。

7)钢筋

水泥混凝土、钢筋混凝土及连续配筋混凝土面层所用钢筋、钢筋网、传力杆、拉杆等应符合国家和行业现行相关规定。

(1)钢筋不得有裂纹、断伤、刻痕,混凝土路面、桥面和搭板所用钢筋网、传力杆、拉杆等钢筋应符合国家有关标准的技术要求。配筋混凝土路面与桥面用钢筋宜采用环氧树脂涂层或防锈漆涂层等保护措施。

(2)传力杆应无毛刺,两端应加工成圆锥形或半径为2~3mm圆倒角。

(3)胀缝传力杆应在一端设置镀锌钢管帽或塑料套帽,套帽厚度不应小于2.0mm,并应密封不透水,套帽长度宜为100mm,套帽内活动空隙长度宜为30mm。

(4)传力杆钢筋应采用喷塑、镀锌、电镀或涂防锈等防锈措施,防锈层不得局部缺失。拉杆钢筋应在中部不小于100mm范围内采取涂防锈漆等防锈措施。

8)接缝材料

接缝材料按使用性能可分为胀缝接缝板和填缝料两类。

(1)胀缝板

混凝土面层的胀缝板的高度、长度和厚度应符合设计要求,并按设计间距预留传力杆孔。孔径宜大于传力杆直径2mm,高度和厚度尺寸偏差应小于1.5mm。

高速公路、一级公路胀缝板宜采用塑胶板、橡胶(泡沫)板或沥青纤维板;其他等级公路也可采用浸油木板。

(2)填缝材料

硅酮类、聚氨酯类常温施工式填缝料可用于各等级公路水泥混凝土面层;橡胶沥青、改性沥青类填缝料可用于二级及二级以下公路,不宜用于高速公路和一级公路;道路石油沥青类填缝料可用于三、四级公路,不宜用于二级公路,不得用于高速公路和一级公路。

填缝时应使用背衬垫条控制填缝形状系数。背衬垫条应具有良好的弹性、柔韧性、不吸水、耐酸碱腐蚀和高温不软化等性能。背衬垫条材料有聚氨酯、橡胶或微孔泡沫塑料等,其形状应为可压缩圆柱形,直径应比接缝宽度大2~5mm。

9)养生材料

水泥混凝土面层用养护剂应采用由石蜡、适宜高分子聚合物与适量稳定剂、增白剂经胶体磨制成水乳液,不得采用以水玻璃为主要成分的养护剂。养护剂宜为白色胶体乳液,不宜为无色透明的乳液。

使用养护剂时,高速公路、一级公路水泥混凝土面层应使用满足一级品要求的养护剂,其他等级公路可使用满足合格品要求的养护剂。

水泥混凝土面层用节水保湿养护膜应由高分子吸水保水树脂和不透水塑料制成。

6.1.2 混凝土的工作性要求

不同施工工艺混凝土拌和物的工作性应符合下列规定:

(1)碎石混凝土滑模摊铺时,坍落度宜为10~30mm;卵石混凝土滑模摊铺时,坍落度宜为5~20mm。

(2)三辊轴机组摊铺时,拌和物的现场坍落度宜为20~40mm。

(3)小型机组摊铺时,拌和物的现场坍落度宜为5~20mm。

6.2 水泥混凝土路面施工方法

水泥混凝土路面主要的施工方法有小型机具施工、三辊轴机组施工、滑模摊铺机施工和碾压混凝土路面施工等。

1)小型机具施工

小型机具施工工艺是水泥混凝土路面施工方式中传统的施工方式。由于小型机具施工技术简单成熟,施工便捷,不需要大型设备,主要靠人工完成,所以一般用于三、四级公路水泥混凝土面层的施工,不得用于隧道水泥混凝土面层与桥面铺装施工。

小型机具铺筑宽度不大于4.5m时,铺筑能力不宜小于2m/h。小型机具施工如图6-2所示。

a)现场作业远景

b)现场作业近景

图6-2 小型机具施工

2)三辊轴机组施工

三辊轴机组属于小型机具的改进形式,是将小型机具施工时的振动梁和滚杠合并安装在有驱动力轴的一台设备上。它具有横纵向整平、浅表层振实、压实和提浆功能,不具备将中、下层混凝土振捣密实的功能。三辊轴机组施工如图6-3所示。为了保证该工艺铺筑出各种混凝土结构层的整体密实度,在一般施工场合,常同时配备振动棒、密集排列振捣棒的振捣机(见图6-4)或其他辅助设备。

图6-3 三辊轴机组施工

图6-4 密集排列振捣棒的振捣机

整平机如图6-5所示,可用于水泥混凝土路面的振捣、压实、提浆、整平。

三辊轴机组铺筑工艺可用于二级及二级以下公路的水泥混凝土路面面层、桥面和隧道混凝土面层的施工,也可用于高速、一级公路、硬路肩、匝道、收费广场边板、封闭式中央分隔带、弯道超高加宽段硬路肩及局部异形面板灯的施工。

三辊轴机组与小型机具两种铺筑工艺的混凝土应采用集中搅拌。铺筑长度不足10m时,可使用小型搅拌机现场搅拌,严禁人工拌和。

辊轴机组与小型机具铺筑时,应加强各工序之间的衔接,振捣密实与成型饰面所需时间不得超过拌和物初凝时间。

3)滑模摊铺机施工

滑模摊铺机施工如图6-6所示。滑模摊铺工艺宜用于高速、一级、二级公路普通混凝土面层、配筋混凝土面层、纤维混凝土面层、钢筋混凝土桥面、隧道混凝土面层、混凝土路缘石、路肩石及护栏等的摊铺施工。上坡纵坡度大于5%、下坡纵坡度大于6%、半径小于50m或超高超过7%的路段,不宜采用滑模摊铺机进行摊铺。

图6-5 整平机

图6-6 滑模摊铺机施工

采用滑模摊铺机在基层上行走的铺筑方案时,基层侧边缘到滑模摊铺面层边缘的宽度不宜小于650mm。传力杆和胀缝拉杆钢筋宜采用前置支架法施工,也可采用滑模摊铺机配备的自动插入装置施工。

滑模摊铺机施工应加强混凝土运输组织、保证供料速度与摊铺速度相适应,避免发生料多废弃或等料停机现象。

4)碾压混凝土路面施工

碾压混凝土是利用沥青混凝土路面摊铺、碾压技术施工的一种水泥混凝土路面。它与普通水泥混凝土路面所用材料基本组成相同,均为水、水泥、砂、碎(砾)石及外掺剂,不同之处是碾压混凝土为用水量很少的特干硬性混凝土,比普通水泥混凝土路面节约水泥10%~30%,且施工速度快,养生时间短,具有很好的社会经济效益。

碾压混凝土可用于二、三、四级公路混凝土面层与高速公路、一级公路复合式路面碾压混凝土下面层施工。

6.3 水泥混凝土路面小型机具施工

6.3.1 小型机具施工工艺

水泥混凝土路面小型机具施工工艺流程如图6-7所示。

6.3.2 小型机具施工技术要点

1)材料、机械、人员准备

(1)材料

①水泥和掺合料的储存和供应应符合规定:散装水泥和粉煤灰应使用罐仓储存。罐仓顶部应有过滤、防潮措施。不同厂家的水泥应分罐存放,更换水泥品种或厂家时应清仓再灌。粉煤灰不得与水泥混罐;罐仓中宜储备满足不少于3d生产需要的水泥与掺合料。

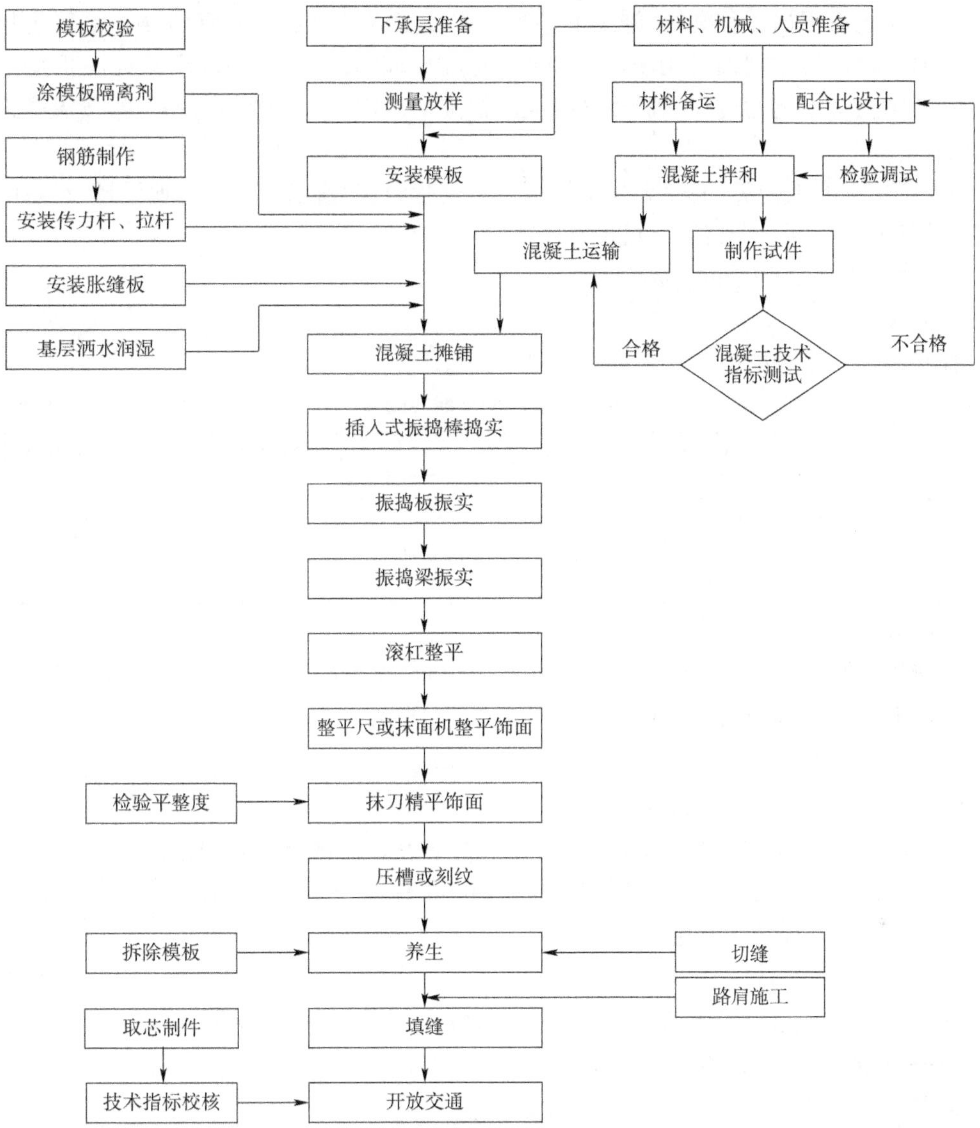

图 6-7 水泥混凝土路面小型机具施工工艺流程

②集料储备应符合规定:施工前,宜储备不少于正常施工 10d 用量的粗、细集料;料场宜建在排水通畅的位置,底部应做硬化处理。不同规格的集料之间应设置隔离措施,并设明显标志牌,避免混杂;控制粗、细集料中粉尘与含泥量,并应架设顶棚,保证含水率稳定。

③对各种原材料,将相同料源、规格、品种原材料作为一个批次,按《公路水泥混凝土路面施工技术细则》(JTG/T F30—2014)规定的全部检测项目、检测频率和试验方法进行检测,检测合格并经配合比试验确认满足要求后,方可使用。不合格原材料不得进场。

(2)机械

施工前应对机械设备、测量仪器、基准线或模板、机具工具及各种试验仪器等进行全面检查、调试、校核、标定,并适量储备主要施工机械易损零部件。

(3)人员

按项目经理部机构配置,组织劳动力进场,并对相关人员进行岗前培训。

2)水泥混凝土搅拌与运输

水泥混凝土应根据工程规模、施工工艺和日进度要求合理配备拌和设备。混凝土拌和物应在初凝时间之内运输到铺筑现场。拌和楼(机)出口混凝土拌和物的坍落度应根据铺筑最适宜的坍落度值加上运输过程中坍落度的经时损失值确定,并应根据运距长短、气温高低随时进行微调。

当原材料、混凝土种类、混凝土强度等级等有变化时,应重新进行配合比设计及试拌,必要时应重新铺筑试验路段,合格后方可搅拌生产。

(1)水泥混凝土拌和物的搅拌

①搅拌设备。

a. 拌和站最小生产能力应符合表6-14 的规定。

拌和站最小生产能力配置 表6-14

摊铺宽度	滑模摊铺	碾压混凝土	三辊轴机组摊铺	小型机具摊铺
单车道3.75～4.5m	≥150m	≥100	≥75	≥50
双车道7.5～9m	≥300	≥200	≥100	≥75
整幅宽≥12.5m	≥400	≥300	—	—

b. 总拌和生产能力要求。

采用滑模、轨道、碾压、三辊轴机组摊铺时,搅拌场配置的混凝土总拌和生产能力可按式(6-1)计算,并按总拌和能力确定搅拌楼(机)数量和型号。

$$M = 60\mu bh\nu_t \tag{6-1}$$

式中:M——搅拌楼总拌和能力,m^3/h;

μ——搅拌楼可靠性系数,取1.2～1.5,根据下述具体情况确定:搅拌楼可靠性高,μ 可取较小值,反之,μ 取较大值,拌和钢纤维混凝土时,μ 应取较大值;坍落度要求较低者,μ 应取较大值;

b——摊铺宽度,m;

h——面板厚度,m,普通与碾压混凝土分别取设计厚度的1.10倍、1.15倍;

ν_t——摊铺速度(≥lm/min),m/min。

c. 搅拌机型选择。

根据需要和设备能力确定拌和楼(机)的数量。同一拌和站的拌和楼(机)的规格宜统一,且宜采用同一厂家的设备。

间歇搅拌楼搅拌精确度高于连续搅拌楼,且弃料少,施工时宜优先选配间歇搅拌楼。强制双卧轴或行星立轴是搅拌效果最好的机型。自落式小滚筒搅拌机体积计量易不准,加水量易失控,易导致强度失控,混凝土拌和物质量和匀质性无法保证,易使采用这种方式铺筑的路面表面砂浆和水泥浆的聚积程度不同,表面色泽不均匀。

d. 搅拌楼的配套设备。

每座拌和楼(机)应根据粗集料级配数加细集料进行分仓,各级集料不得混仓。粗、细集料仓顶应设置过滤超粒径颗粒的钢筋筛。

每座拌和楼(机)应配备不少于2个用于储存水泥的罐仓,每种掺合料应单独设置储存料仓。

每台搅拌楼应配齐自动供料、称量、计量、砂石料含水率反馈控制、外加剂加入装置和计算机自控所需的各种内置设备。搅拌场应配备适量装载机或推土机供应砂石料。

②拌和技术要求。

a. 搅拌楼的标定和校验。

每台搅拌楼在投入生产前,必须进行标定和试拌。在标定有效期满或搅拌楼搬迁安装后,均应重新标定。施工中应每15d校验一次搅拌楼计量精确度。搅拌楼配料计量偏差不得超过表6-15的规定。不满足时,应分析原因,排除故障,确保拌和计量精确度。采用计算机自动控制系统的搅拌楼时,应使用自动配料生产,并按需要打印每天(周、旬、月)对应路面摊铺桩号的混凝土配料统计数据及偏差。定期测定集料含水率,并进行混凝土的配合比调整。

搅拌楼(机)配料计量允许偏差(单位:%) 表6-15

材料名称	水泥	掺合料	纤维	细集料	粗集料	水	外加剂
高速公路、一级公路每盘	±1	±1	±2	±2	±2	±1	±1
高速公路、一级公路累计每车	±1	±1	±2	±2	±2	±1	±1
其他等级公路	±2	±2	±2	±3	±3	±2	±2

b. 拌和时间。

应根据拌和物的黏聚性、均质性及搅拌机类型试拌确定,并应符合下列规定:

ⓐ单立轴式搅拌机总拌和时间宜为80~120s,纯搅拌时间不应短于40s。

ⓑ行星立轴和双卧轴式搅拌机总拌和时间为60~90s,纯拌和时间不宜短于35s。

ⓒ连续双卧轴搅拌楼的总拌和时间宜为80~120s,纯拌和时间不宜短于40s。为保证搅拌楼产量,最长总拌和时间不应超过高限值的2倍。

c. 砂石料拌和要求。

混凝土拌和过程中,不得使用沥水、夹冰雪、表面沾染尘土和局部曝晒过热的砂石料。

d. 外加剂掺加要求。

外加剂应以稀释溶液加入,其稀释用水和原液中的水量应从拌和加水量中扣除。使用间歇搅拌楼时,外加剂溶液浓度应根据外加剂掺量、每盘外加剂溶液筒的容量和水泥用量计算得出。连续式搅拌楼应按流量比例控制加入外加剂。加入搅拌锅的外加剂溶液应充分溶解,并搅拌均匀。有沉淀的外加剂溶液,应每天清除一次稀释池中的沉淀物。

e. 引气混凝土拌和要求。

拌和引气混凝土时,搅拌楼一次拌和量不应大于其额定搅拌量的90%。纯拌和时间应控制在含气量最大或较大时。

f. 粉煤灰等掺合料掺加要求。

粉煤灰或其他掺合料应采用与水泥相同的输送、计量方式加入。粉煤灰混凝土的纯拌和时间应比不掺的延长15~25s。

③拌和物质量检验项目和频率。

混凝土搅拌过程中,拌和物质量检验与控制应符合表6-16的规定。

混凝土拌和物的质量检验项目和频率 表6-16

检测项目	检测频率	
	高速公路、一级公路	其他等级公路
水灰比及其稳定性	每5 000m^{2}抽检1次,有变化随时测	
坍落度及其损失率	每工班测3次,有变化随时测	
振动黏度系数	试拌、原材料和配合比有变化时测	

续上表

检测项目	检测频率	
	高速公路、一级公路	其他等级公路
纤维体积率	每工班测2次,有变化随时测	
含气量	每工班测2次,有抗冻要求时不少于3次	每工班测1次,有抗冻要求时不少于3次
泌水率	每工班测2次	
表观密度	每工班测1次	
温度、凝结时间、水化发热量	冬、夏季施工,气温最高、最低时,每工班至少测1~2次	冬、夏季施工,气温最高、最低时,每工班至少测1次
改进VC值	每工班测3次,有变化随时测	
离析	随时观察	
压实度、松铺系数	每工班测3次,有变化随时测	

低温或高温天气施工时,拌和物出料温度宜控制在10~35℃。拌和物应均匀一致,有生料、干料、离析或外加剂、粉煤灰成团现象的非均质拌和物严禁用于路面摊铺。一台搅拌楼的每盘之间、各搅拌楼之间,拌和物的坍落度最大允许偏差为±10mm。

(2)水泥混凝土拌和物的运输

图6-8 混凝土搅拌运输车

①运输设备。

混凝土运输车辆可选配车况优良、载质量2~20t的自卸车。自卸车后挡板应关闭紧密,运输时不漏浆撒料,车箱板应平整光滑,其最大运距不应超过20km。远距离运输或摊铺钢筋混凝土路面及桥面时,宜选配混凝土搅拌运输车,俗称混凝土罐车,如图6-8所示。

组织运输时可根据施工进度、运量、运距及路况选配车型和车辆总数。总运力应比总拌和能力略有富余,确保新拌混凝土在规定时间内运到摊铺现场。机械摊铺系统配套的运输车辆数量可按式(6-2)计算:

$$N = 2n\left(1 + \frac{s\rho_c m}{\nu_q g_q}\right) \tag{6-2}$$

式中:N——汽车辆数,辆;

n——相同产量搅拌楼台数;

s——单程运输距离,km;

ρ_c——混凝土密度,t/m^3;

m——一台搅拌楼每小时生产能力,m^3/h;

ν_q——车辆的平均运输速度,km/h;

g_q——汽车载重能力,t/辆。

②运输技术要求。

a. 装车前,要冲洗干净车厢并洒水湿润,但不允许积水。

b. 减少拌和物离析。装料时,自卸车应挪动车位,搅拌楼卸料落差不应大于2m;车辆起步和停车应平稳;自卸车运输应减小颠簸。

c. 混凝土运输过程中应防止漏浆、漏料和污染路面。

d. 驾驶员要了解混凝土拌和物出料到运输、铺筑完毕允许最长时间,途中不得随意耽搁,混凝土一旦在车内停留超过初凝时间,应采取紧急措施处置,严禁混凝土硬化在车厢(罐)内。使用自卸车运输混凝土的最远运输半径不宜超过20km。烈日、大风、雨天和低温天远距离运输时,自卸车应遮盖混凝土,罐车宜加保温隔热套。

e. 运输车辆严禁碰撞模板或基准线,一旦碰撞,应告知测工重新测量纠偏。

f. 车辆倒车及卸料时,应有专人指挥。卸料应到位,严禁碰撞摊铺机、前场施工设备及测量仪器。卸料完毕,车辆应迅速离开。

g. 碾压混凝土卸料时,车辆应在前一辆车离开后立即倒向摊铺机,并在机前10~30cm处停住,不得撞击沥青摊铺机。然后换成空挡,并迅速升起料斗卸料,靠摊铺机推动前进。

h. 不掺加缓凝剂的混凝土从搅拌机出料到运抵现场的允许最长时间应符合表6-17的规定,保证到达现场的拌和物工作性满足要求。

混凝土拌和物出料到运抵现场允许最长时间(单位:h) 表6-17

施工气温(℃)	滑模摊铺	三辊轴机组摊铺、小型机具摊铺	碾压铺筑
5~9	1.5	1.20	1.0
10~19	1.25	1.0	0.8
20~29	1.0	0.75	0.6
30~35	0.75	0.40	0.4

3)下承层准备

(1)路基沉降观测

施工前应对桥头、软基、高填方、填挖方交界等处的路基段进行连续沉降观测,当发现局部路基段沉降尚未稳定时,不得进行该段面层施工。

(2)基层准备

基层或封层应验收合格,并测量校核平面和高程控制桩,恢复路面中心、边缘等全部基本标桩,测量精度满足要求。

面层施工前,应提供足够连续施工7d以上的合格基层,并应严格控制表面高程和横坡。

局部破损的基层按下列规定进行修复:

①存在挤碎、隆起、空鼓等病害的基层,应清除病害部位,并使用相同的基层料重新铺筑。

②当基层产生非扩展性温缩、干缩裂缝时,可先采用灌沥青密封防水后,再采用土工合成材料进行防裂处理。

③局部开裂、破碎的部位,应局部全厚度挖除,并采用贫混凝土修复。

4)模板架设与拆除

采用三辊轴机组施工和小型机具施工时,均需要安装侧向模板,如图6-9所示。

图6-9 安装模板

(1)模板的技术要求

公路混凝土路面板、桥面板和加铺层的施工模板应采用刚度足够的槽钢、轨模或钢制边侧模板,不应使用木模板、塑料模板等其他易变形的模板。

模板几何尺寸的精确度应符合表6-18的规定。钢模板的高度应为面板设计厚度,模板长度宜为3～5m。需要设置拉杆时,模板应设拉杆插入孔。在小半径弯道,为了满足渐变段施工要求,可使用较短的模板。

模板(加工矫正)允许偏差 表6-18

施工方式	高度偏差(mm)	局部变形(mm)	垂直边夹角(°)	顶面平整度(mm)	侧面平整度(mm)	纵向变形(mm)
三辊轴机组	±1	±2	90±2	±1	±2	±2
小型机具	±2	±3	90±3	±2	±3	±3

为了提高模板的架设稳固性,每米模板应设置1处支撑固定装置进行水平固定,如图6-10和图6-11所示。固定的作用主要是防止振捣机、三辊轴、振捣梁、滚杠振动和重力作用下向外水平位移。模板垂直度用垫木楔方法调整。模板底部的空隙,宜使用砂浆垫实或铺垫塑料薄膜,以防止振捣漏浆。

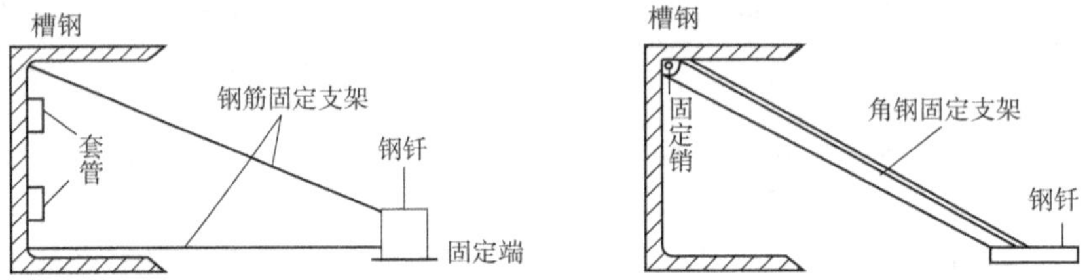

a)焊接钢筋固定支架 b)焊接角钢固定支架

图6-10 (槽)钢模板焊接钢筋或角钢固定示意图

a)焊接钢筋固定支架 b)焊接角钢固定支架

图6-11 (槽)钢模板焊接钢筋或角钢固定实景

横向施工缝端模板应按设计规定的传力杆直径和间距设置传力杆插入孔和定位套管。两边缘传力杆到自由边距离不宜小于150mm。每米设置1个垂直固定孔套。工作缝端模侧立面如图6-12所示。

模板或轨模数量应根据施工进度和施工气温确定,并应满足拆模周期内周转需要。一般情况下,模板或轨模总量不宜少于3d摊铺的需要。

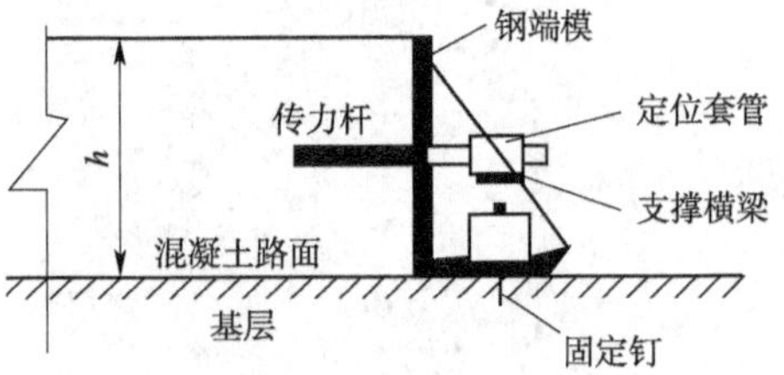

图6-12 工作缝端模侧立面

(2)模板安装

①模板测量放样:支模前在基层上应进行模板安装及摊铺位置的测量放样,每20m应设中心桩;每100m宜布设临时水准点;核对路面高程、面板分块、胀缝和构造物位置。测量放样的质量要求和允许偏差应符合相应规范的规定。

②纵横曲线路段支模:纵横曲线路段应采用短模

板,每块模板中点应安装在曲线切点上。

③轨模安装:轨道摊铺应采用长度为3m的专用钢制轨模,轨模底面宽度宜为高度的80%,轨道用螺栓、垫片固定在模板支座上,模板应使用钢钎与基层固定。轨道顶面应高于模板20~40mm,轨道中心离模板内侧边缘距离宜为125mm。

④模板应安装稳固、顺直、平整、无扭曲,相邻模板连接应紧密平顺,不得有底部漏浆、前后错茬、高低错台等现象。模板应能在承受摊铺、振实、整平设备的负载行进、冲击和振动时不发生位移。严禁在基层上挖槽,嵌入安装模板。

⑤模板安装检验合格后,与混凝土拌和物接触的表面应涂脱模剂或隔离剂,接头应粘贴胶带或塑料薄膜等密封。

(3)模板安装检验

模板安装完毕,应经过测量人员使用与设计板厚相同的测板做全断面检验,其安装精确度应符合表6-19的规定。

模板安装精确度要求 表6-19

检测项目			施工方式	
			三辊轴机组	小型机具
平面偏位(mm)		≤	10	15
摊铺宽度偏差(mm)		≤	10	15
面板厚度(mm)≥	代表值		-3	-4
	极值		-8	-9
纵断高程偏差(mm)			±5	±10
横坡偏差(%)			±0.10	±0.20
相邻板高差(mm)		≤	1	2
顶面接茬3m尺平整度(mm)		≤	1.5	2
模板接缝宽度(mm)		≤	3	3
侧向垂直度(mm)		≤	3	4
纵向顺直度(mm)		≤	3	4

(4)模板拆除及矫正

当混凝土抗压强度不小于8.0MPa时方可拆模。当缺乏强度实测数据时,边侧模板的允许最早拆模时间宜符合表6-20的规定。达不到要求,不能拆除端模时,可空出一块面板,重新起头摊铺,空出的面板待两端均可拆模后再补做。

混凝土路面板的允许最早拆模时间(单位:h) 表6-20

昼夜平均气温(℃)	-5	0	5	10	15	20	25	≥30
硅酸盐水泥、R型水泥	240	120	60	36	34	28	24	18
道路(普通)硅酸盐水泥	360	168	72	48	36	30	24	18
矿渣硅酸盐水泥	—	—	120	60	50	45	36	24

注:允许最早拆模时间从混凝土面板精整成形后开始计算。

拆模不得损坏板边、板角和传力杆、拉杆周围的混凝土,也不得造成传力杆和拉杆松动或变形。模板拆卸宜使用专用拔楔工具,严禁使用大锤强烈拆卸模板。

拆下的模板应将黏附的砂浆清除干净,并矫正变形或局部损坏,矫正精度应符合表6-18的要求。

5)水泥混凝土面层小型机具铺筑

(1)小型机具配套

小型机具性能应稳定可靠,操作简易,维修方便,机具配套应与工程规模、施工进度相适应。

(2)摊铺

①摊铺前检查:混凝土拌和物摊铺前,应对模板的位置、支撑稳固情况,以及传力杆、拉杆的安设等进行全面检查。修复破损基层,并洒水润湿。用厚度标尺板全面检测板厚,与设计值相符方可开始摊铺。

图6-13 人工布料

②卸料:专人指挥自卸车,尽量准确卸料。

③人工布料:人工布料应用铁锹反扣,严禁抛掷和耧耙。人工布料如图6-13所示。

④坍落度控制:人工摊铺混凝土拌和物的坍落度应控制在5~20mm之间。

⑤松铺系数控制:拌和物松铺系数宜控制在1.10~1.25之间,坍落度低时取较高值;反之,取较低值。

⑥停工等待时间:因故造成停工或达到2/3初凝时间,致使拌和物无法振实时,应在已铺筑好的面板端头设置施工缝,废弃不能被振实的拌和物。

(3)振实

①插入式振捣棒振实。

在待振横断面上,每车道路面应配备不少于3根振捣棒,功率不应小于1.1kW,组成横向振捣棒组,沿横断面连续振捣密实,并应注意路面板底、内部和边角处不得欠振或漏振。

振捣棒在每一处的持续时间,应以拌和物全面振动液化、表面不再冒气泡和泛水泥浆为限,不宜过振,也不宜少于30s。振捣棒的移动间距不宜大于有效作用半径的1.5倍,并不大于500mm;至模板边缘的距离不宜大于150mm。应避免碰撞模板、钢筋、传力杆和拉杆。

振捣棒插入深度宜离基层30~50mm,振捣棒应轻插慢提,不得猛插快拔,严禁在拌和物中推行和拖拉振捣棒振捣。

振捣时,应辅以人工补料,应随时检查振实效果、模板、拉杆、传力杆和钢筋网的移位、变形、松动、漏浆等情况,并及时纠正。

②振动板振实。

在振捣棒已完成振实的部位,可开始用振动板纵横交错两遍全面提浆振实,每车道路面应配备不少于2台振动板。振动板移位时,应重叠100~200mm,振动板在一个位置的持续振捣时间不应少于15s。振动板须由两人提拉振捣和移位,不得自由放置或长时间持续振动。移位控制以振动板底部和边缘泛浆厚度(4±1)mm为限。缺料的部位,应辅以人工补料找平。

③振动梁振实。

每车道路面宜使用1根振动梁,长度应比路面宽度每侧宽出300~500mm。振动梁上应安装2台附着式振动器,功率不应小于1.1kW。振动梁应具有足够的刚度和质量,底部应焊接或安装深度4mm左右的粗集料压实齿。

振动板振实长度达到10m后,可垂直路面中线纵向人工拖动振动梁,在模板顶面往复拖行2~3遍,使表面泛浆均匀平整。在振动梁拖振整平过程中,缺料处应使用混凝土拌和物填补,不得用纯砂浆填补;料位高出模板时应人工铲除,直到表面泛浆均匀,路面平整。

(4)整平饰面

①每个作业面应配备2根滚杠,1根用于施工,1根浸泡清洗备用。振动梁振实后,应拖动滚杠往返2~3遍提浆整平。第一遍应短距离缓慢推滚或拖滚,以后应较长距离匀速拖滚,并将水泥浆始终赶在滚杠前方。多余水泥浆应铲除。

②拖滚后的表面宜采用3m刮尺,纵横各2~3遍整平饰面,或采用叶片式或圆盘式抹面机往返1~2遍压实整平饰面,抹面机配备每车道路面不宜少于1台。

③精平饰面:在抹面机完成作业后,应进行清边整缝,清除黏浆,修补缺边、掉角。应使用抹刀将抹面机留下的痕迹抹平,当烈日暴晒或风大时,应加快表面的修整速度,或在防雨篷遮阴下进行。精平饰面后的面板表面应无抹面印痕,致密均匀,无露骨,平整度应达到规定要求,并应立即进行保湿养生。抹光机抹面如图6-14所示。人工抹面如图6-15所示。

图6-14 抹光机抹面

图6-15 人工抹面

6)接缝施工

(1)纵缝施工

①纵向施工缝:当一次铺筑宽度小于路面和硬路肩总宽度时,应设纵向施工缝,其位置应避开轮迹带,并重合或靠近车道线,构造可采用平缝加拉杆型。采用滑模施工时,纵向施工缝的拉杆可用摊铺机的侧向拉杆装置插入。采用固定模板施工方式时,应在振实过程中从侧模预留孔中手工插入拉杆。

②纵向缩缝:当一次铺筑宽度大于4.5m时,应采用假缝拉杆型纵向缩缝,即锯切纵向缩缝。纵缝位置应按车道宽度设置,并在摊铺过程中用专用的拉杆插入装置插入拉杆。

③钢筋混凝土路面、桥面和搭板的纵缝拉杆可由横向钢筋延伸穿过接缝代替。钢纤维混凝土路面纵向缩缝可不设拉杆,纵向施工缝应设拉杆。

④插入的侧向拉杆应牢固,不得松动、碰撞或拔出。若发现拉杆松脱或漏插,应在横向相邻路面摊铺前重新钻孔植入。当发现拉杆可能被拔出时,宜进行拉杆拔出力(握裹力)检验。

(2)横缝施工

①横向施工缝施工。

每天摊铺结束或摊铺中断时间超过30min时,应设置横向施工缝,其位置宜与胀缝或缩缝重合;确有困难不能重合时,施工缝应采用设螺纹传力杆的企口缝形式。横向施工缝应与路中心线垂直。横向施工缝在缩缝处采用平缝加传力杆型,在胀缝处其构造与胀缝相同。

②横向缩缝施工。

a.普通混凝土路面横向缩缝宜等间距布置,不宜采用斜缝;不得不调整板长时,最大板长不宜大于 6.0m，最小板长不宜小于板宽。

b. 在中、轻交通的混凝土路面上，横向缩缝可采用不设传力杆的假缝型。

c. 在特重和重交通公路、收费广场、邻近胀缝或路面自由端的 3 条缩缝应采用假缝加传力杆型。

缩缝传力杆的施工方法可采用前置钢筋支架法或传力杆插入装置(DBI)法。钢筋支架应具有足够的刚度，传力杆应准确定位，摊铺之前应在基层表面放样，并用钢钎锚固，宜使用手持振捣棒振实传力杆高度以下的混凝土，然后机械摊铺。传力杆无防黏涂层一侧应焊接，有涂料一侧应绑扎。用 DBI 法置入传力杆时，应在路侧缩缝切割位置作标记，保证切缝位于传力杆中部。

(3)胀缝施工。

①普通混凝土路面的胀缝应设置胀缝补强钢筋支架、胀缝板和传力杆。钢筋混凝土和钢纤维混凝土路面可不设钢筋支架。胀缝宽 20～25mm，使用沥青或塑料薄膜滑动封闭层时，胀缝板及填缝宽度宜加宽到 25～30mm。传力杆一半以上长度的表面应涂防黏涂层，端部应戴活动套帽。胀缝板应与路中心线垂直，缝壁垂直；缝隙宽度一致；缝中完全不连浆。

②胀缝应采用前置钢筋支架法施工，也可预留一块面板，高温时再铺封。前置法施工，应预先加工、安装和固定胀缝钢筋支架，并在使用手持振捣棒振实胀缝板两侧的混凝土后再摊铺。宜在混凝土未硬化时，剔除胀缝板上部的混凝土，嵌入(20～25)mm×20mm 的木条，整平表面。胀缝板应连续贯通整个路面板宽度。钢筋支架法如图 6-16 所示。顶头模板固定法如图 6-17 所示。

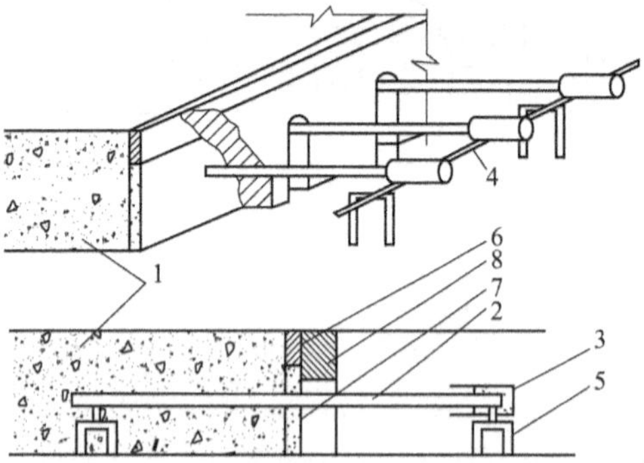

图 6-16　胀缝传力杆的架设(钢筋支架法)

1-先浇的混凝土；2-传力杆；3-金属套管；4-钢筋；5-支架；6-压缝板条；7-嵌缝板；8-胀缝模板

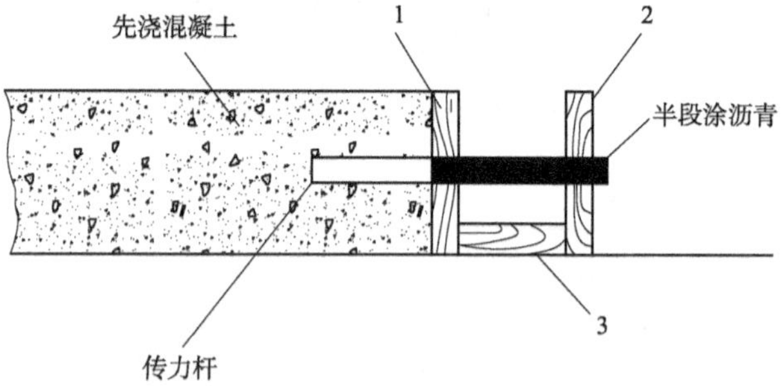

图 6-17　胀缝传力杆的架设(顶头模固定法)

1-端头挡板；2-外侧定位模板；3-固定模板

(4)拉杆、胀缝板、传力杆等设置精度。

拉杆、胀缝板、传力杆及其套帽、滑移端设置精确度应符合表 6-21 的要求。

拉杆、胀缝板、传力杆及其套帽、滑移端设置精确度　表 6-21

项　目	允许偏差(mm)	测量位置
传力杆端上下左右偏斜偏差	10	在传力杆两端测量
传力杆深度及左右偏差	20	以板面为基准测量
传力杆沿路面纵向前后偏位	30	以缝中心线为准
拉杆端及在板中上下左右偏差	20	杆两端和板面测量
拉杆沿路面纵向前后偏位	30	纵向测量
胀缝传力杆套帽偏差(长度≥100mm)	10	从封堵帽端起测
胀缝板倾斜偏差	20	以板底为准
胀缝板的弯曲和位移偏差	10	以缝中心线为准

7)切缝

贫混凝土基层、各种混凝土面层、加铺层、桥面和搭板的纵、横向缩缝均应采用切缝法施工。切缝机械如图6-18所示。

a)汽油型　　b)柴油型　　c)电动型

图6-18　混凝土路面切割机

切缝作业应符合下列规定：

(1)切横向缩缝

①横向缩缝的切缝方式有全部硬切缝、软硬结合切缝和全部软切缝三种，切缝方式的选用应由施工期间该地区路面摊铺完毕到切缝时的昼夜温差确定，宜参照表6-22选用。切缝如图6-19所示。

根据施工气温所推荐的切缝方式　　表6-22

昼夜温差(℃)	缩缝切缝方式与时间	缩缝切割深度
<10	硬切缝：切缝时机以切缝时不啃边即可开始，纵缝可略晚于横缝，所有纵、横缝最晚时间均不得超过24h	缝中无拉杆、传力杆时，深度1/3～1/4板厚，最浅60mm； 缝中有拉杆、传力杆时，深度1/3～2/5板厚，最浅80mm。
10～15	软硬结合切缝：每隔1～2条提前软切缝，其余用硬切缝补切	硬切缝深度同上。软切深度不应小于60mm； 不足者应硬切补深到1/3板厚，已断开的缝不补切
>15	软切缝：抗压强度约为1～1.5MPa。 人可行走时开始软切；软切缝不宜超过6h	软切缝深度不应小于60mm，未断开的接缝，应硬切补深≥2/5板厚

雨后刮风会引起路面温度骤降，若面板昼夜温差在表中规定的范围内，则应按表中方法提早切缝。

②对分幅摊铺的路面，应在先摊铺的混凝土板横缩缝已断开的部位作标记，后摊铺的路面应对齐已断开的横缩缝提前软切缝。

图6-19　切缝施工

(2)切纵向施工缝与涂沥青

高速公路和一级公路及路基高度大于等于10m的高边坡、软基及填挖交界路段、桥头搭板、桥面板的纵向施工缝，应在上半部涂满沥青，然后硬切缝并填缝。二级及其以下公路一般路段的纵向施工缝在上半部涂满沥青后，可不切缝。

(3)切纵向缩缝

对已插入拉杆的纵向假缩缝，切缝深度不应小于1/3～1/4板厚，最浅切缝深度不应小于

70mm,纵、横缩缝宜同时切缝。

(4)缩缝结构

缩缝切缝宽度宜控制在4~6mm,切缝时锯片晃度不应大于2mm。可先用薄锯片锯切到要求深度,再使用6~8mm厚锯片或叠合锯片扩宽填缝槽,填缝槽深度宜为25~30mm,宽度宜为7~10mm。缩缝切缝、填缝(槽)、垫条细部尺寸如图6-20所示。

(5)变宽度路面的切缝要求

在变宽度路面上,宜先切缝划分板宽。匝道上的纵缝宜避开轮迹带位置。横缝应垂直于每块面板的中心线。变宽度路面缩缝可允许切割成小转角的折线,相邻板的横向缩缝切口必须对齐,允许偏差不得大于5mm。

8)灌缝

混凝土板养生期满后,应及时灌缝。灌缝施工如图6-21所示。

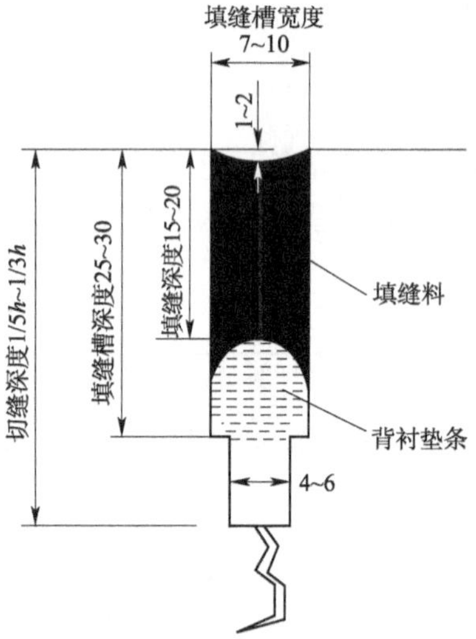

图6-20 缩缝切缝、填缝(槽)、垫条细部尺寸(尺寸单位:mm)

注:h为水泥混凝土路面的厚度

图6-21 灌缝

(1)灌缝技术要求

①清缝。

应先采用切缝机清除接缝中夹杂的砂石、凝结的泥浆等,再使用压力大于等于0.5MPa的压力水和压缩空气彻底清除接缝中的尘土及其他污染物,确保缝壁及内部清洁、干燥。缝壁检验以擦不出灰尘为灌缝标准。

②配填缝料。

使用常温聚氨酯和硅树脂等填缝料时,应按规定比例将两组分材料按1h灌缝量混拌均匀后使用。

③热灌填缝料应保温使用。

使用加热填缝料时应将填缝料加热至规定温度。加热过程中应将填缝料融化,搅拌均匀,并保温使用。

④灌缝的形状系数控制。

灌缝的形状系数(即灌缝槽的深宽比)宜控制在2左右,灌缝深度宜为15~20mm.最浅不得小于15mm,如图6-17所示。先挤压嵌入直径9~12mm多孔泡沫塑料背衬条,再灌缝。灌缝顶面热天应与板面齐平;冷天应填为凹液面,中心低于板面1~2mm。填缝必须饱满、均匀、厚度一致,并连续贯通,填缝料不得缺失、开裂和渗水。

⑤填缝料的养生与保护。

常温施工式填缝料的养生期,低温天宜为24h,高温天宜为12h。加热施工式填缝料的养生期,低温天宜为2h,高温天宜为6h。在灌缝料养生期间应封闭交通。

(2)胀缝和桥台隔离缝的填缝

路面胀缝和桥台隔离缝等应在填缝前凿去接缝板顶部嵌入的木条,涂黏结剂后,嵌入胀缝专用多孔橡胶条或灌进适宜的填缝料,当胀缝的宽度不一致或有啃边、掉角等现象时,必须灌缝。

9)抗滑构造施工

(1)抗滑构造技术要求

各交通等级混凝土面层交工时的表面抗滑技术要求应符合相关规定,构造深度应均匀,耐磨抗冻,不影响路面和桥面的平整度。

(2)抗滑构造施工

①软拖细观构造施工。

摊铺完毕或精整平表面后,宜使用钢支架拖挂1~3层叠合麻布、帆布或棉布,洒水湿润后作拉毛处理。钢支架拖麻布拉毛如图6-22所示。布片接触路面的长度以0.7~1.5m为宜,细度模数偏大的粗砂,拖行长度取小值;砂较细,取大值。人工修整表面时,宜使用木抹,如图6-23所示。用钢抹修整过的光面,必须再拉毛处理,以恢复细观抗滑构造。

图6-22　钢支架拖麻布拉毛

图6-23　人工拉毛

②软拉宏观构造施工。

当日施工进度超过500m时,抗滑沟槽制作宜选用拉毛机械施工,没有拉毛机时,可采用人工拉槽方式。在混凝土表面泌水完毕20~30min内应及时进行拉槽。拉槽深度应为2~4mm,槽宽3~5mm,槽间距1~25mm。可施工等间距或非等间距抗滑槽,为减小噪声宜采用后者。衔接间距应保持一致。

③硬刻槽施工。

a.特重和重交通混凝土路面宜采用硬刻槽,凡使用圆盘、叶片式抹面机精平后的混凝土路面、钢纤维混凝土路面必须采用硬刻槽方式制作抗滑沟槽。硬刻槽施工如图6-24所示。

b.可采用等间距刻槽,其几何尺寸与软拉宏观构造施工的相同;为降低噪声宜采用非等间距刻槽,尺寸宜为:槽深3~5mm,槽宽3mm,槽间距在12~24mm之间随机调整。

c. 路面结冰地区,硬刻槽的形状宜使用上宽 6mm、下窄 3mm 的梯形槽;硬刻槽机重量宜重不宜轻,一次刻槽最小宽度不应小于 500mm;硬刻槽时不应掉边角,亦不得中途抬起或改变方向,并保证硬刻槽到面板边缘。抗压强度达到 40% 后可开始硬刻槽,并宜在两周内完成。硬刻槽后应随即将路面冲洗干净,并恢复路面的养生。

d. 一般路段可采用横向槽或纵向槽,在弯道或要求减噪的路段宜使用纵向槽。

图 6-24 硬刻槽施工

e. 年降雨量小于 250mm 地区的各级公路混凝土路面,可不拉毛和刻槽;年降雨量为 250 ~ 500mm 的地区,当组合坡度小于 3% 时,可不拉毛与刻槽;高寒和寒冷地区混凝土路面的停车带边板和收费站广场,可不制作抗滑沟槽;隧道内混凝土路面和钢纤维混凝土路面可不做抗滑构造。

④抗滑构造恢复

新建路面或 1d 路面抗滑构造不满足要求时,可采用硬刻槽或喷砂打毛等方法加以恢复。

10)混凝土路面养生

(1)养生方式选择

混凝土路面铺筑完成或软作抗滑构造完毕后应立即开始养生,以确保混凝土表面始终处于潮湿状态。

机械摊铺的各种混凝土路面、桥面及搭板宜采用喷洒养生剂同时保湿覆盖的方式养生。在雨天或养生用水充足的情况下,也可采用覆盖保湿膜、土工毡、土工布、麻袋、草袋、草帘等洒水湿养生方式,不宜使用围水养生方式。

(2)喷洒养生剂养生

混凝土路面采用喷洒养生剂养生时,喷洒应均匀,成膜厚度应足以形成完全密闭水分的薄膜,喷洒后的表面不得有颜色差异。

喷洒时间宜在表面混凝土泌水完毕后进行。喷洒高度宜控制在 0.5 ~ 1m。使用一级品养生剂时,最小喷洒剂量不得少于 0.30kg/m^2;合格品的最小喷洒剂量不得少于 0.35kg/m^2。不得使用易被雨水冲刷掉的和对混凝土强度、表面耐磨性有影响的养生剂。

当喷洒一种养生剂达不到 90% 以上有效保水率要求时,可采用两种养生剂各喷洒一层或喷一层养生剂再加覆盖的方法。

(3)覆盖复合养生膜或塑料薄膜养生

覆盖塑料薄膜养生的初始时间,以不压坏细观抗滑构造为准。薄膜厚度(韧度)应合适,宽度应大于覆盖面 600mm。两条薄膜对接时,搭接宽度不应小于 400mm,养生期间应始终保持薄膜完整盖满。塑料薄膜养生如图 6-25 所示。

图 6-25 塑料薄膜养生

(4)其他材料覆盖洒水养生

①宜使用保湿膜、土工毡、土工布、麻袋、草袋、草帘等覆盖物保湿养生并及时洒水,保持混凝土表面始终处于潮湿状态,并由此确定每天的洒水遍数。

②昼夜温差大于 10℃以上的地区或日平均温度小于等于 5℃施工的混凝土路面应采取保

温保湿养生措施。

(5)养生时间

养生时间应根据混凝土弯拉强度增长情况而定,不宜小于设计弯拉强度的80%,应特别注重前7d的保湿(温)养生。一般养生天数宜为14~21d,高温天不宜少于14d,低温天不宜少于21d。掺粉煤灰的混凝土路面,最短养生时间不宜少于28d,低温天应适当延长。

(6)养生期保护

混凝土面板养生初期,严禁人、畜、车辆通行;在达到设计强度40%后,行人方可通行。在路面养生期间,平交道口应搭建临时便桥。面板达到设计弯拉强度后,方可开放交通。

11)特殊天气施工、安全生产与施工环保

(1)一般规定

水泥混凝土面层铺筑期间,应搜集当地月、旬、日天气预报资料。高速、一级公路宜在现场设置简易气象站。遭遇危害路面铺筑质量的灾害性天气和气象要素时,应进行及时观测与快速通报,并制定特殊天气的专项施工组织方案和应急处理预案。

水泥混凝土面层施工如遇下列天气条件之一者,必须停工,不得强行铺筑:

①现场降雨或下雪。

②风力达到6级及6级以上的强风天气。

③现场气温高于40℃,或拌和摊铺温度高于35℃。

④摊铺现场连续5昼夜平均气温低于5℃或夜间最低气温低于-3℃。

施工过程中铺筑现场发生影响铺筑面层质量的瞬间强风、下雷阵雨或冰雹时,应即刻停工。

(2)雨期施工

①雨期施工应准备足量防雨篷、帆布、塑料布等防雨器材和材料。

②摊铺中遭遇雷阵雨时,应立即停止混凝土拌和及铺筑工作,并使用防雨材料覆盖尚未硬化的水泥混凝土面层。

③水泥混凝土面层因降雨冲刷导致平整度与抗滑构造深度不满足要求时,应采用先磨平恢复平整度,再刻槽恢复抗滑构造深度的措施进行处理,暴雨冲刷部位应铲除重铺。

④开工前应清扫干净基层、夹层、封层上的积水,并保持表面处于湿润状态。

(3)刮风天施工

①刮风天施工时,宜采用风速计在摊铺现场测风速,也可根据经验方法确定风级,采取防止塑性收缩开裂的措施。

②刮风天应加强混凝土拌和站粗、细集料的覆盖及其含水率检测,并根据粗、细集料含水率的变化及时微调加水量,自卸车上的混凝土拌和物应加遮盖。

③持续刮4~5级风天施工水泥混凝土路面和桥面时,应采取以下措施:

a. 尽快喷洒足量养护剂,喷洒机宜具有相对密闭的低矮喷洒空间,保证养护剂喷洒效果。

b. 当覆盖材料不压出折印时,应尽早覆盖节水保湿养生材料。

c. 养生过程中,应有专门人员负责巡视和检查覆盖养生情况。

(4)高温期施工

铺筑现场连续4d平均气温高于30℃或日间最高气温高于35℃时,应符合以下规定:

①高温期宜选择在早晨、傍晚或夜间施工,避开中午高温时段,夜间施工应保证施工安全。

②集料应遮阳覆盖,搅拌用水应采用新抽地下冷水或在水中加冰屑降温,选用中、低热普

通型水泥,不宜采用 R 型高热水泥;高温时期施工可掺适量粉煤灰、不得掺硅灰,可采用适量的缓凝剂。

③采用自卸汽车运输时,混凝土应加遮盖,避免阳光直射,采用罐车运输时,应贴隔热层。

④加快施工各环节的衔接,采取压缩运输、布料、摊铺、饰面等各工艺环节所耗费的时间等措施,缩短从拌和到抹面的时间。

⑤日最高温和日照最强烈的时候施工,应遮阳处理。

⑥混凝土出料温度应低于 35℃。

⑦施工中随时检查气温及拌和温度,监控水泥混凝土面层温度,温度过高时应及时采取措施,必要时检查混凝土水化热。

⑧养生水温与混凝土面层温差不应超过 12℃,与桥面混凝土温差不应超过 10℃,不得采用冰水或冷水养生造成骤冷而导致表面开裂。

⑨高温期宜采用比常温施工提早切缝的措施,以减少断板,在夜间降温幅度较大时或风雨后,应提早切缝。

(5)低温期施工

铺筑现场连续 5d 夜平均气温高于 5℃,夜间最低气温在 -3 ~5℃时,应符合以下规定:

①拌和物中应加入早强剂、防冻剂或促凝剂,并根据试验确定掺量,应选用 R 型水泥;配合比中可掺适量矿渣粉、硅灰,不宜掺粉煤灰。

②混凝土出料温度应低于 10℃,摊铺混凝土温度不得低于 5℃,可采用热水或加热集料搅拌混凝土,热水温度不得高于 80℃,集料温度不宜高于 50℃。

③采取保温保湿覆盖等措施进行养生,保温垫上、下表面均宜采取隔水措施。

④施工中随时检查气温及拌和温度,养生期间应保持混凝土板内最低温度不低于 10℃。

⑤水泥混凝土面层弯拉强度未达到 1.0MPa 前,混凝土桥面抗压强度未达到 5.0MPa 前,应严防路面和桥面受冻。

⑥低温期施工,各级公路水泥混凝土路面、桥面拆模时间、覆盖保湿养生龄期应符合相关规定。

【工程实例——紫溪至桐木关公路石垅至西坑段水泥混凝土路面施工】

1)工程概况

紫溪至桐木关公路石垅至西坑段水泥混凝土路面工程,位于江西省铅山县,起点位于紫桐线 k15 +900 处,沿线经刘家、老屋基、篁村、垅坑,终点位于紫桐线 k25 +900 处,总长度 10.00km。工程施工内容包括:路基整修、路面垫层、路面基层、混凝土路面、土路肩等工程以及为完成上述工程施工所发生的临时工程。

(1)设计情况

公路等级:四级公路;计算行车速度:20km/h;路基宽度 5.0m;路面宽度:4.0m;设计荷载:汽车 -20 级,挂车 -100;

(2)工期情况

按招标文件要求,本工程总工期 3 个月。施工单位将在合同期限内通过加强管理、加大投入、科学组织、文明施工,确保按合同规定的时间完工。

(3)施工环境条件

①建筑材料。

本项目施工所需要的材料如钢筋、水泥、中砂等均可从当地就近购买,碎石将通过自采片石轧制。材料使用前须先行考察、确定好供货商,以便及时、足量供应。

②施工用水。

本项目施工用水从当地水源接入,如河流、水沟等,须做好水管接口。本标段需接入 ϕ100 输水干管 200m,ϕ50 输水干管 100m。

③施工用电。

施工用电与当地电力部门协商解决。根据总体安排,碎石轧制场附近有变压器,可租用,路面混凝土拌和,需搭设低压线路约 1 000m;同时预备 2 台 360kW 发电机备用。

(4)交通条件

本线路处于地方路网发达地段,交通条件十分便利。

(5)主要工程数量

项目主要工程数量如表 6-23 所示。

本项目工程主要工程数量表 表 6-23

序号	工程名称	单位	数量
1	10cm 厚砂砾垫层	m^2	57 220
2	10cm 厚水稳基层	m^2	48 220
3	18cm 厚混凝土面板	m^2	42 220
4	培土路肩	m^2	15 000

2)施工总体部署

(1)部署原则

①充分考虑本项目工程的特点和难点,确保实现投标文件中所要求的、我单位所坚持的进度、质量、安全和现场管理等目标。

②确保 3 个月完成合同内全部工程施工任务,达到验收标准。在进行施工组织设计时,通过人、材、机的优化配置和施工全过程的严格管理,确保工期目标的实现。

③依据我单位现有的技术实力、施工管理水平和机械配套能力,充分发挥多年来我们在类似道路工程实践中积累的成功经验,确保安全生产,实现全面创优。

④坚持文明施工原则,力求把工程对环境和居民生活的影响降至最低。

⑤垫层、基层分二段进行流水作业施工。以篁村为界,先进行篁村至终点的垫层、基层施工,保证篁村至石垅的交通正常通行,然后进行篁村至石垅(起点)段的施工。以篁村至终点为第一工区,篁村至起点为第二工区。垫层队在第一工区施工完毕后,即开赴至第二工区;基层队可立即进行第二工区基层的施工。

(2)组织机构

①项目经理部。

本工程实行项目法管理,在施工现场成立项目经理部,从公司抽调得力人员组成。项目经理部配项目经理、副经理、总工程师各 1 名,下设五部二室,即工程部、安质部、计划部、财务部、物资设备部、综合办公室、试验室。经理部定员 20 人,其中专业技术人员共计 13 人,其他管理、服务人员共计 7 人。

项目经理部下辖 4 个施工队,分别是:路面垫层施工队、路面基层施工队、路面施工一队、路面施工二队。四个施工队总人数 180 人,其中各类管理人员 7 人,专业技术人员 13 人,技术工人 20 人，普工 140 人。

本项目以现行惯例来运作和管理该项目：即以项目经理责任制为核心，以质量、进度、安全和资金管理控制为主要内容，以系统管理和先进技术为手段的项目管理机制；同时严格按照 ISO9002 标准建立质量保证体系，形成以全面质量管理为中心环节、以专业管理和计算机辅助相结合的科学化管理体制，以此出色地实现我们的质量方针和本工程质量目标。

项目经理部组织机构详见框图 6-26。

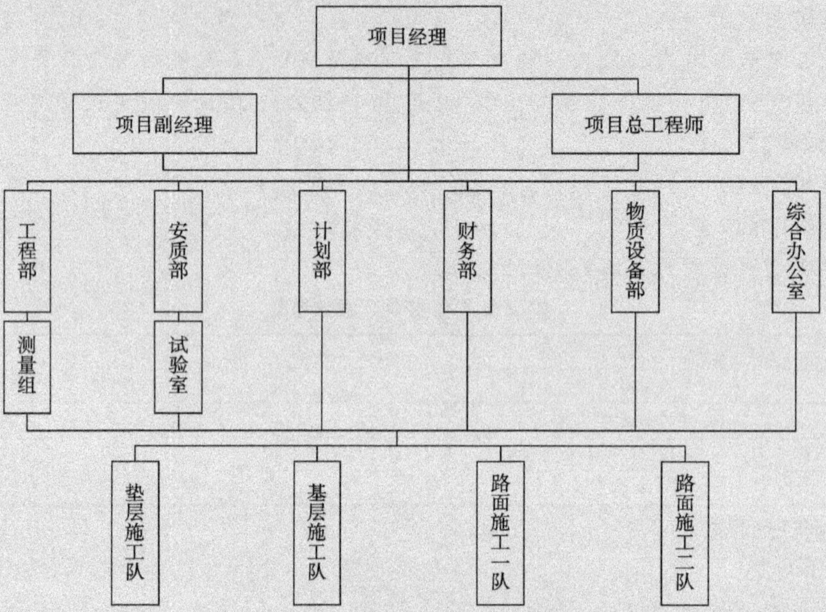

图 6-26　项目经理部组织机构框图

②项目部主要部门职能。

a. 工程部：全面负责施工技术指导及技术管理工作，包括工程调度、施工技术、工程测量、施工监测、工程资料和施工图纸管理等。

b. 安质部：在质量监督部门的领导下工作，负责工程的安全、质量管理、试验检测、工程监控等工作。

c. 计划部：负责项目的单价分割、成本核算，做好合同的制定与管理工作。掌握工程进展情况，做好施工进度计划、计量支付、变更、索赔工作，编制预算、概算，并做好月、季、年度报表。

d. 物资设备部：本着对材料质量、企业效益负责的宗旨，开展各项工作。配合工程、计划部门、按照工程进度需要，编报材料用量计划。

e. 财务部：按照国家财务制度的规定，认真编制并严格执行财务计划、预算，遵守各项收入制度费用开支范围和开支标准，分清资金渠道，合理使用资金，保证完成财务上交任务。

f. 综合办公室：负责工程建设施工的安全保卫和保密工作，并负责项目经理部的日常行政管理、现场环境保护、卫生治理和防疫、施工人员的伤病诊治等工作。

g. 工地试验室：认真贯彻国家有关质量检测标准，严格控制施工现场质量，严格按照国家标准和试验规程进行试验，严把进场材料质量关，作出的试验数据保证准确无误，使业主满意。

h. 施工队：负责组织各专业工程施工生产及本队其他事务管理。

③项目部主要人员岗位职责。

a. 项目经理：全面负责本项目工程的施工管理，贯彻落实工期、质量、安全、环保等目标；负责经理部内部的人员配制、资源调配和内部承包合同签订,保证项目经理部各项工作有效运行;负责处理施工中出现的重大问题。

b. 项目总工程师:对技术管理、工程质量负全面责任;主持项目经理部质量管理保证体系的建立与运作,指导技术人员做好技术工作;组织编制施工组织设计,组织技术人员对工程质量薄弱环节和技术难点搞好技术攻关工作;负责设计变更的审定工作。

c. 工程部部长:全面负责工程施工的技术指导及技术管理工作,包括工程测量、监控量测、工程调度、施工技术、技术资料和施工图纸管理等。

d. 安质部部长:负责工程的安全、质量管理、试验监测等工作,配合监理工程师作好质量工作。

e. 计划部部长:负责项目的单价分割、成本核算,做好合同的制定与管理工作。严格合同造价管理,挖掘企业经济潜力,提高项目经济效益。

f. 物资部部长:配合工程、计划部门,按照工程进度需要编报材料用量计划,建立材料的签收和发放登记制度。

g. 综合办公室主任:负责工程建设施工的安全保卫和保密工作,并负责项目经理部的日常行政管理、现场环境保护、治理和卫生防疫、施工人员的伤病诊治等工作。

h. 专业施工队队长:负责组织本队施工生产和日常管理工作。

(3)总体目标

"干一项工程,树一块丰碑"是我公司一贯的经营宗旨。施工过程中,我公司将重点投入、重点保证,从人、财、物上大力支持;在业主、监理的正确领导下,以"一流的质量、一流的设备、一流的文明施工"完成本工程。

①工期目标。

按照业主要求,本项目工程总工期为3个月。中标后,我公司通过加大投入、加强管理,派精干的队伍、精良的设备进场,确保按照业主要求的时间高标准完成施工任务,并尽量提前完工。

②质量目标。

质量总目标:确保工程合格,让业主满意达到分项工程一次验收合格率100%,杜绝质量事故的发生。

③安全目标。

按照国家及当地政府有关文件的指示精神,制定重大事故隐患预案,有效地杜绝三级(含三级)以上事故的发生。

树立"安全生产、预防为主"的观念,在施工生产中全员、全天候、全过程实现安全设计和措施,控制劳动者、劳动手段、劳动对象和劳动环境,使人的行为安全、物的状态安全,断绝环境危险源,实现安全生产目标。

④文明施工目标。

严格按环保法、水保法和建设工程施工现场管理办法等有关规定施工,注意扬尘、汽车尾气、噪声、污水、碴土等环境综合治理。采取责任承担法科学组织管理,使场容场貌、料具堆放、消防保卫、环境保护及职工生活等均符合规定要求,争创文明样板工地。

(4)队伍布置及任务划分

根据本工程的特点和工期安排,拟组织4个专业施工队进场,分别是:1个垫层施工队,1个基层工队,2个路面施工队。详细情况如下:

①垫层施工队,共40人,负责本项目工程范围内的砂砾垫施工任务。

②基层施工队,共40人,负责本项目工程范围内的水泥稳定基层施工任务。

③路面施工1队,共40人,负责k15+900~k19+700混凝土路面的施工任务。

④路面施工2队,共60人,负责k19+700~k25+900混凝土路面的施工任务。

(5)资源配置计划

①主要管理人员与技术人员配备计划。

根据本项目工程的特点,拟配置各类专业技术与管理人员共20名(含项目经理部7名),其中:质检工程师1名,材料工程师1名,路面工程师3名,机械工程师1名,试验工程师1名,测量工程师1名。

②劳动力组织计划。

根据本项目工程特点,按照分工明确、突出专业化施工、确保工程质量的原则,投入具有丰富施工经验的专业施工队参加本工程施工,配备具有多年公路施工和管理经验的人员进行施工管理。

在施工过程中,一方面,加强施工配套机械设备投入,提高机械化作业程度,推动劳动生产率的进步;另一方面,采取用工弹性制度,根据工程的进展合理安排劳力。

③施工机械设备配备计划。

我们将按施工工程施工进展及时调入所需的机械设备。根据本工程特点,工程开工前对所需的机械设备进行认真维修保养,并拟定详细可行的设备调遣方案,专人负责落实,确保准时进场,进场即可投入施工;同时在施工中对机械设备进行合理使用、保养、维修、改造和更新,保持其处在良好运行状态。机械设备计划如表6-24所示。

主要机械设备配备计划表 表6-24

机械名称	规格型号	额定功率(kW)或容量(m^3)或吨位(t)	厂牌、产地及出厂时间	数量(台)				新旧程度(%)	预计进场时间
				小计	其中				
					拥有	新购	租赁		
1.挖掘机	PC200-6	$1m^3$	1999.2	1	1			80	04.10
2.装载机	ZL-50	$1m^3$	2001.10	1	1			93	04.10
3.推土机	PD140	135kW以上	2002.12	1	1			95	04.10
4.光轮压路机	YZ15	15t	2000.8	1	1			90	04.10
5.稳定土拌和站	WB23	3 000H/T	2000.6	1	1			90	04.10
6.水泥搅拌站	JDY-500	500H/T	2001.3	2	2			92	04.10
7.自卸车			2000.5	15	15			93	04.10
8.钢模				800	800				04.11
9.手推车				20	20				04.11
10.平板振动器			1999.10	4	4			82	04.11
11.插入振动器			1999.10	10	10			80	04.11
12.洒水车	JS2815LS	5T	1999.9	1	1			80	04.10
13.发电机组			2001.9	1	1			92	04.10
14.碎石机			2001.12	2	2			95	04.10

④工地实验室及试验、质检仪器配备。

a.工地试验室配备。

进场后,按业主要求,本工程试验均由上饶市交通局质监站试验室负责,我们不设工地试验室，只配置现场试验人员和部分必需品。

工地试验由具有专业理论知识和实际经验的试验工程师负责试验工作和管理，同时配备具有专业资格的试验人员。

b. 工程试验管理。

为进行工程质量检验和原材料的监测，所进的试验设备和测量器具按计量法规定进行定期校验和鉴定。工地试验由具有专业理论知识和实际经验的试验工程师负责试验工作和管理，同时配备具有专业资格的试验人员。工程建立全面的管理制度和操作规程。

工地试验人员严格按照国家、行业等有关规程规定进行检测，并接受监理工程师的监督，当监理需要抽检试验时，我方试验人员负责配合。

本工程仪器配备详见主要材料试验、测量、质检仪器设备表6-25。

主要材料试验、质检仪器设备表 表6-25

序号	仪器设备名称	规格型号	单位	数量	备注
一、测量仪器					
1	全站仪器	SET2C	台	1	
2	经纬仪	J6	台	1	
3	水准仪	S3	台	1	
4	钢尺	50m	把	2	
5	钢尺	30M	把	2	
6	坡度尺	2M	把	4	
7	水平尺	3M	把	2	
8	花杆		根	20	
二、试验仪器					
9	混凝土抗折试模	600×150×150mm	组	3	路面混凝土用
10	标准石样方孔筛	2.5~100mm	套	1	
11	标准砂样圆孔筛	0.08~10mm	套	1	
12	台秤	TGT-100	台	3	
13	铝盒		个	10	
14	灌砂筒		台	1	

⑤主要材料供应计划。

为确保工程顺利进展施工，项目部从组建进场开始，抓紧确定材料供应商并报业主批准备案，所需的工程材料及时运入现场，并及时对其进行检验验收。在施工过程中，认真做好周、旬、月计划，增强预见性，周密考虑，妥善安排。

本项目工程主要材料供应计划详见表6-26。

主要材料供应计划表 表6-26

材料名称	单位	总数量	9月	10月	11月	12月
钢筋	t	3.0	0	20	1.0	0
水泥	t	3 370	0	220	1 550	1 600
中粗砂	m^3	3 798	0	1 500	1 000	1 300
碎石	m^3	6 589	0	2 000	2 000	2 600
砂砾	m^3	13 721	0	9 600	4 120	0
钢模板	m	800	0	500	300	0

(6)施工总平面布置

①施工场地布置。

本项目施工区域内为农田、旱地、树林,场区附近有居民区。项目经理部以租用民房为主;各施工队营地同样以租用民房为主,碎石加工场地及存料场地设在施工现场。

项目经理部:本项目部共20人,拟于K14+800附近村庄租用民房300m^{2}作为办公及生活驻地,项目经理部设工地实验室。

垫层施工队:共40人,分别在K14+800和篁村村委会附近租用民房作为临时营地,配置房屋350m^2。

基层施工队:共40人,在垫层施工队撤退后,立即搬入原租用房屋,同时布置车辆停放、维修场和其他临时设施用地。

路面施工队:共100人,分成两个施工队,第一队40人,第二队60人。待基层施工队撤退后,第一队人员立即搬入原租用房屋,第二队另行在附近租用民房,并布置搅拌站、机械停放场、修理场用地。

②施工道路布置。

本项目交通条件较为便利,各种施工材料可由紫桐公路运来。

③临时水电布置。

本项目施工及生活用水采用从当地水源接入,全线共需接入ϕ100输水干管200m,ϕ50输水干管100m。

施工用电从电网拉入,需要先同供电部门取得联系,搭设临时线路。全线计划租用2台变压器,设置于碎石场施工队及路面施工队。另外配置2台250kW发电机备用。

3)总体安排

我们的指导思想是:"采用先进的管理模式,充分发挥集团化优势"、"以科技为先导、以管理为保证,提高现代化施工水平",并努力将"五比"争先,即:比安全、比质量、比进度、比管理、比文明施工,争先进活动贯穿于施工全过程。采取有力措施确保优质、按期完成施工任务。

发挥我公司技术优势,抽调精锐力量,组成技术素质高,战斗力强的专业施工队伍进场,建立并完善与现场要求相适应的管理与技术体系,扬我所长、集我之优于一体。为保证工期、质量,便于现场的统一指挥,各施工队隶属项目经理部全权调度管理。

(1)总体施工方案

砂砾垫层材料采用经检查合格的隧洞碎石料进行路基补强,调整碎坡、横坡及超高;水泥稳定基层材料采用搅拌机拌和,采用汽车运输;混凝土路面施工采用18cm钢模板做模板,支立长度2~4m;混凝土路面施工采用搅拌机拌制混凝土混合料,采用汽车运输,现场立模浇筑,人工做面;施工人员和施工机械安排必须满足施工要求,确保本项工程达到质量高、进度快的总要求。

(2)施工进度安排

①总体进度计划。

按总体进度计划,本工程总工期3个月。本工程定于2004年10月8日开工,2004年12月28日前完成全部项目施工,达到通车标准;总工期初定为80日历天。如果因严重恶劣天气影响致使各分项的开工时间有变化,则竣工时间按合同规定延后。

②分段工期。

第一阶段:2004年10月8日~2004年10月20日,共13d。完成篁村至终点4.0km的垫层施工。

第二阶段:2004 年 10 月 21 日 ~2004 年 11 月 10 日,共 20d。完成篁村至终点 4.0km 的基层施工和篁村至起点 6.0km 的垫层施工。

第三阶段:2004 年 11 月 11 日 ~2004 年 12 月 10 日,共 30d。完成篁村至终点 4.0km 的混凝土路面的施工任务。同时在 2004 年 11 月 11 日 ~2004 年 11 月 30 日期间完成篁村至起点的基层施工。培土路肩工作同时进行。

第四阶段:2004 年 12 月 1 日 ~2004 年 12 月 28 日,共 28d。开始进行篁村至起点的混凝土路面施工。这段时间是施工的最高峰期。从篁村搅拌站和设在碎石场的搅拌站两处同时运送混凝土,两头同时开始施工。同时培土路肩工作完成。

4)施工准备

(1)设备、人员动员周期

①施工人员动员。

接到中标通知书后,将利用 3 ~4d 的时间,对参与本项目工程的全体人员进行以下内容的动员教育:介绍本工程的情况和建设意义,增强使命感、责任感;讲述本工程的特点和注意事项;熟悉合同文件和技术要求;明确质量、工期、安全目标,增强环保意识。

②机械设备准备。

调集拟投入本合同施工的所有自有机械设备,进行维修保养,做到整装待发;购置部分专业技术装备。

(2)设备、人员、材料运到现场的方法

①根据施工进度需要和业主要求,人员及物资设备拟分期分批进入现场,并依据情况变化随时调整加强。第一批施工人员约 60 人全部乘坐汽车进驻工地;部分前期应急使用的机械设备,在开工前的 5d 内进驻现场。首批机械设备主要有挖掘机、自卸汽车、推土机、压路机及测试仪器等,进场后主要工作是清理现场、接通水电、平整场地、联系临时住房、联系购买地材等。

②机械设备进场情况具体对待,走行机械可以上路行驶,直开进场;不便占路行驶的,租用或是利用内部的不同吨位的平板车托运。

③主材的运输:水泥、中砂分别从永平和鹅湖镇市场购买,用汽车运抵施工现场;碎石通过自采片石轧制运到拌和点;砂砾采用隧洞碎石料,运至施工现场及拌和点。

(3)技术准备

①测量、试验仪器设备准备。本工程测试仪器设备和人员均从本单位统一调配,成立工地试验室,以满足施工需要,同时积极配合上饶市交通局质监站进行各类试验。

②迅速组建现场施工管理机构,现场办公、靠前指挥。施工技术和管理人员准时到位,并根据施工需要,进行业务分工,明确职责范围,推行岗位责任制。

③制定质量、安全、技术、试验等施工现场规范化管理制度和实施细则,理顺项目经理部与各施工队之间的业务关系,明确职责范围、方针目标、具体做法和保障措施等,使施工管理人员、技术人员和作业人员做到人人心中有数,保证各级管理渠道畅通。

④认真做好设计图纸审核及现场核对工作。组织参加各单位召开技术交底会议,明确设计意图和标准,统一技术资料编制及管理方法,消除设计疑问。

⑤对工程所需的主材、地材进行取样鉴定,及时向业主提供试验检测报告,经批准合格后,确定采购点。

⑥根据设计文件和工程特点，结合投入施工的实际力量和对施工现场的深入了解，编制实施性施工组织设计、项目质量计划及关键工序作业指导书，为组织和指导施工提供技术标准和工作程序。

⑦组织做好向各施工队分别进行专业技术交底，内容应包括：施工组织设计方案、任务分工、设计内容、创优目标、质量等级、施工标准、工期目标、安全文明施工措施等，让全体施工人员目标明确、任务明确、标准明确、责任明确，全心全力投入施工。

(4)接桩复测

项目组织机构确定之后，测量组配合业主尽快设立临时水准基点，移交有关资料。我方立即组织人员进行高程复测，核对资料，对存在的问题及时报告业主等有关部门进行处理，保证测量控制点准确无误。在复核过程中，对临时水准点进行必要的加固和保护，并在点位设置明显标志。

(5)生产准备

队伍进点后，各就各位，立即开展生产准备各项工作，生产准备工作进展好坏，是关系到工程能否准点开工的重要环节，本工程生产准备任务时间紧、任务重，应高度重视，严密组织，做到有条不紊，忙而不乱。重点应抓好以下两方面工作。

根据施工实施需要和施工总平面布置要求，组织突击力量，快速、有序地展开临时工程施工。首先，尽快清除场内杂物和建筑垃圾，拓宽和修建施工便道，架设施工电力主干线，敷设施工供水主干管，尽快实现“三通”。其次，尽快平整场地，实现“一平”。然后，迅速展开施工临时设施的修建，调迁机具设备进场就位、调试，组织工程前期所需材料陆续进场。只待业主一声令下，立即展开施工。

(6)物资准备

材料、机具和设备是保证施工顺利进行的物资基础，必须在工程开工之前完成各项准备工作。根据各种物资需要量计划，分别落实货源，安排运输和储备，使其满足连续施工的要求。

①物资准备工作的内容。

物资准备工作主要包括：建筑材料准备、建筑安装机具准备。

a. 建筑材料准备：按照施工进度计划要求，按材料名称、规格、使用时间、材料储备定额和消耗定额进行汇总，编制出材料需要量计划，为组织备料、确定仓库、场地堆放所需的面积和组织运输等提供依据。

b. 建筑安装机具准备：根据采用的施工方案，安排的施工进度，选择的施工机械类型、数量和进场时间，确定施工机具的调遣方案和进场后的存放地点和方式。

②物资准备工作的程序。

物资准备工作的程序是搞好物资准备的重要手段，按图6-27进行。

5)主要分项工程施工方案和方法

本标段路面工程主要数量：100mm厚砂砾垫层57 220m^2，100mm厚5%水泥稳定碎石基层48 220m^2，200mm厚水泥混凝土面板4 220m^2，培土路肩15 000m^2。

(1)施工放样

施工放样是路面工程施工的一项重要工作，我们将在现有路线的基础上尽量调整线形，用水准仪进行测量高程，以确保线形平顺、高程准确。

①根据现有路基情况现场放样出道路中心线及边桩，直线段每15～20m设一桩，平曲线

段每 5 ~ 10m 设一桩，并在两侧路肩边缘外设指示桩，每道工序施工前在两侧指示桩上用明显标记标出其边缘的设计高。同时加设平曲线要素点和竖曲线变化点；放样中，把圆曲线作为重点，做到“计算精确无误，放线一丝不苟”，确保放样质量。

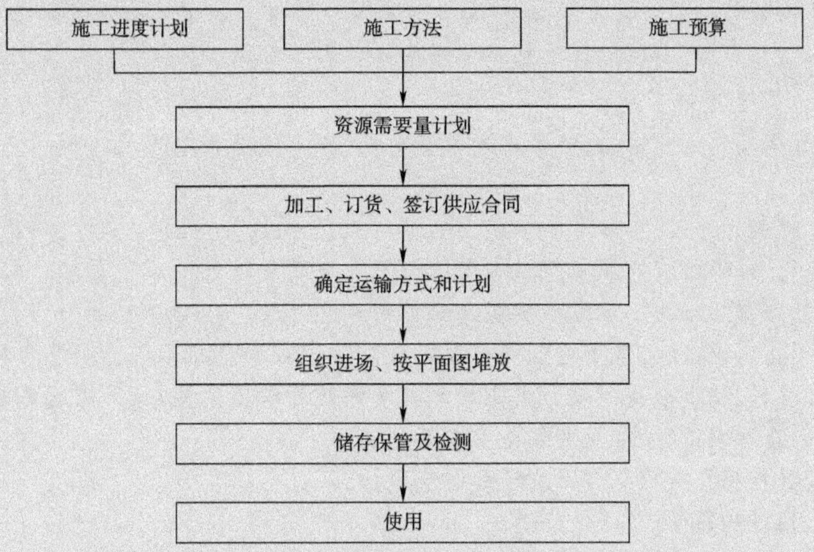

图 6-27　物资准备工作的程序

②设置便于观测且牢固的临时水准点和控制桩，沿线的临时水准点每隔 200m 左右设置 1 个。施工中经常对其进行复核，做到勤测、勤核、勤纠偏。

③水泥混凝土面层施工前，放好的中心线及边线，在现场根据施工图纸对混凝土进行分块划线。为了保证曲线地段中线内外侧行车道混凝土块有效合理的划分，必须保持横向分块线与线路中心线切线垂直。

④同时，因现有路基的线形不能达到公路技术标准，在放样的时候，我们只能尽量调整线形，所以请业主及业务主管部门在这方面给予理解和支持。

⑤因为路基宽度不足，错车道不能按图纸设计要求进行设置，在这方面我们将加强与业主和业务主管部门的联系，请示设置地点与设置的具体办法。

(2) 砂砾垫层施工

①路基整修。

对现有路基的纵坡、横坡及超高尽量进行调整，因路基部分不属于此次路面施工内容，我们只能在能力范围内对路基进行整修，而不会大填大挖，在纵坡太大的路段只能略作调整；同时垫层施工只是对路基进行补强，在路基平整部分将不作垫层补强，而将砂砾主要用于需要补强的部位。

②运输、摊铺与整形粗碎石。

混合料采用自卸汽车进行运输，在施工路段内由远到近卸置粗碎石料。粗碎石装车时，操作人员控制每车料的数量基本相等，并根据路基实际需要进行补强的地段，将粗碎石地卸在路段内。卸料距离应严格控制，避免料过稀或过多。

用机械或人工将粗碎石料按松铺厚度均匀摊铺在预定的宽度上，并按规定的路拱进行整平和整形，表面力求平整。在整平、整形过程中，设一个三人小组配合进行作业，及时进行减料或补料工作。

③碾压。

用8t两轮压路机碾压3~4遍，使粗碎石稳定就位。在直线和不设超高的平曲线段上，碾压从两侧路肩开始，逐渐错轮向路中心进行；在设超高的平曲线段上，碾压从内侧路肩开始，逐渐错轮向外侧路肩进行。错轮时，每次重叠1/3轮宽。在第一遍碾压后，再次找平。初压终了时，表面应平整，并具有要求的路拱和纵坡。

(3)5%水泥稳定碎石基层

基层施工采用流水作业法，使各工序紧密衔接，施工中尽量缩短从拌和到完成碾压之间的延迟时间。

①备料、拌制。

水泥、碎石、砂等材料的颗粒组成和塑性指数均要满足设计和规范要求。材料进场后分类有序地堆放在搅拌场内。水泥堆放在水泥仓库内，各材料堆放处用标识牌进行标识。

混合料严格按配合比，采用强制式搅拌机进行集中拌和。在正式拌制混合料之前，先调试设备，进行试样，使混合料的颗粒组成和含水率都达到规定的要求；每次施工拌制时，根据集料和混合料含水率的大小，及时调整加水量。

拌制后，尽快将拌成的混合料运送到铺筑现场。

②运输、摊铺和整形。

混合料采用自卸汽车进行运输，在施工路段内由远到近卸置混合料。当气温高，运输距离较远时，车上的混合料应采取相应措施减少水分的损失。根据铺筑层的厚度和要求达到的压实干密度，计算每车混合料的摊铺面积，然后将混合料均匀地卸在铺筑路段内，卸料距离严格掌握，避免料过稀或过多。用平地机将混合料按松铺厚度摊铺均匀。

用平地机将混合料按松铺厚度摊铺均匀，并按规定的路拱进行整平和整形。在整平、整形过程中，设一个3~5人的小组，携带一辆装有新拌混合料的小车，配合平地机作业，及时铲除粗集料"窝"和粗集料"带"，补以新拌的均匀混合料或补撒拌匀的细混合料，并与粗集料拌和均匀。

整形时，在直线段由两侧向路中心进行刮平，在平曲线段由内侧向外侧进行刮平，必要时再返回刮一遍。然后用压路机在初平后的地段快速碾压一遍，以暴露潜在的不平整。再用平地机进行整形。整形前用齿耙将轮迹低洼处表层5cm以上耙松，并用新拌和的混合料进行找平，再碾压一遍。整形时要将高处料直接刮出路外，不应形成薄层贴补现象。每次整形都要达到规定的坡度和路拱，并注意接缝的顺适平整。在整形过程中，严禁任何车辆通行。人工整形时，用锹和耙先将混合料摊平，用路拱板进行初步整形，然后用压路机初压1~2遍，再根据实测的松铺系数确定纵横断面的高程，并设置标记和挂线。利用锹耙按线整形，再用路拱板校正成型。

③碾压。

整形后，立即用轻型压路机并配合12t以上压路机在结构层进行全路幅碾压。直线段由两侧路肩向路中心碾压，设超高的平曲线段由内侧路肩向外侧路肩进行碾压。碾压时，应重叠1/2轮宽，后轮要超过两段的接缝处，一般需碾压6~8遍。压路机的碾压速度，头两遍以采用1.5~1.7km/h为宜，以后宜采用2.0~2.5km/h。

碾压过程中，要注意水泥稳定碎石的表面，使其始终保持湿润，如水分蒸发过快，应及时补撒少量的水，但不要洒大量水碾压；碾压过程中，如有"弹簧"、松散、起皮等现象，及时翻开重新拌和或用其他方法处理，使其达到质量要求。碾压宜在水泥初凝前并在试验确定的延迟时间内完成，并达到要求的密实度，同时没有明显的轮迹。

施工过程中严禁压路机在已完成的或正在碾压的路段上掉头或急刹车，保证水泥稳定碎石层表面不受破坏。

④接缝和掉头处的处理。

a. 同日施工的两工作段的衔接处，采用搭接处理。前一段整形后，留 5～8m 不进行碾压；后一段施工时，前段留下未碾压部分，再加部分水泥重新拌和，并与后一段一起碾压。

b. 当每天施工的最后一段以及铺筑中断时间超过 2 小时时，在现场及时设横向接缝（工作缝）。在已碾压完成的水泥稳定碎石层末端，沿稳定土挖一条横贯铺筑层全宽的宽约 30cm 的槽，直挖到下承层顶面。此槽与路的中心线垂直，靠稳定土的一面切成垂直面，并放两根与压实厚度等厚、长为全宽一半的方木紧贴其垂直面，然后用原挖出的素土回填槽内其余部分。在重新铺筑水泥稳定层时，除去方木，用混合料回填。整平时，接缝处的水平稳定土要比已完成断面高出约 5cm，以利于形成一个平顺的接缝。在新混合料碾压过程中，要注意将接缝修整平顺。

c. 机械必须到已压成的水泥稳定碎石层上掉头时，一般在用于掉头的稳定层上覆盖一张塑料布或油毡纸，然后铺上约 10cm 厚的土、砂或砂砾。待邻接作业水泥稳定层整平后，除去布上的土并收起布。

⑤纵缝的处理。

水泥稳定层的纵向接缝采用垂直相接方式。在前一幅施工时，在靠中央一侧用方木或钢模板做支撑，方木或钢模板的高度与稳定土层的压实厚度相同，然后摊铺、整形、碾压和养生。养生结束后，在铺筑另一幅之前，拆除支撑木（或板），然后开始铺筑，并要保证碾压到位。

⑥养生及交通管制。

每一段碾压完成并经压实度检查合格后，立即开始养生。采用洒水车经常洒水进行养生。每天洒水的次数视气候而定，整个养生期间始终保持稳定土层表面湿润。养生期不少于 7d。养生期间，除洒水车外，封闭交通。

（4）水泥混凝土面层

水泥混凝土面层受行车荷载的重复作用及环境因素（温度和湿度）的影响较大，其施工质量的好坏将直接关系道路的正常运营和使用寿命。因此，必须精心组织，规范施工，确保工程质量。

①安装钢模板。

安装钢模板是保证线形、平整度、路拱度、纵缝顺直度、板厚度和板宽度等各项技术指标的重要环节，在操作过程中需坚持“固、准”的要求。

“固”是钢模板采用标准槽钢加工而成，槽钢高度与混凝土板厚一致，接头处用专用配件牢固固定；接头要紧密，不能有离缝、前后错茬或高低不平现象。模板就位后用“T”形道钉嵌入基层进行固定。将固定好的模板底部用砂浆填塞密实，保证钢模稳固。

“准”是保持钢模顶部高程的准确，需用水准仪检查顶面高程平度误差控制在毫米以内。检查无误后，在钢模内侧面均匀涂刷一薄层机油。

②混凝土拌制。

本项目路面工程混凝土，采用强制式搅拌机进行拌制。施工前事先在搅拌站内备足符合要求的砂、碎石、水泥等材料。

搅拌第一盘混凝土拌和物前，先用适量的混凝土拌和物或砂浆搅拌，拌后排弃，然后再按规定的配合比进行搅拌。搅拌机装料顺序为砂、水泥、碎石或碎石、水泥、砂,进料后,边搅拌边加水。混凝土拌和物的最短时间应符合规范规定,其搅拌最长时间不得超过最短时间的3倍。

③运输、卸料、摊铺混凝土。

混凝土拌和物采用自卸汽车运送到铺筑地点进行摊铺、振捣、做面。

混凝土拌和物摊铺前,要对模板的间隔、高度、润滑、支撑稳定情况和基层的平整、润湿情况以及钢筋的位置、传力杆装置等进行全面检查。

自卸汽车抵达铺筑现场后,采用侧向或纵向方式将混凝土混合料直接卸在安装好侧模的路槽内。卸料时尽可能均匀,如发现有个别离析现象,应立即翻拌均匀。

摊铺时,将倾卸在路槽内的混凝土按摊铺厚度均匀地充满在模板范围内。摊铺时严禁抛掷和搂耙,以防离析。在模板附近摊铺时,用铁锹插捣几下,使灰浆捣出,以免发生蜂窝。

④混凝土捣固与成型。

首先,采用插入式振动器按顺序插振一次。插入式振捣器的移动间距不宜大于其作用半径的1.5倍,其至模板的距离也不应大于振捣器作用半径的0.5倍。插点间距要均匀,防止漏振。在振捣时要避免与钢模和钢筋碰撞。振捣时间以拌和物停止下沉、不再冒气泡并泛出水泥浆为准,不宜过振。

其次,用功率不小于2.2kW的平板振捣器全面振捣。振捣时应重叠10~20cm,同一位置不宜少于15s,以不再冒气泡并泛出水泥浆为准。

再则,用振动梁进一步拖拉振实并初步整平。振动往返拖拉2~3遍,使表面泛浆,并赶出气泡。振动梁移动的速度要缓慢而均匀,前进速度控制在每分钟1.5m左右。对不平之处辅以人工补填找平,补填时用较细的混合料原浆,严禁用纯砂浆填补。振动梁行进时,不允许中途停留。牵引绳不可过短,以防减少振动梁底部的倾斜。振动梁底缘应经常校正,保持设计线形。

最后,用平直的提浆棍进一步滚揉表面,使表面进一步提浆并调匀。

⑤人工精修。

精修是保证路面平整度的把关工序。为达到要求的平整度,采取"量"、"抹"结合的人工精修方法。

"量"即用具有标准线且不易变形的铝合金直尺,紧贴模板顶面进行拉锯式搓刮,一边横向搓、一边纵向刮移,作最后一次检测混凝土顶面的平整度。一旦发现误差较大,立即进行修补。搓刮前,将模板顶面清理干净。搓刮后即可用直尺于两侧边部及中间三处紧贴浆面各轻按一下,低凹处不出现压痕或印痕不明显,较高处印痕较深,据此进行找补精平。

"抹"即人工用抹子将表面抹平。分两次进行,先找补精平,等混凝土表面收浆无泌水时,再作第二次精抹,以达到规范要求的路面平整度要求。

⑥抗滑构造制作。

抗滑构造是提高水泥混凝土路面行车安全性的重要措施之一。其制作采用拉毛方式进行。我们采用压纹机进行拉毛,拉毛时保持纹理均匀、顺直且深度适宜;并控制纹理走向与路面前进方向垂直,相邻板的纹理要相互衔接,横向邻板的纹理要沟通以利于排水。拉毛以混凝土表面无波纹水迹、混凝土初凝前较为合适。过早和过晚都会影响制作质量。

⑦养生。

混凝土板抗滑构造制作完毕待混凝土凝固后应立即养生,拟采用覆盖旧麻袋、草袋等洒水湿养生方式。每天一般洒水4~6次,但必须保证在任何气候条件下,覆盖物底部在养生期间始终处于潮湿状态,以此确定每天洒水遍数。养生时间根据混凝土强度增长情况而定,一般宜为 14～21d。养护期满后方可将覆盖物清除,板面不留有痕迹。

⑧切缝。

掌握好切缝时机是防止初期断板的重要措施。根据我们的经验,当混凝土达到强度 6.0～12.0MPa 时是进行切缝的最佳时机,但气温突变时,我们将适当提早切缝时间,以防止混凝土面板产生不规则裂缝。切缝采用路面切缝机进行施工,切缝深度横向缩缝处为(1/4～1/5)板厚、纵向缩缝为(1/4～1/5)板厚、胀缝处为 3～4cm;缝宽缩缝处为 0.3～0.8cm、胀缝处为 2cm,开始切缝前先调整刀片的进刀深度,切割时随时调整刀片切割方向,切缝时刀片用水进行冷却,水的压力不低于 0.2MPa。停止切缝时,先关闭旋扭开头,将刀片提升到混凝土板面以上,停止运转。切缝后,我们将尽快灌注填缝料。

⑨填缝。

填缝采用沥青填缝。填缝前,采用压缩水和压缩空气彻底清除接缝中砂石及其他污染物,确保缝壁及内部清洁、干燥。灌注在缝槽口干燥清洁状态下进行,缝壁检验以擦不出灰尘为可灌标准。灌注高度,因是冬天施工,宜低于板面 1～2mm;填缝要求饱满、均匀、连续贯通。施工完毕后,仔细检查填缝料与缝壁黏结情况,在有脱开处,用喷灯小火烘烤,使其黏结紧密。

6)质量保证体系及质量保证措施

(1)质量创优目标

①质量方针:满足顾客要求为宗旨,实现质量承诺为准则,领先行业标准为目标。

②质量目标:以提高社会效益和经济效益为中心,强化内控,消灭通病,争创国内公路施工一流水平,确保工程质量达到合格工程。

(2)质量保证体系及质量目标的实现

①组织保障措施。

a. 本项目成立公司项目部,代表公司履行合同并列入公司创优计划和重点管理项目,组织所属单位施工,从根本上建立起有效的质量保证体系,充分保障企业全面质量管理措施的全面落实到位。

b. 队以上成立全面质量小组和创优管理委员会,第一管理者亲自抓质量,配齐专职质检工程师的质检员,从组织措施上保障创优计划的真正落实。

c. 狠抓重点,确保整体,针对不同的工程项目,制订相应的质量保证细则。将工程质量创优成绩纳入项目经理考核的主要内容,实行质量一票否决,对工程质量达不到创优计划的责任人进行重罚。

d. 明确各部门质量职责,责任到人。

②质量验收按《公路工程质量检验评定标准》(JTG F80/1—2004)执行。

③质量检验程序。

本项目部实行三级检验制度,建立以监理工程师、项目安质部、队质检员及班组质量员组成的分级管理网络,加强工程质量控制。

④质量管理制度。

对本项目的管理严格执行公司 ISO9001 有关制度文件,在施工的不同阶段按照公司的制度及规程对施工实施过程控制。

⑤明确管理人员质量职责。

我公司将对本工程项目推行ISO9001标准质量管理，建立质量管理体系，完善技术责任制，对各级技术人员建立明确的职责范围，充分调动各级技术人员的积极性和创造性；认真贯彻国家技术政策，搞好技术管理，对促进生产技术的发展和保证工程质量都有着极为重要的作用。

(3)质量保证总体措施

①组织保证。

建立以项目经理、总工程师、安质部、项目经理部质检员及班组质量员组成的分级管理网络，加强对质量工作的组织领导和检查落实。

②制度保证。

技术负责人组织各专业技术人员，按照技术规范要求，完善各工序，同时按照各专业的各种规范和条例，加强对上岗人员专业技术和质量意识的教育、培训，严格按招标文件关于现场人员培训的规定执行，积极参加培训。

③建立一套公正的奖惩制度。

对违反操作规程、影响工程质量的，除坚决返工外须给当事人以处罚，对严格按照操作规程施工、工程质量优良的给予奖励(按照本公司奖罚制度执行)，各质检主管人员有职有权保证其贯彻实施。

④做好技术交底。

每道工序开工和员工上岗前，应进行一次简短的质量要求和技术交底，由各专业工程人员负责实施，质检工程师讲明质量要求和奖罚规定，使每个员工上岗前人人做到心中有数，以确保工程质量。

⑤落实交接班制度。

各分项工程的每一道施工工序，特别是隐蔽工程，必须经驻地监理人员的验收合格，方准进行下一道工序的施工。充分发挥内部各级质量检查人员的作用，消除隐患，保证隐蔽工程受检一次合格。

(4)原材料质量保证措施

①材料采购。

根据本公司质量方针和质量目标的要求，依据本公司的材料采购的有关程序文件，选择有资质、信誉好的材料供应商，保证所有同工程质量有关的物资采购能满足规定的要求。材料进场后，材料员清点材料，填写料具验收单，核对送货单内容与采购合同的内容或事先的协定是否一致，不一致则应通知采购责任人及时与材料供应商处理。

②原材料的检验。

a. 物资的进货检验由材料员及试验员负责进行；材料员负责材料的外观物理性能检验，试验员负责材料的化学性能检验。

b. 如合同规定某项物资须由独立试验机构进行进货检验和试验，材料员应尽快安排该项工作。

c. 送货单准确、有材质证明及物资经检验合格的，材料员在验收单上签字。当物资的质量不符合合同规定，则作退货处理。

d. 进场材料经检验和试验后，需经项目质量监督员签发进场物资的准用令。否则，进场材料不允许在工程中使用。

③现场物资的堆放、储存。

现场材料严格按施工平面布置图堆放，钢材、钢管、木枋、模板、砌块、砂石等材料须挂牌标识要标明材料的品种、规格、型号、数量、进货日期、保管人姓名。需入库保存的材料须分门别类摆放好，并挂牌标识，标识牌上应标明材料的类别、规格、型号、进货日期。

(5)成品保护措施

项目经理部工程组是成品保护管理的主职部门，项目部其他部门为成品保护的相关部门，本项目的成品保护具体运作执行公司ISO9001程序文件之《15.2防护和交付控制程序》文件，保证成品及半成品在交付前得到有效的保护，确保交付给业主优良的满意的产品，按照该程序的要求负责协调各施工队伍的施工，使施工有序进行，避免各施工队施工过程中对彼此的成品、半成品的损害，定期检查评比，督促各施工部门落实成品保护措施。

①项目部工程组组织专职检查人员跟班作业，定期检查，并根据具体的成品、半成品保护措施的实施效果进行奖罚。

②施工队伍指定专职人员负责成品保护的检查与督促。

③项目部每周的协调会议上，由工程部及安质部对各施工队伍的成品保护措施落实情况进行评比，集中解决发现的问题，督促指导各施工队伍开展成品保护工作，并协调成品保护工作。

④加强对施工场的平面管理，避免外来因素对施工的影响。

⑤门卫管理制度，禁止外来人员及外来车辆进行，避免对工程产品造成损坏。对处于养护期的成品或半成品应有明确的标示牌，标示牌上应标明养护起止日期和负责人、注意事项等内容，避免其他人员对处于养护期的成品或半成品造成损坏。

7)安全保证体系及安全保证措施

(1)安全施工管理目标

安全生产同质量、效益一样是创优工程不可缺少的重要环节，是关系到职工人身和国家财产不受损失的大事。在施工过程中认真贯彻“安全第一，预防为主”的方针，坚持做到管生产必须管安全。建立健全安全组织保证体系，加强职工安全生产教育，使每位生产者都能熟知安全生产知识，并在施工中切实执行，杜绝一切不安全因素，保证劳动者的安全与健康，确保本工程施工安全。

①安全施工目标。

无重伤及以上伤亡事故；无重大行车事故；无等级火警事故；年负伤率控制在3‰以内。

②安全检查。

落实安全生产责任制，完善安全管理体系，公司及项目经理部定期及不定期对本项目的安全施工措施进行检查，并按有关安全、文明施工规定执行。

(2)安全保证体系

①安全检查。

a.定期安全检查。

公司质安科每月一次定期安全检查；项目经理部质安部每周一次安全检查；作业组每日一次安全检查。

安全巡查组每日值班：每次检查都必须做好记录，发现事故隐患要有专人负责解决，把事故消灭在萌芽状态。

b.不定期安全检查。

公司质安科及项目经理部质安部均对关键部位的施工安全措施实施突击检查，并将检查结果做好记录,督促落实有关责任人实施纠正措施。

②安全生产教育。

a. 工程开工前,对所有参加本工程的施工人员进行安全生产教育,组织学习《安全技术操作规程》,并结合本工程,制定详细安全生产措施。

b. 坚持每周不少于两小时的安全教育,由主管工程师针对当前施工项目,结合有关规范、规程,上好安全技术课。

c. 对特殊工种,如压路机司机、电焊工、机动车驾驶员、电工等,需培训考试合格后,持证上岗操作。

d. 安全生产教育须持之以恒,工地上有安全生产宣传牌、安全标志。

e. 施工班组安全技术交底制度化,重要项目由质安部部长亲自交底,并做好记录。

(3)安全措施。

①施工人员安全防护。

a. 参加施工人员是经过安全培训,并考核合格持证上岗者。施工人员进场时或进行具体操作前,须经过施工工长及安全监督员的安全交底。

b. 施工人员必须遵守现场纪律和国家法令、法规、规定的要求,必须服从项目经理部的综合管理。施工人员进入施工现场必须戴符合标准的安全帽及工装,进入2m以上架体或施工层作业必须佩挂安全带。施工人员立足本职工作,严禁动用不属本职工作范围内的设备。

②施工用电安全措施。

a. 电气设备的设置、安装、防护、使用、维修、操作人员都必须符合《施工临时用电安全技术规范》要求。

b. 施工现场的一切用电设备的安装必须严格按施工组织设计所规定的要求进行。现场施工用电原则执行一机、一闸、一漏电保护的"三级"保护措施。其电箱设门、设锁、编号,注明负责人。

c. 电箱内所配置的电闸、漏电、熔丝荷载必须与设备额定电流相等。不使用偏大或偏小额定电流的电熔丝。施工现场的配电箱和形状箱至少配置两级漏电保护器,漏电保护器应选用电流动作型,漏电保护器只能通过工作线。

d. 保护移动式设备的漏电开关、负荷线每周检查一次;保护固定使用设备的漏电开关应每月检查一次。

e. 接地装置必须在线路及配电装置投入运行前完工,并会同机材组及设计者共同检测其接地电阻值。接地电阻不合格者,严禁现场使用带有金属外壳的电器设备,并应增加人工接地体的数量,直至接地体完全合格为止。

f. 在电气装置和线路周围不堆放易燃、易爆物品,不使用火源。在电气装置相对集中场所,配置绝缘灭火器材,并禁止烟火。

③机械安全防护。

a. 现场机械必须由项目机材组进行试运行,检查其运行情况正常后方可参与本项目施工,项目机材组对检查后的机械按公司ISO9001程序文件要求进行标识。

b. 混凝土拌和站、压实设备、钢筋加工机械或其他机械,必须满足机械本身护罩完善、电机无病的要求,还要对机械作接零和重复接地的装置。接地电阻值不得大于4Ω。

c. 操作人员必须经过培训考核合格持证上岗。

d. 各种机械要定机定人维修保养,做到自检、自修、自维有记录。

e. 施工现场各种机械要挂安全技术操作规程牌。各种起重机械和垂直运输机械在吊运物料时，现场要设人值班和指挥。

f. 各种机械不准带病运行。

④消防、治安措施。

a. 施工现场设安全标志，危险作业区悬挂“危险”或者“禁止通行”、“严禁烟火”等标志，夜间设红灯警示。

b. 场地布置符合防洪、防火、防雷击有关安全规则及环卫要求。

c. 施工运输车辆必须严格遵守公路交通规则，文明行车，注意安全。

d. 治安消防工作坚持“预防为主，以消为辅”的指导思想，加强施工现场的物资、器材和机械设备的管理，防止物资被哄抢、盗窃或破坏。

e. 开展法制宣传和“四防”教育，项目经理部定期开展以防火、防盗为主的安全大检查，堵塞漏洞，防患于未然，健全现场保卫机构，统一领导治安保卫工作。

8) 工期保证措施

保证合同工期是发挥投资效益、降低工程成本的有效途径，也是业主与施工企业的共同目标。在本项目中，本承包人将一如既往严格遵守合同工期。为此在施工组织设计中，充分考虑了工期的重要性，确定了保证工期的关键线路，充分制定了生产要素的配置和工序安排方案。

(1) 工期保证措施

在实施过程中，我们将积极组织，动态管理，确保计划进度目标的实现。

为确保工期目标的实现，特制定以下措施：

①优化施工方案，优化配套机械设备，提高设备利用率和机械化作业程度，为工程施工赢得时间，确保工期。

②精心编制实施性施工组织设计，实行动态网络管理，及时加速各分项工程的计划进度和劳动力调度。

③加强组织领导，按照“精干机构、精良设备、精兵强将”的原则组建项目经理部，根据工程特点投入足量的专业化施工队伍进行施工。

④做好施工准备工作。我们将充分发挥投入本工程的施工队伍及主要施工机械设备积极能动性的有利条件，尽量缩短进场准备时间，保证“三快”，即“进场快、安家快、开工快”，并组织强有力的组织机械，突击施工便道，确保主体工程按时顺利展开。

⑤重抓质量、安全，以促进度，确保不出任何安全质量事故，精心施工，加强预测手段，科学施工，确保工程顺利开展。

⑥强化施工调度指挥与协调工作，超前布局谋势，密切监控落实，及时解决问题，避免搁置延误。重点基础上或工序采取垂直管理、横向强制协调的强硬手段，减少中间环节，提高决策速度和工作效率。

⑦严密组织，精心安排工序，实行均衡生产，掀起阶段施工高潮，提早解除工期警报。根据工程特点，恰当安排季节性施工项目，增加全年施工天数，避开不利时间，争取最好效果，提高劳动生产率，达到提前工期的目的。

⑧加强材料管理，保证合格材料供应。项目经理部设专业材料供应系统，根据材料计划采购材料。充分备好所需的工程材料和施工周转材料，同时加强材料检测，确保工程材料质量，满足施工生产需要。

⑨强化施工调度指挥与协调工作，超前计划，密切监控落实，及时解决问题，避免搁置延误。重点工序采取垂直管理和横向强制协调的强硬手段，减少中间环节，提高决策速度和工作效率。

(2)工期奖罚措施

为确保工程能按期完成，特制定奖罚措施，以促进参与施工员工的积极性：

①工程能按期并按公司的目标完成，该工地管理人员可得工程总造价0.5%的奖金。奖金分配办法：由项目经理按工作表现、贡献大小自行决定分配。

②工程每逾期1d完成，该工地管理人员扣罚0.15%工程造价奖金。罚金分配办法：按项目部员工职务工资比例分摊。

9)环境保护与文明施工措施

(1)环境保护及文明施工管理体系

①建立环境保护及明施工管理体系，健全分级负责的管理体系。

②各工点区域范围的环保、卫生与现场文明施工由工点负责，经理部定期按文明工地标准进行检查评比，奖优罚劣，并服从有关环保部门的监督和指挥。

③积极组织干部、职工学习工程建设施工的有关文件，开展文明施工的教育活动，提高干部、职工的环保意识和公民的责任意识。

④组织文明检查小组，在施工现场进行巡回检查，监督保持所有设施完好、整洁，施工人员文明有礼。

⑤加强内部治安和夜间保卫，充分发挥公安派出所民警的作用，坚决制止施工人员参与黄、赌、毒等活动，加强精神文明建设。

⑥加强对文物的保护。施工中一旦发现文物，应及时采取有效的保护措施，并迅速报告业主和有关部门，积极配合做好相应的保护工作，防止文物受损、流散。

(2)文明施工及环境保护措施

①文明施工措施。

a.认真贯彻国家和当地政府有关文明施工的要求，推行现代管理方法，科学组织施工，做好施工现场的各项管理工作。文明施工由项目副经理专项负责，各施工队设文明施工专职监督员。

b.按施工总平面布置图设置各项临时设施。堆放大宗材料和机具设备时不得侵占场内道路及安全防护等设施。

c.沿路基右侧设贯通全线的施工便道以及利用的村道应有专人养护，经常洒水，杜绝扬尘。

d.施工机械进场必须经过安全检查，合格后方可使用；机械操作手必须建立机组责任制，并持证上岗；机械按规定的位置行驶和停放，不得任意侵占场内其他位置。

e.保证现场道路畅通，排水系统处于良好使用状态；保持场容场貌整洁，随时清理建筑垃圾；在车辆、行人通行地方施工应设置沟井坎穴覆盖物和施工标志。

f.在施工场地设置围档，非施工人员不得擅自进入施工现场。各类职工生活设施须符合卫生、通风、照明等要求，职工的膳食、饮水供应等应符合卫生要求。

g.消防。

消除一切可能造成火灾、爆炸事故的根源，严格控制火源、易燃物和易爆物品的储存。生活区及施工现场特别是材料场配备足够的灭火器材，并同当地消防部门联系，加强消防工作；工地及生活区的动力及照明系统派人随时检查维修养护，防止漏电失火引起火灾。

h. 治安。

现场设派出所,进场后与当地治安部门取得联系,与地方治安部门成立联防小组,维护施工期间治安。同时加强职工内部教育、管理,防止与周围群众发生冲突、打架等。

②环境保护措施。

a. 建立健全环保管理组织保障体系。

施工区必须设专职环保管理人员,并明确岗位责任;现场施工区规划要对环保设施进行统一安排,以保障其使用的长期性。现场环保人员必须参与施工组中环保措施的制订,以确保措施具体、实用、符合现场要求;按有关规定建立健全各种组织,做到措施有效,责任到人;与施工队签订环保协议书,切实把环保工作落到实处;积极配合有关部门的环保检查,对提出的问题必须认真整改,第一管理者抓落实;采取多种形式进行环保宣传教育活动,不断提高职工的环保意识和法制观念并进行考核。根据现场环保工作管理情况定期召开分析会,制定具体措施。

b. 防大气污染措施。

水泥、石灰等易飞扬的细颗粒散体材料应采用封闭式库房存放。搬运时必须采取有效措施,防止遗洒飞扬,禁止露天存放;回填土时,土壤上必须经常洒水,石灰的熟化和灰土施工必须与洒水配合,防止扬尘;严禁烧煤、木材等发烟物质;现场严禁使用敞口锅熬制沥青,必要时要使用密闭和带有烟尘处理装置的加热设备,并严禁在现场焚烧油毡、油漆以及其他可能产生有毒有害烟尘和气体的物质。

c. 防水污染措施。

现场作业产生污水禁止随地排放;食堂必须按规定设置隔油池,并加强管理,定期掏油,污水经沉淀后再排入市政管线;现场设置专用的油漆油料库。油库内禁止放置其他物品,库房地面和墙面要做防渗漏的特殊处理。储存、使用和保管要专人负责,防止油料的跑、冒、滴,污染水源;现场内禁止使用乙炔发生器。

d. 防噪声污染措施。

现场施工时间一般控制在早六点至晚十点之间。如特殊情况必须与当地府部门和群众协商后方可施工,施工中必须严格控制噪声扰民;现场的噪声机械必须设置封闭的机械棚来减少噪声污染,或采用消声降噪的施工机械;经常性地对工人进行环保知识教育,加强管理,减少人为噪声扰民;定期对施工现场的噪声进行监测,对不符合要求的超标现象,必须采取措施进行整改,以保障施工现场的环境保护工作正常运行。

6.4 水泥混凝土路面三辊轴机组施工

6.4.1 水泥混凝土路面三辊轴机组施工工艺

水泥混凝土路面三辊轴机组施工工艺流程如图 6-28 所示。

6.4.2 三辊轴机组施工技术要点

1)设备选择与配套

三辊轴整平机由振动辊、驱动辊和甩浆辊组成,材质应为三根等长度同直径无缝钢管,并具有足够的刚度和耐磨性,技术参数符合表 6-27 的规定,并应根据面层厚度、拌和物工作性和施工进度等合理选用。

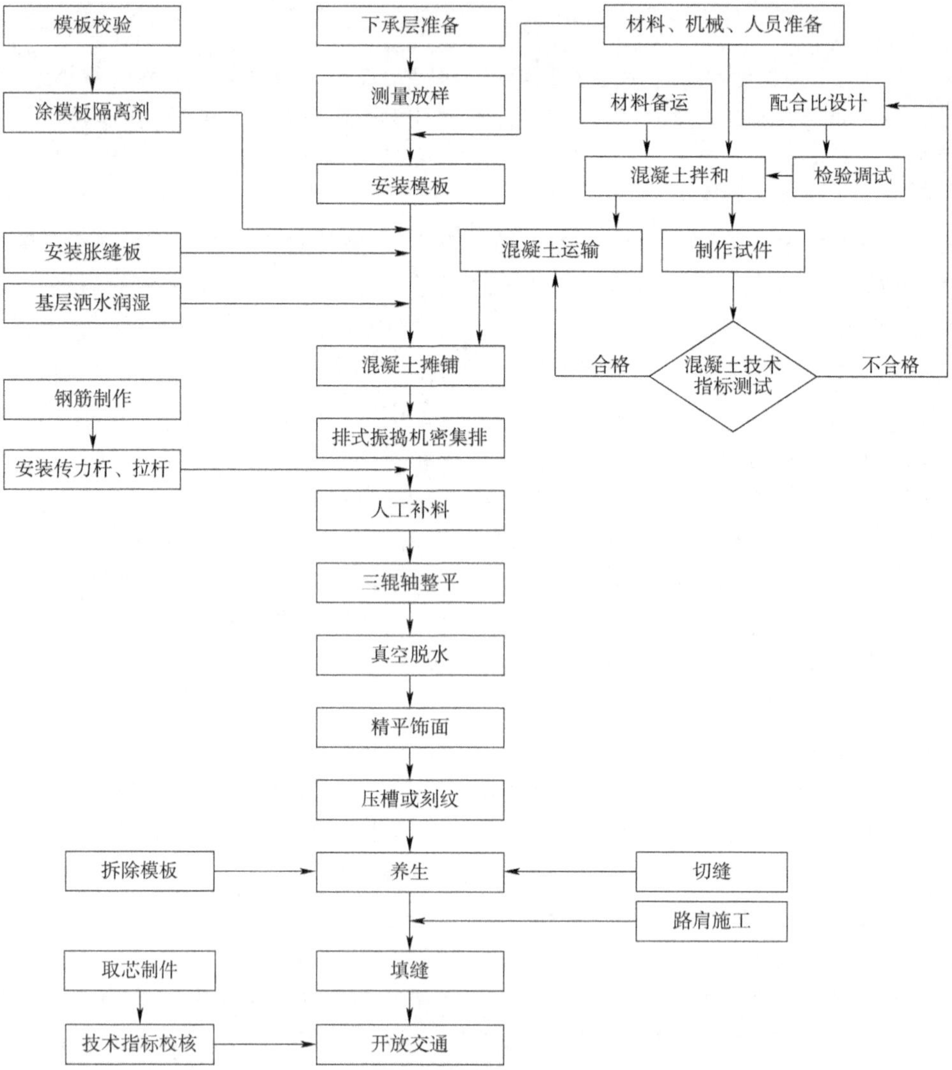

图 6-28　水泥混凝土路面三辊轴机组施工工艺

三辊轴整平机的技术参数　　　　表 6-27

轴直径（mm）	轴速（r/min）	轴长（m）	轴质量（kg/m）	行走速度（m/min）	整平轴距（mm）	振动功率（kW）	驱动功率（kW）	适宜整平路面宽度（mm）
168	300	5 ~ 9	65 ± 0.5	13.5	504	7.5	6	200 ~ 260
219	380	5 ~ 12	77 ± 0.7	13.5	657	17	9	160 ~ 240

三辊轴机组铺筑混凝土面板时，应同时配备一台振捣机。连续式振捣机的振捣棒组宜水平或小角度布置，直径宜为 80 ~ 100mm，间距宜为 350 ~ 500mm，振动频率宜为 100 ~ 200Hz。间歇式振捣机的振捣棒可垂直或大角度布置，直径、振动频率、工作长度和间距要求应与连续式振捣机相同。每次插入振动最短时间不应短于 20s，振捣棒应缓慢抽出后，再移动振捣机，每次移动距离不应超过振捣棒有效作用半径的 1.5 倍，并不宜大于 0.6m。

当桥面铺装厚度小于 150mm 时，可采用“振捣梁”。振捣频率宜为 50 ~ 60Hz，振捣加速度宜为 4 ~ 5g（g 为重力加速度）。

当一次摊铺宽度大于 4.5m 时，纵缝拉杆宜使用预设钢筋支架固定。

2）基层处理

布料前须将基层清扫干净，并洒水润湿。

3）卸料

应有专人指挥车辆均匀卸料。

4）布料及松铺控制

布料应与摊铺速度相适应，不适应时应配备适当的布料机械。按表6-28初选松铺系数，并根据铺筑效果最终确定。弯道横坡与超高路段的松铺系数，高侧宜取表中较高值，低侧宜取较低值。

不同铺筑坍落度时的拌和物松铺系数 表6-28

铺筑坍落度（mm）	10～30	30～50	50～70
拌和物松铺系数	1.2～1.25	1.15～1.20	1.10～1.15

5）振捣作业

混凝土拌和物布料长度大于10m时，可开始振捣作业。

振捣机振实后，料位应高于模板顶面5～15mm，局部坑洼不得低于模板顶面。过高时应铲除，过低时应及时补料。

6）安装纵缝拉杆

面板振实后，应立即安装纵缝拉杆。

7）三辊轴整平机作业

作业单元划分：三辊轴整平机按作业单元分段整平，作业单元长度宜为10～30m，施工开始或施工温度较高时，可缩短作业单元长度，最短不宜短于10m。振捣机振实与三辊轴整平两道工序之间的间隔时间不宜超过15min。

滚压方式与遍数：三辊轴整平机在一个作业单元长度内，应采用前进振动、后退静滚方式作业，最佳滚压遍数应经过试铺确定。

在三辊轴整平机作业时，应有专人处理轴前料位的高低情况，过高时，应辅以人工铲除，轴下有间隙时，应使用混凝土找补。

滚压完成后，将振动辊轴抬离模板，用整平轴前后静滚整平，直到平整度符合要求、表面砂浆厚度均匀为止。

表面砂浆厚度宜控制在（4±1）mm，过厚的稀砂浆应及时刮除丢弃，不得用于路面找平。

8）精平饰面

三辊轴整平机整平后，应采用3～5m刮尺，纵、横两个方向进行精平饰面，纵向不少于3遍，横向不少于2遍。也可采用旋转抹面机密实精平饰面2遍，直到平整度符合要求。

9）养生

饰面完成后，应立即开始保湿养生。

6.5 水泥混凝土路面滑模摊铺机施工

6.5.1 水泥混凝土路面滑模摊铺机施工工艺

水泥混凝土路面滑模摊铺机施工工艺如图6-29所示。

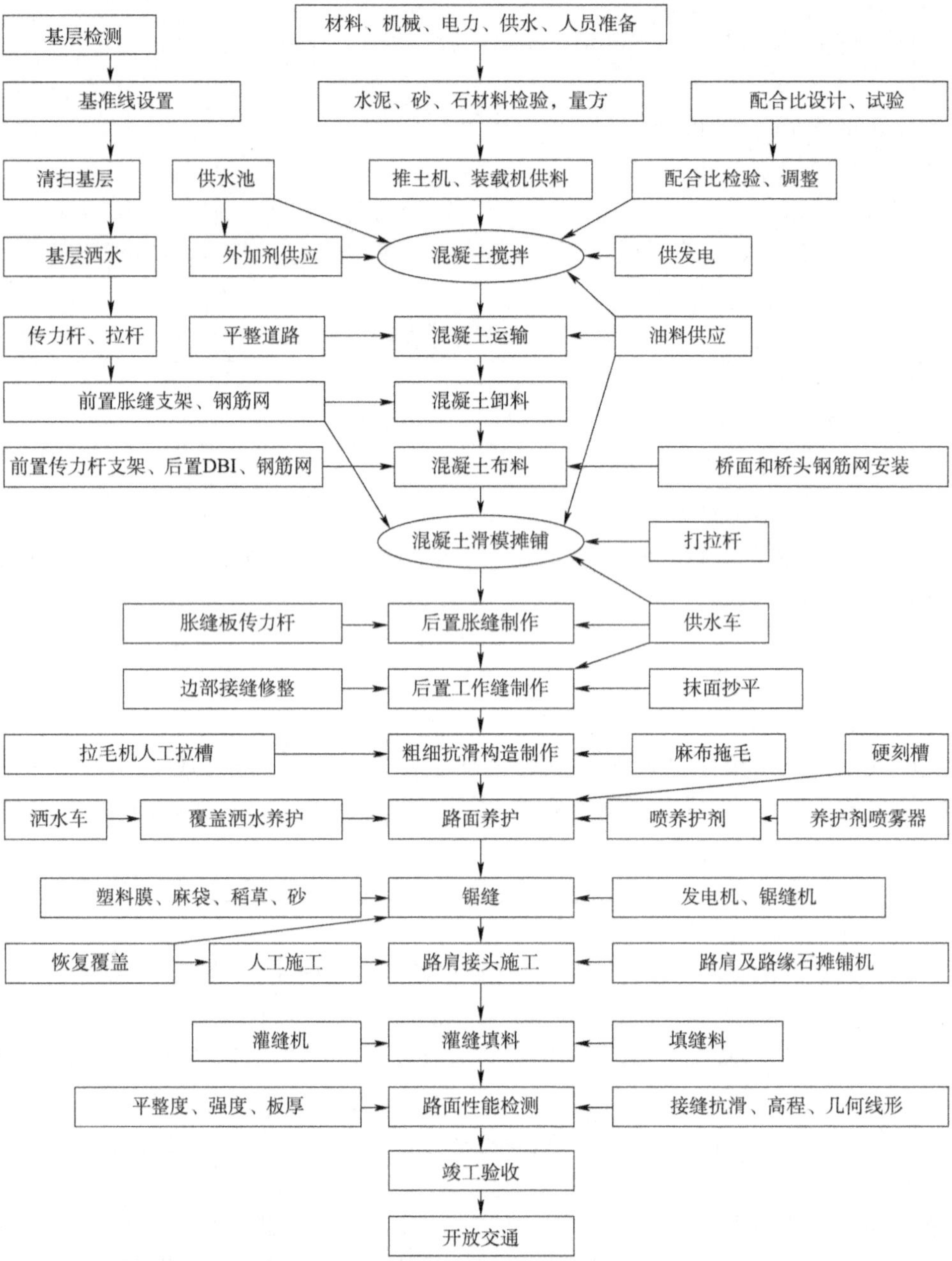

图 6-29　水泥混凝土路面滑模摊铺机施工工艺

6.5.2　滑模摊铺机施工技术要点

1)机械配备

(1)滑模摊铺机

高速公路、一级公路施工,宜选配能一次摊铺 2 个车道宽度的滑模摊铺机;二级及二级以下公路路面的最小摊铺宽度不得小于单车道设计宽度。硬路肩的摊铺宜选配连体摊铺路缘石的中、小型多功能滑模摊铺机。

(2)布料机械

滑模摊铺水泥混凝土路面时，可配备1台挖掘机或装载机辅助布料。

(3)抗滑构造施工机械

可采用拉毛养生机或人工软拉槽制作抗滑沟槽。工程规模大、日摊铺进度快时，宜采用拉毛养生机。高速公路、一级公路宜采用刻槽机进行硬刻槽，其刻槽作业宽度不宜小于500mm，所配备的硬刻槽机数量及刻槽能力应与滑模摊铺进度相匹配。

(4)切缝机械

滑模摊铺混凝土路面的切缝，可使用软锯缝机、支架式硬锯缝机和普通锯缝机。配备的锯缝机数量及切缝能力应与滑模摊铺进度相适应。

2)基准线设置

滑模摊铺混凝土路面前，应准确设置基准线。基准线架设与保护应符合下列规定：

(1)滑模摊铺高速公路、一级公路时，应采用单向坡双线基准线；横向连接摊铺时，连接一侧可依托已铺成的路面，另一侧设置单线基准线。

(2)滑模整体铺筑二级公路的双向坡路面时，应设置双线基准线，滑模摊铺机底板应设置为路拱形状。

(3)基准线桩纵向间距：直线段不应大于10m，桥面铺装、隧道路面及竖、平曲线路段宜为5~10m，大纵坡与急弯道可加密设置。基准线桩最小距离不宜小于2.5m。

(4)基层顶面到夹线臂的高度宜为450~750mm。基准线桩夹线臂夹口到桩的水平距离宜为300mm。基准线桩应固定牢固。

(5)单根基准线的最大长度不宜大于450m，架设长度不宜大于300m。

(6)基准线宜使用钢绞线。采用直径2.0mm的钢绞线时，张线拉力不宜小于1 000N；采用直径3.0mm的钢绞线时，张线拉力不宜小于2 000N。

(7)基准线的设置精确度应符合表6-29规定。

基准线设置精确度要求 表6-29

项目	中线平面偏位(mm)	路面宽度偏差(mm)	面板厚度(mm)		纵断高程偏差(mm)	横坡偏差(%)	连接纵缝高差(mm)
			代表值	极值			
规定值	≤10	≤+15	≥-3	≥-8	±5	±0.10	±1.5

(8)基准线设置后，应避免扰动、碰撞和振动。多风季节施工，应缩小基准线桩间距。

(9)架设完成的基准线，不得存在眼睛可见的拐点及下垂，并应逐段校验其顺直度及张紧度。

3)摊铺准备

(1)机械机具就位

所有施工设备和机具均应处于良好状态，并全部就位。

(2)基层、封层表面准备

基层、封层表面及履带行走部位应清扫干净。摊铺面板位置应洒水湿润，但不得积水。

(3)横向连接摊铺准备

横向连接摊铺时，前次摊铺路面纵缝的溜肩胀宽部位应切割顺直。侧边拉杆应校正扳直，缺少的拉杆应钻孔锚固植入。纵向施工缝的上半部缝壁应涂沥青。

(4)板厚检查与控制

板厚检查与控制必须在摊铺前的拉线上进行，并要求旁站监理认可。否则摊铺后不合格很难弥补。

4)布料

(1)布料高度

滑模摊铺机前的正常料位高度应在螺旋布料器叶片最高点以下,亦不得缺料。卸料、布料应与摊铺速度相协调。

(2)松铺系数控制

当坍落度在10~30mm时,布料松铺系数宜控制在1.08~1.15之间。布料机与滑模摊铺机之间施工距离宜控制在5~10m,现场蒸发率较大时,宜采用较小值。

(3)钢筋结构保护

摊铺钢筋混凝土路面、桥面或搭板时,严禁任何机械开上钢筋网。

5)滑模摊铺机的施工参数设定及校准

滑模摊铺机铺筑施工如图6-30所示。

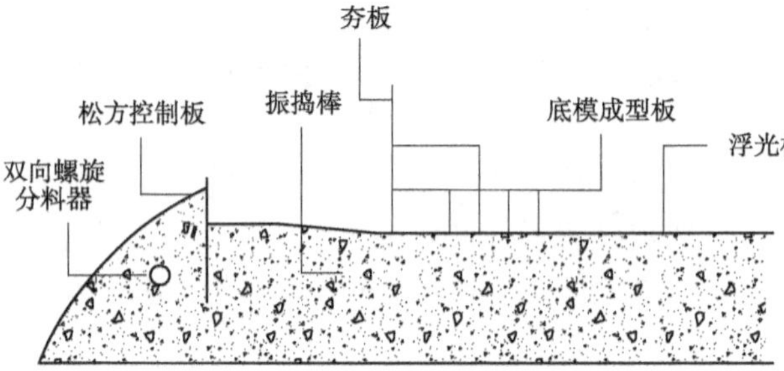

图6-30 滑模摊铺机铺筑施工

(1)振捣棒位置设定

振捣棒应均匀排列,间距宜为300~450mm,;混凝土摊铺厚度较大时,应采用较小间距。两侧最边缘振捣棒与摊铺边缘距离不宜大于200mm。振捣棒下缘位置应位于挤压底板最低点以上。

(2)挤压底板前倾角

挤压底板前倾角宜设置为3°左右。提浆夯板位置宜在挤压底板前缘以下5~10mm。

(3)超铺高程及搓平梁的设置

两边缘超铺高程根据拌和物稠度宜在3~8mm间调整,板厚较厚、坍落度较小时,边缘超铺高度宜采用较小值。

搓平梁前沿宜调整到与挤压板后沿高程相同的位置,搓平梁的后沿比挤压底板后沿低1~2mm,并与路面高程相同。

(4)首次摊铺位置校准

滑模摊铺机首次摊铺路面,应挂线对其铺筑位置、几何参数和机架水平度进行调整和校准,正确无误后,方可开始摊铺。

(5)摊铺参数复核

在开始摊铺的5m内,应在铺筑行进中对摊铺出的路面高程、边缘厚度、中线、横坡度等参数进行复核测量。所摊铺的路面精确度应控制在表6-10的规定值范围内。

6)铺筑控制

(1)控制摊铺速度

操作滑模摊铺机应缓慢、匀速、连续不间断地作业。严禁料多追赶、快速推进、随意停机、间歇摊铺。摊铺速度应根据拌和物稠度、供料多少和设备性能控制在0.5~2.0m/min之间,一般宜控制在1m/min左右。拌和物稠度发生变化时,应先调振捣频率,后改变摊铺速度。

(2)松方高度板调整

应随时调整松方高度板控制进料位置,开始时宜略设高些,以保证进料。正常摊铺时应保持振捣仓内料位高于振捣棒100mm左右,料位高低上下波动宜控制在±30mm之内。

(3)振捣频率控制

正常摊铺时,振捣频率可在100~180Hz之间进行调整,宜为150Hz,以保证混凝土不发生过振、欠振或漏振。应根据混凝土的稠度大小,随时调整摊铺的振捣频率或速度。摊铺机起步时,应先开启振捣棒振捣2~3min,调整到适宜振捣频率,使进入挤压板前缘拌和物振捣密实,无大气泡冒出破灭,方可开动滑模机平稳推进摊铺。当天摊铺施工结束,摊铺机脱离混凝土后,应立即关闭振捣棒组。

7)纵坡施工

滑模摊铺机满负荷时可铺筑的路面最大纵坡为:上坡5%;下坡6%。上坡时,挤压底板前仰角宜适当调小,并适当调小抹平板压力;下坡时,前仰角宜适当调大,并适当凋大抹平板压力。当摊铺机板底不小于3/4长度接触路表面时,抹平板压力适宜。

8)弯道施工

滑模摊铺机施工的最小弯道半径不应小于50m;最大超高横坡不宜大于7%。

9)设置传力杆和拉杆

滑模摊铺采用传力杆插入装置(DBI)设置传力杆与拉杆时,应符合下列规定:

(1)应安排专人负责对中横向缩缝位置,应一次振动插入整排全部传力杆。

(2)插入传力杆时,应缓慢插入,防止快速插入导致阻力过大使滑模摊铺机整体抬升。

(3)拉杆插入装置应根据一次摊铺的车道数和设计选用。与未摊铺水泥混凝土面层连接的拉杆应采用侧向拉杆插入装置插入;两个以上车道摊铺,在摊铺范围内的拉杆应采用拉杆压入装置压入。

(4)中央拉杆可自动定位插入或手工操作在规定位置插入,应一次插入到位。

(5)边缘拉杆应一次插入到位,不得在脱模后多次插入或手工反复打进。插入就位的拉杆应妥善保护,避免拉杆与混凝土黏结丧失。

若发现拉杆松脱或漏插应在横向相邻路面摊铺前,钻孔重新植入。

10)抹面与表面砂浆厚度控制

较拉抗滑构造时表面砂浆层厚度宜控制在4mm左右,硬刻槽路面的砂浆表层厚度宜控制在2~3mm。

11)养护

抗滑纹理做毕,应立即开始保湿养生。养生龄期不应少于5d,且混凝土强度满足要求后,方可摊铺相邻车道面板。

12)摊铺中问题处置

(1)摊铺中应经常检查振捣棒的工作情况和位置。路面出现麻面或拉裂现象时,必须停机检查或更换振捣棒。摊铺后,路面上出现发亮的砂浆条带时,必须调高振捣棒位置,使其底缘在挤压底板的后缘高度以上。

(2)摊铺宽度大于7.5m时,若左右两侧拌和物稠度不一致,摊铺速度应按偏干一侧设置,并应将偏稀一侧的振捣棒频率迅速调小。

(3)路面一旦出现横向拉裂现象,应从如下几方面进行检查处理:

①拌和物局部或整体过于干硬、离析、集料粒径过大,不适宜滑模摊铺。或在该部位摊铺速度过快,振捣频率不够,混凝土未振动液化而拉裂。应降低摊铺速度、提高振捣频率。

②应检查挤压底板的位置和前仰角设置是否变化,前倒角时必定拉裂,前仰角过大也可能拉裂,应在行进中调整前两个水平传感器,即改变挤压底板为适宜的前仰角以消除拉裂现象。

③拌和物较干硬或等料停机时间较长、起步摊铺速度过快,也可能拉裂路面。停机等待时间不得超过当时气温下混凝土初凝时间的4/5,超过此时间,应将滑模摊铺机迅速开出摊铺工作面,并做施工缝。

13)自动抹平板抹面

滑模摊铺过程中应采用自动抹平板装置进行抹面。对少量局部麻面和明显缺料部位,应在挤压板后或搓平梁前补充适量拌和物,由搓平梁或抹平板机械修整。滑模摊铺的混凝土面板在下列情况下可用人工进行局部修整:

(1)用人工操作抹面抄平器,精整摊铺后表面的小缺陷,但不得在整个表面加薄层修补路面。

(2)对纵缝边缘出现的倒边、塌边、溜肩现象,应顶侧模或在上部支方铝管进行边缘补料修整。

(3)对起步和纵向施工接头处,应采用水准仪抄平并采用大于3m的靠尺边测边修整。

14)滑模摊铺结束后的工作

(1)滑模摊铺结束后,必须及时清洗滑模摊铺机,进行当日保养等。

(2)宜在第2d硬切横向施工缝,也可当天软作施工横缝。

(3)应丢弃端部的混凝土和摊铺机振动仓内遗留下的纯砂浆,两侧模板应向内各收进20~40mm,收口长度宜比滑模摊铺机侧模板略长。施工缝部位应设置传力杆,并应满足路面平整度、高程、横坡和板长要求。

6.6 碾压水泥混凝土路面施工

6.6.1 碾压水泥混凝土路面施工工艺

碾压水泥混凝土路面施工工艺如图6-31所示。

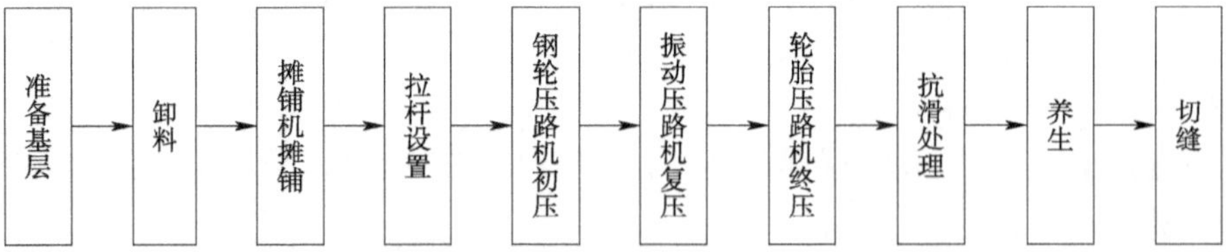

图6-31 碾压水泥混凝土路面施工工艺

6.6.2 碾压水泥混凝土施工技术要点

1)机械选择

碾压混凝土面层摊铺,宜选用沥青混凝土摊铺机。摊铺机应具有振动压实功能,摊铺密实度不应小于85%。

2）确定松铺系数

采用沥青混凝土摊铺机摊铺时，松铺系数宜控制在1.05～1.15之间；采用基层摊铺机摊铺时，松铺系数宜控制在1.15～1.25之间；应通过试铺确定松铺系数。

3）基层处理

清扫基层，摊铺前应洒水湿润基层。

碾压混凝土面层铺筑可采用基准线法，基准线设置精度和板厚校验应符合相关规定。

碾压混凝土面层铺筑时，边缘宜设置槽钢或方木模板。模板安装精度应符合相关规定，模板固定应牢固，碾压时不得推移。

4）布料

（1）摊铺作业应均匀、连续，摊铺过程中不得随意变换速度或停顿。

（2）旋转分料器转速应与摊铺速度相适应，摊铺过程中应保证两边缘供料充足；弯道及超高路段铺筑时，应及时调整左右两侧分料器的转速，保证两侧供料均衡、充足；两台摊铺机前后紧随摊铺时，两幅摊铺间隔时间应控制在1h之内；摊铺后，应立即对所摊铺混凝土表面进行检查，局部缺料部位，应及时补料，局部粗集料聚集部位，应在碾压前挖出并用新混凝土填补。

5）碾压

碾压段长度宜控制在30～40m之间。直线段碾压时，压路机应从外侧向路中心碾压；平曲线有超高路段，应由低侧向高侧，自内向外碾压。

碾压应紧随摊铺机碾压，分为初压、复压和终压三个阶段，各阶段碾压应符合下列规定：

（1）压路机应匀速稳定、连续行进，中间不应停顿、等候和拖延，也不得相互干扰。

（2）压路机起步、倒车和转向均应缓慢柔顺，碾压过程中不得中途急停、急拐、紧急起步及快速倒车。

（3）初压宜采用钢轮压路机或振动压路机静碾压，重叠量宜为1/4～1/3钢轮宽度。

（4）复压宜采用10～15t振动压路机振动碾压，重叠量宜为1/3～1/2振动碾宽度。复压遍数应以实测满足规定压实度值为停止复压标准。

（5）终压宜采用15～25t轮胎压路机静碾压，以弥合表面微裂纹和消除轮迹为停压标准。

碾压密实后的表面应及时喷雾、洒水，并应尽早覆盖养生。

施工过程中应采取措施控制碾压混凝土表面裂纹的产生。碾压终了后的面层表面不应有可见微裂纹。

6）施工缝

碾压混凝土面层横向施工缝应符合下列规定：

（1）在施工段终点处应设压路机和上、下面层的纵向斜坡。

（2）第2d摊铺开始前，应检测前一施工段终点厚度计平整度不合格段落。

（3）应全厚度切除不合格段落的混凝土。

（4）纵向连接摊铺新路面时，施工缝侧壁应涂刷水泥浆。

（5）受设备限制，切缝深度不能达到混凝土面层全厚时，切缝深度不应小于800mm，并应将施工缝下部凿顺直。

7）其他注意事项

（1）碾压混凝土面层胀缝应与下面层或基层中的胀缝对齐。

（2）纵、横向缩缝应采用硬切缝，硬切缝及填缝要求与水泥混凝土面层相同。

（3）碾压混凝土最早允许拆模时间应符合相关规定，碾压混凝土拆模时不得散落集料。

能力训练

一、单项选择题(每题的备选项中,只有1个最符合题意)

1. 在下列水泥混凝土面层铺筑方法中,最先进的铺筑方法是(　　)。
A. 三辊轴机组铺筑　B. 滑模机械铺筑　C. 小型机具铺筑　D. 碾压混凝土

2. 下列关于水泥混凝土路面施工的说法错误的是(　　)。
A. 模板与混凝土拌和物接触表面应涂脱模剂
B. 模板拆除应在混凝土抗压强度不小于8.0MPa方可进行
C. 摊铺前应对基层表面进行风干处理,不得润湿
D. 混凝土运输过程中应防止漏浆和漏料

3. 关于水泥混凝土面层摊铺施工的说法,错误的是(　　)。
A. 摊铺前应对基层表面进行洒水润湿
B. 摊铺过程中,间断时间应不大于混凝土的终凝时间
C. 每日工作结束,施工缝应该设置在胀缝或缩缝处
D. 因机械故障或其他原因中断浇筑时,可设临时工作缝

4. 极重、特重、重交通荷载等级公路面层水泥混凝土不可采用(　　)。
A. 旋窑道路硅酸盐水泥　B. 旋窑硅酸盐水泥
C. 普通硅酸盐水泥　D. 矿渣硅酸盐水泥

5. 关于水泥混凝土路面横缝的说法错误的是(　　)。
A. 普通混凝土路面横向缩缝宜采用斜缝　B. 每天摊铺结束应设置横向施工缝
C. 普通混凝土路面横向缩缝宜等间距布置　D. 切缝方式的选用应由昼夜温差确定

6. 采用小型机具施工水泥混凝土,关于振捣的说法错误的是(　　)。
A. 振捣棒在每一处的持续时间不宜少于30s　B. 振捣棒的移动间距不宜大于500mm
C. 振动板移位时应重叠100~200mm　D. 振捣棒应接触模板振捣

7. 碾压混凝土施工可采用的施工机械为(　　)。
A. 三辊轴机组　B. 沥青摊铺机　C. 轨道摊铺机　D. 滑模机械

8. 切缝法施工用于水泥混凝土路面的(　　)。
A. 胀缝　B. 缩缝　C. 纵缝　D. 施工缝

9. 碎石混凝土滑模摊铺时,坍落度宜为(　　)。
A. 10~30mm　B. 20~40mm　C. 30~50mm　D. 40~60mm

10. 水泥混凝土路面的养护时间应根据(　　)而定。
A. 抗压强度　B. 温度与湿度　C. 弯拉强度　D. 施工方法

二、多项选择题(每题的备选项中,有两个或两个以上符合题意)

1. 水泥混凝土路面施工,混凝土拌和物从出料到运输完毕的允许最长时间,根据(　　)确定。
A. 混凝土路面厚度　B. 摊铺工艺
C. 水泥初凝时间　D. 混凝土坍落度
E. 施工气温

2. 常用的水泥混凝土路面的现场养护方法有(　　)等。

A. 湿法养护　　B. 恒温养护
C. 干法养护　　D. 薄膜养护
E. 高温养护

3. 水泥混凝土面层摊铺时的施工缝宜设的部位有(　　)。
A. 胀缝处　B. 缩缝处　C. 横缝处　D. 假缝处　E. 切缝处

4. 水泥混凝土路面的横缝包括(　　)。
A. 假缝　B. 横向施工缝　C. 缩缝　D. 胀缝　E. 拉缝

5. 作为水泥混凝土路面接缝材料应具有的良好性能是(　　)。
A. 与混凝土板黏结牢固　　B. 不溶于水
C. 耐老化龟裂　　D. 易流淌
E. 不渗水

6. 高速公路、一级公路的水泥混凝土路面的接缝材料宜采用(　　)。
A. 塑胶　B. 橡胶泡沫板　C. 沥青贯入　D. 沥青纤维板　E. 胀缝板

7. 关于混凝土拌和物搅拌的说法,正确的有(　　)。
A. 应优先选配间歇式搅拌楼
B. 应根据拌和物的黏聚性、均质性及强度稳定性试拌确定最佳拌和时间
C. 外加剂应以稀释溶液加入
D. 拌和引气混凝土时,搅拌楼一次拌和量不应大于其额定搅拌量的 95%
E. 每台搅拌楼在投人生产前,必须进行标定和试拌

8. 水泥混凝土路面的横向缩缝的切缝方式有(　　)。
A. 深切缝　　B. 浅切缝
C. 软硬结合切缝　　D. 全部软切缝
E. 全部硬切缝

9. 水泥混凝土路面施工时,模板安装应达到(　　)等要求。
A. 稳固　　B. 顺直
C. 错台小于 10mm　　D. 平整无扭曲
E. 无错位

10. 滑模摊铺机施工时,下列说法正确的是(　　)。
A. 滑模摊铺混凝土路面前,应准确设置基准线
B. 拌和物稠度发生变化时,应先改变摊铺速度,后调振捣频率
C. 正常摊铺时应保持振捣仓内料位高于振捣棒 100mm 左右
D. 两侧最边缘振捣棒与摊铺边缘距离不宜大于 200mm
E. 正常摊铺时,振捣频率宜为 150Hz,以保证混凝土不发生过振、欠振或漏振

三、简答题

1. 水泥混凝土路面的接缝分为哪几种？作用是什么？
2. 水泥混凝土路面的施工方法有哪些？各自的适用范围？
3. 水泥混凝土路面抗滑构造的作用是什么？如何施工？
4. 水泥混凝土面层施工遇到哪些气候条件,必须停工,不得强行铺筑？
5. 简述滑模摊铺机铺筑作业的技术要领。

模块 7　路面工程质量检查与评定

【学习引导】

知识目标：通过本模块的学习，学生能够明确路面工程质量检查、公路工程质量评定方法以及路面工程质量验收的基本要求、实测项目与外观鉴定要求。

技能目标：学生能熟练运用公路工程施工规范与质量检验评定标准，具备对路面工程进行质量检查与评定的能力。

主要内容：模块 7 的主要内容结构如图 7-1 所示。

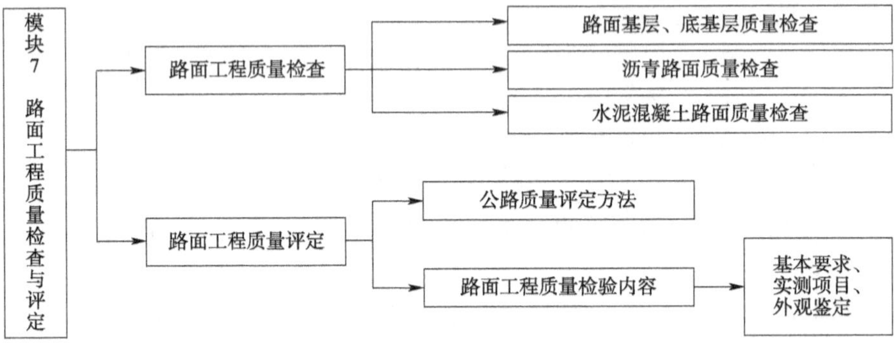

图 7-1　模块 7 的主要内容结构

7.1　路面工程质量检查

路面施工过程中要进行全过程的质量检查，包括施工前、施工中及完工后的质量检查。

7.1.1　路面基层、底基层质量检查

基层、底基层施工质量检查应包括原材料检验、施工过程中质量控制及检查验收等方面。

1)材料检验

在施工前以及在施工过程中，原材料或混合料发生变化时，应检验拟采用材料。

用作基层和底基层的土、粗集料、细集料、水泥、粉煤灰、石灰等原材料均应按施工规范所列试验项目和要求检测评定；初步确定使用的基层和底基层混合料，包括非整体性材料，应按施工规范所列试验项目和要求检测评定。

2)施工过程质量控制

施工过程中的质量控制应包括外形尺寸检查及内在质量检验两部分。

外形尺寸检查项目、频度和质量标准应符合施工规范的规定。

施工过程中的内在质量控制应分为原材料质量控制、拌和质量控制、摊铺及碾压质量控制等四部分。

对集中厂拌、摊铺机摊铺的施工工艺,应按后场与前场划分。后场、前场质量控制的项目、内容应符合施工规范规定,实际检测频率应不低于规范的要求,检测结果应满足规范或具体工程的技术要求。

施工过程的压实度应在现场碾压结束后及时检测。压实度检测中,测定的含水率与规定含水率的绝对误差应不大于2%;不满足要求时,应分析原因并采取必要的措施。压实度检测,应以每天现场取样的击实结果确定的最大干密度为标准。每天取样的击实试验应符合规范规定。

施工过程的混合料质量检测,应在施工现场的摊铺机位置取样,且应分别来自不同的料车。

3)检查验收

检查内容应包括工程完工后的外形和质量两方面。

检查宜以1km长的路段为单位评定路面结构层质量;采用大流水作业法施工时,以每天完成的段落为评定单位。

应检查施工原始记录,对检查内容初步评定。

应随机抽样检查,不得带有任何主观性。压实度、厚度、水泥或石灰剂量检测样本和取芯等的现场随机取样位置的确定应按相关标准的要求执行。

7.1.2 沥青路面质量检查

沥青路面施工质量检查包括施工前的材料与设备检查、施工过程中的质量检查及交工质量检查验收等方面。

1)施工前的材料与设备检查

施工前必须检查各种材料的来源和质量。对经招标程序购进的沥青、集料等重要材料,供货单位必须提交最新检测的正式试验报告。从国外进口的材料应提供该批材料的船运单。对首次使用的集料,应检查生产单位的生产条件、加工机械、覆盖层的清理情况。所有材料都应按规定取样检测,经质量认可后方可订货。

各种材料都必须在施工前以“批”为单位进行检查,不符合《公路沥青路面施工技术规范》(JTG F40—2004)技术要求的材料不得进场。对各种矿料是以同一料源、同一次购入并运至生产现场的相同规格材料为一“批”;对沥青是指从同一来源、同一次购入且储入同一沥青罐的同一规格的沥青为一“批”。材料试样的取样数量与频度按现行试验规程的规定进行。

工程开始前,必须对材料的存放场地、防雨和排水措施进行确认,不符合规范要求时材料不得进场。进场的各种材料的来源、品种、质量应与招标及提供的样品一致,不符要求的材料严禁使用。

使用成品改性沥青的工程,应要求供应商提供所使用的改性剂型号、基质沥青的质量检测报告。使用现场改性沥青的工程,应对试生产的改性沥青进行检测。质量不合格的不可使用。

施工前应对沥青拌和楼、摊铺机、压路机等各种施工机械和设备进行调试,对机械设备的配套情况、技术性能、传感器计量精度等进行认真检查、标定,并得到监理的认可。

正式开工前,各种原材料的试验结果,及据此进行的目标配合比设计和生产配合比设计结果,应在规定的期限内向业主及监理提出正式报告,待取得正式认可后,方可使用。

2)施工过程中的质量检查

施工单位在施工过程中应随时对施工质量进行自检。监理应按规定要求自主地进行试验,并对承包商的试验结果进行认定,如实评定质量,计算合格率。当发现有质量低劣等异常情况时,应立即追加检查。施工过程中无论是否已经返工补救,所有数据均必须如实记录,不得丢弃。

沥青混合料生产过程中,必须按规范规定的检查项目与频度,对各种原材料进行抽样试验,其质量应符合《公路沥青路面施工技术规范》(JTG F40—2004)规定的技术要求。每个检查项目的平行试验次数或一次试验的试样数必须按相关试验规程的规定执行,并以平均值评价是否合格。未列入规范表中的材料的检查项目和频度按材料质量要求确定。

沥青拌和厂必须对沥青混合料生产过程进行质量控制,并按规范规定的项目和频度检查沥青混合料产品的质量,如实计算产品的合格率。单点检验评价方法应符合相关试验规程的试样平行试验的要求。

沥青路面铺筑过程中必须随时对铺筑质量进行评定,质量检查的内容、频度、允许差应符合规范的规定。

施工厚度的检测按规范所列四种方法执行,并相互校核,当差值较大时通常以总量检验

沥青路面的压实度采取重点对碾压工艺进行过程控制、适度钻孔抽检压实度的方法为准。

压实成型的路面应按《公路路基路面现场测试规程》(JTG E60—2008)规定的方法随机选点检测渗水情况,渗水系数的平均值宜符合规范要求。对排水式沥青混合料,应要求水能够迅速排走。如需要测定构造深度时,宜在测定渗水的同时在附近选点测定,记录实测结果。

施工过程中应随时对路面进行外观(色泽、油膜厚度、表面空隙)评定,尤其特别注意防止粗细集料的离析和混合料温度不均,造成路面局部渗水严重或压实不足,酿成隐患。如果确实该路段严重离析、渗水,且经2次补充钻孔仍不能达到压实度要求,确属施工质量差的,应予铣刨或局部挖补,返工重铺。

施工过程中必须随时用3m直尺检测接缝及与构造物的连接处平整度的检测,正常路段的平整度采用连续式平整度仪或颠簸累积仪测定。

高速公路和一级公路沥青路面的施工应按规范规定的方法,利用计算机实行动态质量管理,并计算平均值、极差、标准差及变异系数及各项指标的合格率。

3)交工质量检查验收

工程完工后,施工单位应将全线以1~3km评定路段;每一侧行车道按规范的规定频度,随机选取测点;对沥青面层进行全线自检,将单个测定值与表中的质量要求或允许偏差进行比较,计算合格率;然后计算一个评定路段的平均值、极差、标准差及变异系数。施工单位应在规定时间内提交全线检测结果及施工总结报告,申请交工验收。

沥青路面交工时应检查验收沥青面层的各项质量指标,包括路面的厚度、压实度、平整度、渗水系数、构造深度、摩擦系数等。

工程交工时应对全线宽度、纵断面高程、横坡度、中线偏位等进行实测,以每个桩号的测定结果评定合格率,最后提出实际的竣工图。

7.1.3 水泥混凝土路面质量检查

水泥混凝土路面施工质量检查应包括施工前的材料与设备检查、施工过程中的质量检查及交工质量检查验收等方面。

1)施工前的材料与设备检查

对各种原材料,应将相同料源、规格、品种原材料作为一个批次、按规范规定的全部检测项

目、检测频率和试验方法进行检测，检测合格并经配合比试验确认满足要求后方可使用。不合格原材料不得进场。

混凝土配合比设计应包括目标配合比设计和施工配合比设计两个阶段。目标配合比设计应对混凝土性能进行全面检验，并规定施工配合比设计与目标配合比的允许偏差。施工配合比应符合目标配合比的实测数据。当原材料变化时，应重新进行目标配合比和施工配合比设计与检验。

施工前应对机械设备、测量仪器、基准线或模板、机具工具及各种试验仪器等进行全面检查、调试、校核、标定，并适宜储备主要施工机械易损零部件。

施工前应对桥头、软基、高填方、填挖方交界等处的路基段进行连续沉降观测，当发现局部沉降路基段尚未稳定时，不得进行该段面层施工。

面层施工前，应提供足够连续施工7d以上的合格基层，严格控制表面高程和横坡，并按规范规定对局部破损的基层进行修复。

2）施工过程中的质量检查

施工单位应随时对施工质量进行自检。原材料、拌和物、混凝土路面的自检项目和频率，应按规范规定进行。当施工、监理、监督人员发现异常情况，应加大检测频率，找出原因，及时处理。高速公路、一级公路应按规范规定利用计算机实行动态质量管理。

每台搅拌楼所生产的拌和物，除应满足所用施工机械的可摊铺性外，还应着重控制拌和物的匀质性和各质量参数的稳定性。

现场混凝土路面铺筑的关键设备如摊铺机、压路机、布料机、三辊轴整平机、刻槽机、切缝机等的操作应符合相关规范并能稳定运行。

3）交工质量检查验收

混凝土路面完工后，应按规范规定的检查项目、频率和方法进行检查，并核对是否满足相关规范规定的质量标准。水泥混凝土面层铺筑几何尺寸质量标准及检查项目、频率和方法应符合规范的规定。水泥混凝土面层铺筑的质量缺陷位查项目、标准、频率和方法应符合相关规范的规定。

7.2 路面工程质量评定

公路路面施工过程中要进行全面的质量检查，各工序完工后，还要进行质量验收评定，以确定是否合格。无论施工过程中的质量检查与完工后的质量验收，均要符合相关施工规范及《公路工程质量检验评定标准　第一册　土建工程》（JTG F80/1—2004）（以下简称《质量标准》）的规定，并按《质量标准》的规定进行质量评定，以确定工程合格与否。

本节主要介绍《质量标准》中两部分内容，即公路工程质量评定方法、路面工程质量检验内容。

7.2.1 公路工程质量评定方法

《质量标准》第3章规定了公路工程质量评定方法。

1）一般规定

根据建设任务、施工管理和质量检验评定的需要，应在施工准备阶段按《质量标准》附录A将建设项目划分为单位工程、分部工程和分项工程。一般建设项目的工程划分（路面工程部分）见表7-1。施工单位、监理单位和建设单位应按相同的工程项目划分进行工程质量的监控和管理。

(1)单位工程

单位工程是指在建设项目中,根据签订的合同,具有独立施工条件的工程。

(2)分部工程

在单位工程中,应按结构部位、路段长度及施工特点或施工任务划分为若干个分部工程。

(3)分项工程

分部工程应按不同的施工方法、材料、工序及路段长度等划分为若干个分项工程。

一般建设项目的工程划分(路面工程部分)　　表 7-1

单位工程	分部工程	分项工程
路面工程(每 10km 或每标段)	路面工程(1~3km 路段)*	底基层,基层*,面层*,垫层,联结层,路缘石,人行道,路肩,路面边缘排水系统等

注:1. 表内标注 * 号者为主要工程,评分时给予 2 的权值;不带 * 号者为一般工程,权值为 1。

2. 按路段长度划分的分部工程,高速公路、一级公路宜取低值,二级及二级以下公路可取高值。

工程质量评定过程中应注意以下事项:

(1)工程质量检验评分以分项工程为单元,在其基础上,逐级计算各相应分部工程、单位工程、合同段和建设项目评分值。

(2)工程质量评定等级分为合格与不合格,应按分项、分部、单位工程、合同段和建设项目逐级评定。

(3)施工单位应对各分项工程按所列基本要求、实测项目和外观鉴定进行自检,按《质量标准》附录 J 中"分项工程质量检验评定表"及相关施工技术规范提交真实、完整的自检资料,对工程质量进行自我评定。

(4)监理单位应按规定要求对工程质量进行独立抽检,对施工单位检评资料进行签认,对工程质量进行评定。

(5)建设单位根据对工程质量的检查及平时掌握的情况,对监理单位所做的工程质量评分及等级进行审定。

(6)质量监督部门、质量检测机构可依据《质量标准》对公路工程质量进行检测评定。

2)工程质量评分

(1)分项工程质量评分

①分项工程质量检验内容包括基本要求、实测项目、外观鉴定和质量保证资料四个部分。只有在其使用的原材料、半成品、成品及施工工艺符合基本要求的规定,且无严重外观缺陷和质量保证资料真实并基本齐全时,才能对分项工程质量进行检验评定。

②涉及结构安全和使用功能的重要实测项目为关键项目(在文中以"△"表示),其合格率不得低于 90%(属于工厂加工制造的交通工程安全设施及桥梁金属构件不得低于 95%),且检测值不得超过规定极值,否则必须进行返工处理。

③实测项目的规定极值是指任一单个检测值都不能突破的极限值,不符合要求时该实测项目为不合格。

④采用《质量标准》所列方法进行评定的关键项目,不符合要求时则该分项工程评为不合格。

⑤分项工程的评分值满分为 100 分,按实测项目采用加权平均法按式(7-1)计算。存在外观缺陷或资料不全时,须予减分,按式(7-2)计算。

$$分项工程得分 = \frac{\sum[检查项目得分 \times 权值]}{\sum 检查项目权值} \tag{7-1}$$

$$分项工程评分值 = 分项工程得分 - 外观缺陷减分 - 资料不全减分 \tag{7-2}$$

a. 基本要求检查。分项工程所列基本要求,对施工质量优劣具有关键作用,应按基本要求对工程进行认真检查。经检查不符合基本要求规定时,不得进行工程质量的检验和评定。

b. 实测项目计分。对规定检查项目采用现场抽样的方法,按照规定频率和下列计分方法对分项工程的施工质量直接进行检测计分。

检查项目除按数理统计方法评定的项目外,均应按单点(组)测定值是否符合标准要求进行评定,按式(7-3)进行计算,并以合格率计分,按式(7-4)计算。

$$检查项目合格率(\%) = \frac{检查合格的点(组)数}{该检查项目的全部检查点(组)数} \tag{7-3}$$

$$检查项目得分 = 检查项目合格率 \times 100 \tag{7-4}$$

c. 外观缺陷减分。对工程外表状况应逐项进行全面检查,如发现外观缺陷,应进行减分。对于较严重的外观缺陷,施工单位须采取措施进行整修处理。

d. 资料不全减分。分项工程的施工资料和图表残缺,缺乏最基本的数据,或有伪造涂改者,不予检验和评定。资料不全者应予减分,减分幅度可按“4)质量保证资料”所列各款逐款检查,视资料不全情况,每款减 1 ~3 分。

(2)分部工程和单位工程质量评分

《质量标准》将分项工程和分部工程区分为一般工程和主要(主体)工程,分别给予 1 和 2 的权值。进行分部工程和单位工程评分时,采用加权平均值计算法确定相应的评分值,按式(7-5)计算。

$$分部(单位)工程评分值 = \frac{\sum[分项(分部)工程评分值 \times 相应权值]}{\sum 分项(分部)工程权值} \tag{7-5}$$

(3)合同段和建设项目工程质量评分

合同段和建设项目工程质量评分值按《公路工程竣(交)工验收办法》(2004 版)进行计算。

(4)质量保证资料

施工单位应有完整的施工原始记录、试验数据、分项工程自查数据等质量保证资料,并进行整理分析,负责提交齐全、真实和系统的施工资料和图表。监理单位负责提交齐全、真实和系统的监理资料。质量保证资料应包括以下六种。

①所用原材料、半成品和成品质量检验结果。

②材料配比、拌和加工控制检验和试验数据。

③地基处理、隐蔽工程施工记录和大桥、隧道施工监控资料。

④各项质量控制指标的试验记录和质量检验汇总图表。

⑤施工过程中遇到的非正常情况记录及其对工程质量影响分析。

⑥施工过程中如发生质量事故,经处理补救后,达到设计要求的认可证明文件等。

3)工程质量等级评定

(1)分项工程质量等级评定

分项工程评分值不低于 75 分者为合格;低于 75 分者为不合格;属于工厂加工制造的桥梁金属构件不低于 90 分者为合格,低于 90 分者为不合格。

评定为不合格的分项工程,经加固、补强或返工、调测,满足设计要求后,可以重新评定其质量等级,但计算分部工程评分值时按其复评分值的90%计算。

(2)分部工程质量等级评定

所属各分项工程全部合格,则该分部工程评为合格;所属任一分项工程不合格,则该分部工程为不合格。

(3)单位工程质量等级评定

所属各分部工程全部合格,则该单位工程评为合格;所属任一分部工程不合格,则该单位工程为不合格。

(4)合同段和建设项目质量等级评定

合同段和建设项目所含单位工程全部合格,其工程质量等级为合格;所属任一单位工程不合格,则合同段和建设项目为不合格。

7.2.2 路面工程质量检验内容

1)一般规定

(1)路面工程的实测项目规定值或允许偏差按高速公路、一级公路和其他公路(指二级及以下公路)两档设定。对于在设计和合同文件中提高了技术要求的二级公路,其工程质量检验评定按设计和合同文件的要求进行,但不应高于高速公路、一级公路的检验评定标准。

(2)路面工程实测项目规定的检查频率为双车道公路每一检查段内的检查频率(按 m^2 或 m^3 或工作班设定的检查频率除外),多车道公路的路面各结构层均须按其车道数与双车道之比,相应增加检查数量。

(3)各类基层和底基层压实度代表值(平均值的下置信界限)不得小于规定代表值,单点不得小于规定极值。小于规定代表值2个百分点的测点,应按其占总检查点数的百分率计算合格率。

(4)垫层的质量要求同相同材料的其他公路的底基层;联结层的质量要求同相应的基层或面层;中级路面的质量要求同相同材料的其他公路的基层。

(5)路面表层平整度规定值是指交工验收时应达到的平整度要求,其检查测定以自动或半自动的平整度仪为主,全线每车道连续测定按每100m输出结果计算合格率。采用3m直尺测定路面各结构层平整度时,以最大间隙作为指标,按尺数计算合格率。

(6)路面表层渗水系数宜在路面成型后立即测定。

(7)路面各结构层厚度按代表值和单点合格值设定允许偏差。当代表值偏差超过规定值时,该分项工程评为不合格;当代表值偏差满足要求时,按单个检查值的偏差不超过单点合格值的测点数计算合格率。

(8)材料要求和配比控制列入各节基本要求,可通过检查施工单位、工程监理单位的资料进行评定。

(9)水泥混凝土上加铺沥青面层的复合式路面,两种结构均需进行检查评定。其中,水泥混凝土路面结构不检查抗滑构造,平整度可按相应等级公路的标准;沥青面层不检查弯沉。

(10)路面基层完工后应及时浇洒透层油或铺筑下封层,透层油透入深度不小于5mm,不得使用透入能力差的材料作透层油。对封层、透层、黏层油的浇洒要求同沥青表面处治层中基本规定。

2)沥青混凝土面层和沥青碎(砾)石面层

(1)基本要求

①沥青混合料的矿料质量及矿料级配应符合设计要求和施工规范的规定。

②严格控制各种矿料和沥青用量及各种材料和沥青混合料的加热温度,沥青材料及混合料的各项指标应符合设计和施工规范要求。沥青混合料的生产,每日应做抽提试验、马歇尔稳定度试验。矿料级配、沥青含量、马歇尔稳定度等结果的合格率应不小于90%。

③拌和后的沥青混合料应均匀一致,无花白,无粗细料分离和结团成块现象。

④基层必须碾压密实,表面干燥、清洁、无浮土,其平整度和路拱度应符合要求。

⑤摊铺时应严格控制摊铺厚度和平整度,避免离析,注意控制摊铺和碾压温度,并碾压至要求的密实度。

(2)实测项目

沥青混凝土面层和沥青碎(砾)石面层实测项目见表7-2。

沥青混凝土面层和沥青碎(砾)石面层实测项目 表7-2

项次	检查项目		规定值或允许偏差		检查方法和频率	权值
			高速公路、一级公路	其他公路		
1	压实度①(%)		试验室标准密度的96%(*98%); 最大理论密度的92%(*94%); 试验段密度的98%(*99%)		按《质量标准》附录B检查,每200m测1处	3
2	平整度②	σ(mm)	1.2	2.5	平整度仪:全线每车道连续按每100m计算IRI或σ	2
		IRI(m/km)	2.0	4.2		
		最大间隙h(mm)	—	5	3m直尺:每200m测2处×10尺	
3	弯沉值(0.01mm)		符合设计要求		按《质量标准》附录I检查	2
4	渗水系数		SMA路面200mL/min; 其他沥青混凝土路面300mL/min	—	渗水试验仪:每200m测1处	2
5	抗滑	摩擦系数	符合设计要求	—	摆式仪:每200m测1处; 摩擦系数测定车:全线连续	2
		构造深度			铺砂法:每200m测1处	
6	厚度③(mm)	代表值	总厚度:设计值的-8% 上面层:设计值的-10%	-8%H	按《质量标准》附录H检查,双车道每200m测1处	3
		合格值	总厚度:设计值的-10% 上面层:设计值的-20%	-15%H		
7	中线平面偏位(mm)		20	30	经纬仪:每200m测4点	
8	纵断高程(mm)		±10	±15	水准仪:每200m测4断面	
9	宽度(mm)	有侧石	±20	±30	尺量:每200m测4断面	
		无侧石	不小于设计			
10	横坡(%)		±0.3	±0.5	水准仪:每200m测4处	

注:①表内压实度可选用其中的1个或2个标准,并以合格率低的作为评定结果。带*号者是指SMA路面,其他为普通沥青混凝土路面。

②表中σ为平整度仪测定的标准差;IRI为国际平整度指数;h为3m直尺与面层的最大间隙。

③表列厚度仅规定负允许偏差。其他公路的厚度代表值和极值允许偏差按总厚度计,当总厚度≤60mm时,允许偏差分别为-5mm和-10mm;总厚度>60mm时,允许偏差分别为-8%和-15%的总厚度。H为总厚度(mm)。

(3)外观鉴定

①表面应平整密实,不应有泛油、松散、裂缝和明显离析等现象,对于高速公路和一级公路,有上述缺陷的面积(凡属单条的裂缝,则按其实际长度乘以 0.2m 宽度,折算成面积)之和不得超过受检面积的 0.03%,其他公路不得超过 0.05%。不符合要求时每超过 0.03% 或 0.05% 减 2 分。

半刚性基层的反射裂缝可不计作施工缺陷,但应及时进行灌缝处理。

②搭接处应紧密、平顺,烫缝不应枯焦。不符合要求时,累计每 10m 减 1 分。

③面层与路缘石及其他构筑物应密贴接顺,不得有积水或漏水现象。不符合要求时,每处减 1~2 分。

3)沥青贯入式面层(或上拌下贯式面层)

(1)基本要求

①沥青材料的各项指标应符合设计要求和施工规范。

②各种材料的规格和用量应符合设计要求和施工规范,上拌沥青混凝土混合料每日应做抽提试验和马歇尔稳定度试验。

③碎石层必须平整坚实,嵌挤稳定,沥青贯入应深透,浇洒应均匀,不得污染其他构筑物。

④嵌缝料必须趁热撒铺,扫料均匀,不应有重叠现象。

⑤上层采用拌和料时,混合料应均匀一致,无花白和粗细分离现象,摊铺平整,接茬平顺,及时碾压密实。

⑥沥青贯入式面层施工前,应先做好路面结构层与路肩的排水。

(2)实测项目

沥青贯入式面层(或上拌下贯式面层)实测项目见表 7-3。

沥青贯入式面层(或上拌下贯式面层)实测项目 表 7-3

项次	检查项目		规定值或允许偏差	检查方法和频率	权值
1	平整度①	σ(mm)	3.5	平整度仪:全线每车道连续按每 100m 计算 IRI 或 σ	3
		IRI(m/km)	5.8		
		最大间隙 h(mm)	8	3m 直尺:每 200m 测 2 处×10 尺	
2	弯沉值(0.01mm)		符合设计要求	按《质量标准》附录 I 检查	2
3	厚度②(mm)	代表值	−8%H 或 −5mm	按《质量标准》附录 H 检查 每 200m 每车道 1 点	3
		合格值	−15%H 或 −10mm		
4	沥青总用量③(kg/m^2)		±0.5%	每工作日每层洒布查 1 次	3
5	中线平面偏位(mm)		30	经纬仪:每 200m 测 4 点	1
6	纵断高程(mm)		±15	水准仪:每 200m 测 4 断面	2
7	宽度(mm)	有侧石	±30	尺量:每 200m 测 4 处	2
		无侧石	不小于设计		
8	横坡(%)		±0.5	水准仪:每 200m 测 4 断面	2

注:①表中 σ 为平整度仪测定的标准差;IRI 为国际平整度指数;λ 为 3m 直尺与面层的最大间隙。

②当设计厚度≥60mm 时,按厚度百分率控制;当设计厚度<60mm 时,按厚度不足的毫米数控制。H 为厚度(mm)。

③沥青总用量按《公路路基路面现场测试规程》(JTG E60—2008)中 T 0892 的方法,每工作日每层洒布沥青检查一次,并计算同一路段的单位面积的总沥青用量。

(3)外观鉴定

①表面应平整密实,不应有松散、裂缝、油包、油丁、波浪、泛油等现象,有上述缺陷的面积之和不超过受检面积的0.2%。不符合要求时每超过0.2%减2分。

②表面无明显碾压轮迹。不符合要求时,每处减1~2分。

③面层与路缘石及其他构筑物应密贴接顺,无积水现象。不符合要求时,每一处减1~2分。

4)沥青表面处治面层

(1)基本要求

①在新建或旧路的表层进行表面处治时,应将表面的泥砂及一切杂物清除干净,底层必须坚实、稳定、平整,保持干燥后才可施工。

②沥青材料的各项指标和石料的质量、规格、用量应符合设计要求和施工规范的规定。

③沥青浇洒应均匀,无露白,不得污染其他构筑物。

④嵌缝料必须趁热撒铺,扫布均匀,不得有重叠现象,压实平整。

(2)实测项目

沥青表面处治面层实测项目见表7-4。

沥青表面处治面层实测项目 表7-4

项次	检查项目		规定值或允许偏差	检查方法和频率	权值
1	平整度①	σ(mm)	4.5	平整度仪:全线每车道连续按每100m计算IRI或σ	3
		IRI(m/km)	7.8		
		最大间隙h(mm)	10	3m直尺:每200m测2处×10尺	
2	弯沉值(0.01mm)		符合设计要求	按《质量标准》附录I检查	2
3	厚度(mm)	代表值	-5	按《质量标准》附录H检查;每200m每车道1点	3
		合格值	-10		
4	沥青总用量(kg/m²)		±10%	每工作日每层洒布查1次	3
5	中线平面偏位(mm)		30	经纬仪:每200m测4点	1
6	纵断高程(mm)		±15	水准仪:每200m测4断面	2
7	宽度(mm)	有侧石	±30	尺量:每200m测4处	2
		无侧石	不小于设计		
8	横坡(%)		±0.5	水准仪:每200m测4断面	2

注:①表中σ为平整度仪测定的标准差;IRI为国际平整度指数;h为3m直尺与面层的最大间隙。

(3)外观鉴定

①表面平整密实,不应有松散、油包,油丁、波浪、泛油、封面料明显散失等现象,有上述缺陷的面积之和不超过受检面积的0.2%。不符合要求时每超过0.2%减2分。

②无明显碾压轮迹。不符合要求时,每处减1~2分。

③面层与路缘石及其他构筑物应密贴接顺,不得有积水现象。不符合要求时,每处减1~2分。

5)水泥混凝土面层

(1)基本要求

①基层质量必须符合规定要求,并应进行弯沉测定,验算的基层整体模量应满足设计要求。

②水泥强度、物理性能和化学成分应符合国家标准及有关规范的规定。

③粗细集料、水、外掺剂及接缝填缝料应符合设计和施工规范要求。

④施工配合比应根据现场测定水泥的实际强度进行计算，并经试验，选择采用最佳配合比。

⑤接缝的位置、规格、尺寸及传力杆、拉力杆的设置应符合设计要求。

⑥路面拉毛或机具压槽等抗滑措施，其构造深度应符合施工规范要求。

⑦面层与其他构造物相接应平顺，检查井井盖顶面高程应高于周边路面1～3mm。雨水口高程按设计比路面低5～8mm，路面边缘无积水现象。

⑧混凝土路面铺筑后按施工规范要求养生。

(2)实测项目

水泥混凝土面层实测项目见表7-5。

水泥混凝土面层实测项目 表7-5

项次	检查项目		规定值或允许偏差		检查方法和频率	权值
			高速公路、一级公路	其他公路		
1	弯拉强度(MPa)		在合格标准之内		按《质量标准》附录C检查	3
2	板厚度(mm)	代表值	-5		按《质量标准》附录H检查每200m每车道2处	3
		合格值	-10			
3	平整度	σ(mm)	1.2	2.0	平整度仪：全线每车道连续检测，每100m计算σ、IRI	2
		IRI(m/km)	2.0	3.2		
		最大间隙h(mm)	—	5	3m直尺：半幅车道板带每200m测2处×10尺	
4	抗滑构造深度(mm)		一般路段不小于0.7且不大于1.1；特殊路段不小于0.8且不大于1.2	一般路段不小于0.5且不大于1.0；特殊路段不小于0.6且不大于1.1	铺砂法：每200m测1处	2
5	相邻板高差(mm)		2	3	抽量：每条胀缝2点；每200m抽纵、横缝各2条，每条2点	2
6	纵、横缝顺直度(mm)		10		纵缝20m拉线，每200m 4处；横缝沿板宽拉线，每200m 4条	1
7	中线平面偏位(mm)		20		经纬仪：每200m测4点	1
8	路面宽度(mm)		±20		抽量：每200m测4处	1
9	纵断高程(mm)		±10	±15	水准仪：每200m测4断面	1
10	横坡(%)		±0.15	±0.25	水准仪：每200m测4断面	1

注：表中σ为平整度仪测定的标准差；IRI为国际平整度指数；h为3m直尺与面层的最大间隙。

(3)外观鉴定

①混凝土板的断裂块数，高速公路和一级公路不得超过评定路段混凝土板总块数的

0.2%，其他公路不得超过0.4%。不符合要求时每超过0.1%减2分。对于断裂板应采取适当措施予以处理。

②混凝土板表面的脱皮、印痕、裂纹和缺边掉角等病害现象，对于高速公路和一级公路，有上述缺陷的面积不得超过受检面积的0.2%，其他公路不得超过0.3%。不符合要求时每超过0.1%减2分。

对于连续配筋的混凝土路面和钢筋混凝土路面，因干缩、温缩产生的裂缝，可不减分。

③路面侧石直顺、曲线圆滑，越位20mm以上者，每处减1～2分。

④接缝填筑饱满密实，不污染路面。不符合要求时，累计长度每100m减2分。

⑤胀缝有明显缺陷时，每条减1～2分。

6）水泥土基层和底基层

（1）基本要求

①土的性能应符合设计要求，土块要经粉碎。

②水泥用量按设计要求控制准确。

③路拌深度要达到层底。

④混合料处于最佳含水率状况下，用重型压路机碾压至要求的压实度。从加水拌和到碾压终了的时间不应超过3～4h，并应短于水泥的终凝时间。

⑤碾压检查合格后立即覆盖或洒水养生，养生期要符合规范要求。

（2）实测项目

水泥土基层和底基层实测项目如表7-6所示。

水泥土基层和底基层实测项目 表7-6

项次	检查项目		规定值或允许偏差				检查方法和频率	权值
			基层		底基层			
			高速公路 一级公路	其他公路	高速公路 一级公路	其他公路		
1	压实度（%）	代表值	—	95	95	93	按《质量标准》附录B检查 每200m每车道2处	3
		极值	—	91	91	89		
2	平整度（mm）		—	12	12	15	3m直尺：每200m测2处×10尺	2
3	纵断高程（mm）		—	+5，−15	+5，−15	+5，−20	水准仪：每200m测4个断面	1
4	宽度（mm）		不小于设计		不小于设计		尺量：每200m测4个断面	1
5	厚度（mm）	代表值	—	−10	−10	−12	按《质量标准》附录H检查， 每200m每车道1点	2
		合格值	—	−20	−25	−30		
6	横坡（%）		—	±0.5	±0.3	±0.5	水准仪：每200m测4个断面	1
7	强度（MPa）		符合设计要求		符合设计要求		按《质量标准》附录G检查	3

（3）外观鉴定

①表面平整密实、无坑洼。不符合要求时，每处减1～2分。

②施工接茬平整、稳定。不符合要求时，每处减1～2分。

7）水泥稳定粒料（碎石、砂砾或矿渣等）基层和底基层

（1）基本要求

①粒料应符合设计和施工规范要求，并应根据当地料源选择质坚干净的粒料，矿渣应分解

稳定,未分解渣块应予剔除。

②水泥用量和矿料级配按设计控制准确。

③路拌深度要达到层底。

④摊铺时要注意消除离析现象。

⑤混合料处于最佳含水率状况下,用重型压路机碾压至要求的压实度从加水拌和到碾压终了的时间不应超过 3 ~ 4h,并应短于水泥的终凝时间。

⑥碾压检查合格后立即覆盖或洒水养生,养生期要符合规范要求。

(2)实测项目

水泥稳定粒料基层和底基层实测项目见表 7-7。

水泥稳定粒料基层和底基层实测项目 表 7-7

项次	检查项目		规定值或允许偏差				检查方法和频率	权值
			基层		底基层			
			高速公路 一级公路	其他公路	高速公路 一级公路	其他公路		
1	压实度(%)	代表值	98	97	96	95	按《质量标准》附录 B 检查每 200m 每车道 2 处	3
		极值	94	93	92	91		
2	平整度(mm)		8	12	12	15	3m 直尺:每 200m 测 2 处 ×10 尺	2
3	纵断高程(mm)		+5, -10	+5, -15	+5, -15	+5, -20	水准仪:每 200m 测 4 个断面	1
4	宽度(mm)		不小于设计		不小于设计		尺量:每 200m 测 4 个断面	1
5	厚度(mm)	代表值	-8	-10	-10	-12	按《质量标准》附录 H 检查,每 200m 每车道 1 点	3
		合格值	-15	-20	-25	-30		
6	横坡(%)		±0.3	±0.5	±0.3	±0.5	水准仪:每 200m 测 4 个断面	1
7	强度(MPa)		符合设计要求		符合设计要求		按《质量标准》附录 G 检查	3

(3)外观鉴定

①表面平整密实、无坑洼、无明显离析。不符合要求时,每处减 1 ~ 2 分。

②施工接茬平整、稳定。不符合要求时,每处减 1 ~ 2 分。

8)石灰土基层和底基层

(1)基本要求

①土质应符合设计要求,土块要经粉碎。

②石灰质量应符合设计要求,块灰须经充分消解才能使用。

③石灰和土的用量按设计要求控制准确,未消解生石灰块必须剔除。

④路拌深度要达到层底。

⑤混合料处于最佳含水率状况下,用重型压路机碾压至要求的压实度。

⑥保湿养生,养生期要符合规范要求。

(2)实测项目

石灰土基层和底基层实测项目见表 7-8。

石灰土基层和底基层实测项目 表 7-8

项次	检查项目		规定值或允许偏差				检查方法和频率	权值
			基层		底基层			
			高速公路 一级公路	其他公路	高速公路 一级公路	其他公路		
1	压实度(%)	代表值	—	95	95	93	按《质量标准》附录 B 检查,每 200m 每车道 2 处	3
		极值	—	91	91	89		
2	平整度(mm)		—	12	12	15	3m 直尺:每 200m 测 2 处×10 尺	2
3	纵断高程(mm)		—	+5,-15	+5,-15	+5,-20	水准仪:每 200m 测 4 个断面	1
4	宽度(mm)		不小于设计		不小于设计		尺量:每 200m 测 4 个断面	1
5	厚度(mm)	代表值	—	-10	-10	-12	按《质量标准》附录 H 检查,每 200m 每车道 1 点	2
		合格值	—	-20	-25	-30		
6	横坡(%)		—	±0.5	±0.3	±0.5	水准仪:每 200m 测 4 个断面	1
7	强度(MPa)		符合设计要求		符合设计要求		按《质量标准》附录 G 检查	3

(3)外观鉴定

①表面平整密实、无坑洼。不符合要求时,每处减 1~2 分。

②施工接茬平整、稳定。不符合要求时,每处减 1~2 分。

9)石灰稳定粒料(碎石,砂砾或矿渣等)基层和底基层

(1)基本要求

①粒料应符合设计和施工规范要求,矿渣应分解稳定后才能使用。

②石灰质量应符合设计要求,块灰须经充分消解才能使用。

③石灰的用量按设计要求控制准确,未消解生石灰块必须剔除。

④路拌深度要达到层底。

⑤混合料处于最佳含水率状况下,用重型压路机碾压至要求的压实度。

⑥保湿养生,养生期要符合规范要求。

(2)实测项目

石灰稳定粒料基层和底基层实测项目如表 7-9 所示。

石灰稳定粒料基层和底基层实测项目 表 7-9

项次	检查项目		规定值或允许偏差				检查方法和频率	权值
			基层		底基层			
			高速公路 一级公路	其他公路	高速公路 一级公路	其他公路		
1	压实度 (%)	代表值	—	97	96	95	按《质量标准》附录 B 检查每 200m 每车道 2 处	3
		极值	—	93	92	91		
2	平整度(mm)		—	12	12	15	3m 直尺:每 200m 测 2 处×10 尺	2
3	纵断高程(mm)		—	+5,-15	+5,-15	+5,-20	水准仪:每 200m 测 4 个断面	1
4	宽度(mm)		不小于设计		不小于设计		尺量:每 200m 测 4 个断面	1
5	厚度 (mm)	代表值	—	-10	-10	-12	按《质量标准》附录 H 检查,每 200m 每车道 1 点	2
		合格值	—	-20	-25	-30		
6	横坡(%)		—	±0.5	±0.3	±0.5	水准仪:每 200m 测 4 个断面	1
7	强度(MPa)		符合设计要求		符合设计要求		按《质量标准》附录 G 检查	3

(3)外观鉴定

①表面平整密实、无坑洼。不符合要求时,每处减1~2分。

②施工接茬平整、稳定。不符合要求时,每处减1~2分。

10)石灰、粉煤灰土基层和底基层

(1)基本要求

①土质应符合设计要求,土块要经粉碎。

②石灰和粉煤灰质量应符合设计要求,石灰须经充分消解才能使用。

③混合料配合比应准确,不得含有灰团和生石灰块。

④碾压时应先用轻型压路机稳压,后用重型压路机碾压至要求的压实度。

⑤保湿养生,养生期要符合规范要求。

(2)实测项目

石灰、粉煤灰土基层和底基层实测项目见表7-10。

石灰、粉煤灰土基层和底基层实测项目 表7-10

项次	检查项目		规定值或允许偏差				检查方法和频率	权值
			基层		底基层			
			高速公路一级公路	其他公路	高速公路一级公路	其他公路		
1	压实度(%)	代表值	—	95	95	93	按《质量标准》附录B检查,每200m每车道2处	3
		极值	—	91	91	89		
2	平整度(mm)		—	12	12	15	3m直尺:每200m测2处×10尺	2
3	纵断高程(mm)		—	+5,-15	+5,-15	+5,-20	水准仪:每200m测4个断面	1
4	宽度(mm)		不小于设计		不小于设计		尺量:每200m测4个断面	1
5	厚度(mm)	代表值	—	-10	-10	-12	按《质量标准》附录H检查,每200m每车道1点	2
		合格值	—	-20	-25	-30		
6	横坡(%)		—	±0.5	±0.3	±0.5	水准仪:每200m测4个断面	1
7	强度(MPa)		符合设计要求		符合设计要求		按《质量标准》附录G检查	3

(3)外观鉴定

①表面平整密实、无坑洼。不符合要求时,每处减1~2分。

②施工接茬平整、稳定。不符合要求时,每处减1~2分。

11)石灰、粉煤灰稳定粒料(碎石、砂砾或矿渣等)基层和底基层

(1)基本要求

①粒料应符合设计和施工规范要求,并应根据当地料源选择质坚干净的粒料。矿渣应分解稳定,未分解渣块应予剔除。

②石灰和粉煤灰质量应符合设计要求,石灰须经充分消解才能使用。

③混合料配合比应准确,不得含有灰团和生石灰块。

④摊铺时要注意消除离析现象。

⑤碾压时应先用轻型压路机稳压,后用重型压路机碾压至要求的压实度。

⑥保湿养生,养生期要符合规范要求。

(2)实测项目

石灰、粉煤灰稳定粒料基层和底基层实测项目如表7-11所示。

石灰、粉煤灰稳定粒料基层和底基层实测项目　　表 7-11

项次	检查项目		规定值或允许偏差				检查方法和频率	权值
			基层		底基层			
			高速公路一级公路	其他公路	高速公路一级公路	其他公路		
1	压实度(%)	代表值	98	97	96	95	按《质量标准》附录 B 检查,每 200m 每车道 2 处	3
		极值	94	93	92	91		
2	平整度(mm)		8	12	12	15	3m 直尺:每 200m 测 2 处×10 尺	2
3	纵断高程(mm)		+5,-10	+5,-15	+5,-15	+5,-20	水准仪:每 200m 测 4 个断面	1
4	宽度(mm)		不小于设计		不小于设计		尺量:每 200m 测 4 个断面	1
5	厚度(mm)	代表值	-8	-10	-10	-12	按《质量标准》附录 H 检查,每 200m 每车道 1 点	2
		合格值	-15	-20	-25	-30		
6	横坡(%)		±0.3	±0.5	±0.3	±0.5	水准仪:每 200m 测 4 个断面	1
7	强度(MPa)		符合设计要求		符合设计要求		按《质量标准》附录 G 检查	3

(3)外观鉴定

①表面平整密实、无坑洼、无明显离析。不符合要求时,每处减 1~2 分。

②施工接茬平整、稳定。不符合要求时,每处减 1~2 分。

12)级配碎(砾)石基层和底基层

(1)基本要求

①选用质地坚韧、无杂质碎石、砂砾、石屑或砂,级配应符合要求。

②配料必须准确,塑性指数必须符合规定。

③混合料拌和均匀,无明显离析现象。

④碾压应遵循先轻后重的原则,洒水碾压至要求的密实度。

(2)实测项目

级配碎(砾)石基层和底基层实测项目见表 7-12。

级配碎(砾)石基层和底基层实测项目　　表 7-12

项次	检查项目		规定值或允许偏差				检查方法和频率	权值
			基层		底基层			
			高速公路一级公路	其他公路	高速公路一级公路	其他公路		
1	压实度(%)	代表值	98	98	96	96	按《质量标准》附录 B 检查,每 200m 每车道 2 处	3
		极值	94	94	92	92		
2	弯沉值(0.01mm)		符合设计要求		符合设计要求		按《质量标准》附录 I 检查	3
3	平整度(mm)		8	12	12	15	3m 直尺:每 200m 测处×10 尺	2
4	纵断高程(mm)		+5,-10	+5,-15	+5,-15	+5,-20	水准仪;每 200m 测 4 个断面	1
5	宽度(mm)		不小于设计		不小于设计		尺量:每 200m 测 4 处	1
6	厚度(mm)	代表值	-8	-10	-10	-12	按《质量标准》附录 H 检查,每 200m 每车道 1 点	2
		合格值	-15	-20	-25	-30		
7	横坡(%)		±0.3	±0.5	±0.3	±0.5	水准仪:每 200m 测 4 个断面	1

(3)外观鉴定

表面平整密实,边线整齐,无松散。不符合要求时,每处减1~2分。

13)填隙碎石(矿渣)基层和底基层

(1)基本要求

①粗粒料应为质坚、无杂质的轧制石料或分解稳定的轧制矿渣,填缝料为5mm以下的轧制细料或粗砂。

②应用振动压路机碾压,使填缝料填满粗粒料空隙。

(2)实测项目

填隙碎石(矿渣)基层和底基层实测项目如表7-13所示。

填隙碎石(矿渣)基层和底基层实测项目 表7-13

项次	检查项目		规定值或允许偏差				检查方法和频率	权值
			基层		底基层			
			高速公路一级公路	其他公路	高速公路一级公路	其他公路		
1	压实度(%)	代表值	—	85	83	83	按《质量标准》附录B检查,每200m每车道2处	3
		极值	—	82	80	80		
2	弯沉值(0.01mm)		符合设计要求		符合设计要求		按《质量标准》附录I检查	3
3	平整度(mm)		—	12	12	15	3m直尺:每200m测处×10尺	2
4	纵断高程(mm)		—	+5,-15	+5,-15	+5,-20	水准仪:每200m测4个断面	1
5	宽度(mm)		不小于设计		不小于设计		尺量:每200m测4处	1
6	厚度(mm)	代表值	—	-10	-10	-12	按《质量标准》附录H检查,每200m每车道1点	2
		合格值	—	-20	-25	-30		
7	横坡(%)		—	±0.5	±0.3	±0.5	水准仪:每200m测4个断面	1

(3)外观鉴定

表面平整密实,边线整齐,无松散现象。不符合要求时,每处减1~2分。

14)路缘石铺设

(1)基本要求

①预制缘石的质量应符合设计要求。

②安砌稳固,顶面平整,缝宽均匀,勾缝密实,线条直顺,曲线圆滑美观。

③槽底基础和后背填料必须夯打密实。

④现浇路缘石材料应符合设计要求。

(2)实测项目

路缘石铺设实测项目如表7-14所示。

路缘石铺设实测项目 表7-14

项次	检查项目		规定值或允许偏差	检查方法和频率	权值
1	直顺度(mm)		15	20m拉线:每200m测4处	3
2	预制铺设	相邻两块高差(mm)	3	水平尺:每200m测4处	2
		相邻两块缝宽(mm)	±3	尺量:每200m测4处	1
	现浇	宽度(mm)	±5	尺量:每200m测4处	2
3	顶面高程(mm)		±10	水准仪:每200m测4点	2

(3)外观鉴定

①勾缝密实均匀,无杂物污染。不符合要求时,每处减1~2分。

②缘石与路面齐平,排水口整齐、通畅,无阻水现象。不符合要求时,每处减1~2分。

15)路肩

(1)基本要求

①路肩表面应平整密实,不积水。

②肩线应直顺,曲线圆滑。

③硬路肩质量要求应与路面结构层相同。

(2)实测项目

路肩实测项目见表7-15。

路肩实测项目 表7-15

项次	检查项目		规定值或允许偏差	检查方法和频率	权值
1	压实度(%)		不小于设计	按《质量标准》附录B检查,每200m测2处	2
2	平整度(mm)	土路肩	20	3m直尺:每200m测2处,每处测4尺	1
		硬路肩	10		
3	横坡(%)		±1.0	水准仪:每200m测2处	1
4	宽度(mm)		不小于设计	尺量:每200m测2处	2

(3)外观鉴定

①路肩无阻水现象。不符合要求时,每处减1~2分。

②路肩边缘直顺,无其他堆积物。不符合要求时,单向累计长度每50m或每处减1~2分。

【知识链接——沥青路面分项工程质量检验评定表】

沥青路面分项工程质量检验评定表如表7-16所示。

1)压实度评定办法

路面基层、底基层的压实度以重型击实标准为准。沥青层压实度以(《公路沥青路面施工技术规范》(JTG F40—2004))的规定为准。

标准密度应作平行试验,求其平均值作为现场检验的标准值。对于均匀性差的路面结构层材料,应根据实际情况增补标准密度试验,求得相应的标准值,以控制和检验施工质量。

路面压实度以1~3km长的路段为检验评定单元,按相关要求的检测频率进行现场压实度抽样检查,求算每一测点的压实度K。路面结构层压实度检查可以采用灌砂法、水袋法或钻孔取样蜡封法。应用核子密度仪时,须经对比试验检验,确认其可靠性。

检验评定段的压实度代表值K(算术平均值的下置信界限)按式(7-6)计算。

$$K = \bar{k} - \frac{t_\alpha}{\sqrt{n}}S \geqslant K_0 \tag{7-6}$$

其中,$\bar{k}$为检验评定段内务测点压实度的平均值;t_α为分布表中随测点数和保证率(或置信度α)而变的系数;$t_\alpha/\sqrt{n}$值见表7-17。采用的保证率:高速公路、一级公路路基为95%,其他公路路基为90%;S为检测值的标准差;n为检测点数;K_0为压实度标准值。

高速公路工程项目
分项工程质量检验评定表

表 7-16

分项工程名称:沥青混凝土面层　　工程部位:　　所属分部工程名称:　　编号:

施工单位:　　合同段:　　监理单位:　　合同段:

基本要求：1. 沥青混合料的矿料质量及矿料级配符合设计要求和施工规范的规定。2. 施工过程中各种矿料和沥青用量及各种材料和沥青混合料的加热温度均得到严格控制,沥青材料及混合料的各项指标符合设计和施工规范要求。沥青混合料的生产,每日均做了抽提试验、马歇尔稳定度试验。矿料级配、沥青含量、马歇尔稳定度等结果的合格率不小于90%。3. 拌和后的沥青混合料均匀一致,无花白,无粗细料分离或结团成块现象。4. 基层碾压密实,表面干燥、清洁、无浮土,其平整度和路拱度符合要求。5. 摊铺时已严格控制摊铺厚度和平整度,无离析;摊铺和碾压温度均得到控制,并碾压至要求的密实度。

实测项目	项次	检查项目		规定值或允许偏差	实测值或实测偏差值										质量评定			
					1	2	3	4	5	6	7	8	9	10	平均值、代表值	合格率(%)	权值	得分
	1	压实度(%)		试验室标准密度的96%(*98%);最大理论密度的92%(*94%);试验段密度的98%(*99%)													3	
	2	平整度	σ(mm)	1.2													2	
			IRI(m/km)	2.0														
	3	弯沉值(0.01mm)		符合设计要求													2	
	4	渗水系数		SMA路面200mL/min;其他沥青混凝土路面300mL/min													2	
	5	抗滑	摩擦系数	符合设计要求													2	
			构造深度	符合设计要求														
	6	厚度(mm)	代表值	上面层:设计值的-10%;总厚度:设计值的-5%													3	
			合格值	上面层:设计值的-20%;总厚度:设计值的-10%														
	7	中线平面偏位(mm)		20													1	
	8	纵断高程(mm)		±15													1	
	9	宽度(mm)	有侧石	±20													1	
			无侧石	不小于设计值														
	10	横坡(%)		±0.3													1	
	合计																	

外观鉴定	见外观记录表	减分		监理意见	
质量保证资料	见质保资料记录表	减分			
工程质量等级评定	评分:		质量等级:		

检验负责人:　　检测:　　记录:　　复核:　　年　月　日

$t_\alpha/\sqrt{n}$ 值 表 7-17

n	保证率			n	保证率		
	99%	95%	90%		99%	95%	90%
2	22.501	4.465	2.176	21	0.552	0.376	0.289
3	4.021	1.686	1.089	22	0.537	0.367	0.282
4	2.270	1.177	0.819	23	0.523	0.358	0.275
5	1.676	0.953	0.686	24	0.510	0.350	0.269
6	1.374	0.823	0.603	25	0.498	0.342	0.264
7	1.188	0.734	0.544	26	0.487	0.335	0.258
8	1.060	0.670	0.500	27	0.477	0.328	0.253
9	0.966	0.620	0.466	28	0.467	0.322	0.248
10	0.892	0.580	0.437	29	0.458	0.316	0.244
11	0.833	0.546	0.414	30	0.449	0.310	0.239
12	0.785	0.518	0.393	40	0.383	0.266	0.206
13	0.744	0.494	0.376	50	0.340	0.237	0.184
14	0.708	0.473	0.361	60	0.308	0.216	0.167
15	0.678	0.455	0.347	70	0.285	0.199	0.155
16	0.651	0.438	0.335	80	0.266	0.186	0.145
17	0.626	0.423	0.324	90	0.249	0.175	0.136
18	0.605	0.410	0.314	100	0.236	0.166	0.129
19	0.586	0.398	0.305	>100	$\frac{2.3265}{\sqrt{n}}$	$\frac{1.6449}{\sqrt{n}}$	$\frac{1.2815}{\sqrt{n}}$
20	0.568	0.387	0.297				

基层和底基层：$K \geqslant K_0$，且单点压实度 K_i 全部大于等于规定值减 2 个百分点时，评定路段的压实度合格率为 100%；当 $K \geqslant K_0$，且单点压实度全部大于等于规定极值时，按测定值不低于规定值减 2 个百分点的测点数计算合格率；$K < K_0$ 或某一单点压实度 K_i 小于规定极值时，该评定路段压实度为不合格，相应分项工程评为不合格。

沥青面层：当 $K \geqslant K_0$ 且全部测点大于等于规定值减 3 个百分点时，评定路段的压实度合格率为 100%；当 $K \geqslant K_0$ 时，按测定值不低于规定值减 1 个百分点的测点数计算合格率；$K < K_0$ 时，评定路段的压实度为不合格，相应分项工程评为不合格。

2）路面结构层厚度评定

评定路段内路面结构层厚度按代表值和单个合格值的允许偏差进行评定。按规定频率，采用挖验或钻取芯样测定厚度。

厚度代表值为厚度的算术平均值的下置信界限值，即：

$$X_L = \overline{X} - \frac{t_\alpha}{\sqrt{n}}S \tag{7-7}$$

式中：X_L——厚度代表值（算术平均值的下置信界限）；

$\overline{X}$——厚度平均值；

S——标准差；

n——检查数量；

t_α——t 分布表中随测点数和保证率(或置信度 α)而变的系数,可查表 7-17。采用的保证率:高速、一级公路的基层、底基层为 99%,面层为 95%;其他公路的基层、底基层为 95%,面层为 90%。

当厚度代表值大于等于设计厚度减去代表值允许偏差时,则按单个检查值的偏差不超过单点合格值来计算合格率;当厚度代表值小于设计厚度减去代表值允许偏差时,相应分项工程评为不合格。代表值和单点合格值的允许偏差见实测项目表。

沥青面层一般按沥青铺筑层总厚度进行评定,高速公路和一级公路分 2~3 层铺筑时,还应进行上面层厚度检查和评定。

【例 7-1】 某高速公路水泥稳定碎石基层压实度(%)的检测结果(共 20 个数据)为:95.8、98.8、98.9、98.6、98.7、98.7、98.5、99.1、98.5、98.4、98.9、98.6、99.3、98.2、98.7、98.5、99.3、97.8、99.0、99.3。按规定方法对该段基层压实度进行质量评定。

答案:

(1)查实测项目表,可得高速公路水泥稳定碎石基层的压实度规定值 $K_0=98\%$,规定极值为 94%。

(2)因为所有单点值均大于规定极值 94%,故满足要求,基层压实度不存在隐患。

(3)总体水平。

压实度平均值 $\overline{K}=98.5\%$;标准差 $S=\sqrt{\dfrac{\Sigma(\overline{K}-K_i)^2}{n-1}}=0.76\%$

由检测点数 20 个,保证率 99%,则保证率系数 $\dfrac{t_\alpha}{n}=0.568$

压实度代表值 $K=\overline{K}-\dfrac{t_\alpha}{\sqrt{n}}S=98.5-0.568\times0.76=98.1\%$。

压实度代表值为 98.1% 大于压实度规定值 98%,满足要求。

(4)合格率。

按测定值不小于规定值 98% 减 2%(即 96%)计算合格率。合格点数有 19 个,合格率 $=19/20\times100\%=95\%$。

压实度为关键实测项目,合格率不得低于 90%,否则返工。本项目的合格率为 95%,满足要求。

(5)压实度得分 = 100 × 合格率 = 100 × 95% = 95(分)。

【例 7-2】 某高速公路水泥稳定砂砾底基层的设计厚度为 18cm,评定路段厚度(cm)检测结果(20 个测点)分别为:15.2、15.3、18.9、19.8、18.9、17.6、17.5、19.2、18.8、19.3、17.5、18.5、17.1、17.7、18.6、19.7、18.4、19.5、18.2、17.2,按规定方法对该路段厚度进行质量评定。

答案:

(1)查实测项目表,高速公路水泥稳定砂砾底基层厚度代表值的允许偏差为 −10mm,合格值的允许偏差为 −25mm。

(2)厚度平均值 $\overline{X}=18.15$mm,标准差 $S=1.29$mm。

(3)由检测点数 20 个,保证率 99%,查表得出保证率系数 $t_\alpha/n=0.568$。

$$X_L=\overline{X}-\frac{t_\alpha}{\sqrt{n}}S=18.5-0.569\times1.29=17.42(\text{cm})$$

(4)判定代表值是否满足要求。设计厚度 + 代表值允许偏差 = 18cm − 10mm = 18cm −

1cm = 17cm。因为厚度代表值大于设计厚度减代表值允许偏差的值，所以厚度代表值满足要求。

(5)按测点值不低于设计厚度减合格值允许偏差计算合格率。

设计厚度 + 合格值允许偏差 = 18cm - 2.5mm = 15.5cm。因为 15.2cm、15.3cm 小于 15.5mm，所以合格点数有 18 个，合格率 = 18/20 × 100% = 90%。

(6)厚度为关键实测项目，合格率不得低于 90%，满足要求。

(7)厚度得分 = 100 × 合格率 = 100 × 90% = 90(分)。

能 力 训 练

一、单项选择题(每题的备选项中，只有 1 个最符合题意)

1. 分项工程评分工作包括：①计算分项工程得分；②计算外观缺陷减分；③计算分项工程评分值；④实测项目分；⑤基本要求检查；⑥计算资料不全减分。正确评分排序为(　　)。

A. ①③④⑥⑤②　　B. ①②③④⑥⑤　　C. ④①②③⑥⑤　　D. ⑤④①②⑥③

2. 涉及结构安全和使用功能的关键项目，其合格率不得低于(　　)。

A. 75%　　B. 85%　　C. 90%　　D. 100%

3. 分项工程质量检验内容中，由于(　　)对施工质量具有关键作用，故经检查不符合要求时，不得进行工程质量的检验和评定。

A. 外观鉴定　　B. 质量保证资料　　C. 基本要求　　D. 实测项目

4. 分项工程质量检验存在(　　)情况，应予以减分。

A. 不符合基本要求规定　　B. 实测项目不符合要求

C. 关键项目合格率低于 90%　　D. 外观有缺陷

5. 某分项工程经加固、补强后，复评分值为 80 分，那么该分项工程可评为(　　)。

A. 优良　　B. 合格　　C. 不合格　　D. 无法评定

6. 某分项工程经加固、补强后，评分值为 90 分，那么该分项工程可评为(　　)。

A. 优良　　B. 合格　　C. 不合格　　D. 无法评定

7. 分部工程质量评定等级分为(　　)。

A. 合格与不合格　　B. 合格、不合格与良好

C. 优质、合格及不合格　　D. 优质、良好、合格及不合格

8. 工程质量等级评定工作包括：①单位工程质量等级评定；②合同段和建设项目质量等级评定；③分项工程质量等级评定；④分部工程质量等级评定。正确顺序为(　　)。

A. ③④①②　　B. ④③①②　　C. ①③④②　　D. ③④②①

E. 优质、良好、合格及不合格

9. 路面厚度评定的否决指标是(　　)。

A. 厚度平均值　　B. 厚度代表值　　C. 单点合格值　　D. 单点极值

10. 水泥混凝土面层应按(　　)进行。

A. 分项工程　　B. 分部工程　　C. 单位工程　　D. 单项工程

11. 下列检测项目中不属于级配碎(砾)石基层和底基层的检测项目是(　　)。

A. 压实度　　B. 抗压强度　　C. 平整度　　D. 厚度

12. 无侧限抗压强度不是(　　)的质量检评实测项目。

A. 水泥稳定砂砾底基层　　B. 级配碎石基层
C. 石灰土底基层　　D. 二灰土基层

13. 级配碎石可用做(　　)公路的基层和底基层。

A. 高速公路和一级公路　　B. 二级和二级以下
C. 三、四级　　D. 各级公路

14. 在沥青混凝土面层平整度检查中,为计算 σ 和 IRI 值,应全线每车道(　　)。

A. 连续检查　　B. 每 1000m 检查 200m
C. 每 200m 检查 4 个点　　D. 每 100m 检查 2 个点

15. 在水泥混凝土路面检验评定中,对评分值影响最大的是(　　)。

A. 弯沉　　B. 抗滑　　C. 弯拉强度　　D. 平整度

二、多项选择题(每题的备选项中,有两个或两个以上符合题意)

1. 属于工程项目质量保证资料的有(　　)。

A. 原材料质量检验结果　　B. 隐蔽工程施记录
C. 隐蔽工程施记录　　D. 混合料配比试验数据

2. 分项工程的扣分包括(　　)。

A. 外观缺陷扣分　　B. 资料不全扣分
C. 基本要求不符扣分　　D. 使用材料不符合要求扣分

3. 分项工程质量检验评分中,不得进行检验和评定的情况有(　　)。

A. 实测项目不合格　　B. 不符合基本要求规定
C. 存在外观缺陷　　D. 缺乏最基本数据

4. 分部工程质量等级为(　　)。

A. 优良　　B. 中等　　C. 合格　　D. 不合格

5. 水泥稳定基层质量评实测项目中的关键有(　　)。

A. 压实度　　B. 平整度　　C. 厚度　　D. 强度

6. 级配碎石基层质量评定实测项目中的关键有(　　)。

A. 压实度　　B. 弯沉值　　C. 平整度　　D. 厚度

7. 路面基层和底压实度采用(　　)进行评定。

A. 平均值　　B. 代表值　　C. 单点极值　　D. 单点合格值

8. 路面各层结构厚度按(　　)设定允许偏差。

A. 平均值　　B. 代表值　　C. 单点极值　　D. 单点合格值

9. 水泥混凝土面层质量评定实测项目中的关键有(　　)。

A. 平整度　　B. 板厚度　　C. 抗滑构造深度　　D. 弯拉强度

10. 沥青混凝土面层质量评定实测项目中的关键有(　　)。

A. 平整度　　B. 厚度　　C. 压实度　　D. 弯沉值

三、判断题(对的打√,错的打×)

1. 施工单位、工程监理单位和建设单位可不按相同的工程项目划分进行工程质量的监控和管理。(　　)

2. 工程施工过程中,施工单位可以根据施工质量管理需要调整建设项目的工程项目划分。(　　)

3. 单位工程具有独立施工条件。 (　　)

4. 在分部工程中,应按不同施工方法、材料、工序及路段长度等划分为若干个分段工程。

(　　)

5. 水泥混凝土面层应按分项工程进行质量评定。 (　　)

6. 路基工程的实测项目均在完成后,其顶面进行检查评定。 (　　)

7. 分项工程的评值满分为 100 分,按实测项目采用加权平均法计算。 (　　)

8. 实测项目的规定极值是指任一单个检测值均不能突破的极限值,不符合要求时应计算合格率进行扣分。 (　　)

9. 分项工程质量评定时,经检查不符合某些基本要求应给予扣分。 (　　)

10. 对于涉及结构安全和使用功能的重要实测项目,其合格率不得低于 90%,且其检测值不得超过规定极值,否则必须进行返工处理。 (　　)

11. 机电工程作为关键项目,其质量合格率不得低于 100%,否则必须返工处理。 (　　)

12. 分部工程中所属各分项工程全部合格,则该分部工程合格。 (　　)

13. 分项工程的质量保证资料具有质量否决权,资料真实且齐全才能进行评定。 (　　)

四、简答题

1. 路面工程的分项工程包括哪些?

2. 质量保证资料包括哪些内容?

3. 沥青混凝土面层的实测项目包括哪些?

4. 石灰、粉煤灰稳定粒料的实测项目包括哪些?

5. 级配碎石基层的实测项目包括哪些?

五、计算题

某高速公路沥青混凝土路面上面层压实度检测,用试验室标准密度计算压实度(%),检测结果为(共 5 个数据):98.6、98.7、98.4、99.4、98.0。按规定的方法对该段沥青混凝土路面上面层的压实度进行质量评定。

参 考 文 献

[1] 中华人民共和国行业标准. JTG/T F20—2015 公路路面基层施工技术细则[S]. 北京:人民交通出版社股份有限公司,2015.

[2] 中华人民共和国行业标准. JTG/T F30—2014 公路水泥混凝土路面施工技术细则[S]. 北京:人民交通出版社股份有限公司,2014.

[3] 中华人民共和国行业标准. JTG/T D33—2012 公路排水设计规范[S]. 北京:人民交通出版社,2012.

[4] 中华人民共和国行业标准. JTG D40—2011 公路水泥混凝土路面设计规范[S]. 北京:人民交通出版社,2011.

[5] 中华人民共和国行业标准. JTG B01—2014 公路工程技术标准[S]. 北京:人民交通出版社股份有限公司,2014.

[6] 中华人民共和国行业标准. JTG F80/1—2004 公路工程质量检验评定标准 第一册 土建工程[S]. 北京:人民交通出版社,2007.

[7] 余继凤. 路面施工技术[M]. 北京:北京邮电大学出版社,2014.

[8] 夏连学. 路面施工技术[M]. 北京:人民交通出版社,2011.

[9] 訾爱民. 公路施工技术[M]. 北京:中国水利水电出版社,2013.

[10] 全国一级建造师执业资格考试用书编写委员会. 公路工程管理与实务[M]. 4 版. 北京:中国建筑工业出版社,2014.

[11] 全国二级建造师执业资格考试用书编写委员会. 公路工程管理与实务[M]. 4 版. 北京:中国建筑工业出版社,2015.

[12] 姚祖康. 沥青路面结构设计[M]. 北京:人民交通出版社,2011.